中國學術思想 研究輯刊

三九編
林慶彰 主編

第 19 冊

《阿毘達摩俱舍論》之有情論哲學

胡士穎 著

花木蘭文化事業有限公司

國家圖書館出版品預行編目資料

《阿毘達摩俱舍論》之有情論哲學／胡士穎 著 -- 初版 -- 新北
市：花木蘭文化事業有限公司，2024〔民113〕
序 6+ 目 4+282 面；19×26 公分
（中國學術思想研究輯刊 三九編；第 19 冊）
ISBN 978-626-344-591-8（精裝）
1.CST：藏傳佛教 2.CST：佛教哲學
030.8   112022479

ISBN-978-626-344-591-8

9 786263 445918

中國學術思想研究輯刊
三九編　第十九冊　　　　　　　　ISBN：978-626-344-591-8

《阿毘達摩俱舍論》之有情論哲學

作　　者　胡士穎
主　　編　林慶彰
總 編 輯　杜潔祥
副總編輯　楊嘉樂
編輯主任　許郁翎
編　　輯　潘玟靜、蔡正宣　美術編輯　陳逸婷
出　　版　花木蘭文化事業有限公司
發 行 人　高小娟
聯絡地址　235 新北市中和區中安街七二號十三樓
　　　　　電話：02-2923-1455／傳真：02-2923-1452
網　　址　http://www.huamulan.tw 信箱 service@huamulans.com
印　　刷　普羅文化出版廣告事業
封面設計　劉開工作室
初　　版　2024 年 3 月
定　　價　三九編 23 冊（精裝）新台幣 62,000 元

《阿毘達摩俱舍論》之有情論哲學

胡士穎 著

作者簡介

胡士穎，北京大學哲學博士，現為中國社會科學院哲學研究所副研究館員、哲學院副教授。擔任國際易學聯合會副秘書長、山東大學易學與中國古代哲學研究中心兼職研究員、《學衡》分冊主編。主持和參與多項國家級、省部級項目，發表論文四十餘篇，著有《易學簡史》。研究方向為易學、儒學、俱舍學、早期全真教、數字人文學。開設（參與）道家哲學、中國哲學史前沿和專題研究、周易與中國傳統文化、哲學與流行文化、心靈哲學等課程。

提　要

　　《俱舍論》的宇宙結構、圖式或運行模式，充滿了對經驗世界的觀察、體驗與價值關懷，但仍是從有情出發，以人生問題、人生意義為中心，呈現有情的衍化過程、形貌與生存方式、出生與轉生問題等等，表明有情是世間活動的最重要的參與者，有情「身體」是利資養、陷輪迴、可解脫的豐富而複雜的生命體。「身」在《俱舍論》中被視為載體與解脫超越對象，但這裡的「身」其實並不代表其對於身體的整體理解，尤其遮蔽了蘊含在其理論中的對於「身體」之深刻、洞見性的認識。《俱舍論》的四大種說與極微論是較之原始佛教所建立起的更為完善的本原論思考，原始佛教根據四大種分析有情身體並形成以「身壞」與「正身」為核心的身體觀念，經過經部與有部的理解則可抽繹出佛教對於身體的認知方法；《俱舍論》強調色身為滯礙，而心體則有雜染與清淨，是繼以識攝心彰顯心體外，對心體提出的更加深入的形上學意義的探討；雖然有對色身、身體否定的一面，其「身體」內涵更具有理論的多面性、意義的複雜層次性，「身體」不僅是「在場」，還是顯在的，凡諸有情都以獨特的「身體」形式，與外身界共在、交互，同時認識並化育自身以期達到超越性、無漏性的「身體」。

小　序

孫國柱

　　胡士穎君委託我寫序，雖然我反覆拒絕，但是胡士穎說我更為瞭解他的這段研究，於是我只好勉為其難地接下來。因此，這篇所謂的「序」更多是導讀的性質，說一些我所認識的胡士穎，或許這有助於廣大讀者朋友們熟悉這部作品。

　　我相信，凡是結識胡士穎的師友，大概都會有這樣一個感受，他是一個有趣的人。在很多時候，胡士穎經常被直接稱為「老胡」。老胡喜歡為師友搭建聚會的平臺。在我讀博期間，印象中有好幾次難得的同學聚會都是他參與組織的——每次老胡在的時候，總是帶給我們歡聲笑語，讓我們喜笑顏開。這種古道熱腸同樣體現在學術上。老胡癡迷學術，已經達到了令人罕見的地步。他常在「學衡學術信息共享群」分享各種學界前沿動態信息，可以說是長年累月，持之以恆了。時至今日，其所搭建的學衡學術信息共享群，已經是不少師友獲知學界動態的重要窗口。不僅如此，胡士穎還一直堅持辦刊，在樂黛雲先生支持下，聯合師友同好復刊了《學衡》，而這當然是一件非常艱苦也很有意義的事情。

　　現在回到這本著作本身，首先談談這本著作寫作的緣起。正如作者在北大攻讀博士學位期間，騎著自行車兩次馳騁於西藏的高原那樣，這本著作的推出在背後也有類似昂揚的生命意志作為支撐。其實，通過作者的人生歷程，會發現這樣一條不斷突破，不斷上升，不斷超越的軌跡。胡士穎最初以易學為研究社，夯下了堅實的根基。在讀書期間，他已經在易學、儒學領域發表了不少成果。如果依託這些前期積累，他本可以輕鬆完成博士論文的寫作。但是，老胡

在讀博期間，又做了一件令人驚歎的事情——博士論文寫作選擇佛學作為研究方向。當時，我們在溝通交流時深切感到，做哲學首先要有廣博的基礎，任何一門文化都不是孤立形成的，更多的「他者」視野反而能夠更好地認識「自我」；對於中國哲學研究來講，懂得一點佛教是非常有必要的。而胡士穎當時又在系統學習解釋學，對於身體哲學有著濃厚的興趣，於是決定選擇具有「聰明論」美譽的《俱舍論》作為博士論文選題——以上就是這本著作形成的大概緣起。在此還應該繼續補充說明的是，到了博士後階段，胡士穎又以全真道作為研究對象。可以這樣說，在個人生命成長道路上，他實現了現代學術履歷意義上的「三教合流」。湯一介先生曾言，「當今思想面對的不是某一個國家或某一個民族，而是要面對全世界，它就不可能不吸收其他民族文化的某些因素，不可能沒有全球化的視野，因此真正有成就的思想家將既是民族的，又是世界的。」事實上，在民國時期，不少學人的基本知識結構都是儒釋道並舉，中西印兼備的。在研究中國哲學的道路上，胡士穎用如此自覺的積極行動系統學習了儒釋道，勇於探索如《阿毘達摩俱舍論》這樣異域文明的大部頭經典，是非常難得的事情。

瞭解到以上來龍去脈，現在再來閱讀這本著作，或許會有更多不同的感受。首先應該指出的是，從當前學界的研究來講，《俱舍論》的研究可以說是為數甚夥，但是要論從身體觀角度研究《俱舍論》之有情論哲學的作品，胡士穎推出的這本著作可以說有首創之功。

下面略微介紹下這本著作。在具體的學術方法和立場上，從作者對於「學衡」的偏愛也可以窺測到其學術旨趣所在。作者主要是順著湯用彤先生所宣導的「同情之默應，心性之體會」的路數來進行研究的。這種研究路數最大的好處就是能夠尊重文化，成全價值；換言之，這種研究路數能夠更加如實地把握世界各大文化自身的本來面貌，並盡可能地發掘出世界各大文化自身傳統的可能意蘊。從身體哲學研究《俱舍論》這樣的經典文本，尤其需要這種同情之瞭解的路數。如眾所知，作為世界性的宗教文化體系，佛教本身具有豐富的哲理內涵。但是與此同時，又不得不認識到，佛教的諸多觀念與世間通常的識見並不相同，如何在哲學對話的可公度性語境中探討佛教經典，本身就構成了一個巨大的挑戰。具體來講，現代科學由於有既定的範式、統一的話語，相對而言沒有溝通交流的根本性障礙，但是人文學科則不然，在如此廣袤的精神、價值領域是沒有統一標準、甚至是沒有固定答案的。這種情況下，祖沖之遇到歐

幾里得或許還可以暢聊，但是康德大哲遇到龍樹菩薩可能就難以直接展開真正意義上的對話了。然而，「無平不陂，無往不復」，這恰恰是新時代應該關注、應該解決的問題……那麼，在這種情況下，從一些最為基礎的工作做起，就顯得尤為必要了。在不少情況下，學術未動，概念先行。清晰的概念表達，有助於減少不必要的誤解。這反映在作者的研究中，則是對於複雜佛教名相的細緻梳理，比如，佛教文化中的「有情」概念、四劫、四生、四大種、極微、五蘊、心性等，都構成了重點考察內容。考察這些觀念對於瞭解《俱舍論》的身體觀是非常基礎的必要工作。在這些系統的文本梳理之後，則繼續探討了有情眾生的解脫實踐，這部分內容則涉及緣起論、無我論等重要內容。該書結語部分，則對於全書所探討的內容再次加以脈絡性的簡潔概括。

在梳理過程中，可以發現，作者一直在思考的問題——身體在《俱舍論》中究竟意味著什麼？其實這個問題，也直接關乎佛教最為核心的話題——無我，究竟意味著什麼？事實上，從身體的角度觀察整個佛教理論也是非常有必要的、有意義的線索。一個不容忽略的史實是，「無我」在佛教翻譯史上某些情況下也曾經被處理成為「非身」、「非我」。從這一耐人尋味的翻譯也可以得知，「我」在不少情況下都直接與「身」直接聯繫在一起，虛無縹緲的「我」可借助更為具象的「身」來把握——在這個時候，「身體」其實構成了理解佛教思維特質的界限和標尺。當然，「我」或者「身」這些說法在佛教解脫論中是需要特別小心方能安立的觀念。在這方面，作者非常謹慎而細緻地指出，「很多學者認為，《俱舍論》的哲學方法是心物二元論或者色心二元論的思維，其實並不準確，如果一定要用一元、二元、多元這樣的哲學思維來談印度哲學，那麼色心二元論只代表《俱舍論》對某些問題討論的思維方式，實際上則呈現了色心共身論、色心二元論與心一元論等多種思維方式；準確的說，《俱舍論》依從根本佛教，幾乎在每一部分關於心、法、世間等等問題討論，都歸於五蘊（四蘊）的，色心的矛盾不是普遍的，也不是唯一的。」另外，作者又用「無形之體」的說法，來克服《俱舍論》走向心一元論趨勢後所可能產生的理論難題，「心體通過在欲界、色界、無色界的淬煉，逐漸成為掌控自身的完全的主體，在無色界及以上，受、想、行識四蘊構成了新的無形之體，心體的修行、純化最終實現的是身體的蛻變、昇華、淨化與永恆。」顯然，在精細的文本梳理之上再重新討論佛教的身心、心物關係，能夠得到一些較為精準的結論。寫到這裡，我又想起了當年的場景：在博士論文寫作過程中，胡士穎恰好遇到了

應該如何理解聖者的身體這一難題,於是在窗前反覆沉吟。克實而言,如果從文明交流互鑒的角度來講,相較於身心一元或二元的常見表達,《俱舍論》所揭示的奇特身心關係,就不能不對一般常見的身心關係探討產生精神上的「衝擊」了。當然,從理論自洽的角度而言,《俱舍論》的身體觀之所以具有如此複雜的面向,其實並不矛盾或奇怪。因為《俱舍論》的世界觀結構是建立在三界、四生等觀念基礎之上的。在這方面,作者也指出了,「《俱舍論》雖然有對色身、身體否定的一面,使其 『身體』內涵更具有理論的多面性、意義的複雜層次性;『身體』不僅是『在場』,還是顯在的;有情以『身體』為載體、為外部顯現、修行基礎、世間輪迴的存在;凡諸有情都以獨特的『身體』形式,與外身界共在、交互,同時認識並化育自身以期達到超越性、無漏性的『身體』。」

另外,還應該指出的是,在如《俱舍論》這樣的文本語境中,身體觀念與世界觀念是緊密聯繫在一起的。換言之,有情與世界具有根深蒂固的同一性。後來不少大乘教義都在強調色空不二、依正不二的道理,其淵源也是由來有自。毫無疑問,佛教的這種認識,是不會落入人類中心主義窠臼的;另外,也應該看到,佛教所堅持的有情本位,或者說是眾生本位觀念,當然也不是一種泛化的大生命觀。在這方面,作者也有較為清晰的梳理——「按照《俱舍論》的三界邏輯,凡夫的修證過程,從形體上就是去除色身,而成為由四蘊構成的無色、無形的精神生命體,換言之,有情『身體』實現了欲界、色界的『色心同構』,轉為無色界的『身體』即心體;聖者『身體』相對於無色界只是心體最終克服了有漏性實現了完全的無漏而已。」

以上介紹了《〈阿毘達摩俱舍論〉之有情論哲學》的大概內容。有必要附帶指出的是,作者從身體角度研究佛教哲學,也是具有現實意義的。在這方面,作者認為,「即便是被視為小乘巔峰作品的《俱舍論》也承認佛陀轉世為人身以普渡世人的必要性,在其所提供的種種討論與原因之外,也可以視為色身與法身、色身與精神其實可以不以互相對立關係而存在,色心交融無礙至少可以由佛陀這一至高的有情在欲界切實予以示現。」對此,作者曾經研究過佛光山星雲大師「人的身體就是好道場」的說法。可以這樣說,作者的這些嘗試實為一種連接古今的呼應。

行文至此,不由感慨,人是具有自覺意識的動物,難免會追問意義所在,對於學術更是如此。在今天這樣日新月異的時代,為什麼還要研究《俱舍論》

這樣的著作？張祥龍老師生前常強調「邊緣」的生發意義。從某種角度來講，《俱舍論》也是佛教研究領域中的「邊緣」。但是，所謂的「邊緣」恰恰具有可以成為「中心」甚至前沿的可能。《俱舍論》背後實際上代表了一種具有獨立文明範式意義的世界觀、生命觀，而這種世界觀、生命觀的意義還尚未被當今社會主流文化所深入瞭解。我到現在還記得第一次閱讀佛教人類起源故事時的震撼——劫初的人類來自於光音天；光音天的眾生，沒有眼耳口鼻，也沒有身體，自然不用使用語言，而是從定心發出光明相互交流……這種天馬行空的想像力令人驚歎。或許，不少人終其一生也不會翻閱《俱舍論》，但是卻極有可能知道《心經》中「無眼耳鼻舌身意，無色聲香味觸法」這樣的語句。而這些語句背後關聯的知識，在《俱舍論》處依然可以找到詳細的材料。此時此刻，「無眼耳鼻舌身意，無色聲香味觸法」究竟應該如何理解？不妨靜下心來一參。事實上，正如印順法師所言，「佛法從有情說起」。《俱舍論》中那些四生、極微等類似的複雜名相無不構成了理解生命自身的媒介與鏡面——而且這生命不僅僅是人類自身的生命，而是所有生命的整體存在。因此，當我們追溯文化源流的時候，應該篤定地堅信，在人類文明需要重新選擇前進方向的十字路口，借助古典文本有趣的文化符號——光音天眾生、三界、四禪八定……可以讓我們再次深入思考生命、價值，甚至認識方式本身。

孫國柱

2023 年 8 月 27 日星期日

小　序　孫國柱

第一章　引　言 …………………………………… 1

第一節　有情哲學與根本問題 ………………… 1

第二節　世親考述與《阿毘達摩俱舍論》成書
　　　　過程 …………………………………… 9

一、兩世親爭論 ………………………………… 9

二、《阿毘達摩俱舍論》成書過程 …………… 12

第三節　《阿毗達摩俱舍論》文獻系統、傳習與
　　　　翻譯 …………………………………… 16

一、《俱舍論》與「一身六足」 ……………… 16

二、印度傳習與梵文本發現 ………………… 19

三、漢、藏地區傳習與翻譯 ………………… 20

四、日本、西方研究與翻譯 ………………… 22

第四節　「有情論」研究概要與新方向 …………… 23

一、「有情論」研究概要 ……………………… 23

二、「有情」研究新方向 ……………………… 27

第五節　「有情論」研究方法 …………………… 31

一、同情默應與心性體會 …………………… 32

二、深層結構與根本問題 …………………… 34

三、研究理路與疏離困境 …………………… 36

第二章　有情生成及其形態 ………………… 41

第一節　有情概念及理論意義 ………………… 41

一、有情的概念 ……………………………… 41

二、有情諸相辨 ……………………………… 44

三、「有情為問題的根本」 …………………… 46

第二節　《俱舍論》的「世界」理論 ……………… 51

一、《俱舍論》的世界觀圖式 ………………… 51

二、世間過程與本原 ………………………… 53

三、世界觀念的特點 ………………………… 57

第三節　有情界的過程考察與解讀 …………… 60

一、有情之壞劫與空劫 ……………………… 61

二、器世間的形成與結構 …………………… 64

三、有情界的生成與結構 …………………… 68

目

次

　　　　四、有情界的續成與消亡⋯⋯⋯⋯⋯⋯ 78
　　　　五、四劫之體性與哲學意涵⋯⋯⋯⋯⋯ 86
　　第四節　有情形態及其轉生⋯⋯⋯⋯⋯⋯ 90
　　　　一、有情形態及其意涵⋯⋯⋯⋯⋯⋯⋯ 90
　　　　二、四食理論及其意涵⋯⋯⋯⋯⋯⋯⋯ 95
　　　　三、有情生命產生「四生」⋯⋯⋯⋯⋯ 101
　　　　四、有情轉生環節與論爭⋯⋯⋯⋯⋯⋯ 104
　第三章　有情與四大種、極微⋯⋯⋯⋯⋯ 117
　　第一節　四大種與其色心意涵⋯⋯⋯⋯⋯ 117
　　　　一、四大種體性與業用⋯⋯⋯⋯⋯⋯⋯ 118
　　　　二、四大種的色心意涵⋯⋯⋯⋯⋯⋯⋯ 120
　　第二節　極微及其構成⋯⋯⋯⋯⋯⋯⋯⋯ 121
　　　　一、極微與方分、剎那⋯⋯⋯⋯⋯⋯⋯ 122
　　　　二、極微構成與四大種⋯⋯⋯⋯⋯⋯⋯ 126
　　第三節　四大種與有情身體⋯⋯⋯⋯⋯⋯ 130
　　　　一、大種攝身論⋯⋯⋯⋯⋯⋯⋯⋯⋯⋯ 130
　　　　二、身壞與正身⋯⋯⋯⋯⋯⋯⋯⋯⋯⋯ 133
　　　　三、身體認識方法⋯⋯⋯⋯⋯⋯⋯⋯⋯ 135
　第四章　有情五蘊結構論⋯⋯⋯⋯⋯⋯⋯ 143
　　第一節　五蘊思想析論⋯⋯⋯⋯⋯⋯⋯⋯ 143
　　　　一、五蘊之諸相⋯⋯⋯⋯⋯⋯⋯⋯⋯⋯ 145
　　　　二、五根、五境及其關係⋯⋯⋯⋯⋯⋯ 166
　　第二節　五蘊與諸法⋯⋯⋯⋯⋯⋯⋯⋯⋯ 181
　　　　一、法的概念與類別⋯⋯⋯⋯⋯⋯⋯⋯ 181
　　　　二、五蘊與十二處⋯⋯⋯⋯⋯⋯⋯⋯⋯ 183
　　　　三、五蘊與十八界⋯⋯⋯⋯⋯⋯⋯⋯⋯ 184
　　　　四、五位七十五法⋯⋯⋯⋯⋯⋯⋯⋯⋯ 184
　　　　五、有漏、無漏法⋯⋯⋯⋯⋯⋯⋯⋯⋯ 187
　　　　六、有為、無為法⋯⋯⋯⋯⋯⋯⋯⋯⋯ 189
　　　　七、五蘊攝一切有為法⋯⋯⋯⋯⋯⋯⋯ 192
　　第三節　五蘊身心結構論⋯⋯⋯⋯⋯⋯⋯ 193
　　　　一、二十二根結構⋯⋯⋯⋯⋯⋯⋯⋯⋯ 193

　　二、五蘊與三界 ……………………………… 195

　　三、有情身心結構 ……………………………… 197

第五章　《俱舍論》之「心」的思想 ……………… 201

　第一節　有情之「心」 ………………………… 201

　　一、「心」與「心性」概念 ………………… 201

　　二、「心」之染淨 …………………………… 204

　第二節　「心」之諸相及其意涵 ……………… 209

　　一、諸相辨析及所依身論 …………………… 209

　　二、心、性、身之關係 ……………………… 214

　第三節　「心」論趨向與理解 ………………… 217

第六章　有情緣起、無我與解脫實踐 …………… 221

　第一節　緣起思想及其展開 …………………… 221

　　一、緣起與緣生 ……………………………… 221

　　二、十二因緣論 ……………………………… 223

　　三、因果業報論 ……………………………… 226

　第二節　無我觀念及其諍論 …………………… 244

　　一、無我之概念 ……………………………… 244

　　二、無我之論爭 ……………………………… 245

　　三、無我與有情 ……………………………… 248

　第三節　身心解脫及其方法 …………………… 251

　　一、修行次第與方法 ………………………… 251

　　二、「一切功德多依靜慮」 ………………… 258

第七章　結　論 …………………………………… 263

參考文獻 …………………………………………… 267

後　記 ……………………………………………… 279

第一章　引　言

　　宇宙無窮極，眾生迷悟多。生而為人，觀諸古今中外民生多艱，上下四方眾生違和，是故俯仰之間無不係之以苦樂、善惡、情愛、人我之思，希以安立清淨、明覺之本心。追循往聖，參悟真諦，發明本心，幸而得之者撰述成文，願以學術思想為本位，以經論文獻為基礎，得往哲今賢之大端，間以當下問題引而申之。所涉不當，歸之筆者無明昏鈍，但求棒喝點化，資奉長養。

第一節　有情哲學與根本問題

　　佛學向以無量、深微著稱，其說四諦之教、種種譬喻以廣演言教，善化眾生，故而所涉問題涵攝宇宙人生，徹悟須彌芥子。《涅槃疏》卷十三云：「疑是解津，復是惑本」，則無疑不能徹解，疑是解之津濟，同時也預示抓住「惑本」乃有舉一反三之效用。此亦有類於哲學賴以「發問」，擷獲學術之樞機。〔註1〕

〔註1〕傅偉勳先生說：「記得維特根斯坦曾經說過，真正的哲學家不一定要解決哲學問題，更重要的是他能發掘前人未曾想到過的哲學問題。問題探索法在西方哲學的重要性，更可以在洛克之後以知識論課題為核心的近代歐洲哲學看出來。在幾乎所有劃時代的近代西方哲學名著，序論部分所以經常構成全書最為吃緊的關鍵所在，最主要的理由是原作者在序論部分提示他所發掘的新問題、他所開創的新理路、以及他所發明的新方法，而逼使有心的讀者在各自的哲學探求歷程不得不過他這一關。」（參見：傅偉勳：《從西方哲學到禪佛教》，北京：生活・讀書・新知三聯書店1996年，第24頁。）其實不獨哲學如此，西方自然科學研究也非常重視問題，如科學家費恩曼有一段著名的話：「我想知道這是為什麼。我想知道這是為什麼。我想知道為什麼我想知道這是為什麼。我想知道究竟為什麼我非要知道我為什麼想知道這是為什麼！」（參見：〔英〕約翰・格里賓、瑪麗・格里賓著；江向東譯《迷人的科學風采：費恩曼傳》，上海：

　　印順法師認為有情問題是一切問題的根本,「世間的一切學術——教育、經濟、政治、法律,及科學的聲光化電,無一不與有情相關,無一不為有情而出現人間,無一不是對有情的存在。如離開有情,一切就無從說起。所以世間問題雖多,根本為有情自身。」〔註2〕在此意義上,佛陀察知生老病死等一切痛苦,即是從以人為代表的有情本身觀察的結果;佛教的理論主體是以有情為中心,而人類又是有情論關注重點所在,所謂阿毘達磨佛教即立種種有情、作各種說明,表現出以人間為中心的關注傾向,畢竟南瞻部洲的人類就是以我們為中心的經驗事實或基於一般所承認的神話傳說而構成的,《增一阿含經》卷二十六也說:「佛世尊皆出人間,非由天而得也」,故而印順法師指出,「佛法獨到的見地,卻以為人間最好。這因為一切有情中,地獄有寒熱苦,幾乎有苦無樂;畜生有殘殺苦,餓鬼有饑渴苦,也是苦多於樂。天上的享受,雖比人類好,但只是庸俗的,自私的;那種物質欲樂,精神定樂的陶醉,結果是墮落」〔註3〕,佛法誠然非僅就人類一端而發,實就包括人類在內的五趣六道、三界四劫而論,其思想之宏闊,而究極之至微,在於求取宇宙問題的徹解與所有眾生的解脫。不過,五趣之中,人趣最有修行之優勢,最為殊勝,此見可證之經論,實不謬也。從佛學發展歷史、思想環境、哲學內在問題而言,有情哲學是以具有「情識」共相、統攝大部分動物的生命體活動及其解脫為中心,內容涵蓋廣,思想層次深,足以當之中國哲學、佛學之核心議題。

　　詢及中國哲學學科於近現代興起的歷史,胡適先生在所著第一本中國哲學史的學術著作中很早就給哲學下了定義,他說:「凡研究人生切要的問題,從根本上著想,要尋一個根本的解決:這種學問,叫做哲學」,所以在他看來哲學史便是「把種種哲學問題的種種研究法和種種解決方法,都依著年代的先後和學派的系統一一記敘下來」。〔註4〕馮友蘭先生不僅在哲學史的寫作上超越了胡適先生,在哲學問題上也有自己的「覺解」,比如他寫於1937至1946

　　　　上海科技教育出版社2005年,第52～53頁。)物理學家愛因斯坦也說:「提出一個問題往往比解決一個問題更為重要。因為解決一個問題也許僅是一個數學上的或實驗上的技能而已。而提出新的問題,新的可能性,從新的角度去看舊的問題,卻需要創造性的想像力,而且標誌著科學的真正進步。」(參見:〔美〕A.愛因斯坦(A.Einstein),〔美〕L.英費爾德(L.Infeld)著;周肇威譯:《物理學的進化》,上海:上海科學技術出版社1962年,第59頁。)

〔註2〕印順:《佛法概論》,北京:中華書局2011年,第30頁。
〔註3〕印順:《佛法概論》,北京:中華書局2011年,第35頁。
〔註4〕胡適:《中國哲學史大綱》,北京:東方出版社2012年,第3頁。

年的《貞元六書》（《新理學》、《新事論》、《新世訓》、《新原人》、《新原道》、《新知言》）構建了完整的「新理學」哲學思想體系，晚年著《中國哲學史新編》再次闡釋「四境界」（自然境界、功利境界、道德境界、天地境界），通過引進西學中新的問題意識、理解視角、闡釋架構、詮釋方法，闡解中華「舊邦」哲學傳統與精神，開創「為學」和「為道」為一體的中國哲學「新命」。〔註5〕無獨有偶，張岱年先生在其名著《中國哲學大綱》中提出：「總各家哲學觀之，可以說哲學是研討宇宙人生之究竟原理及認識此種原理的方法之學問」〔註6〕，並採熊十力先生之見解，將中國哲學之特色歸為六個方面〔註7〕；朱伯崑先生將中國千年以來的經學之易學重新發掘而力著《易學哲學史》，突出了「哲學思維形式」的重要性與中國哲學內涵，他指出：「其（易學）對哲學問題的回答是通過其理論思維形式來表達的」，又說：「易學哲學的發展，就其形式和內容說，都同易學自身問題的開展，特別是同對占筮體例的解釋緊密聯繫在一起，有其特有的理論思維發展的邏輯進程及其規律」。〔註8〕以上諸位先生的哲學方法，不妨借用勞思光先生於《新編中國哲學史》所提出的「基源問題研究法」概念〔註9〕，馮友蘭、張岱年、朱伯崑三位先生的哲學思想與著述無不把捉到了哲學的共通性問題、深層結構、內在理路與邏輯源發點，並以此為基點輻射、融攝次生問題與理論，所以能夠在履化西學的同時，闡解出中國哲學特有之問題與精神。〔註10〕

〔註5〕馮友蘭先生對所提「舊邦」、「新命」有自己的解釋，他說：「我經常想起儒家經典《詩經》中的兩句話：『周雖舊邦，其命維新。』就現在來說，中國就是舊邦而有新命，新命就是現代化。」參見：馮友蘭：《三松堂自序·明志》，北京：生活·讀書·新知三聯書店 2009 年，第 413 頁。

〔註6〕張岱年：《張岱年文集》第二卷，北京：清華大學出版社 1990 年，第 1 頁。後引此書，出版信息皆以此為準。

〔註7〕這六個方面分別是：（1）合知行；（2）一天人；（3）同真善；（4）重人生而不重知論；（5）重了悟而不重論證；（6）既不依附科學亦不依附宗教。張先生說，「以上六點，可以說是中國哲學之一般的特色，即中國哲學之一般的傾向，與西洋或印度的哲學不同的」，其中（1）、（3）、（5）三則，「頗採熊十力先生之意。熊先生論中國哲人之根本態度，甚為精湛。其說見《十力語要》。」參見：張岱年：《張岱年文集》第二卷，北京：清華大學出版社 1990 年，第 9 頁。

〔註8〕朱伯崑：《易學哲學史》（第一卷），北京：華夏出版社 1995 年，第 2 頁。

〔註9〕勞思光：《新編中國哲學史》（一），桂林：廣西師範大學出版社 2005 年，第 10 頁。

〔註10〕中國哲學已有百年基業，無數俊才、賢達努力其間，成就不朽文字，理當致敬，但為行文簡省計，不再一一繁舉。

「本根問題」的最大特徵是「通」〔註11〕。「本根」固然有「絕對」、「最核心」之意涵,「本根問題」卻往往在不同的哲學類型、哲學家那裏有著不同的概念、命題或表述,如「邏各斯」、「道」、「梵」、「佛性」、「思維與存在」等等。正所謂「道並行而不相悖」,「本根問題」突顯出各大文明、理論的問題意識與終極關懷,它們形式有不同,也不該互相妨害,且應在「百尺竿頭」之上,讓對普遍而內在的哲學問題研究「更進一步」。

「本根問題」的中心詞是「問題」。漢語詞彙中的「問題」有若干義項,如有待解答的疑問、有待解決的矛盾、需要克服的障礙、關鍵或要點、事故或麻煩等等,在英語中往往需要以 question、matter、trouble、issue、key、careless 等多詞分飾;歸諸義項與可充當的主詞、賓詞的用法,則「問題」既可作為表達的主體,也可作為行為的對象。「本根問題」同樣可以作為主詞和賓詞使用,作為賓詞時主要體現其為哲學的某種屬性,作為主詞的語用與命題人的態度有關,「所謂主詞存在問題不是事實上主詞所代表的東西究竟存在與否,而是這些命題對於這些東西的存在於不存在的態度。這個態度影響各命題的意義與它們彼此的關係」〔註12〕,因此作為主詞的「本根問題」可以由主體的事實性、知識性表述,轉為主體的意義或認識問題。不過,語言形而上學式分析不是解決哲學問題的根本方法,還需要循諸語義所傳達的、比語義更根本的人類的生存經驗與生命體認。〔註13〕

西方哲學發展歷史上曾關注過幾個重要的問題,如「我們知道什麼」、「我們應當怎樣做」、「我們應當相信什麼」、「人是什麼」或「存在的意義」等等;而中國哲學偏於探討天人問題、人生問題、道德問題、知行問題,或

〔註11〕「通」在此有別與「實」與「真」,如金岳霖先生說:「哲學底目標可以說是通,我們不盼望學哲學的人發現歷史上的事實,也不盼望他們發現科學上的道理。」(參見:金岳霖:《知識論》,《金岳霖全集》第三卷上,北京:人民出版社2013年,第10頁。)

〔註12〕金岳霖:《邏輯》,《金岳霖全集》第一卷,北京:人民出版社2013年,第83頁。

〔註13〕哲學的「語言學轉向」在二十世紀西方哲學發展中佔據要津,自昔而今,影響已遍及全球,大有投「語言」之鞭、斷其他哲學之流的雄心。然而中國古代哲學中《論語》有云「巧言令色鮮矣仁」,《老子》云:「知者不言,言者不知」,《莊子》云:「天地有大美而不言,四時有明法而不議,萬物有成理而不說」,禪宗則「不立文字」,印度佛教均將「身、口、意」作為三業,可見東方哲學自古對「語言」問題有著更深廣的智解。這些或可成為語言學轉向的目的地。

可概括為「合天人」、「同人我」、「一內外」三個方面〔註14〕；印度學說則一直圍繞業報輪迴、解脫之道和人我問題三個核心主題〔註15〕。如果把西、中、印三個哲學類型的問題作為「基源問題」，那麼它們的最大公約項無疑是關於人的問題（諸如知識、經驗、體驗、精神問題等）。作為集合名詞的人，西方哲學上又常有「自我」和「他者」的分法，並探討主體間性、自我與他者的關係以彌合「人」之主體與客體的衝突、裂隙；印度與中國哲學多使用「人我」或「我人」，它不似習慣主客二分思維的西方哲學那樣具有特別的內在緊張。若要「照著講」，「人」之問題，無疑是東西哲學的重要問題，也是當今世界哲學頗為核心的議題。但是，如何「接著講」？湯一介先生曾提供了三個路向，即中國哲學、西方哲學、馬克思主義哲學，這是從哲學形態上的接續；似乎還存在一種從時間上，即古代、現代時段的接續。湯先生的意見應該是這二者的統一：第一，接著現代哲學講；第二，要「返本開新」。此外，湯用彤、湯一介等先生均提倡學習和會通中、西、印文化，藉此使中國文化含弘光大，生生不息。

西方哲學的現代發展最引人注目的是現象學、存在主義、解釋學與語言哲學，前三個有著學術「近親」關係，其最突出的成績之一，是對以笛卡爾為代表的身心二元論提出了許多有益的討論，為打破以符號、表徵、行為主義為代表的「無身認知」〔註16〕，提出「具身認知」理論，因而對近代以來的傳統認知有根本性的突破。若要從哲學近世之發展趨向而言，以認知理論為基礎構建哲學仍是西方哲學近代以來的常規路數，但已經有一些哲學家開始放眼東方哲學的內容，並汲取營養，取得令世人注意的研究成果，如近世西方學者對「情感」的哲學發現，有助於中國哲學重新審視被自己忽略的內容，讓心、性、情、知的關係在更為合理的基礎上討論；對「情」的再發現或可成為中國「心學」轉進的突破口。

中國哲學學科始於近現代，先天生長不足，又一度盛行以「物質與意識」

〔註14〕湯一介先生在《論儒學與中華民族復興》（參見：湯一介：《湯一介集》第五卷，北京：中國人民大學出版社 2014 年，第 10～16 頁）一文中闡述了儒學的「合天人」、「同人我」、「一內外」三方面，此頗與張岱年先生論中國哲學六個特點相合，故亦可作為中國哲學的三個普遍、根本問題。

〔註15〕參見：湯用彤：《印度哲學史略》，北京：北京大學出版社 2010 年，第 2 頁。

〔註16〕對於認知科學、認知哲學、具身認知等概念與發展，將於下文「主題綜述」中予以介紹。

為綱對儒家、道家、道教、佛教等傳統思想進行「手術」的做法，大大遮蔽了自身哲學的內在肌理與理論活力。「具身認知」無疑可以給包括佛教、儒家、道家、馬克思主義中國化思想在內的中國哲學進行一次「撥亂反正」，這是當代西方哲學自身轉進之時，全球哲學與時俱進之東方氣象。當然，這並不意味著中國哲學以後便循著「具身認知」導向發展，因為中國哲學傳統中恰恰有著不亞於「具身認知」的內容——心學哲學。「具身認知」之所以能夠扭轉「無身認知」，除了對身體認知有了新的認識外，還有對「情感認知」的引入，後者因難以表現、測量、實證化，被符號主義、表徵主義、行為主義認知置於主觀世界的內心活動，且時常作為驅除、鬥爭、壓抑的對象。這個在現代西方哲學漸進重視的「情感認知」，早已是中國思想家熟玩的內容，孟子以至於王陽明皆是如此，中國文明特重「倫理—心理」的實用理性與「禮樂文化」便是以「情理結構」為內核，在李澤厚先生看來「中國思想的特點就是要講情感」〔註17〕，並應從「以『情』為人生的最終實在、根本」意義上的「情本體」高度去把握中國文化的神髓。〔註18〕不過就中國哲學，包括中土佛學在內，其突出特點是「心性」之學，〔註19〕「情」的問題長期被籠罩在「性」的討論之中，同時又淹沒在對「欲」的批判裏。不過，「情」的發現，即便是「一枝一葉總關情」，也似乎難以出離朱熹「心統性情」的宏闊高度與陽明「四句教」的昭明靈覺。

中土佛教與本土思想和印度佛教的融合、轉圜基礎與契機，在中國宏闊彌遠的歷史背景下，呈現許多面向，在此不妨以「佛性」問題入手討論。所謂「佛性」，「就是談眾生能不能及怎樣才能成佛的問題」，而且佛性問題是「佛教的中心問題」。〔註20〕如果在部派佛教或有可商的話，在大乘佛教則毋庸置疑，因其最終目的就是「成佛」。中國的大乘佛教的主流思想，很早就主張眾生皆有佛性說，所謂的「眾生」一般包括天人、人類、傍生、地獄、鬼五類，即佛教常說的「五趣」或「五道」。晉宋之際的竺道生認為：「一切眾生，莫不是佛」

〔註17〕李澤厚、劉緒源：《該中國哲學登場了？》，上海：上海譯文出版社2012年，第9頁。

〔註18〕參見：李澤厚：《實用理性與樂感文化》，北京：生活·讀書·新知三聯書店2013年，第54頁。

〔註19〕關於中土佛教與儒家、道家等學派的心性論及其交互影響，已見於很多學者的討論，幾成共識。暫不贅言。

〔註20〕賴永海：《中國佛性論》，南京：江蘇人民出版社2012年，第6頁。

（《妙法蓮華經注疏·見寶塔品》），「聞一切眾生，皆當作佛」（《妙法蓮華經注疏·譬喻品》），成為眾生有性、闡提成佛說的首倡者。〔註21〕此後經《北本涅槃經》「一切眾生悉有佛性」宣揚，在社會上影響愈深。到了唐代，天台九祖荊溪湛然進一步打破只有眾生才有佛性的看法，他「第一個把無情有性作為本宗佛性思想的標幟，並從理論上對它進行全面論證」，擴大了佛性的範圍。〔註22〕「無情」是相對「有情」（眾生）而言，有時又作「非情」，這幾個都是漢譯概念，簡單說來即是有生命和無生命的事物，「生命」是佛教對於世界做出的最基本的分類尺度。「佛性」在中土佛教裏，是「斷壞煩惱」，同時也是對「清淨本心」、「真如」的呈現、彰顯，而要達到這一目的的最重要途徑，便是去除煩惱及其對治煩惱的最主要的根源——情慾。所以佛教要實現「成佛」這一終極目，便要傾力研究煩惱、情慾、認識等等所有和生命現象相關的問題，這些都是廣義上的佛教「有情論」的內容；「佛性」作為佛教中心問題，離不開佛教有情論的認識基礎，而建立什麼樣的「佛性論」又必將整體影響到有情理論的方向、思想深度，因此中土「佛性論」是中國哲學史上的重要論述，拓展和深化了人性問題討論的新維度，是對印度佛教思想「返本開新」的新發展。〔註23〕

之所以這麼說，是因為從總體上、原則上，印度小乘佛教無佛性論，即便到了後期也若有似無，或被輕置於「非了義」的地位；大乘佛教也不是一開始就有佛性思想的，「佛性思想的孕育完成與明確化，嚴格地說，已是中期大乘佛教的事」〔註24〕，印度原始佛教、部派佛教和早期大乘佛教的理論關注點逐漸起了變化。具體來說，在幾乎整個小乘佛教中罕見佛性論，法藏《華嚴一乘教義分齊章》卷二云「但佛一人有佛性，餘一切人皆不說有」，「佛性」可能被

〔註21〕賴永海先生認為，晉朝末年之後，「一切眾生悉有佛性」思想成了中土佛性思想的主流，並進而成了中土佛學的主流。竺道生是使中國佛性思想、乃至中國佛學整個地改變方向的關鍵人物。參見：賴永海：《中國佛性論》，南京：江蘇人民出版社2012年，第52～53頁。

〔註22〕賴永海：《中國佛性論》，南京：江蘇人民出版社2012年，第182～183頁。

〔註23〕賴永海先生指出，「隋唐諸宗派的佛性思想，無一不是融合諸經論，甚而內書外典並用，儒釋道三教兼收，成為一種外來宗教與中國傳統思想的混合物，從而使整個佛性思想帶有濃厚的中國化色彩。這種中國化了的佛性思想與中國傳統的心性、人性學說的進一步融合，遂行為融三教於一爐的宋明心性之學。」參見：賴永海：《中國佛性論》，南京：江蘇人民出版社2012年，第22頁。

〔註24〕賴永海：《中國佛性論》，南京：江蘇人民出版社2012年，第6～9頁。

視為佛陀獨具，或帶有「神我」色彩而不被主張「無常」、「無我」的小乘家接納。到了小乘佛教後期，各部認識不同，世親著《佛性論》就是探討佛性問題的代表，該論涉及分別部所論：「一切凡聖眾生，並以空為其本，所以凡聖眾生皆從空出，空是佛性，佛性即是大涅槃」，說一切有部認為「一切眾生無性得佛性，但有修得佛性」，並進一步說，一闡提犯重禁者一定沒有佛性且永遠不得涅槃，有些眾生佛性有無不定需憑藉修行方得，聲聞、獨覺、菩薩三乘人必定有佛性，僅是成佛途徑不同。此外《異部宗輪論》中記載了大眾部、一說部、說出部、雞胤部持「心性本淨，客塵隨煩惱所雜染，說為不淨」之見，此說雖受說一切有部，如《阿毘達摩順正理論》所否定，卻是一切眾生悉有佛性的先驅思想。這些佛性思想萌芽，成了大乘佛教進一步發展佛性思想的基礎和討論的重要內容。〔註25〕

　　從以上內容可見，佛性思想這一變化，也是有情論的擴展、深化的集中體現，其一，有情論的討論重心，在原本普通人類有情（凡夫）的基礎上，加重了對菩薩、佛陀的討論，擴大了有情論的範圍；其二，原本以輪迴業報、解脫次第和無我理論為重點的有情論，由原來阿毘達摩法的「對治」法，開始思考即凡而聖的根本所在，這是有情論深化至心性結構的表現；第三，對「佛性」的探討，實際上是對凡夫之性的探討，而後被擴展至一切有情之性，在中土佛教又被延伸到有情和非情領域，最終確立了有情的「心性」本體。這三個方面無疑是佛教思想深化的體現，但這一發展的趨向最終成為一種偏向。

　　印順法師認為，無論宗教還是哲學，都有自己的根本立場、思想中心，「佛法以有情為中心、為根本的，如不從有情著眼，而從宇宙或社會說起，從物質或精神說起，都不能把握佛法的真義。」〔註26〕中土大乘化佛教思想漸盛，唐以後則基本取代了以毘曇學與俱舍學為代表的小乘思想，這些中國化了的佛教宗派重視判教理論、心性（佛性）說、頓漸成佛，開啟了佛學思想發展的新景象。有情論的內容，如色、受、想、行、識「五蘊」說，在小乘被「無我」化，在大乘被「空」觀、被「唯識」，成「負」理論或過了河被拆的橋；在現代佛學研究，則被西方無身認知影響下的哲學、心理學、神經學等所「誤讀」。佛教的救助對象、理論中心、考察中心恒為「有情」，永為「生命」，止於「解

〔註25〕參見：賴永海：《中國佛性論》，南京：江蘇人民出版社2012年，第6～8頁。
〔註26〕印順：《佛法概論》，北京：中華書局2011年，第29頁。

脫」，理論實現途徑則是對有情的具身化認知、佛性真如的體認，否則就有可能遠離佛陀教法的現實性、即時性與實證性精神。

因此，佛教有情論應該得到重新審視。無論在佛教人士，還是「外道」研究者，學習探求佛教文化都是永無止境的，研習求證之中亦必仁者見仁智者見智。筆者料想，如果以本根問題為緣起，以佛法、佛典為依止，從根本問題路徑加以探求，即便是「一葉障目」，也可能不會如同「瞎子摸象」一般，當然也可能結果更糟。無論如何，《論語・子罕》載：「唐棣之華，偏其反而。豈不爾思，室是遠而。」子曰：「未之思也，夫何遠之有？」但以「夕惕若厲」之心於「終日乾乾」之研究，不求無咎，但求方家予以賜正吧。

第二節　世親考述與《阿毘達摩俱舍論》成書過程

一、兩世親爭論

《阿毘達摩俱舍論》作者世親，梵名 Vasubandhu，古代音譯為「婆藪槃豆」，舊譯為「天親」。一般認為，世親生活在公元四世紀，北印度犍陀羅國富婁沙富羅城人，國師婆羅門憍尸迦第二個兒子。他一生弘傳佛法，出入大小乘，對小乘佛教、大乘唯識學、瑜伽學的論著、注疏皆豐，成就極高，有「千部論主」之譽，故而《俱舍論記》（以下簡稱《光記》）卷一贊其「學通內外，博達古今，名振五天，聲流四主」。印順法師指出：「在印度佛教史中，世親雖不是具有創發性的智者，如龍樹、無著那樣；而多方面的，精審而又富於綜合性的智者，世親是一位僅有的大師，少有人能與他並美的。」〔註27〕然而，由於世隔久遠，歷史記載不甚詳備之故，自古以來存在很多關於世親的問題、爭論，其中主要的問題是兩個世親和《俱舍論》作者世親的生平時間問題。

關於兩個「世親」。在佛教史上有新世親和古世親兩種說法，認為《俱舍論》的作者「世親」與無著的弟弟「世親」並非同一人；前者被稱為新世親，是一切有部的論師，後者是大乘瑜伽行派的論師。

近代奧地利學者弗勞凡爾納（Frauwallner）認為有「古世親」與「新世親」

〔註27〕印順：《說一切有部為主的論書與論師之研究》，北京：中華書局 2011 年，第646 頁。

兩人，古世親生於公元 320～380 年間，新世親在 400～480 年間。〔註28〕此說頗受日本學者櫻部建之批判。〔註29〕V. 史密斯在《印度古代史》（Early History of India）中提出，兩個世親的說法並非無端的猜測。他認為世親在《俱舍論・賢聖品》之末提到，佛教契經已經存世千年，而不是九百年，而阿毘達摩則不足千年；《俱舍論》中還引用並駁斥過一位論師叫「阿闍梨世親」的意見，如果無著、世親著作的漢譯本中記載的譯出年代沒有錯誤，則可以推測世親誕生在公元 4 世紀。此外，如果以上證據不夠充分，則傾向於認為世親時代與其學生陳那的生期更為接近〔註30〕，而據日本學者考證，陳那生活在公元 400 年至 480 年間。〔註31〕

從《光記》等書，木村泰賢認為法勝《阿毘曇心論》中有作釋頌六千偈的有部論師「世親」，而作《俱舍論》的世親是唯識學的創始人。他還說，從《大毘婆沙論》到創作《俱舍論》的世親之間，另有一個作《無依虛空論》的世親。但這一說法受到了高楠順次郎的批判。〔註32〕

印順法師《說一切有部為主的論書與論師之研究》認為，造《俱舍論》作者為新世親，他和古世親有著師承關係。印順法師援引藏傳《俱舍論稱友疏》考證認為西藏所傳《俱舍論稱友疏》在明十二緣起時說「如意阿闍黎之和尚，世親阿闍黎說」，判定世親為如意的和尚，故與《付法藏因緣傳》所說相合；而如意為《俱舍論》主世親的和尚；其中，古世親確為「祖師」，「古世親與後

〔註28〕弗勞凡爾納認為，古世親為西北印度丈夫城（今 Peshāwar 白沙瓦）人，其父為婆羅門嬌尸迦（Kauśikā），其兄為無著，其弟為比鄰特跋婆（Viriñcivata）。此世親為有部論師，曾著書五百餘部，較早者為《阿毘曇心論》的注釋書《雜阿毘曇心論》等。其兄無著為唯識學創立人，著有《百論釋》、《中邊分別論》、《妙法蓮花經優婆提舍》等釋論，見過《發菩提心論》的作者。新世親具有屬有部的經量部傾向，生於笈多王朝之第五代塞犍陀笈多（Skandagupta）王時，至第七代那羅辛哈笈多（Naransi mhagupta）王時歿，著有《七十真實論》（Paramārthasaptaḷikā）《阿毘達磨俱舍論》。

〔註29〕參見：櫻部建：《關於弗勞凡爾納氏的世親年代論》，載《印度學佛教學研究》第一號，昭和 27 年，第 208 頁。

〔註30〕Smith, Vincent Arthur, The early history of India: from 600 B.C. to the Muhammadan conquest including the invasion of Alexander the Great, The Clarendon Press, 1924, pp328.

〔註31〕中村元、宇井伯壽等日本學者均發表過考證意見，如中村元《印度思想史》認為陳那為公元 400～480 年人。參見：中村元：《印度思想史》，東京：岩波書店 1956 年，第 197 頁。

〔註32〕參見：〔俄〕舍爾巴茨基著：《小乘佛學》，北京：中國社會科學出版社 1994 年，第 6～7 頁。

世親，有師承的關係，應該是可以信任的」〔註33〕。《付法藏因緣傳》卷六曾
載婆修槃陀付法給摩奴羅：「婆修槃陀白言受教，從是以後，宣通經藏。以多
聞力、智慧辯才，如是功德而自莊嚴，善解一切修多羅義，分別宣說，廣化眾
生。所應作已，便捨命行。次付比丘，名摩奴羅。」印順法師認為婆修槃陀是
古世親，而摩奴羅即如意論師。有學者指出，印順法師所據頗弱，難以論斷。
〔註34〕根據，《俱舍論》卷九「明十二緣起」對「有餘釋言：餘契經說，非理
作意為無明因」的解釋，《光記》卷九曰：「此下敘異說。古世親解，是後世親
祖師。即是《雜心》初卷子注中言和須槃豆，是說一切有部中異師。」即是說，
如就阿毘達摩的歷史而言，相傳古世親作六千頌廣釋《阿毘曇心論》，這與以
《心論》為本進一步造《俱舍論》的世親有一致的思想傾向，這樣說古世親是
新世親的祖師也不為過。〔註35〕

　　總體而言，兩世親問題於近世佛學爭訟為多，而各方意見引證之數量與可
信度尚不足以得出確定之結論，尤其對於提出《俱舍論》作者世親與唯識宗重
要人物世親為二者難以讓人採信。對於此問題，平川彰對各方材料有比較詳細
之評議，認為沒有分開二者的必要。〔註36〕本書亦持《俱舍論》作者世親與唯
識宗世親為同一人之說，以此作為相關歷史、思想、文獻甄選與研究之基礎。

　　圍繞《俱舍論》作者「世親」之生平年代，在中國、日本、印度和西方學
者中有很長時間的爭論，且迄無定論。綜合各家推斷，主要集中在公元 4 世
紀、5 世紀，具體時間亦有所差異。〔註37〕（1）公元 4 世紀說。諾埃爾·佩
里（Noël Peri）認為世親卒於公元 350 年〔註38〕，宇井伯壽認為世親生活公

〔註33〕印順：《說一切有部為主的論書與論師之研究》，第 647 頁。
〔註34〕有學者質疑說：「印順導師以藏傳《〈俱舍論〉稱友疏》『如意阿闍黎之和尚，
　　　　世親阿闍黎說』為依據，認為《付法藏因緣傳》中的摩奴羅就是如意，卻難以
　　　　發現其他有力的依據，古世親與新世親到底有沒有師承關係，即使有，是否就
　　　　是介於摩奴羅之前與之後？恐怕還待商榷。」參見：振宇：《〈俱舍論〉史略及
　　　　其價值》，《法音》2008 年第 3 期。
〔註35〕振宇：《〈俱舍論〉史略及其價值》，《法音》2008 年第 3 期。
〔註36〕〔日〕平川彰：《阿毘達摩俱舍論索引》（Introduction, II,The Date of Vasubandhu-
　　　　The Discussions on Two Vasubandhu），Tokyo, Daizo Shuppan Kabushikikaisha,
　　　　1973, PP. II-X.
〔註37〕參見：〔俄〕舍爾巴茨基：《小乘佛學》，北京：中國社會科學出版社 1994 年，
　　　　第 6～7 頁。
〔註38〕Noël Peri:Àpropose de la Date Vasubandhu,B.de l'Ecole Francaise d'extrême
　　　　Orient,XI 1911,PP.339-390.

元 320 至 400 年之間〔註39〕，中村元同此說〔註40〕。（2）公元 5 世紀說。高楠順次郎認為世親當生活在公元 420 至 500 年之間〔註41〕，荻原以為 390～470 年〔註42〕，干潟新說為 400～480 年，參「世親年代再考」〔註43〕，《大唐西域記》載世親生於佛滅千年，當為五世紀中期。對於世親的各種意見，古代記載較少，亦有相左之論，這對於今人頗為挑戰，學者各持論見，卻只有一些蛛絲馬蹟，無有定斷。日本學者平川彰持中和之論，他以為「雖有人視世親為公元 320～400 年左右的人，但最好能下伸到公元 450 年左右，只是 Frauwallner 分無著弟弟的世親（古世親）公元 320～380 年，及《俱舍論》著者的世親公元 400～480 年，將二位世親看作不同的人；但是似乎並沒有分開二者的必要，若看作同一個人，其生卒年代可視為公元 400～480 年左右。」〔註44〕這種推定，並沒有真正解決兩個世親的爭論，但為《俱舍論》的創作給出了一個較為合理的年代範圍。演培法師在《俱舍論頌講記》中，根據世親唯識學經過三或四傳至玄奘這一線索，推定世親應生於公元 4～5 世紀間。這些推斷為探討《俱舍論》產生的背景，提供了基本的依據。

二、《阿毘達摩俱舍論》成書過程

世親造《俱舍論》的過程，也是一段值得推究的佛教史問題。探討的依據還應該回到基本的文獻記載。

關於造論前的情況，圓暉《俱舍論頌疏》記云：

> 世親尊者，舊習有宗，後學經部。將為當理，於有宗義，懷取捨心，欲定是非。恐畏彼師，情懷忌憚，潛名重往，時經四載，屢以自宗頻破他部。時有羅漢，被詰莫通，即眾賢師悟入是也。悟入怪異，遂入定觀，知是世親。私告之曰：「此部眾中未離欲者，知長老破，必相致害。長老可速歸還本國。」（卷一）

〔註39〕〔日〕宇井伯壽：《玄奘以前ら印度諸論師ら年代》，《印度哲學研究》第五期，1929 年，第 387 頁。

〔註40〕〔日〕中村元：《印度思想史》，東京：岩波書店 1956 年，第 160 頁。

〔註41〕J.Takakusu:A Study of Paramartha'S Life of Vasubandhu and the Date of Vasubandhu, JRAS 1905, PP. 33-55.

〔註42〕Bodhisattvabhumi, ein dogmatische Text der Nordbuddhisten, Leipzig 1908.

〔註43〕〔日〕干潟：《世親年代再考》，《宮本正尊教授還曆紀念論文集佛教學論集》，1954 年，第 305～323 頁。

〔註44〕〔日〕平川彰：《印度佛教史》，臺北：商周出版社 2004 年，第 133～134 頁。

這段關於《俱舍論》產生背景的直接記載，在印順法師看來，是本於《婆藪
槃豆法師傳》。《婆藪槃豆法師傳》記云：「阿緰闍國有一法師，名婆婆須拔
陀羅。聰明大智，聞即能持；欲學八結毘婆沙義，於餘國弘通之。法師託跡
為狂癡人往罽賓國。……於十二年中聽毘婆沙得數遍，文義已熟，悉誦持在
心。欲還本土，去至門側，諸夜叉神高聲唱令：大阿毘達摩師今欲出國。即
執將還於大集中。眾共檢問，言語紕繆不相領解。眾咸謂為狂人，即便放
遣。……法師既達本土即宣示，近遠咸使知聞，云我已學得罽賓國毘婆沙，
文義具足，有能學者可急來取。……罽賓諸師後聞此法已傳流餘土，人各嗟
歎。」〔註45〕印順法師認為最早到迦濕彌羅學習《大毘婆沙論》的應為須拔
陀羅，而非世親，世親為了精究《大毘婆沙論》義，也曾到迦濕彌羅修學過。
〔註46〕

　　這兩則文獻，皆載世親有過「留學」經歷，而之所以如此，其歷史背景
是，佛滅後四百年間，西北印度的說一切有部系，因得到迦膩色迦王的護持，
其勢力一時達到了極盛。為了確立有宗在佛教中的正統地位，薩婆多部進行
規模宏大的三藏結集，其中最重要的成果，就是十萬頌的《大毘婆沙論》。《大
毘婆沙》是在《發智論》研究的基礎上集成的，代表說一切有部教義的大成，
也確立了迦濕彌羅毘婆沙師成為說一切有部阿毘達磨的正宗地位。〔註47〕然
而「既結集已，刻石立誓，唯聽自國，不許外方。敕藥叉神守護城門，不令
散出。」（《俱舍論頌疏》卷一）這則材料一定程度上反映了部派佛教發展過
程中的特點，理論的系統化過程，往往伴隨著排他性，其僵化的形態和養成
的保守做法需要借他山玉石以開新風。這段前後一貫的說明，是現存關於世
親造論的最為具體可信的記述，也是《俱舍論》造論背景與集成特色的突出
表現。

　　關於造論經過。圓暉《俱舍論頌疏》曰：

　　　　於時世親至本國已，講《毘婆沙》。若一日講，便造一偈，攝一
　　日中所講之義。刻赤銅葉，書寫此偈。如是次第，成六百頌，攝《大
　　婆沙》，其義周盡。標頌香象，擊鼓宣令云：「誰能破者，吾當謝之。」

〔註45〕《婆藪槃豆法師傳》還有類似的記載：「迦旃延子即刻石立表云：今去學此諸
　　　　人不得出罽賓國，八結文句及毘婆沙文句亦悉不得出國，恐餘部及大乘污壞
　　　　此正法。」
〔註46〕印順：《說一切有部為主的論書與論師之研究》，第652頁。
〔註47〕振宇：《〈俱舍論〉史略及其價值》，《法音》2008年第3期。

竟無一人能破斯偈。將此偈頌，使人齎往迦濕彌羅，時彼國王及諸
僧眾，聞皆歡喜，嚴幢幢蓋，出境來迎，標頌香象。至國尋讀，謂
弘己宗。悟入知非，告眾人曰：「此頌非是專弘我宗，頌置傳說之言，
似相調耳。如其不信，請釋即知。」於是國王及諸僧眾，發使往請，
奉百斤金，以申敬請。論主受請，為釋本文，凡八千頌。寄往，果
如悟入所言。（卷一）

通過這段文字，可見《俱舍論》的產生大致有兩個階段，一為造頌，二為「釋
本文」，而肇端之始，在於講論《毘婆沙》。對此，有學者提出非議，認為這
段記載顯示《俱舍論》似乎是世親在講《大毘婆沙論》的過程中每日攝成一
頌，最後輯成論著，但這種描述與論主造論的歷史事實顯然不符，主要因為：
從《俱舍論頌》的組織結構而言，其文義前後通貫，而且「並不是以一偈作
為一個獨立的單元，有時以多偈表達一個論義，有時以一偈含攝多個論義」，
而且「有很多頌文的文義是前半偈歸屬於上文而後半偈歸屬於下文」，因此
「每日一偈」撰著方式令人生疑；如果將《大毘婆沙論》和《俱舍論》的內
容加以對比，可以看出兩者的論義在次序上並不一一對應，因此「世親造論
應是一個在全面貫通《大毘婆沙論》論義後重新創作的過程，而不可能是依
照《大毘婆沙論》的原有次第逐次講解，然後才連綴成篇的」；從著述時間
而言，《俱舍論》的出現距《大毘婆沙論》形成已然久遠，並且《俱舍論》
的組織結構直接繼承於《阿毘曇心論》與《雜阿毘曇心論》，而非《大毘婆
沙論》，故此可以排除世親直接依據《大毘婆沙論》而造《俱舍論》的可能。
不過，《俱舍論》的出現對於有部產生強烈衝擊，引發毘婆沙師們的激烈反
應，則在相當程度上反映了歷史的真實情形。〔註48〕印順法師也從《大毘婆
沙論》的組織次第，認為它與《俱舍論》的次第不合，故而世親每日造一頌
的傳說決無其事。〔註49〕

　　不過，《俱舍論本頌》之造作，與《大毘婆沙論》直接相關，雖然是否「日
攝一頌」而成，固可質疑，但「如其次第」並不能機械理解為《大毘婆沙論》
與《俱舍論》的一一對應；《俱舍論》與法勝的《阿毘曇心論》和法救的《雜
阿毘曇心論》關係密切，但沒有足夠的記載來確定他們對《俱舍論》形成之影

〔註48〕何石彬：《〈阿毘達磨俱舍論〉研究：以緣起、有情與解脫為中心》，北京：宗
　　　　教文化出版社 2009 年，第 16 頁。
〔註49〕印順：《說一切有部為主的論書與論師之研究》，第 654 頁。

響。《大毘婆沙論》在世親學習或造論過程的作用，多為前啟其端，後發其緒；世親輾轉立破、借機發揮，亦有針對之意。即便是依此宣講，也無須照本宣科，反以提綱挈領、新意貫穿為宜。《俱舍論》前頌後釋而造，在文本形成上疑竇頗多，與《大毘婆沙論》關係也需待更多證據。二者在漫長歷史時期的傳承與爭論，更在提請後人注意《大毘婆沙論》與《俱舍論》、有部與經部之間歷史淵源關係與內在的理論聯繫。

造論之後。由於世親作《俱舍論》，涉及用經量部教義評破有部，引起了婆沙論學者不滿，悟入的師兄弟眾賢花十二年苦功，著《俱舍雹論》八十卷以反駁《俱舍論》，另有《顯宗記》四十卷以略述《雹論》。《俱舍雹論》後易名為《順正理論》。〔註50〕

世親據理為宗，不拘泥於述有部義，在有部不能通的地方就用經部義來矯正，具有兼通自創的特色，故《俱舍論》在當時被稱為「聰明論」。智愷曾曰：

> 佛滅度後千一百餘年，有出家菩薩，名婆藪槃豆，器度宏曠，神才壯逸，學窮文字，思徹淵源，德隆終古，名蓋當世。造大小乘論，凡數十部，並盛宣行，靡不宗學。法師德業，俱如別傳。先於薩婆多部出家，仍學彼部所立三藏，後見彼法多有乖違，故造此論。具述彼執，隨其謬處，以經部破之。故此論本宗是薩婆多部，其中取捨，以經部為正。博綜群籍，妙拔眾師，談玄微窮於奧極，述事象略而周遍，顯成聖旨，備摧異說，立不可窺，破無能擬。義兼數論，而深廣愈之。詞不繁而義顯，義雖深而易入。故天竺咸稱為「聰明論」，於大小乘學，悉依此為本。（《俱舍釋論》卷一）

普光根據玄奘的口授也有同樣的記載：

> 斯論乃文同鈎鏁，結引萬端，義等連環，始終無絕。採「六足」之綱要，備盡無遺。顯八蘊之妙門，如觀掌內。雖述一切有義，時以經部正之。論師據理為宗，非存朋執。遂使九十六道，同玩斯文；十八異部，俱欣秘典。自解開異見，部制群分，各謂連城，齊稱照乘。唯此一論，卓乎迥秀。猶妙高之據宏海，等赫日之曖眾星。故印度學徒，號為「聰明論」也。（《俱舍論》卷一）

〔註50〕參見呂澂：《印度佛學源流略講》，上海：上海世紀出版集團 2005 年，130頁。

在《俱舍論》〔註51〕的最後，《破執我品》稱其法門為「慧毒」：

> 已善說此淨因道，謂佛至言真法性。應捨暗盲諸外執，惡見所
> 為求慧眼。此涅槃宮一廣道，千聖所遊無我性。諸佛日言光所照，
> 雖開殊眼不能睹。於此方隅已略說，為開智者慧毒門。庶各隨己力
> 堪能，遍悟所知成勝業。

普光解釋為：「『為開智者慧毒利門』，如身少破著少毒藥，須臾毒氣遍一身中
為毒門。今造此論亦復如是，開少慧門諸有智者能深悟入，如似毒門名慧毒門，
從喻為名」。（《俱舍論記》卷三十）圓暉繼承普光的說法，稱「第二生慧解者，
斯論乃『四含』幽鍵，『六足』玄關，法相川源，義門江海。文清清兮玉潤，
理明明兮月花，啟學人之昧心，發智者之明慧。故下文云：我於方隅已略說，
為開智者慧毒門。如身少破，著少毒藥，須臾毒氣，遍滿身中。此論亦然，開
少慧門，諸有智人，能深悟入，如似毒門，名『慧毒門』，聰明論名，因茲起
也。」《俱舍論頌疏論》卷一認為正是《俱舍論》能令眾生生智慧解，所以可
謂「慧毒」，由此有了「聰明論」的說法。

　　《俱舍論》一書集合眾家，雖標舉有部，內容卻幾乎涉及佛教所有教派，
文獻徵引極為複雜。從其自身所述，主要認同於以「一身六足」論為代表的阿
毘達摩傳統論說。學界已有呂澂、印順法師等學者對此段佛教發展、文獻情況
有所論述，何石彬進一步於書中加以梳理。〔註52〕為後文敘述方便，下文就
《俱舍論》文獻系統、傳習、翻譯等予以略說。

第三節　《阿毘達摩俱舍論》文獻系統、傳習與翻譯

一、《俱舍論》與「一身六足」

　　所謂「一身六足」，首先「六足」是指《阿毘達摩法蘊足論》、《阿毘達摩
施設足論》、《阿毘達摩集異門足論》、《阿毘達摩品類足論》、《阿毘達摩識身足
論》和《阿毘達磨界身足論》，六書作者有多種說法，大致成書在佛滅後二百
年頃至三百年中。除《阿毘達摩施設足論》外，均有玄奘漢譯本。它們成書次

〔註51〕本書所引《俱舍論》漢譯原文，非注明情況下，皆為玄奘大師譯本。
〔註52〕如呂澂《印度佛學源流略講‧阿毘達摩泛論》、印順法師《說一切有部為主的
　　　　論書與論師之研究》、何石彬《〈阿毘達摩俱舍論〉研究》、木村泰賢《阿毘達
　　　　摩論之研究》等等，皆有所述。

第不同，卻已隱然成為愈發系統之論。〔註53〕「一身」即指《發智論》，作者題為迦旃延尼子，該書「專從具體的事例中去分別思擇一切」〔註54〕，有體例不甚明晰之弊，但已在六足論的基礎上初步統攝有部學說，「《發智論》幾乎網羅了當時阿毘達磨的所有重要論題，並對有部原有的各種論義進行了裁正，因而被有部論師尊推為論宗」，其後經過解說、闡發而最終結集為《阿毘達摩大毘婆沙論》一書。〔註55〕

此後，出現了《阿毘曇心論》（法勝造）和《雜阿毘曇心論》（法救造）二書，比較二書「《阿毘曇心論》的優點在於以頌攝論、簡明扼要，但往往一頌下涵攝多種論義，因而難以進行詳盡、充分的解說。《雜阿毘曇心論》則援引『極廣』的《大毘婆沙論》，對『極略』的《阿毘曇心論》作了增廣和充實，增益偈頌，增多論義，將相關的論義（偈頌和釋文）間雜參糅於論文中間，使法義的解說更為詳盡、透徹。在思想方面，《大毘婆沙論》雖然彙集了各家思想，但往往是異說並存而不加以論定；《雜阿毘曇心論》則別立一《擇品》，對於各部派所論爭的很多問題，諸如見諦的頓見與漸見、中陰的有無、一切有與一切無、三世有與現在有、僧中有佛與無佛，等等，均一一作了裁定與抉擇。此外，《心論》多重於西方師、外國師，甚至引用分別說者的論義，《雜心論》則表現出修正《心論》而向《大毘婆沙論》的故有思想立場復歸的傾向；但該論「無表色是假」的思想取自經部譬喻師，體現了有部根本宗義受到動搖、經部和有部思想相匯合的時代趨勢。在理論組織方面，《雜心論》的前七品已經形成一個賅攝阿毘達磨要義的完整理論體系；但占全論三分之一篇幅的後四

〔註53〕從六足論發展演變而言，「有部初期造論所面對的研究對象是佛所說的契經與法義，而不是直接以世界萬有本身為研究對象的；其主要目的是對佛所說法相和義理的通貫、整理，而不是對世界本質的一般性探討或某種抽象哲學原則的闡發。因此，其理論邏輯是歸納的而非演繹的；其主要理論方法是對一一法分別加以論究，而非就一切法一概而論。在《六足論》的發展過程中，逐漸奠定了有部阿毘達磨發展的兩條基本線索：一是論義的不斷豐富與深化，二是組織結構及法相學體系的逐步精密化、嚴整化」，在此基礎上，「有部的宗義、因緣論、法相學組織方式、理論論證的方法論原則等已基本確立，但這六論均是就其中的某些方面進行闡發，相互之間也頗有歧義，尚未形成一個統一而完整的理論體系。」參見：何石彬：《〈阿毘達磨俱舍論〉研究：以緣起、有情與解脫為中心》，北京：宗教文化出版社 2009 年，第 7～8 頁。
〔註54〕印順：《說一切有部為主的論書與論師之研究》，北京：中華書局 2011 年，第 204 頁。
〔註55〕何石彬：《〈阿毘達磨俱舍論〉研究：以緣起、有情與解脫為中心》，第 8～9 頁。

品則基本上仍是法數與論義的堆砌，顯得雜亂無章。阿毘達磨的這種組織結構
與法義闡發之間的矛盾，直到《俱舍論》的出現才得以徹底解決。」〔註56〕

在木村泰賢《阿毘達摩論之研究》的基礎上，印順法師認為《俱舍論》正
是在「一身六足」、《大毘婆沙論》、《阿毘曇心論》與《雜阿毘曇心論》等一系
列論書基礎上，重為造作而成，且與後兩書章節關係十分緊密。《阿毘曇心論》
的「界品」與「行品」，乃明一切法之體用，「業品」至「定品」說明雜染法與
清淨法，但由於後三品加入，組織次第不免雜亂。《雜阿毘曇心論》前設「序
品」，後加入「擇品」，更加顯得雜亂。《俱舍論》則在前兩書基礎上大加改革、
優化，「別立『分別世間品』於「業品」之前，容《施設論》、《大毘婆沙論》，
有關器世間與有情世間的眾多法義，及一向被編入『契經品』的十二緣起、七
識住等論義。『分別世間品』，與『業品』、『隨眠品』，別明有漏法的生、業、
煩惱──三雜染。《雜心論》的後四品，徹底廢除；將各品所有的論義，隨義
而一一編入前八品中。〔註57〕《俱舍論》八品的組織、條理與次第，在所有阿
毘達摩論書中，可稱第一。」〔註58〕三書章節比較，如下表：

《阿毘曇心論》	《雜阿毘曇心論》	《俱舍論》
	序品	
界品第一	界品第一	界品第一
行品第二	行品第二	根品第二
		世品第三
業品第三	業品第三	業品第四
使品第四	使品第四	
		隨眠品第五
賢聖品第五	賢聖品第五	賢聖品第六
智品第六	智品第六	智品第七
定品第七	定品第七	定品第八

〔註56〕何石彬：《〈阿毘達磨俱舍論〉研究：以緣起、有情與解脫為中心》，第11頁。
〔註57〕關於《俱舍論》與其他阿毘達摩文獻，尤其是與「一身六足」與心論諸本的聯
　　　繫，已成學界共識，日本學者亦多有述之，除木村泰賢外，還有多人，如水野
　　　弘元認為《雜阿毘曇心論》教理系統連貫，闡釋亦精，其仿照《阿毘曇心論》
　　　而安排未臻完善。世親造《俱舍論》似乎模仿了《雜阿毘曇心論》，但所造六
　　　百頌則完全不同。參見：〔日〕水野弘元：《阿毘達摩文獻導論》，《部派佛教與
　　　阿毘達摩》，臺北：大乘文化出版社1979年，第341頁。
〔註58〕印順：《說一切有部為主的論書與論師之研究》，第559頁。

契經品第八	修多羅品第八	
雜品第九	雜品第九	
	擇品第十	
論品第十	論品第十一	

　　《俱舍論》在根本佛教與部派佛教、小乘佛教與大乘佛教之間具有多重意義,「在有部發展的過程中,使以《大毘婆沙論》為代表的舊有部成為歷史,而引發了新有部思想的出現,並促使新有部論師眾賢或聚賢的《阿毘達摩佛教順正理論》和《阿毘達摩顯宗論》在很大程度上修正了舊有部的觀點,並對之加工以適應新的理論辯駁。由此《俱舍論》的價值首先在於,它體現了有部由舊到新轉換時期的重要信息」〔註59〕,從具體的內容闡述,《俱舍論》的內容反映了世親集成部派佛教諸多理論的綜合性與總結性,同時顯示他從小乘佛教到大乘唯識學的很多思想上的前後相繼關係與立場轉變。自此而後,說一切有部再無著作勝出《俱舍論》,並於後期出現了大量的《俱舍論》的注釋書。〔註60〕

二、印度傳習與梵文本發現

　　《俱舍論頌》甫一出爐,犍陀羅國人皆不及應對,世親深有自信,「標頌香象,擊鼓宣令曰:誰能破者,吾當謝之!竟無一人能破斯偈」,待偈頌傳至迦濕彌羅時,大受歡迎,國人「嚴幢幡蓋,出境來迎,標頌香象」(《俱舍論頌疏》卷一)。而後應悟入等長老所請,世親作八千頌文解釋偈頌,遂成《阿毘達磨俱舍論》。這一階段應該視為世親俱舍學之初成、布教時期。

　　《俱舍論》的轟動效應助長了傳播、學習的風氣,《婆藪槃豆法師傳》卷一說:「論成後,寄與罽賓諸師。彼見其所執義壞,各生憂苦。」各派學者爭相學習的同時也不可避免遭受質疑和反駁,其中最為著名的是迦濕彌羅的傑出論師眾賢,他不滿世親對傳統有部,尤其是對毘婆沙學的批評,潛心寫了《俱舍雹論》、《阿毘達磨顯宗論》欲以應對世親和為本宗辯護。據傳世親已經轉入大乘佛法,他迴避了眾賢論師的挑戰,亦嘉尚眾賢之才學,將《俱舍雹論》改名為《阿毘達磨順正理論》。此後,印地有多位學者研習、傳播《俱舍論》,並為之注、疏,其中比較有名的是德慧、世友、安慧、陳那、稱友、滿增、寂天等人。現存稱友的《俱舍論釋疏》保存較為完整,有漢藏等早期譯本。而藏文

〔註59〕楊勇:《〈俱舍論〉業思想研究》,北京:宗教文化出版社2010年,第3頁。
〔註60〕〔日〕水野弘元:《阿毘達摩文獻導論》,《部派佛教與阿毘達摩》,臺北:大乘文化出版社1979年,第341頁。

本還保存了陳那、滿增、寂天等人的注釋。

《俱舍論》原本已不得見，雖後有多種譯本，但目前所見梵文本，是 1930 年代以來學者在西藏等地發現的《俱舍論》梵文寫本，經過學界長時期的努力，1975 年普拉丹（P.Pradhan）教授出版了第二版梵文本《俱舍論》，〔註61〕該本被研究者廣為使用。〔註62〕

三、漢、藏地區傳習與翻譯

漢地第一波研習、翻譯《俱舍論》的興盛時期，是從東南亞來華傳法的印度僧人真諦造就的。他原屬西印度優禪尼婆羅門族，名為拘那羅陀。據載，真諦「少小博採，備覽諸經，然於大乘，偏洞深遠」（《大乘起信論序》），或曰他「學窮三藏，貫練五部，研究大乘，備盡深極。」（《攝大乘論序》）而從在華期間的翻譯小乘經籍《十二因緣經》、《廣義法門經》、《律二十二明瞭論》、《俱舍論》、《部異執論》、《四諦論》等而言，真諦也是精通小乘佛法的大師。正是由於他在華翻譯和弘傳《俱舍論》，形成了中國的俱舍宗，或俱舍學派。相對於玄奘的俱舍學，人們有把真諦所影響下的俱舍學稱為「舊俱舍學」。此後，唐太宗時，玄奘除了新譯《俱舍論》外〔註63〕，還先後翻譯了《阿毘達

〔註61〕 Vasubandhu:Abhidharmakośabhāṣ yam of Vasubandhu, 2nd ed. Ed. P. Pradhan, Pantna: K. P. Jayaswal Research Institute, 1975.

〔註62〕 1930 年，巴米揚出土了《異門足論》殘片；1935 年印度學者羅睺羅在西藏薩迦派的俄爾寺發現約為 12～13 世紀縮寫的梵文《俱舍論》的頌本和寫在貝葉經上的釋論，釋論貝葉經共 367 片，每片的每一面有 7 行約 58 個字，並有《本頌》作為附錄；1946 年，印度學者戈卡萊將頌文校勘發表，並作說明，其中有 44 片貝葉經手寫本，只是缺少了第六品賢聖品的第 53 頌至 68 頌。前八品共 600 頌，第九品加上了 13 頌；1967 年，普拉丹校勘了梵文原本，將釋論和本頌第一次出版。（參見：惟善法師：《說一切有部之禪定論研究》，北京：中國人民大學出版社 2011 年，第 26 頁。）另可參閱：V.V. Gokhale: The Text of the Abhidharmakośakārikā of Vasubandhu, Journal of the Bombay Branch of the Royal Asiatic Society, N.S., Vol.22, 1953, 73-102.

〔註63〕 公元 645 年（唐高宗永徽五年），譯《順正理論》八十卷、《俱舍論》三十卷。玄奘譯本為四言文體，精嚴凝重，行文謹飭；斟酌損益，變亂舊文；學理優先，昭顯其意。（參見張建木：《俱舍論識小》，《張建木文選》，北京：宗教文化出版社 1996 年，第 3 頁；彭建華：《玄奘的翻譯》，《梵語佛經漢譯的傳統》，上海：上海三聯書店 2015 年。王繼紅《玄奘譯經的語言學考察——以〈阿毘達磨俱舍論〉梵漢對勘為例》，《外語教學與研究》2006 年第 1 期；王繼紅《玄奘譯經四言文體的構成方法——以〈阿毘達磨俱舍論〉梵漢對勘為例》，《中國文化研究》2006 年第 2 期。）

摩大毘婆沙論》、《阿毘達摩發智論》、《阿毘達摩法蘊足論》、《阿毘達摩品類
足論》、《阿毘達摩集異門足論》、《阿毘達摩界身足論》和《順正理論》、《顯
宗論》這兩部批評《俱舍論》的重要著作，組成了與《俱舍論》關係密切、
且較為完善的阿毗達摩文獻體系。這一翻譯活動本身，也是研習、弘傳《俱
舍論》的過程。在玄奘的帶領下，俱舍學再次大顯於世，出現了神泰、普光、
法寶等著名學僧。人們把以玄奘為中心建立起的俱舍學，稱為「新俱舍學」，
並逐步取代了歷史上真諦建立的「舊俱舍學」。新俱舍學中，神泰作《俱舍論
疏》、普光作《俱舍論記》、法寶作《俱舍論疏》，各三十卷，後世稱為「新俱
舍學三大家」，俱舍學研究達到了中國歷史上的最高峰。此外還有一些回鶻文
的少量殘卷。〔註64〕

　　《俱舍論》傳入藏地，約於公元816到833年之間。〔註65〕嘎瓦華則、香
益諸師學習《俱舍論》後譯成藏文，巴擦譯師翻譯了世親弟子的注疏。〔註66〕
現存藏文大藏經《丹珠爾》之內，有《俱舍論》及其注疏的譯本多種。如一世
達賴《俱舍論疏》、欽・嘉畢揚《俱舍論大疏》、全知麥彭仁波切《俱舍論疏》、
司徒班欽《自釋疏》等，都深受學者重視，至今傳承未斷，講傳不衰。〔註67〕
據《藏傳佛教高僧傳略》所載，欽・南喀札巴（1210～1285），被稱為噶當一
切知者，曾博覽經典，著有《俱舍論注釋》、《菩提道根本論之釋本注釋・珍寶
勝道》等論著，受到法王八思巴諸學者的推崇。〔註68〕班欽・索南札巴（1478
～1554），拉薩三大寺知名堪布，著有《俱舍總義》，《俱舍佛教史》等。〔註69〕
嘉木樣・華秀・俄旺宗哲（1648～1721），是一世嘉木樣活佛，著有《俱舍論
疏》、《因明疏》等。〔註70〕國內近年出版有藏文版的有關《俱舍論》的注釋
有：洛德旺波（1847～1914）《俱舍論詳解》，〔註71〕鋦・降白央著《俱舍論

〔註64〕耿世民：《回鶻文〈阿毘達磨俱舍論〉殘卷研究》，《民族語文》1987年第1期。

〔註65〕Dr. Sukormal Chaudhuri's Analytical study of the Abhidharmakośa pp.18-20。

〔註66〕曲世宇：《〈俱舍論〉略史及綱要》，載《法音》，2003年第05期（總第225期），
　　　　第34頁。

〔註67〕洛德旺波尊者著、索達吉堪布譯：《俱舍論釋》，寧瑪巴喇榮三乘法林佛學會
　　　　2007年。

〔註68〕楊貴明、馬吉祥編譯：《藏傳佛教高僧傳略》，青海人民出版社1992年，第60
　　　　頁。

〔註69〕楊貴明、馬吉祥編譯：《藏傳佛教高僧傳略》，第278頁。

〔註70〕楊貴明、馬吉祥編譯：《藏傳佛教高僧傳略》，第308頁。

〔註71〕世親著；洛德旺波注釋：《俱舍論詳解》，成都：四川民族出版社1996年。

注釋》，〔註72〕青瓊洛桑扎巴著《俱舍論》，〔註73〕傑旺確傑落桑著《俱舍論解釋明亮之光》。〔註74〕這些書籍都為研究《俱舍論》提供極大的方便。

四、日本、西方研究與翻譯

《俱舍論》的研究也盛行於日本。早在唐朝，日本的道昭、智通、智達、玄昉等學僧先後來華，師從玄奘和智周學習《俱舍論》，而後歸國傳授，逐漸成立了日本的俱舍宗。俱舍宗後來附屬於法相宗，但《俱舍論》仍受重視，成為必修的基本典籍，學者注疏競出。〔註75〕近現代學者中，荻原雲來以加爾各答寫本為底本，與南條文雄手抄的法國巴黎國立圖書館所藏合校，並參考藏文本，完成了《阿毘達摩俱舍論》梵文本剩餘部分的對堪，1932 年至 1935 年間，由日本大正大學聖語研究室刊行。佐伯旭雅於 1887 年出版了《冠導阿毘達磨俱舍論》（京都，法藏館），此後他還將玄奘於真諦譯本逐頁對照比較，並參考「稱友釋」，分立卷，分別出版於 1923 年（第一、二品）；1926 年（第三品），1924 年（第五、六品），1925 年（第七、八品），1931 年（序論、索引、附說等）。平川彰對照柏樂天（Pralhad Pradhan）刊行的 abhidharmkośabhāṣya、藏譯本及兩部漢譯本，於 1973 年出版了《阿毘達摩俱舍論索引》第一部分（東京，大藏出版社）；此後又出版了第二部分。山田龍城，1938 年在《文化》上發表了《阿毘達摩俱舍論界品頌梵藏漢語對照》。若原雄昭的《梵語佛教寫本の文獻學的研究》一文〔註76〕，比較詳細地闡述了佛教梵本的文獻學研究，同時介紹了與《俱舍論》相關的寫本情況、館藏等等，堪為良文。

《俱舍論》在西方也逐漸成為研究的對象，產生一批比較優秀的文章著作，尤其在梵文整理和現代語言校勘、翻譯工作有偌大的參考價值。俄國學者舍爾巴茨基（TH.Stcherbatsky），是早期向西方介紹、研究《俱舍論》的重要學者。1917 年，他在聖彼得堡刊行了《阿毘達摩俱舍論本頌及釋文》（藏

〔註72〕鋗・降白央：《俱舍論注釋》，北京：中國藏學出版社 1989 年。

〔註73〕青瓊洛桑扎巴：《俱舍論》，北京：民族出版社 2004 年。

〔註74〕傑旺確傑落桑：《俱舍論解釋明亮之光》，拉薩：西藏人民出版社 2008 年。

〔註75〕呂澂：「俱舍論」，載藍吉福編：《中華佛教百科全書》（六），上海：上海古籍出版社 2000 年，第 3252a 頁。

〔註76〕〔日〕若原雄昭：《梵語佛教寫本の文獻學的研究》，《龍谷大學佛教文化研究所紀要》，第 42 期，2003 年。介紹寫本的還有：〔日〕青原令知：《Abhidharmakosakarika のネパール寫本について》，《印度學佛教學研究》，2004 年第 2 期（總 104 期）。

文本）第一部分；同年，他還與法國學者列維（Sylvain Lévi）合作，刊行了稱友所造《對法名藏義了釋》（Sphutābhidharmakośa-vyakhā）梵文本第一部分，二書都收入彼得堡《佛教文庫》中。1920 年，舍爾巴茨基以《佛教徒的靈魂論》為題發表《阿毘達摩俱舍論》藏文本第九品的英文翻譯。1923 年，他發表了《佛教的中心概念及「法」的意義》（The Central Conception of Buddhism and the Meaning of the World Dharma），中文版翻譯為《小乘佛學》〔註 77〕。比利時學者蒲山（L.de la Vallée Poussin），1918 年根據藏譯本，並參照「稱友釋」和藏譯《施設論》完成了《阿毘達摩俱舍論》第三品的法文翻譯。1923 年至 1931 年，他還完成了《世親的阿毘達摩俱舍論》（六卷本）的梵漢對照及漢文本的法語翻譯工作。法國學者列維（Sylvain Lévi），1934 年至 1935 年間，完成了對《阿毘達摩俱舍論》第三品《世間品》的校對工作。

第四節 「有情論」研究概要與新方向

一、「有情論」研究概要

　　中國古代對《俱舍論》的翻譯與注釋主要集中在真諦、玄奘生活的兩大時代，而後在日本獲得持久的傳播。中國近代俱舍學再次興起，形成一股研究熱潮，但於 1949 年以後勢頭驟減，直到 1980 年代後才稍有復甦。反觀鄰國日本，則近百年來不斷有翻譯、整理、著述和論文面世，成果頗豐，執俱舍學研究之牛耳。此外，西方國家和其他地區也對《俱舍論》及其相關問題，做了大量的翻譯、整理和討論工作，引人側目。對於這些新的研究現狀之綜合討論、現狀評述，可參見於惟善法師《說一切有部之禪定論研究——以梵文《俱舍論》及其梵漢注釋為基礎》〔註 78〕、楊浩《中國近現代俱舍學研究》〔註 79〕論文及未發表之《中國俱舍學派史研究》、舟橋水哉《俱舍宗の流傳及び其教義》〔註 80

〔註 77〕〔俄〕舍爾巴茨基：《小乘佛學》，宋立道譯，北京：中國社會科學出版社 1994年。
〔註 78〕惟善：《說一切有部之禪定論研究——以梵文〈俱舍論〉及其梵漢注釋為基礎》，北京：中國人民大學出版社 2011 年。
〔註 79〕楊浩：《中國近現代俱舍學研究》，首都師範大學中國哲學專業 2008 年學位論文。
〔註 80〕〔日〕舟橋水哉：《俱舍宗の流傳及び其教義》，《日華佛教研究會年報》，第 6卷，1943 年。

）、上田晃円《俱舍教學の日本的展開》〔註81〕，以及何石彬、楊勇等諸多學者論著中的綜述。

從學界論文發表情況而言，直接以《俱舍論》「有情論」為題作直接、整體研究論著幾乎沒有。已有論著與「有情」問題有所關涉者，多為按照《俱舍論》的論述結構與思想特點，從有情界與有情法的角度考察有情之體性問題、世間論、業感論、隨眠論、斷證論，以及對有部及相關部派問題等角度切入。

（1）體性論。關於有情界與有情法，因為是《俱舍論》的第一、第二品，即《界品》和《根品》，屬於法性論部分，總括有漏與無漏法，故而對此二品闡述之論著及相關書籍很多，這裡專門選取學界專門就俱舍學中的蘊處界、七十五法、六因四緣五果的文章，作簡要概論。中文論文，如：定源《試述〈俱舍論〉之五蘊思想》、張瑞良《蘊處界三概念之分析研究》、釋法光《俱舍論〈界品〉導讀》、永學《俱舍論界品蘊處界之研究》、淨真《略談五蘊》、邊貴《阿毘達磨俱舍論中的「十八界」觀之研究》，以及演培《蘊處界三科的假實辨》等等，這些文章對涉及有情的法相、因緣發生、根性等等，皆有專門之論述。外文部分的研究，以日本學者為主，如福原亮嚴《阿毘達磨俱舍論本頌の研究——界品・根本・世間品》、櫻部建《俱舍論の研究——界・根品》等是日本研究俱舍界、根二品的代表性著作。前者是從梵、漢、藏文的堪對基礎上的探析，後者在思想上有更加全面深入的見解。

（2）世間論。《俱舍論・世間品》是對有情流轉與器世間闡述最為集中的部分，涉及三界六道、成住壞空、二十二門、四生四有、十二因緣等等佛教基本問題。中文研究論著有江紹原《佛家哲學通論》、林崇安《佛教的宇宙觀》、廖翎而《佛教的生命觀與宇宙觀研究心得》、釋會忍《〈俱舍論〉分別世間品》、景丹《俱舍論之分別世品的宇宙觀》等等，對有情的境遇、變遷、法性、論回情形與根源等理論進行了比較多的介紹，一定程度上澄清了俱舍學世間論的結構、概念。萬金川《〈俱舍論・世間品〉所記有關「緣起」一詞的詞義對論——以漢譯兩本的譯文比對與檢討為中心》一文是從不同譯本對照為基礎的研究，其方法、結論都比較值得借鑒。

國外研究以日本學者較為突出，如福原亮嚴監修，水田惠純等共著《梵本藏漢英和譯合璧阿毘達磨俱舍論本頌の研究：界品・根品・世間品》、山口益，

〔註89〕〔日〕上田晃円：《俱舍教學の日本的展開》，《印度學佛教學研究》1985 年第 2 期。

船橋一哉《俱舍論の原典解明：世間品》、舟橋一哉《梵藏所傳の資料よりする俱舍論の注釋的研究世間品》（下）與《梵藏所傳の資料よりする俱舍論の注釋的研究世間品特に玄奘譯の本文批判を中心として》以及荒木俊馬《段階宇宙論と佛教の宇宙觀》等論文，都對俱舍學的有情世間與器世間做了有益的理論挖掘，日本學人的研究更多的是以語言、文本為基礎，重視對原文的解讀，而較少建構性和思想發揮，成果較為紮實。

（3）業感論。對有情之「業感論」的研究，中文作品有李潤生《佛教業力辨析》、陳師潛《論業力中心問題》、廣義《業力概說》等論著從佛教史的宏觀角度討論了業的含義、種類與思想。印明的《談業》、智華《業（KARMMA）是什麼》、文珠《業的含義和種類》、翠華《業之問題》、慈悔《業與轉世的定律》、真緣《依業輪迴說的根源及其演變》、慧風《輪迴與業》、南亭《六道輪迴與業》等等，從不同角度闡述了佛教業的思想與現實意義。李世傑的《俱舍論的業力思想》、李孟崧的《俱舍論對業論之批判》、楊勇《〈俱舍論〉業思想研究》則為專門針對《俱舍論》相關問題有深入研究與探討。

日本方面，木村泰賢《佛教業觀與意志的自由》與《業與輪迴之研究》在業論的基礎上，討論了佛教內部諸問題，並將佛教與現代思想加以比較；井上善右衛門《業說和無我說》、池上和夫《身語意的三業》、玉城康四郎《業異熟之根本問題》等文章闡述了佛教業論的基本原則及相應功能。雲井昭善所編《業思想研究》具有極高的文獻參考價值。水野弘元《佛教教理研究》對梵文「業」與佛教業的思想源流有較為系統的梳理。針對《俱舍論》業感思想的研究，論文如河村孝照《俱舍論における無表色に關する一考察》佐古年穗《〈俱舍論〉の無表の定義に於ける諸注釋の問題》與《〈俱舍論〉の業滅について》、阿部真也《俱舍論における無表について》等等，從無表色的角度，探討俱舍學的業論思想。此外，舟橋一哉《業的研究》後編指出了玄奘法師譯著的瑕疵。

（4）隨眠論。本節涉及俱舍學、有部較為核心的「三世假實」問題，以及煩惱起滅與各種煩惱的對治。林妙香《析論俱舍論『三世有』之思想》、張玉欣《對〈俱舍論〉的宗義和『三世實有』說的探究》、黃俊威《有關說一切有部的『三世實有、法體恒存』的論諍》、陳世賢《『法體』與『時間』關係之研究——以《俱舍論》與《順正理論》對『三世實有』之論辯為主》，周柔含《說一切有部的斷惑理論》，以及杭大元《人生煩惱知多少——俱舍論隨眠品發微》等文章，皆圍繞煩惱論的核心，即關於三世法、煩惱生起與斷惑等各種問題展開。

日本學者也論著豐富，如西山康光《隨眠の相應と不相應について——〈俱舍論〉『隨眠品』より》、小谷信千代、本莊良文《俱舍論の原典研究‧隨眠品》、タンソウチャイ《說一切有部における upakleśa‧kleśa‧paryavasthāna の關係——〈俱舍論〉『隨眠品』を中心として》與《說一切有部における邪見の概念——〈俱舍論〉『隨眠品』を中心として》、陳素彩《說一切有部において見隨眠——〈俱舍論〉『隨眠品』を中心として》與《說一切有部における anuśaya‧kleśa‧paryavasthāna の關係——〈俱舍論〉『隨眠品』を中心として》、池田練太郎《俱舍論隨眠品の構造》，福原亮嚴監修；前田至成，加藤宏道，菊地英司共著《梵本藏譯漢譯合璧阿毘達磨俱舍論本頌の研究：業品‧隨眠品》、金岡秀友《藏文〈俱舍論隨眠品三世實有論章〉和譯》等等，分別從文獻、語言、煩惱論結構與佛教思想特色諸多方面進行論述，尤須指出的是陳素彩《說一切有部において見隨眠——〈俱舍論〉『隨眠品』を中心として》，該博士論文以隨眠為中心，論述細緻精詳，功力頗深，是結合語言、文獻、文本研究的佳作。

（5）斷證論。該部分包括《俱舍論》的三品，即賢聖品、智品和定品，屬於一般意義上的禪定論。中文著作中，較為有代表性的有印順法師的《空之研究》、《修定——修心與唯心‧秘密乘》對有情與禪定理論涉及較廣。惠空法師《〈俱舍論‧定品〉與〈瑜伽師地論‧三摩呬多地〉之比較》、王秀英《〈俱舍論‧定品〉與〈清淨道論〉定學諸品之比較研究》等等，也是針對俱舍學禪修理論的論述，以及與其他佛教相關內容的比較。此外還有巫白慧、姚衛群等學者對禪修思想的發端、與印度思想的關係進行了比較，有助於挖掘佛教禪定思想的源頭。

外文部分，日本小谷信千代、櫻部建《俱舍論の原典解明‧賢聖品》，小谷信千代、本莊良文、櫻部建的《俱舍論の原典研究‧智品定品》、吉瀨勝《俱舍論における中間定解釋》等，也對禪定論進行了辨析，研究較為深入。瑞士學者布朗柯斯特《古代印度兩種傳統的禪修》則在探討佛教有情禪定與信仰問題上有資借鑒。

值得指出的是法光法師的《說一切有部阿毘達摩》和惟善法師的《說一切有部之禪定論研究》是該部分的研究力作，他們語言功底紮實，論述深入，具有指導意義。

（6）《俱舍論》對有部及相關部派有情論討論，和俱舍學有情論在當代的研究變化是本書著重關注的重要問題。但這一問題涉及內容深而範圍廣，且和

當代學術發展有著極為密切的聯繫，尤其是在佛學內部研究基礎上，以其他學科的視角做出的新討論、新觀點誠為不易。中文研究論著方面，王堯仁《有情世間相對論與大乘教法》、姚衛群《佛教的「涅槃」與「世間」關係觀念》、施逢雨《阿賴耶識有情原理義與世界原理義基礎之研究》等系列論文，涉及俱舍學乃至說一切有部與大小乘佛教有情論的比較，對深入瞭解說一切有部、部派佛教和大小乘佛教思想大有幫助。日本學者方面，直接對有情論做綜合研究的，是以木村泰賢為代表，他的論文《因緣論之世界觀》、《有情存在之價值論》與《佛教世界觀的概說》等文章較為深入地探討了佛教有情論的發生及其思想價值、當代影響。

此外，木村泰賢《佛教心理論之發達觀》、《佛教的道德觀》與《佛教研究之大方針》則是從心理學科、倫理學和當代佛教發展等新的視角，以達觀之態度審視佛學之內容。而林鎮國《歐美學界中觀哲學詮釋史略》、越建東《西方學界對早期佛教口傳文獻形成的研究近況評介》等，介紹了西方佛學研究的樣態與發展現狀。還有一些學者從佛教史的角度，探討以真諦、玄奘學派為中心的俱舍學，也有些論著會涉及心理學科對有情論的研究、佛教有情論的宗教關懷與哲學思考等等，遺憾的是由於歷史文獻不足和有情論始終沒有成為一個備受關注的研究視角，因而即便是內容有所涉及的論著也比較少。

二、「有情」研究新方向

從現代學科劃分與設置而言，古代佛學包含了十分豐富的人文學、社會科學、自然科學等知識內容、方法與思考。因此當代佛學學術的發展，不僅有佛教自身的研究，更多地是在佛學與當代學術、學科、生活交融的視野下，開啟了許多新的探討模式、視角、方法，如哲學、宗教學、社會學、心理學、醫學、量子物理等等，儘管存在者很多值得深思的問題，卻無疑為佛學以及學術本身增添了豐富的內容。〔註82〕

〔註82〕這裡不得不提出一個常見且難以解決的問題，即佛學與科學、現代學科、現代學術對話的態度、方法、立場。雖然每個人所緣、所學各有不同，還是應該持以平等、開放的態度。正如學者所言，「不同程度但非僵化地接受佛教教義，與相應的科學結論進行對話及整合，且不作價值或意識形態的比較或聲稱（如孰高孰低），將是甚為有利於在學術界進行佛學與科學比較研究的立場。具體專業學科與佛學間的比較研究，相對於整體上的佛學與科學對話應是值得學者努力的主流方向。平等、謙虛、開放的態度是最有益於交叉學科研究的基本態度。」參見：傳曉：《佛學與科學對話的不同立場》，《佛學與科學》2011 年第 1 期。

　　近、現代以來，世界各國佛學研究者都開始把心理學、認知科學的方法、內容等應用於佛學研究之中，積累了比較豐碩的成果，發展成為當代佛學研究的重要方法。〔註83〕其影響無疑是積極的，「從西方古代哲學心理學的角度來看，佛教中顯然有相當成熟的心理學，其精深豐厚，乃西方古代諸家心理學所不及。佛教心理學理論奠基於、運用於修行實踐，具有多種調控、淨化人心的操作技術，其重真修實證的精神及實用性，與近現代科學心理學多所相通」〔註84〕，可以說，心理學與佛學研究的結合，大大發掘了佛學中諸多原本被忽視的內容，並將原有內容作了新的整合，更加貼近、符合現代及未來學術、生活的要求。

　　當然解釋人的心理現象、規律似乎仍然不能滿足研究者的需要，心理學與佛學的結合本身也在尋求不斷的進步，「當代超個人心理學及後現代心理學，不再把心理學視為一種科學，而看作關於整個人性的研究，以整合世界各種傳統宗教、哲學的智慧並將其納入現代心理學的架構為使命，將歷來主要為宗教特別是佛教所探求的超越經驗、終極價值、存在、自我實現、本質、終極意義、自我超越、宇宙意識、日常生活的神聖化等，作為自己重要的研究對象，不局限於自然科學的方法，而是用多元化的方法包括佛教修行主要採用的禪定、觀心、觀無我等開放地研究人的一切心靈經驗」，對佛學自身內容的評定，已經不再是富含心理學知識與內容的認識了，有學者甚至提出「從當代超個人心理學、後現代心理學看來，佛教的主要內容甚至可以說就是一門心理學」。〔註85〕此外，有人進一步將佛學心理學根據科學研究與宗教研究的不同，區分為兩種，其一為「佛家心理學」，主要指對佛學內容作心理學方面的研究和解讀，一般比較學術中立，而得出科學、客觀的知識；其二為「佛教心理學」，具有教化、信仰、修道等宗教性質、意味，更加符合「佛法」之範疇。本書傾向於使用佛學心理學這一概念，作為兩者的綜合。

　　與佛學心理學相比，雖然發展較晚、研究尚未全面展開，但是仍舊值得注意的是認知科學與佛學的跨學科研究。認知科學是在傳統西方哲學認識論的基礎上，形成的以科學實證方法對人的知覺、感覺、記憶、思想、想像、意識、

〔註83〕本節著重探討心理與認知科學對佛學研究的損益得失，研究狀況的介紹已多見學者論著之中。暫不贅述，其中比較詳細漢語文獻可以參看陳兵《佛教心理學》的第一章《佛教與心理學（緒論）》。

〔註84〕陳兵：《佛教心理學》，普賢行願研修會2013年，第17頁。

〔註85〕陳兵：《佛教心理學》，第17頁。

心智等等展開深入探討的新興科學研究範式。認知科學自 1940 年代以來逐漸發展，從原來的無身認知，逐步發展到具身認知與無身認知並行的時期，而與佛學的結合更是近些年的事情，代表性著作是瓦雷拉、湯普森、羅施所寫的《具身心智：認知科學和人類經驗》，據作者導論介紹，人類歷史、文化表明「經驗自身能依訓練有素的方式加以檢視，而且這種檢視中的技巧能隨時間得到極大改進」，而這裡的「經驗」並不等同於西方貫知的概念，而是「佛教傳統中的靜心修行與務實的、哲學的探究」；作為佛教傳統基石的「非統一的或去中心的（通常所用的術語是『無我』（egoless 或 selfless））認知者的概念」本質上就是在日常生活經驗中獲得正念程度的人的「直接的經驗解釋」；其書認為「可以通過清晰陳述西方認知科學與佛教靜心心理學這兩個傳統之間的對話，而在科學中的心智與經驗中的心智二者之間搭建一座橋樑」。概言之，該書五個部分與佛學相關的話題主要有：第二部分指出認識科學解釋了認知主體的非統一性以及對非統一自我的不斷認識如何提供了佛教靜心修行及其心理學表述的基石；第三部分提出，「在認知科學中，尤其在聯結主義模型中，這包含自組織的概念和認知過程的湧現屬性。在佛教心理學內部，他包括經驗瞬間中的心理要素（心所法，mental factors）的湧現結構，以及在時間之流中經驗的業報（karmic）因果模式的湧現」；第五部分，作者認為「提出了或許是人類歷史中最激進的非基礎主義的理解，即大乘佛教中的中觀派，後來所有主要的佛教思想洞見都依賴於它」。〔註86〕《具身心智：認知科學和人類經驗》一書受到一些學者的批評，但很多都針對其認知內容，比如聯結主義的批評。但考慮到大多數具身認知研究者未能深諳佛學，而此書在一定程度上的確提出了許多迥異以往、具有創建性的意見，所以仍然是值得重視的代表佛學新的研究路徑的成果、方法。

　　事實上，哲學、宗教與佛學研究的大量結合，也是隨著人類歷史進入近現代時期開始的，首先表現為以西方哲學的知識內容、思維方法、理論框架運用於佛學批判之上。儘管通過哲學與佛學的比較、解讀等一系列研究，拓展了佛學的認識方法、研究手段，也豐富了佛學、哲學的內容，但如前所論，很多學者對當前哲學進路的佛學研究並不滿意。因此探討哲學與佛學結合的適宜方法，進一步探索闡釋佛學、提高哲學認識的任務仍然是必須的，同時也是艱難的。

〔註86〕〔智〕F・瓦雷拉等著：《具身心智：認知科學和人類經驗》，杭州：浙江大學出版社 2010 年，第 19〜21 頁。

　　哲學與佛學的跨界研究，首先要明確哲學的概念與任務，其次要理解佛學作為專門之學的歷史、文本與內涵，最後在哲學與佛學的內在統一與張力基礎上提出具有洞見性的意義生成。與心理學等社會科學、自然科學的進路不同，哲學由於自身的強理論、強觀念特徵，輕易將某種特定理論加之於佛學，或者欲圖以預先設定的哲學方法、理路不加審視地解析佛學，都必然會帶來梳理感，因為哲學已經愈來愈脫離其原來所具有的知識性、實證性乃至真假問題，而更加關注包括人類、動物、植物、生物、非生物、宇宙在內的本根問題、基源問題；為其他學科澄清概念是哲學的基本任務，而其首要任務已經不再是為任何其他學科提供理論，以及得出實證性、現實性、或真或假的結論或思想內容，而是不斷以反省、批判的精神，對思維的形式、理解的方式、意義的可能有更多的發現、發明和創造。

　　如上文中《具身心智：認知科學和人類經驗》一書使用的「具身心智」或通常使用的「具身認知」即是在心理學、哲學、神經學等基礎之上，提出的對於「無身認知」的新思想形式，也是對認知本身的新的理解，以具身認知的方式可以對人類歷史、生活的意義、宇宙的存在有著不同以往的洞察與知見。所謂「無身認知」，並沒有統一的定義，但具有如下描述特徵，即強調靈魂、心靈或思維對於身體的先在性、首要性，無視或忽略身體對於認知的重要作用；認為人的認識或思維活動是以某種表徵、符號、規則程序或行為構成的，在表象、概念或判斷基礎上完成的從低級感性到高級理性的過程；抬高理論的抽象性、客觀性、整體性、必然性等，而忽視人自身的感覺、體驗、情感、生命自身及其對於認知的作用；欲圖以大腦、神經或心理機制解釋人的認識或行為，而忽視了「身體」作為內外邊際的結合體的整體性與複雜性；無身認知的現代應用的最高實現形式是電子計算機的使用。不過，就「無身認知」本身而言，仍然是在身體參與的前提下進行的，其所達到的認知成果應該予以檢視，而不是完全否定。故而相對「無身認知」而言，「具身認知」的最大特徵是對於身體參與認知活動的自覺，認識到身體作為主體存在的重要意義。

　　當現代哲學、學術認識逐漸接受「具身認知」這一思想形式與理解方式的轉變後，開始積極的倡導或抬高「身體」，而並沒有具體理解、挖掘「身體」對於認知及其自身的多層而複雜的內涵，如同推崇「理性主義」而後又把「非理性主義」置於高位一樣，形成了另外一種極端。就佛學而言，一般意義上的作為軀體的欲界有情之身體被視為色法，所謂的我也是五蘊和合的假我，從而

強調無我觀念、心體的作用和超脫輪迴的終極追求，所以表面上看佛學也具有無身認知的很多特徵。實際不然，從五蘊與欲界、色界、無色界三界而言，欲界和色界所指的有情身體是五蘊假合、具有色法的無常、假有的載體，而無色界有情是除了色蘊以外的四蘊構成，但同樣有生命、不苦不樂觸覺、意識等，並且可以轉生，所以從作為載體的「身」而言，無色界有情具有的是「無色之身」，進一步說，出離三界的聖者也是「無色之身」，只是無色界有情通於有漏，有不善性，而聖者是無漏的最高存在。所依，在佛學的意義上，有助於擴展對哲學上「身體」概念的理解，同時也「如實了知」佛學對於「身體」認識與處理的思想轉圜。當代具身認知理論的另一個誤區，是將身體附和、推崇到主體性乃至本體性之後，反而陷入對軀體、乳房、接吻、生殖器官、生理現象的意義構建之中，幾乎無視「心」的價值與意義，彷彿身體重生而心體自然就能被解構了。實則不然，從佛學的立場考察，其對於「心」的重視以及超然的追求，首先是在對肉身的滯礙、不自由的「具身認知」之上對於「非身」或「非色」的發現，其次作為精神性意義的「心」實際上是作為載體意義的「身」的另一種稱呼而已，比如佛教的無色界有情與聖者，或許佛教所謂的「法身」即富含此意；換句話說，心學也是身體之學，在這個意義上，或者可以提出對於「身心合一關係」的新表述，即「身具心，心具身」，相比傳統上把心視為認識的「心即理」而言無疑是思想認識的超越；而「即」雖是「相即不離」，卻仍有明顯的關係疏離感，二者仍是兩物，所以「身即心，心即身」的表述，不如以「具」字的「二位一體」內涵更加適合表達「身心合一」的哲學思想，並且能夠反映在認識論意義上的身心一體聯動關係。

考慮到任何思想、學科、方法、知識可能都具有自己的邊界性，以及佛學自身的複雜性，所以以《阿毘達摩俱舍論》為討論中心。當然這一選擇並不完全是為了適合討論和規避研究難度，而是因為《俱舍論》是根本佛教與部派佛教、小乘佛教與大乘佛教具有關聯性、結點意義的文本，凝聚著佛學的基源問題與本根問題，所以對《俱舍論》的聚焦研究同樣具有問題的輻射性和普遍的理論意義。

第五節 「有情論」研究方法

任何一個不是始終身處佛教文化情境或某個文本語境的研究者，恐怕都

要面臨視域接觸、文化交互的問題，對於佛教內的研究者而言這一問題也是值得探討的話題。筆者意識到當前選題所涉及的作者、文本、思想史、研究史、哲學史、認知科學等等多個層面的複雜問題，鑒於才學所限，欲以「天作之合」地研究勢不可能。權宜思量之下，唯有踏實、審慎地在重要性、結構性問題中找到適當的理論支撐點，並以針對性的方法介入文本、思考和解決問題，力求「巧奪天工」達到合理的寫作期待。

一、同情默應與心性體會

　　既然是以《阿毘達摩俱舍論》為中心，毫無疑問要重視世親所著的文本。在哲學解釋學中，文本是解釋基點，但也存在著就文本意義與方向、文本與作者、解釋者等等爭議不斷的問題，這些都是值得注意、不能刻意迴避的。筆者刪繁就簡，闡明自己的幾點認識，以作必要的交代。

　　首先，承認文本自身的意義，重視作者與文本之間的固有聯繫。《俱舍論》已經在長期的歷史發展、思想演變中成為了帶有世親思想烙印的、具有獨立意義的文本；不過，它既是作者自身思想與文化情境的作品，又是不同讀者、研究者解讀、理解的對象，從而進入了公共的、歷史的闡釋空間；《俱舍論》文本是所有與之相關研究、理解、評價的視域焦點和討論平臺，同時在哲學、宗教、歷史的積澱中，新的意義也不斷生成。因此，弄清《俱舍論》說了什麼、表述形式、表現手法等等無疑是研讀的主要任務和深入討論的基礎，也就是「扣緊文獻本身層層深入的解讀，來開闡宗教的內涵、建構宗教的理路與境界」〔註87〕。

　　其次，雖然作者原意多縹緲難尋，但文本解讀之初仍然要受作者表達之限制。《俱舍論》很多思想、問題與世親的其他論著有所重疊，甚至還有矛盾，所以研究者需持善良的願望予以對待，或者如同歷史學家陳寅恪、哲學與哲學史家馮友蘭、湯用彤等先生所說的「同情瞭解」。1930 年代，馮友蘭先生所著的兩卷本《中國哲學史》和湯用彤先生的《漢魏兩晉南北朝佛教史》無疑是「同情瞭解」的典範之作，並且成為北大學派的重要特徵、方法而傳承至今。

　　就文本形式來說，《俱舍論》目前尚存後世發現之梵文本，以及魏晉南北朝時期佛僧真諦大師翻譯的漢譯本（真諦本），唐朝玄奘大師的漢譯本（玄奘

〔註87〕蔡耀明：《佛教的研究方法與學術信息》，臺北：法鼓文化事業股份有限公司 2006 年，第 38 頁。

本），藏地的藏語本及其現代漢譯本（藏譯本），其中真諦本、玄奘本、藏語本是《俱舍論》早期重要譯本，當代已有法文、英文等譯本。這些文本中，梵文本無疑是非常重要的，但筆者所習有限，尚需倚重於以漢語母語翻譯的真諦本、玄奘本，積極參照藏譯本和英文本。此外，古代經師對《俱舍論》的注疏、討論和現代學者的研究，無疑也是需要參考的。

再次，貼著文本講哲學。湯用彤先生說：「佛法，亦宗教，亦哲學。宗教情緒，深存人心，往往以莫須有之史實為象徵，發揮神妙之作用。故如僅憑陳跡之搜討，而無同情之默應，必不能得其真。哲學精微，悟人實相，古哲慧發天真，慎思明辨，往往言約旨遠，取譬雖近，而見道深弘。故如徒於文字考證上尋求，而乏心性之體會，則所獲者其糟粕而已」〔註88〕，故而提出了「同情之默應」、「心性之體會」兩個相輔相成的研究原則。嚴格地說，完全準確地理解思想史、作者、文本的思想是非常艱難的目標，而哲學家、理論家思想的產生，也並不是建立在所謂的準確、相同的理解之上的，因此歷史學家與哲學家對待研究與學科問題自然會有不同。《俱舍論》之作者世親十分尊崇佛陀契經思想，「以理為宗」進行嬗述之作，只能說是世親貼著契經講個人的佛法體認，如果說是佛陀本人的思想則恐怕鮮有人能認同。

本書不是以闡述「世親本人的思想」為目的，或者進一步說也不像《光記》、《寶疏》等以解讀、疏注為中心，「貼著文本」除了儘量體察《俱舍論》和世親的原意、本意外，還需抓住後世研究家的意圖，最後完成新的意義闡釋工作。不過，筆者願意重申，以善良願望對待文本及作者，嚴加界定個人體認知見，嚴肅地提出、引申問題，正文力求清晰簡明，涉及疑難或相關說明、討論則以腳注為輔翼。〔註89〕

〔註88〕湯用彤：《漢魏兩晉南北朝佛教史》（增訂本），北京：北京大學出版社2011年，第487頁。

〔註89〕「同情之理解」，在現代學術標準與要求下，自然少不了或者應該講文獻的研究置於重要地位，比如文本輯佚、校勘、考證、辨偽、注釋乃至其他史料學、文獻學的系統方法與要求。正如學者所言「文獻學早就敲開了佛教研究的大門」（參見：蔡耀明：《文獻學方法及其在佛教研究的若干成果與反思》，《正觀雜誌》，第34期，2005年），本書無疑也重視文本的文獻、史料、語言研究，多方參閱學界成果，呈現最新的研究方向，採擇合理的觀點與論證。但語言、文獻與史料，在某種程度上是解讀佛教經典的結構、核心概念的扶梯，「如何把握佛典解釋時的預設前提與終極關懷，並將經典的思想解釋落實到經典的內在結構」（參見：李四龍：《當代中國大陸佛教研究的新趨勢》，《中國宗教》2014年第7期），仍然是當前解讀佛經的關鍵問題。

二、深層結構與根本問題

文本與作者、研究者問題已然是千頭萬緒，剪不斷理還亂，所以筆者將重心放在兩個方面，即「深層結構」和「本根問題」。所謂「深層結構」是就《俱舍論》及世親的內在思想架構和分析法，「本根問題」則是《俱舍論》視域中的核心問題、理論闡釋的主體。

就《俱舍論》的文本結構而言，內容主要由《界品》、《根品》、《世品》、《業品》、《隨眠品》、《賢聖品》、《智品》、《定品》等八品構成，加上後來編入的《破我執品》，共計九品，每品的理論內容各有不同。通過和《雜阿毘曇心論》以及其他佛教論典比較，這九品是經過有意篩選、刪改、編序而成，反映了整本書的思想結構；全書敘述結構貫穿著以苦、集、滅、道為綱的思想，前兩品總論四諦，《界品》明諸法之體，《根品》明諸法之用；後六品分說四諦，又可以分作兩大類，三品為說明有漏因果，另外三品是說無漏因果，具體為《世間品》乃以有漏之果、世間流轉之果說明苦諦，《業品》和《隨眠品》分別圍繞有漏之親因、疏緣作為世間流轉之因說明集諦，《賢聖品》圍繞無漏之果亦即涅槃之果闡明滅諦之理，《智品》、《定品》以分別講無漏之親因、疏緣作為涅槃之因來闡明道諦，後來補充的《破我執品》遍破異說，突顯諸法無我，可以視為全書的總結。所以全書以四諦為統攝次第展開，以體用、因果關係為扭結，建立起清晰而縝密的思想闡述和觀點論證的結構。

《俱舍論》圍繞四諦演繹出了條理清晰的法相、義理體系，又都是以有情為闡述對象，最終實現「拔眾生出生死泥」的目的。它首先認為迷界有情眾生因妄執「實我」，求我愛圖自利，逐漸產生貪嗔癡慢等煩惱，陷入趣惑、造業、受苦三道而無法自拔；佛教認為有兩種「實我」觀，一為「即蘊我」，認為有「常一主宰」的我，堅執身心為實體之存在，二為「離蘊我」，認為自己被身心之外的主宰驅使。實際上，有部主張「我空法有」，認為有情身心都是由色、受、想、行、識五蘊假合而成，別無真實之生命主體可言，所以是「假我」，又稱為「人無我」或「我空」；而出迷入悟之有情，得涅槃之果，具八大自在，則稱為「真我」。由此可見，《俱舍論》一切理論展開即以「我」為中心，即以有情為認識、研究、論述、破執、建構的對象。並且，這一結構在佛教自身內具有共性，只是具體觀點或有不同，比如成實論認為一切萬法皆依因緣而假立，其存在本來即無獨自、固有之本性（自性）可言，

稱為法無我，又稱法空；唯識宗則依「三性說」而立「三無我」說。〔註90〕
在佛教之外，印度文化之內，奧義書所代表的印度文化主流的婆羅門系統世
界觀即以「梵我一如」、「梵我合一」為根本思想，主張宇宙根本原理之「梵」
（梵 Brahman）與個人本體之「我」（梵 ātman）本質上具有同一性；據此「梵
我合一」之原理，一切萬物皆是按照一定順序發生、發展，人類乃至一切生
物之靈魂都是遵從其業力而展開各種形式之輪迴運動。從此輪迴中求解脫，
即是人生最高目的，而由於覺悟梵我一如之根本真理，消滅業力，即能免再
生之痛苦。婆羅門教的「梵我合一」正是佛教所竭力批評的，此外佛教還與
同時期其他外道對「我」的問題展開過激烈辯論。故而，可以說關於「我」
的問題，也是印度思想文化中比較重要的焦點問題，換言之，「有情」問題
是印度文化的本根問題。

　　從《俱舍論》自身體系看，一切有部所持有的即是「我空法有」理論，而
為了討論這一觀點，世親仍堅持使用佛陀根本佛教時期的五蘊理論來解析
「我」，並且在根本上否定五蘊和合的「假我」、「有漏之我」，通過修證慧擇，
成就「無漏之我」，亦即「真我」；針對錯誤的「實我」，則需要加以破斥，認
識「假我」，脫離繫縛而達到「真我」，後兩種也叫「無我」。另外一方面，關
於「法」的理論，《俱舍論》在根本佛教、部派諸說基礎上，構擬出被後世稱
道的「五位七十五法」法相體系，而法相體系中的「有情法」實際佔據絕大多
數，五蘊論則可統攝有為法，與十二處、十八界乃至五位說、七十五法皆有十
分緊密、內在的關係。因此，有情問題可以作為另一個理解《俱舍論》的切入
點，以「有情」為中心環顧《俱舍論》的整個思想理論體系；有情理論所建立，
相當大程度上是佛陀時期即堅持的五蘊分析法，這一理論在世親著《俱舍論》
時加以運用、發揮，在其轉入大乘佛教時期，還單獨造《大乘五蘊論》，繼續
闡述五蘊論思想，具有思想上的連貫性、理論闡發的呈遞性。基於此，五蘊分
析法便是自佛陀以至小乘、大乘佛教秉持一貫的理論；有情論與五蘊論則相即
不離，一為問題中心、一為分析之法，構成了《俱舍論》思想的深層結構中的
主框架和聯結點。

〔註90〕唯識宗依「三性說」而立「三無我」之說。即：（1）「遍計所執」之實我實法
　　　乃情有理無者，非為實在之我相，故稱無相無我。（2）「依他起」之似我似法
　　　乃如幻假有者，異於被執之我相，故稱異相無我。（3）「圓成實」之自相乃由
　　　無我（識之實性）所顯之真如，故稱自相無我。

三、研究理路與疏離困境

自世親造論之後，即在印度產生極大反響，受到很多稱讚，也引來一些批評。傳入中土以後，則先由真諦大師建立舊俱舍學，後由玄奘大師建立新俱舍學，在西藏則形成藏傳俱舍學脈；傳入日本後，俱舍學一直受到矚目；其他西方國家學者也在印度學升溫之際，發現了梵文本，並多以梵文本展開翻譯、研究。

在漫長傳習歷史和全球格局中，許多學者圍繞《俱舍論》展開了注疏、論釋、翻譯、佛教史、思想史、佛教義理學等等十分豐富的研究並形成了多樣化的研究方法。從研究理路上，主要可分為文獻整理與解讀、佛教義理研究、佛法應用和跨學科研究等四個主要方面。

首先，文獻整理與解讀。以《俱舍論》文本思想為基礎而展開討論，則必須從語文、文獻的角度，扣緊文本本身層層深入解讀，把握世親造論的獨特理路與義理內涵。由於目前《俱舍論》梵文具存，譯本尚多，為研究者提供了較為充分的文本文獻，不過同時也對語言水平提出較高要求。俱舍學的古代文獻中，首重梵文、漢語、藏語，以直接閱讀《俱舍論》的原始語言和古代漢譯本與注疏文獻，借鑒索達吉堪布等藏學學者的解讀；同時需重視日語、英語、德語、法語、印地語等語言撰述之研究文章與著作。儘管日本學者舟橋一哉指出，從整個南北傳佛教思想展開的整體歷史而言，對南傳阿毘達摩教義的研究不如北傳之具有重要意義，因為南傳的阿毘達摩與大乘佛教是完全沒有交往的，並且研究南傳的阿毘達摩不能對闡明大乘佛教有直接貢獻〔註91〕，但考慮到《俱舍論》與根本佛教、小乘佛教的關係，仍然不能忽視對南傳佛教的充分瞭解，筆者將參考目前國內與日本學術界已有的研究成果，以期在新的學術思想史研究基礎上，盡可能做適當的材料取捨與判斷。

其次，宗派演變、佛教史、思想史基礎。《俱舍論》的內容幾乎涉及佛教從根本佛教到部派佛教的整個過程，亦與大乘佛教有很大關聯，這必然要求對根本佛教、部派佛教的歷史有比較深度的認知，對一切有部的發展脈絡、思想主張有比較熟悉地把握；《俱舍論》還涉及比較複雜的佛教與外教的辯論，佔據了該書重要的部分，不僅對理解佛教自身，對研究佛教與當時思想界的交流、關係等等均有十分重要的意義，故而需要對印度相關的歷史文化、哲學思

〔註91〕〔日〕舟橋一哉：《阿毘達摩佛教》，《佛學研究指南》，臺北：東大圖書股份有限公司 1986 年，第 62～63 頁。

想發展過程有所瞭解。從已有研究經驗來看，有學者指出「重文史、重研究、重撰述」是佛教從印度傳入中國後迅速演變、傳播並最終形成具有中土特色的中國佛教的重要原因，「通過歷史比較，我們可以看到佛教內部各種派別之間的不同，以及佛教與其他文化體系之間的不同，但佛教是非常圓融的宗教，以此為方法，做到佛學研究與實踐相結合，知行合一，才能真正在現代社會把佛教的精義發揮出來。」〔註92〕

　　第三，佛學與哲學科結合的研究角度。目前佛教研究已經與哲學、社會學、心理學、自然科學等等有著越來越緊密的聯繫，本書也涉及到哲學、心理學等相關內容。實際上，哲學與佛教有著比較內在的聯繫，甚而言之，佛學即哲學，「佛法包含宗教與哲學兩個方面，佛法中蘊涵的哲學正是構成了佛教信仰體系的理論基礎，由此也可以說，佛法就是哲學。對佛法的哲學研究，必須有『心性之體會』」，因此需要注意把握好研究與體驗、研究與信仰、研究與批判的三個關係，要具有問題意識和運用現代語言來詮釋佛教哲學術語、概念和範疇，達到「界定其意義，解說其思想，尋究中國佛教思想的原來意義，體會中國佛教某些哲學語言的言外之意」的目的。此外，比較研究對於研究中國佛教哲學思想內涵與特色、探索其發展規律、總結其理論思維成果，闡發其哲學現代價值與意義而言，均為十分重要的理論方法。〔註93〕

　　第四，佛教與心理學的結合型研究。20世紀初，佛教心理學引起西方學者、心理學家的重視，佛教成為他們尋找解決心理問題的思想資源；在當代，佛教心理學於西方眾多心理學派中佔有獨特地位，出現了一批著名的佛教心理學家，及其相關研究、治療、諮詢機構，乃至進入高校課程，故可以說「佛法心理學化，成為現代、後現代佛教的一大特色」；「運用現代心理學的科學方法研究傳統佛教思想，吸收現代心理學的成果豐富佛法，發展佛教心理學」，是佛教心理學在新世紀前進的方向，也是佛法現代化的最重要途徑和建

〔註92〕黃夏年：《2008 年中國大陸佛教研究方法論討論之我見》，《佛教史研究的方法》，北京：中華書局 2013 年，第 3 頁。作者還對學術研究之外的理論實踐給予肯定，如其言：「佛學如果不透過實踐的工夫，將永遠發揮不了救世濟民的效用，也達不到修行證果的目的。因此我們要用『以實踐印證理論，以理論指導實踐』，把理論與實踐融為一體，兩不偏廢。現在從事佛學研究者應有使命感，要有批判精神、創新精神和歷史感覺，要善於利用前人的研究成果」。

〔註93〕黃夏年：《2008 年中國大陸佛教研究方法論討論之我見》，《佛教史研究的方法》，北京：中華書局 2013 年，第 4 頁。

設「人間佛教」的關鍵性措施。〔註94〕另外，還有從認知科學的角度，結合佛教進行的研究，如《具身心智：認知科學和人類經驗》中指出，第二次世界大戰之後，佛教在歐美地區有了廣泛的傳播，成為西方學者意識研究的對象與東西方對話的豐厚土壤，許多哲學家、心理學家、認知神經科學家為了弄明白意識和心智的本性而轉向東方「心學」傳統，自覺地在東方傳統中尋找資源和靈感，為肇始不久之意識學領域開拓新思路；對於現代興起並高度發展的、不同於西方觀念系統的心智科學而言，東方心學傳統與西方哲學、心理學和當代心智科學之間存在一些基本的、共通的對話議題，諸如心的存在論與認識論的本性、心／腦關係、心理健康、人格的改變與轉化、高峰體驗、宗教體驗和神秘體驗、意識水平和人類成長的極限等；其中，現象學、超個人心理學、神經科學與東方佛教傳統（如禪宗、密宗、唯識學、南傳佛教等）之間已經開展了深入、有效與最具影響力的對話。〔註95〕

　　跨學科、跨界研究面臨諸多難題，「應以拿得出佛教的專業主體內涵為前提，或甚至在各個相關學門皆達真材實料的學養，然後盡可能清晰且又條理呈現佛學在跨界學門或跨宗教的伸展，到底有何獨特性、洞見、照明、貢獻，以及對問題的澄清與解決又有什麼高明的方針與辦法」〔註96〕，總體而言，既要求對於佛學有著深入之瞭解，同時又對跨界之學科有所研究，在此基礎上提出更為合理之觀點，以期在原有基礎上有所發明或發現。然而，正如很多學者指出，目前的佛學研究還存在一些比較嚴重的問題，「佛教言說的內在詮釋之路在現代佛教研究中幾乎被完全遮蔽，被堵塞」〔註97〕，這段話並非危言聳聽，

〔註94〕陳兵：《佛教心理學》，普賢行願研修會 2013 年，第 12 頁。

〔註95〕〔智〕瓦雷拉等：《具身心智：認知科學和人類經驗》，杭州：浙江大學出版社 2010 年，第 3～4 頁。

〔註96〕蔡耀明：《佛教的研究方法與學術信息》，臺北：法鼓文化事業股份有限公司 2006 年，第 39 頁。

〔註97〕周貴華：《佛學研究的內在詮釋之路——以印度佛教瑜伽詮義思想為例》，《華東師範大學學報》（哲學社會科學版），2008 年第 4 期。作者還進一步指出，其原因在於「中國近百年來，西學東漸，西方文化精神以及學術研究方法在學術界漸漸佔據統治地位，中國的佛教研究者們漸漸放棄對佛教精神特質進行如實把握的訴求，陷入了二元對立的誤區，對佛教的研究要麼是游離或者說外在性質的主觀碎解，要麼以西學的框架與範疇予以比附。他們呈現的『佛教』實際上早已是一種在現代性的『祛魅』魔鏡中的異化之像，與佛教的本來面目相互乖離，雖然這種本來面目只是在一種傳統中顯現，對其認同可能承擔著不堪質疑的風險。」

佛教研究面對著西方各種現代學術方法的挑戰和衝擊，兩者存在的張力，顯示出現代學術方法自身也需要反思和警醒自覺；傳統的方法是經過千錘百鍊而成，卻也盲從不得，反而需更加留意其中隱秘不易發現的齟齬差失，現代學術方法也要消去「居今傲古」、「四海皆準」而在傳統面前保持謙虛、善於吸收為我所用。不過，要彌合二者著實不易，就像有了織布機和原材料並不一定能產出美好的布匹，因為更需要「巧姑娘」的心美手巧。

第二章　有情生成及其形態

　　佛教圍繞「眾生」與「解脫」建立起極為浩繁凝重的義理體系,《俱舍論》首句「諸一切種冥滅,拔眾生出生死泥」彰顯佛陀尊高與佛法破闇的同時,點明佛法是為了眾生能夠生死解脫的根本目的。《俱舍論》作為小乘佛學的集大成之作即在《界品》與《根品》兩章織就森嚴的法相結構統攝全書,其結構的中心是「眾生」,亦為「有情」,故而本論的真正展開是從《世品》開始,在「眾生皆苦」的價值關照下將有情的生存世間、生成次第、生長樣態及其發展、消亡一一道來,而這些論述是佛教在吸納時學基礎上,對宇宙與生命的事實描述、神秘想像、價值關懷的綜合性梳理和思想上的再創造。

第一節　有情概念及理論意義

一、有情的概念

　　有情（梵 sattva）,音譯作薩多婆、薩埵縛、薩埵,舊譯為眾生。「sattva」一詞,出自詞根√as〉sat 加 tva,《波你尼經》1.4.57. 用「sattva」指生物、無生物,其外延可擴展至一般存在物。不過,「sattva」（satta）的構詞——動詞「as」（有,存在）的現在分詞「sat」後面加接尾詞「tva」,所包含的意思較為豐富。〔註 1〕

〔註 1〕《實用梵英詞典》（Apte, The Practical Sanglisk English Dictionary）羅列了 17 種意思,《梵英詞典》（A Sanskrit-English Dictionary）有 11 種解釋。由於《俱舍論》的早期文獻是梵文及其漢譯,所以本書解釋詞句若無必要,不討論巴利文、藏文等語言。

在《俱舍論》的兩種漢譯本中，真諦將之翻譯為「眾生」，玄奘則多譯作「有情」〔註2〕，即便是在翻譯瑜伽部經論也是如此。《成唯識論述記》卷一〔註3〕云：

> 梵云薩埵，此言有情，有情識故。今談眾生有此情識，故名有情。無別能有，或假者能有此情識，故亦名有情。又情者，性也，有此性故；又情者，愛也，能有愛生故。下第三云，若無本識，復依何法建立有情？有情之體即是本識，言眾生者不善理也。草木眾生亦應利樂。

這一段簡明而直接地解釋了「有情」概念及其與之前翻譯「眾生」的不同。有情根本特徵在於「情」，即有性、有愛，其體為本識。《成唯識論》卷二云：「有情本來種性差別，不由無漏種子有無，但依有障無障建立。如《瑜伽》說：『於真如境，若有畢竟二種障者，立為不般涅槃法姓。若有畢竟所知障種，非煩惱者，一分立為聲聞種姓，一分立為獨覺種性。若無畢竟二種障者，即立彼為如來種姓。』」《冠島阿毘達磨俱舍論注》則稱有愛染的有情（凡夫、有學）可以叫作「求生」。

一般而言，佛教有情根性分為五種，即三定性（菩薩、聲聞、緣覺）、一不定性、一總無性（即一闡提）等。世親的有情概念，具體指地獄、餓鬼、畜生、人、天這五種有情的生命存在形式；有的地方還認為阿修羅也是其中之一，列為「六趣」。佛教這一劃分與眾不同，在其理論的語境之下，人類與其他有情生命體實際只是果位的不同，但都是一體的；換言之，佛教的理論不光是為著人類自身而設立，實即包舉更多、更廣泛的生命存在。〔註4〕

金克木先生指出，作為哲學術語的「sattva」的一個意義是數論（僧佉）派的「三德」之一，指真實存在、光明、歡喜等「德」，即事物好的一面。真

〔註2〕 「有情」概念之用，自玄奘法師為多，除了瑜伽部派，玄奘翻譯毘曇部等經論也多使用「有情」一詞。

〔註3〕 由於論文徵引較多，為正文簡明，簡化腳注，本書所引古代重要佛教典籍於文中標注卷次或篇名，具體信息可參見「參考文獻」。一般、常用文獻，首次徵引詳細腳注，以下則簡化處理。

〔註4〕 從概念知識譜系考察，「有情」具體所指有所不同，「在印度教中還包括植物，而古老的耆那教不僅包括植物，還承認地、水、火、風這四大元素的存在。但是，在佛教中卻排除了器世間的無情識的物體。」參見：朱鳳嵐：《佛教中「菩薩」語義之探源》，《世界宗教文化》2014年第3期。

諦在《金七十論》中音譯為「薩埵」。〔註5〕在佛教術語中則是「有情」,所以「菩提薩埵」(菩薩)的梵文是「bodhisattva」,意譯為「覺有情」。這裡的「有情」音譯也是「薩埵」,指「芸芸眾生」。√as〉sat 表示存在,譯為「有」。-tva 是後綴,表示其性質的抽象(彷彿英語的-ness),譯為「情」。「有情」即「存在物」,「生物」(如英語 being)。作為數論派術語,「薩埵」是存在的一個本性、特性(「德」)。作為佛教用語,「薩埵」一詞有所不同,但同出一源,俱由對存在的分析認識而來。√as〉sat 是「有」,又是「真」,又是「善」。存在首先是真實,所以√as〉sat〉satya 真理。√as〉sat〉satī 節婦(殉葬的寡婦)。在哲學及一般著作中常出現的 sad-asat 是有無、真偽、善惡、是非,是以究竟的對立物的統一表明一切,即他們所謂宇宙的根本。此外,根據《波你尼經》,表示有時間性的存在主要用√bhū,而表示不含時間變化限制的存在則用√as。二者的主要區別是,前者指變動的、具體意義的存在,或動的、相對的存在;後者指單純的、抽象意義的存在,或靜的、絕對的存在。在實際應用中,可互換的很多,區別不突出,但在互換就會改變意義的地方就可以看出這種分別。〔註6〕

通過對「有情」在佛教論典中的翻譯與使用、語法意義上的溯源與比較,可知√as 的詞根意義是泛指存在,表示一般意義上的「有」,是對世間所有存在物的高度概括,比如「有」的思想在部派佛教時期形成「說一切有」,進而又衍生為「三世實有」。如果進一步考察存在本身及其關係,則「有情」與「非情」正是一種基本而特別的認識角度,這裡的-tva 是後綴,表示對於「有」的性質的抽象界定——「情」,相比「眾生」的翻譯方式,玄奘在一般生命體意義上的存在物基礎上,進一步做了界定與分類,突出其作為含「情」的生命體;一切煩惱、繫縛也都是由情、愛而發,所以也是佛教對治以求解脫的主要對象。不過,與有情所對立的是「非情」,既指花草樹木,又指山河大地,從對立面轉化而言,那麼這種「非情」肯定不是佛教求得解脫的目的,換句話說,佛教的所有理論與解脫都是圍繞「情」而展開,但卻無法根本成為離系有「情」成為「非情」的存在,只能成為覺有情的「覺者」。以此思之,「情」或許具有了本體性的意義,佛教所要對治的「煩惱」,也許是「情」之所不是,不是「情」之所是的一面吧。

〔註5〕參《數論頌》13:sattvaṃ laghu prakāśakam iṣṭam。《金七十論》:「喜者輕光相」。
〔註6〕金克木:《試論梵語中的「有——存在」》,《哲學研究》1980 年第 7 期。

二、有情諸相辨

廣義而言，除極少數外，絕大多數的生命體，或者說具有情識之生命存在，都可屬有情範疇。在這些有情中，「眾生」與「菩薩」兩個概念，體現對於有情理解的不同側重，前者與有情的外延有所差異，而後者則屬於比較特別的有情。

1. 有情與眾生

眾生（梵 bahu-jana，jantu，jagat，sattva），音譯僕呼繕那、禪頭、社伽、薩埵，意譯作眾生，又譯作有情、含識（即含有心識者）、含生、含情、含靈、群生、群萌、群類。「眾生」一語，普遍指迷界之有情。《雜阿含經》卷六云：「佛告羅陀，於色染著纏綿，名曰眾生；於受、想、行、識染著纏綿，名曰眾生。」《長阿含經》卷二十二《世本緣品》載，無男女尊卑上下，亦無異名，眾共生於世，故稱眾生。《光記》卷一解為受眾多之生死，故稱眾生。若狹義言之，是以無明煩惱所覆，流轉生死者為眾生；若廣義言之，佛及菩薩亦含攝於眾生之中。在此意義上，與有情為同義。〔註7〕

「有情」與「眾生」二詞之差異，在於眾生的範圍更加廣泛一些，包括了花草樹木等生命形式，而在玄奘之瑜伽論體系中有情多指有「情識」的生命體。玄奘《俱舍論》譯本中對於眾生與有情之名稱兼而用之，以有情使用為多，從教理上說，世親於論中所說「拔眾生出生死泥」，當指代的是「有情」。一般認為小乘佛教理論以成就阿羅漢果為目的，非情等是否具備佛性、能夠成佛，還是到了大乘佛教才漸次展開，使得「非情成佛」成為圓教之極說或者「一切眾生悉有佛性」成為重要議題。

2. 有情與菩薩

菩薩（梵 Bodhisattva），音譯作菩提索埵，摩訶菩提質帝薩埵，舊譯為大道心眾生，道眾生等，新譯曰大覺有情，覺有情等。「Bodhisattva」是「Bodhi」和「sattva」（-satta）結合而來，「Bodhi」是動詞「budh」的派生詞，有覺悟、覺知之意，一般可以指代阿羅漢（聲聞菩薩）、辟支佛菩提（獨覺、緣覺）、佛

〔註7〕此外亦有經論對「有情」有所定義，如《大智度論》卷三十一、《大乘同性經》卷上謂，眾生係以五蘊等眾緣假合而生，故稱眾生。又《不增不減經》載，法身為煩惱所纏，往來生死，故稱眾生。《摩訶止觀》卷五上：「攬五陰通稱眾生。眾生不同：攬三途陰罪苦眾生，攬人天陰受樂眾生，攬無漏陰真聖眾生，攬慈悲陰大士眾生，攬常住陰尊極眾生。」

陀的菩提（無上正等菩提）。研究者認為：倘若把「Bodhi」翻譯成「覺悟」、
「智慧」、「道」則不會引起任何歧義，它也不會成為一個有爭議的專業術語。
但，「Bodhi」還有其他不同的語義，為了保持這個詞所有語義的完整性，很多
譯者採用多義不翻原則；「sattva」這個詞含攝語義較多，與梵語「jantu」為同
義詞。梵語「jantu」意為「有生命之物」、「有意識之物」，也就是指「眾生」
或「有情」。對於「眾生」或者「有情」概念，人們多理解為「人」，所以有些
經典論疏把「菩薩」譯為「人」，但菩薩不僅僅限於人趣，「把菩薩理解為『以
某種形態存在的』、『做什麼什麼的』，比菩薩『是什麼樣的人』和『做什麼的
人』更加全面。」〔註8〕

　　《俱舍論》中也有關於「菩薩」的討論，不過多數以佛陀為對象，比如卷十
八云：「謂我世尊昔菩薩位最初逢一佛號釋迦牟尼，遂對其前發弘誓願，願我當
作佛一如今世尊。彼佛亦於末劫出世，滅後正法亦住千年，故今如來一一同彼。
我釋迦菩薩於何位中何波羅蜜多修習圓滿」，又云，「若時菩薩普於一切，能施一
切乃至眼髓，所行惠舍但由悲心，非自希求勝生差別，齊此布施波羅蜜多修習圓
滿。若時菩薩被析身支，雖未離欲貪而心無少忿，齊此戒忍波羅蜜多，修習圓滿。
若時菩薩勇猛精進因行，遇見底沙如來坐寶龕中入火界定威光赫奕特異於常，專
誠瞻仰忘下一足，經七晝夜無怠，淨心以妙伽他贊彼佛曰：天地此界多聞室，逝
宮天處十方無。丈夫牛王大沙門，尋地山林遍無等。如是贊已便超九劫。」在《俱
舍論》的語境裏，菩薩大多專指佛陀，如頌云「法謂三諦全，菩薩獨覺道」（卷
二十五），卷二十九云「或聞說佛菩薩聲聞及獨覺等所受快樂，便作是念。願諸
有情一切等受如是快樂。」不過世親也在卷十二中說，菩薩發願長時精進修行期
望獲得佛果，為了要利樂一切有情而求得菩提，發長時願行，具有大能力，於這
苦瀑流中濟渡一切含識有情。所以菩薩願意捨棄涅槃道，要求無上菩提。而且菩
薩可以從濟助有情來達成自己的悲心，所以認為濟助別有情即是自己的利益。這
裡的用法可能是較為廣義的、不單單指佛陀而言。

　　《俱舍論》中菩薩與有情分別，可以從頌言中獲得清晰界定，即「下士勤
方便，恒求自身樂。中士求滅苦，非樂苦依故。上士恒勤求，自苦他安樂。及
他苦永滅，以他為己故」（卷十二），其中下士即是指凡夫有情，中士即指二乘
有情，上士指的是菩薩，所以菩薩是「以他苦為己苦，用他樂為己樂。不以自

〔註8〕朱鳳嵐：《佛教中「菩薩」語義之探源》，《世界宗教文化》2014 年第 3 期。

苦樂為己苦樂事，不見異益他而別有自益」的「覺有情」。〔註9〕

作為小乘佛教重要論書，世親不僅專有就菩薩道的討論，還積極為之辯護，如《俱舍論》卷十二曰：「誰信菩薩有如是事？有懷潤己無大慈悲，於如是有情此事實難信；無心潤己有大慈悲，無心潤己有大慈悲，於如是有情此事非難信。如有久習無哀愍者，雖無益己而樂損他，世所同悉如是。菩薩久習慈悲，雖無利己而樂他益，如何不信！」不過就本論而言，佛陀僅為十方界之唯一，菩薩及其修行方法的論述體現了大小乘思想的交涉，或者也可以說菩薩道也不完全是大乘佛教的主張，在小乘佛教中亦有提及。只是《俱舍論》依然秉承的是以阿羅漢為中心的修道傳統，更具有現實修行層面的考慮，即便對已得阿羅漢果的聖者而言，依然要面對退位和無退位的境況〔註10〕。

三、「有情為問題的根本」

《俱舍論》的有情概念基本上與諸佛經典籍相當，如《雜阿含經》卷六曰：「所謂有情，是指對色等五蘊抱有欲望、貪欲、喜悅、可愛，執著、固執故所言。」《大日經疏》卷十七曰：「有情者梵音索哆，是著義。又名薩埵，是有情義。」《玄應音義》卷二十三曰：「釋有情云：梵言薩埵。薩此云有，埵此云情，故云有情言眾生者。案梵本僕呼饍那，此云眾生，語各別也。」《俱舍寶疏》卷一曰：「眾生者，即情異名。梵名薩埵，此云有情，梵名社伽，此名眾生，即與有情體一名異。」印順法師認為，「情，古人解說為情愛或情識；有情愛

〔註9〕 在大乘經典中，菩薩可以「Bodhisattva」的複合構詞角度理解。研究者認為，如果把「Bodhi-sattva」這個複合詞作為格限定複合詞時，大概有 7 種解釋，即：趣向菩提的有情、由菩提所生、所護、所養的有情、源於菩提的有情、具有菩提的有情、於菩提中的有情、叫做菩提的有情、把菩提和有情作為對象（緣）。菩提是指彼自求的對象，有情則是指彼救度的對象，佛典中常見的菩薩即為「自覺覺他」、「自覺又常常令他覺者」、「旨在上求菩提下化眾生者」、「尋求自利利他者」等，也是在這一理解的基礎上來定義的。在「Sattva」（Satta）出現不同語義的情況下，佛典及學者定義「Bodhsattva」，主要可以歸納出 7 種解釋，即具有成就菩提的精神和決心、具有趣向菩提的精力和勇氣、具有趣向菩提的志向和意樂、菩提是潛在的尚未開掘出來的自性、具有菩提的素質、把菩提視為自性、執著於菩提者。參見：朱鳳嵐：《佛教中「菩薩」語義之探源》，《世界宗教文化》2014 年第 3 期。

〔註10〕 《俱舍論》就阿羅漢有退無退的觀點與說一切有部有所異同，所涉問題較多，此不贅述。可參讀：林育民：《阿羅漢有退無退之探討——以〈俱舍論〉與〈順正理論〉論議為主》，載於《大專學生佛學論文集》，臺北市華嚴蓮社 2010 年，第 67～90 頁。

或有情識的，即有精神活動者，與世俗所說的動物相近。薩埵為印度舊有名詞，……如約心理說，薩埵是情；約動靜說，薩埵是動；約明暗說，薩埵是光明。由此，可見薩埵是象徵情感、光明、活動的。約此以說有精神活動的有情，即熱情奔放而為生命之流者。般若經說薩埵為『大心』、『快心』、『勇心』、『如金剛心』，也是說他是強有力地堅決不斷的努力者。小如螻蟻，大至人類，以及一切有情，都時刻在情本的生命狂流中。有情以此情愛或情識為本。由於衝動的非理性，以及對於環境與自我的愛好，故不容易解脫繫縛而實現無累的自在。」〔註11〕通過「有情」的使用例句與文本語境、學者解釋，大底可說「有情」即指「有情識者」，「有愛情者」，這裡似乎有一種哲學「情本論」的傾向，只是佛教的態度是將之作為負面效應來處理的，是解脫所主要克服的障礙。從翻譯的詞語使用來說，至少在玄奘看來，佛教所面對的生命體的最主要特徵是「情」，當然這裡的「情」並不專指比較狹隘的喜、怒、憂、懼等等；眾生以「情」為共相，因情迷惑亂，故需斷情去惑，然而實現真正的解脫是否與「情」就是水火不容呢？在不同的佛學宗派內，可能還有一些差別，耐人尋味。

從《俱舍論》的章節劃分或者也顯示其別有之用意，何石彬博士認為世親將一切有情分為迷與悟（凡夫與聖者）兩大類，對於悟界有情，另立《賢聖品》加以說明。《俱舍論》對迷界有情的論述包括《世間品》、《業品》與《隨眠品》三品的內容，主要是講述世間各類眾生的生命形態、生存環境、種類與層次差別及其生死流轉過程，並分析有情轉生的規律以及生死流轉的內在原因。其中《世間品》講述輪迴之果，即迷界有情的生存狀況，分有情世間與器世間兩部分加以解說。所謂世間，「世」為遷流無常、虛偽無實、可對治調伏、可破除斷滅之義；「間」為間次差別義，指有情本身及其所處的環境有無數的種類差別。有情世間即有情自身，為正報；器世間是有情所居處的外界環境，為依報。有情世間與器世間相互依持而存在。分別而言，有情世間以生、老、死為其共同規律，器世間以成、住、壞、空為其基本變化過程。當然，有情世間和器世間本來是無法絕對區分的，只是為解說方便而對其作了大略的劃分。關於有情受生、流轉生死的內在原因，世親認為業為親因（直接原因），而隨眠（煩惱）為疏緣（間接原因）。對此，分別立《業品》與《隨眠品》加以說明。〔註12〕

〔註11〕印順：《佛法概論》，北京：中華書局 2011 年，第 29～30 頁。
〔註12〕何石彬：《〈阿毗達磨俱舍論〉研究以緣起、有情與解脫為中心》，第 114 頁。

　　因為有情造業差別不同，故形成各種不同類屬的眾生。根據不同標準，分類方法亦有不同，其中五趣、六趣最常見。佛教的眾生平等指緣起的平等，非位階的平等，故一方面強調不殺生、一方面強調三善道與三惡道（人道與畜生道）之別。五趣，即地獄、餓鬼、畜生、人、天，阿修羅遍於五趣中。《瑜伽師地論》卷四十六云：「云何有情界無量？謂六十四諸有情眾，名有情界」，其書卷二對佛教有情作了基本的統計，列有六十二種有情：那落迦、旁生、鬼、天、人、剎帝力、婆羅門、吠舍、戍陀羅、女、男、非男非女、劣、中、妙、在家、出家、苦行、非苦行、律儀、不律儀、非律儀非不律儀、離欲、未離欲、邪性定聚、正性定聚、不定性聚、苾芻、苾芻尼、正學、勤策男、勤策女、近事男、近事女、習斷者、習誦者、淨施人、宿長、中年、少年、軌範師、親教師、共住弟子及近住弟子、賓客、營僧事者、貪利養恭敬者、厭舍者、多聞者、大福智者、法隨法行者、持經者、持律者、持論者、異生、見諦、有學、無學、聲聞、獨覺、菩薩、如來、轉輪王。這些類別也幾乎都出現於《俱舍論》中，或有同等、相似含義的概念。

　　有情所居有九種（九有情居或稱九有），即欲界的人與天，初禪天、二禪天、三禪天、四禪天的無想天、空處、識處、無所有處、非想非非想處。對於人與所有的天眾，佛教有一個重要的劃分體系，即以欲生、樂生二種標準及其程度大小，進行考察。《俱舍論》頌云：「欲生三，人、天；樂生三，九處」，《光記》釋曰：「《集異門》第五廣解三欲生、三樂生，不能具引，略述意云：有諸有情，謂是假者，樂受現前諸妙欲境，謂諸有情恒樂受用宿業所感隨本所生現前欲境，非別化作，彼於如是隨本所生現欲境中，有勢力故，自在而轉，謂全人趣，及於欲界取下四天。言『妙欲境』者，境非是欲，貪欲名欲，境能生欲，故名欲境。愚夫妄計，名之為妙。有諸有情造是類業受用境時，樂自變化，自在而轉，謂唯第五樂變化天。有諸有情造是類業受用境時，令劣天子化作種種色、聲、香、味、觸境，於中受用，自在而轉，謂第六他化自在天。準《集異門》，聲亦可化。所以別立三種別者，依彼受用如本所生現前欲境義，故立第一欲生。依彼受用如樂自化欲境義，故立第二欲生。依彼受用如樂他化欲境義，故立第三欲生。於欲界中分別欲生差別三種，故言欲生。」（卷十一）其中欲生有三種，是針對欲界的天眾與人類來說的，《阿毘達磨俱舍釋論》卷八云：「此生由能受用，如自然生塵故，由能受用如意自所化作塵故，由能受用如他化作塵故，約此欲塵故，欲界生有三。」六欲天的有情，可以分為三類，

一類能樂受現前諸多的妙欲境，即在現前欲境裏能自在享受運用，這類有情包括全部人趣及欲界下四天。第二類有情能樂受自己所變化出來的種種妙欲境，此類有情僅指第五樂變化天；第三類有情樂受他人所變化出來的諸種妙欲境，這類有情即他化自在天。樂生有情三種，是針對三定九地而言，他們都能長時安住、長時離苦、長時受樂，故而《阿毘達磨俱舍釋論》卷八釋曰：「何以故？是諸天由離生樂，由定生樂，由離喜生樂，長時安樂住，無苦長時樂故。」於前三靜慮中九處受生有情，能受用三種樂，即在初定中，有情安住於離欲惡不善法而生喜、樂，在初定中間生無喜樂，是「樂生應思」。在二定中，有情安住於從初定而生二定喜、樂；在三定中，有情安住於離二定喜而生三定樂的緣故。但《俱舍論》作者提出，「生靜慮中間，都無喜樂，應思何故亦號『樂生天』。」〔註13〕以上各種分類，其基本的標準即為欲、樂二種，也是就說，《俱舍論》是將一切有情，又按照這兩個標準作了具體的區別；「欲」在佛教看來是通於愛染，產生諸多煩惱，是苦、集的主要根源，所以《俱舍論》的旨趣也在於讓有情離欲、離苦而生樂，最終達到涅槃解脫的目的，在這個意義上，佛法即是以探討有情為中心、為根本的。不過其所設定的世間皆苦的觀念，是一種價值的判斷，「實以日常生活為標準，而非最高的理想」，其初衷，「蓋空苦無常無我的見地，雖類似於厭世思潮，然而佛教絕非淺薄簡陋的厭世觀，特欲從修養方面，提高有情生活的現實界，不得不作一度之警告耳。」〔註14〕

印順法師認為佛法從有情說起，「有情為問題的根本」，「世間的一切學術——教育、經濟、政治、法律，及科學的聲光化電，無一不與有情相關，無一不為有情而出現人間，無一不是對有情的存在。如離開有情，一切就無從說起。所以世間問題雖多，根本為有情自身。」〔註15〕在此意義上，佛陀察知生老病死等一切痛苦，即是從以人為代表的有情自體觀察的結果。比較而言，五趣之中，「天中也有高級與低級的，低級的天，是鬼、畜中有大福報者。如四王天中的毘樓博叉，是龍王，是畜生，毘沙門是夜叉，是鬼。四王天以上的帝釋天，才是人身的；但為帝釋守衛的，也還是鬼、畜之類。比人間低一級的，是地獄……是比人間更苦的，有從人身也有從鬼畜而下墮的。……五趣各是有情的一類，

〔註13〕《順正理論》卷三十一載曰：「大梵既有喜、樂現行，名樂生天亦無有失。」
〔註14〕〔日〕木村泰賢：《有情存在之價值論》，《佛教與人生》，臺灣：大乘文化出版社 1979 年，第 100 頁。
〔註15〕印順：《佛法概論》，北京：中華書局 2011 年，第 30 頁。

而人為五趣的中心，為有情上升下墮的機紐。」〔註16〕因此從佛教的理論主體可以說是以有情為中心，而人類又是有情論關注重點所在，不過這不是人類中心論，只是人類所體現的問題最為集中，也最有可塑性，「阿毘達磨佛教，立此種種有情，而從種種方面把他說明。然為那中心的，到底是人間，為所謂南洲人的我們。即以我們為中心的經驗事實，或基於一般所承認的神話傳說而構成的。為佛教的特色，完成其中心觀念，到底是就修行的階梯來配合一切的。人間、天上，有時處於龍鬼之間而為現實的南洲的人類，於一次果報使其劣等，畢竟以此為出發點，漸次的畫出理想的他。同時，這現實的人間，亦是所有修行的出發點，從所謂修行的立場，有勝於其他的有情。《長阿含》卷第二十《切利天品》說：比較各有情，閻浮提的人，對於其他的任何有情，在三事上都是殊勝的。三事者，就是在能造作的一點上，在修行梵行的一點上，在佛陀現於此土的一點上，是為三事。為那根底的，是勇猛堅強的一事。可知我們的生活，如從其他方面說，諸有情中，最富活力，因而，唯那可以為惡，同時，如做善事，於諸有情中，也唯我們人類，可以進於第一。」〔註17〕佛經中即有「人身難得」的說法，「佛世尊皆出人間，非由天而得也」（《增一阿含經》卷二十六）。故而印順法師指出，「佛法獨到的見地，卻以為人間最好。這因為一切有情中，地獄有寒熱苦，幾乎有苦無樂；畜生有殘殺苦，餓鬼有饑渴苦，也是苦多於樂。天上的享受，雖比人類好，但只是庸俗的，自私的；那種物質欲樂，精神定樂的陶醉，結果是墮落」〔註18〕，即是對於修行而言，在五趣之中人趣最有優勢，最為殊勝。由此推想，即便不承認六道輪迴理論，整個佛教的理論，關於天、傍生、地獄、鬼四趣的安排不啻為不周密，卻仍然遠少於對人的關注，而對於聖者的生命活動的描述也鮮見其有，即便大乘佛教裏以菩薩道為中心的修行之中與得果之後，也離不開有情覺和覺有情兩方面的內容。

　　根本上，有情的概念及其思想體系，對於一期生世間來說，已然規定了凡諸有情必為有情，除非在處於空劫之狀態。就《俱舍論》而言，只要是三界有情，必然經歷生死輪迴，一次生命的結束只是意味著一次色身的脫落與更替，依然要轉生去經歷下一任生命歷程，直到經過修行成為不生之聖者方有可能

〔註16〕印順：《佛法概論》，北京：中華書局 2011 年，第 34～35 頁。

〔註17〕〔日〕木村泰賢：《小乘佛教思想論》，貴陽：貴州大學出版社 2013 年，第 242～243 頁。

〔註18〕印順：《佛法概論》，北京：中華書局 2011 年，第 35 頁。

脫離輪迴之苦。聖者只是意味著特殊、高級的有情。此間，一定程度上蘊含著有情與非情的轉換關係，畢竟在死有的一剎那之後，留下的色身已經不屬於有情範疇；而從四大種與極微論而言，五蘊有情與非情都能通過理論還原的方式得出同一個本質，或者在一定程度上，有情與非情具有轉換的可能。結合前文可知，即便說非情具有佛性，也需要通過有情的形態才能修得正果，而人間乃是最好的禪修處〔註19〕。因此，從解脫的角度而言，有情問題也是根本的問題，而解脫也成了有情必然的選擇。

第二節　《俱舍論》的「世界」理論

　　《俱舍論》的世界觀念主要反映在本論之《世品》，其對世界圖式、世界理論、世界觀念的表述在佛教關於世界觀思想中具有代表性。通過前文阿毘達摩文獻的比較，可知該品是對《阿毘曇心論》與《雜阿毘曇心論》結構的再次調整，直接凸顯出世親獨特的理論視角，這對於「一身六足」乃至《大毘婆沙論》都是較為少見之舉。該篇很多材料與阿含經類內容較為相似，但顯然已經去除了早期佛教帶有的「梵天」色彩，內容更加豐富、條理，是經過系統地思想整合的結果。

一、《俱舍論》的世界觀圖式

　　就整個宇宙而言，《俱舍論・世品》作以總的論說：「千四大洲乃至梵世，如是總說為一小千；千倍小千，名一中千界；千中千界，總名一大千。」這裡，以四大洲至於梵世界為一個單位，可方便稱之為「世間」，那麼世間、小千世界、中千世界、大千世界四者，後者都是前者的一千倍。總稱小千、中千、大千世界為「三千」世界。不過，這並不能等同於我們現在所設想的「宇宙」概念之廣延，《俱舍論》中所言「無邊世界」、「十方眾多世界」或可與「宇宙」之浩瀚相若。〔註20〕

　　本論所述為總明大千，可以在很多佛教經、論中找到相似的表達。它們或具體，或簡要，意思大同小異，如《長阿含經・世記經》云：

〔註19〕參見：惟善：《說一切有部之禪定論研究》，第107～111頁。
〔註20〕「世間」、「世界」在漢語中所指相同，在很大程度上也和「宇宙」含義近似。為了以下敘述方便，筆者一般將世間作為構成世界的最小單位，而宇宙作為所有世界的總體概念。

如一日月周行四天下。光明所照。如是千世界。千世界中有千
日月，千須彌山王；四千天下，四千大天下；四千海水，四千大海；
四千龍，四千大龍，四千金翅鳥，四千大金翅鳥；四千惡道，四千
大惡道；七千大樹，八千大泥犁，十千大山，千閻羅王，千四天王，
千忉利天，千焰摩天，千兜率天，千化自在天，千他化自在天，千
梵天，是為小千世界。如一小千世界，爾所小千千世界，是為中千
世界。如一中千世界，爾所中千千世界，是為三千大千世界。如是
世界周匝成敗，眾生所居，名一佛剎。(《閻浮提洲品》)

這裡的表述，可以作為《俱舍論》簡說之具體展開。諸如日、月、山、海、龍、
鳥、樹、泥犁、閻羅王、諸天等等，是構成一個世界單位的各類事物，《俱舍
論》在許多章節內容也都有分述。而引起關注的是其最後一句之「周匝成敗」、
「眾生所居」、「一佛剎」三個關鍵詞語：第一「周匝成敗」，即本論《世品》
所言之「同成同壞」，這是佛教的共識，也是不可移易之世界生滅規律；以階
段性而論，即常說的「成」、「住」、「壞」、「空」四劫；第二「眾生所居」，表
明三千世界，或者乃至整個宇宙，是眾生居住之地，即是物理、時空性質的概
念；結闔第一點，眾生必是在一個世間經歷生滅；四劫之中，眾生所歷，唯有
「成」、「住」、「壞」三劫，「空劫」時一切皆無。第三「一佛剎」，乃一佛出世
或一佛所教化之區域，即佛教「一佛國」之說，亦即「三千大千世界」。

生滅是一切世界的總體命運，包括其所承載之眾生，眾生也是不能出離、
構成世界的一部分，而能夠超脫生滅之苦和解救眾生的是佛。這三者之間內在
的關聯，突出了世界生滅循環的不可逆性，和這一狀況的對治之道，即佛的教
化。這一表述，是很多宗教敘事的普遍形式，是一種宗教邏輯。其間必然衍生
關於自然力和神力、唯一神和多神論的問題。

《俱舍論》的世界觀念在佛教此類思想中具有代表性。《長阿含經》最後
一分經《世記經》比較系統地介紹世界圖式，後於西晉時已被譯出名《(大)
樓炭經》，隋代時又有兩次重譯，分別名《起世經》和《起世因本經》。除此之
外，關於世界圖式的構想也可見於其他佛教典籍，但「尤以《俱舍論》的《分
別世品》最為簡要系統」，並且「這些記載在細節上有所差異，但概貌大同，
為域外佛教所共同信奉」。〔註21〕《俱舍論》乃至整個佛教內部，對十方世界

〔註21〕 杜繼文：《漢譯佛教經典哲學》上卷，南京：江蘇人民出版社 2008 年，第 2
頁。

的看法都是基本一致的，都是佛一切智對於世界之真實相狀顯現分明，照了量知的現量結果，而不是面壁虛構的非量或推理而得之比量。方立天先生從哲學思維角度，認為佛教宇宙結構論除了具有信仰特徵外，還具有主體性、超越性、無限性、素樸性等特徵。〔註22〕不過關於世間構成理論終非佛教著力關注處，在佛經論典中很少論述。《俱舍論》中的世間論大多是對契經及其所本經論的纂集，並且較少引用契經說法，但收入了諸論師內部的不同認識、往復辯駁的結果。

二、世間過程與本原

所謂自然力和神力，是說宇宙的起源、運行是自然規律的作用，還是神的創造、意志使然。《俱舍論》延續了根本佛教的觀念，認為所有世界都要經歷壞、空、成、住四劫的運行階段，四劫中任何一劫都不是恒定的，它們是首尾相顧之循環式運動，所以在很大程度上消解了對世界起源問題的解釋難題；其次，壞劫發生時，某些修行者可以升往其他世界而言，則是說諸多世界的運行並非是完全同步的，世界和世界之間不是絕對不可逾越的區界，有著特殊的關聯性；從觀念史的角度來說，《俱舍論》在世間具體形成過程中，將婆羅門視之為宇宙起源、眾生出現的「梵王」作了降格處理，顯示它想排除神力主導的傾向，如《長阿含・梵動經第二》殘留了印度梵天思想觀念的內容：「我於此處是梵、大梵，我自然有，無能造我者；我盡知諸義典，千世界於中自在，最為尊貴，能為變化，微妙第一。為眾生父，我獨先有，餘眾生後來，後來眾生，我所化成」。(《長阿含經》卷十四)

根本佛教一直努力擺脫婆羅門教義的某些內容，力圖通過破析、吸收轉化等方法，達到弘揚本宗的目的，如《長阿含經・世記經》云：

> 此世天地還欲成時，有餘眾生福盡、行盡、命盡，於「光音天」命終，生空梵處；於彼生染著心，愛樂於彼，願餘眾生共生彼處。發此念已，有餘眾生福行命盡，於「光音天」身壞命終，生空梵處。時先生梵天即自念言：我是梵王、大梵天王，無造我者，我自然有，無所承受；於千世界最得自在，善諸義趣，富有豐饒，能造化萬物，我即一切眾生父母其後來諸梵，復自念言：彼先梵天即是梵王、大梵天王，彼自然有，無造彼者，於千世界最尊第一，無所承受；善

〔註22〕方立天：《中國佛教的宇宙結構論》，《宗教學研究》1997 年第 1 期。

諸義趣，富有豐饒，能造萬物，是眾生父母，我從彼有。(《長阿含經》卷二十二)

這裡顯然使用了婆羅門教中梵天創世觀念，並做了理論轉換，認為一切眾生都將身壞命終，在原本空寂的梵天處再生，即都是由別處轉生此處而已。《俱舍論》在四劫的論述上，也是從「壞劫」開始的，然後是「空劫」，便是徹底的虛空，而後才是世間生起，體現著否定神創論的理路。這一思想，「表現出了佛教與其他宗教極不相同的本體論和宇宙觀，那就是，世界，無論是物質的還是宗教的，都不是由某個天神或上帝創造出來的，而是個沒有開端也無終結的，按成、住、壞、滅規律永恆循環運轉的客體。在這個客體之外，別無本體。因此，佛教不承認有什麼造物主，也沒有創世紀。」〔註23〕因此，根本佛教和《俱舍論》在世界起源的立場上，是主張去梵說，亦即去神化。

從哲學方面探討世界本原，是人類在原始時代都會產生的類似「原生性」問題，因為就現有世界各大、小文明或區域文化而言，大多數都提供了各種各樣不盡相同的解說、神話傳說。在這些解釋中，他們對宇宙起源、生成過程等問題的設想往往是較為系統的、有層次安排的，帶有某種民族或地區特有的信仰特徵、思維方式和認知方式，對塑造一種文化類型或理論形態往往有具體而微、宏通久遠的作用。通過對各部族、區域的世界起源論的平行研究，其共同、核心的解釋問題是「有、無」或「有、一、多」，或者說它們自發地對自身乃至萬物存在性產生了思考，即對世界從有到無、從現起到壯大、從存在到消失這些現象給出最有解釋力的說明。體現在印度早期文明中，婆羅門教的「梵天」創世是最有影響說法，這一對原初性問題的追問，在今天看來是一種宗教神話解釋，體現當時人對世界秩序的理解與設定。

佛陀時期，世人仍常常面臨世界本原問題。較為有名的即「十四難」或「十四無記」，似乎顯示了佛陀對世界根本問題的冷淡態度，如《俱舍論》卷十九曰：

世為常，無常，亦常亦無常，非常非無常；世為有邊，無邊，亦有邊亦無邊，非有邊非無邊；如來死後為有，非有，亦有亦非有，非有非非有；為命者即身，為命者異身。

《大智度論》載云：

世界及我常？世界及我無常？世界及我亦有常亦無常？世界

〔註23〕杜繼文《漢譯佛教經典哲學》上卷，第18～19頁。

及我亦非有常亦非無常？世界及我有邊？無邊？亦有邊亦無邊？
亦非有邊亦非無邊？死後有神去後世？無神去後世？亦有神去亦
無神去？死後亦非有神去亦非無神去後世？是身是神？身異神
異？（卷二）

除此二論外，十四無記在《阿含經》中也多次出現，如《雜阿含經》卷十六、
卷三十四和《中阿含經》卷六十也都有類似記載。然而對於這「十四難」，據
《雜阿含經》卷三十四載，佛陀對外道問難的十四個問題，皆不置可否，不予
明確的答覆。《大智度論》卷二有所解釋：

若佛一切智人，此十四難何以不答？答曰：此事無實故不答，
諸法有常無此理，諸法斷亦無此理，以是故佛不答。譬如人問搆牛
角得幾升乳，是為非問，不應答。復次世界無窮如車輪，無初無後。
復次答此，無利有失墮惡邪中，佛知十四難常覆四諦諸法實相，如
渡處有惡蟲，不應將人渡，安隱無患處可示人令渡。復次有人言，
是事非一切智人不能解，以人不能知，故佛不答。

這一解釋蘊含多個面向，大略可分為實法、世法、講法三方面，其中實法和講
法大致可理解為，佛陀以外道所問不切修法實際，論釋起來既可能不利其修
行，他們也可能就無法理解；就世法而論，十四難的內容大致涉及世界、佛陀、
身心三類問題。簡要論之，所提出的世界問題是：世界是永恆、非永恆、既永
恆又非永恆、既非永恆又非不永恆？世界是有限、無限、既有限又無限、既非
有限又非無限？前者關涉世界本原、存在性問題，可衍生出以下幾種，如果世
界是永恆的，那麼永恆的世界從何而來是否還是個問題？如果世界不是永恆
的，那麼世界何時何處而生、何時何處而滅？世界是否還有除此以外其他可
能？後者衍生的問題則屬於，對世界之範圍的追問。故而，有研究者認為「佛
自己並不、也不許可他人對形而上學的問題去做費勁而無益的思考，因為這被
認為是無助於個人尋求真理的事業」。〔註24〕

從佛經而言，佛陀並沒有實際迴避命與身的問題，他所建構關於「我」、
「我執」、「無我」的理論即是證明。十四無記中的「我」，在佛法來說應作真

〔註24〕〔英〕凱思著，宋立道等譯：《印度和錫蘭的佛教哲學：從小乘佛教到大乘佛
　　　教》，上海：上海古籍出版社 2004 年，第 19 頁。作者還指出：「佛在作這樣
　　　一番宣教時的態度完全是獨斷的。借助於知道自己以往他世的神通力量，他
　　　獲得的穎悟使他能夠向自己的弟子說明世界的真實構造（實相），而他採取的
　　　說明方式也只是為了他們的解脫。」

如實相、終極意義的「我」。在印度文化中，「我」（梵 Atman）一般音譯為「阿特曼」，原有「呼吸」、「氣息」之意，而後從生命、身體引申到神我、靈魂、宇宙等義。《歌者奧義書》說：「它（阿特曼）是我的靈魂，處於我心中，小於米粒或麥粒，或芥子，或黍，或黍子核；這個我心中的我（阿特曼），大於天，大於地，在於空，大於萬有世界。」這裡的「我」是神秘、遍布、永恆的存在，大致與「神」的意義相當，乃至等同於「宇宙」這一整體，如《外道小乘涅槃論》的觀念：「我（阿特曼）造一切物，我於一切眾生中最勝，我生一切世界有命、無命物，一切物從而作生，還沒彼處。」《廣森林奧義書》說：「離開阿特曼要想知道世界的一切事物是不可能的。這個阿特曼就是婆羅門、剎帝力，是世界、諸神、被造物，這個阿特曼是全宇宙。」奧義書總結了關於「我」的五藏說：「食味所成我、生氣所成我、現識所成我、認識所成我、妙樂所成我」，即認為「我」有五層涵義，第一「食味所成我」，是之人的軀體、肉體和生理活動；第二「生氣所成我」，是指由呼吸、氣息構成的生命活動；第三「現識所成我」，是感覺、思維、精神層面的活動；第四「認識所成我」，是所有識的集合〔註25〕；第五「妙樂所成我」，如果相對於前四者的經驗之我而言，應該是「超驗的純粹的主體」〔註26〕，是最高的、最真實自在的我。一般而言，前四者便是有為之我，是無常、生滅的，《奧義書》設定第五個最高層次的涵義，與其自身的理論主張有密切關係，「只有妙樂所成阿特曼才是超驗的純粹的主體。它沒有任何質的規定性，清淨無染，超言絕象，只能用遮詮法表示，是真、知、樂三位一體的，在本質上與世界本源梵是一致的。妙樂阿特曼受污染，由梵下降，漸次展開為其他四種阿特曼，在三界輪迴不已，並創造世界萬物。如果擺脫了物質的束縛，淨化了污染，就可以上升到大覺位，回歸其如如不動的『梵我一如』的境地。」〔註27〕在印度奧義書時期，「我」便呈現出一個抽象的哲學、宗教意義的理解，其最高、本質的屬性是真、知、樂三位一體，可以與其所設定的最高本體等同，為現世一切修行建立理論的前提。不過佛陀並沒有沿著奧義書超脫小我昇華到梵天，僅僅將自己作為一個路徑，而是要最終認

〔註25〕有些學者認為是潛意識、深層思維活動，或作為可與笛卡爾「我思故我在」中的「我思」之「我」相類，「它是證知經驗之我存在的根據。」（參見：張力力《原始佛教「無我」論與「十四無記」》，《五臺山研究》1994 年第 4 期。）
〔註26〕張力力《原始佛教「無我」論與「十四無記」》，《五臺山研究》1994 年第 4 期。
〔註27〕張力力：《原始佛教「無我」論與「十四無記」》，《五臺山研究》1994 年第 4 期。

識到「真我」，一種超越性的、得到涅槃真相的「我」。

佛陀對十四無記的態度，或為有意避之，或以為不重要無探討價值，然而這些內容多涉及起源論的諸多難以描述、闡明的問題，並且是當時世界眾多思想家、智者所面臨的共同難題，即便學術發展的今天仍確難知曉。佛教理論的後來發展說明，能夠有效討論無記問題，需借助哲學的思辨功效，其一將看似外在世界的學說構築轉為終極性、內在性的「我」，其二將起源說轉變成能夠和世俗溝通、具有可知可感且理論說服力的世界生成過程論，即「四劫說」。根據根本佛教和《大智度論》卷二，已經大致可以揣度佛陀的想法，即世界總是處在因緣和合的生滅之中，世界無初無後沒有始終，四劫是世界存在的常態。佛陀態度表明，佛教的世界理論相比於婆羅門教已經發生了轉變，由神化解釋轉變成自然解釋，由關注世界起源轉變成構擬世界存在狀態、生成過程，由對事物原初的發生論探究轉變為對事物實體論的探究，故而可以說佛陀的理論是試圖重新設定世界圖式、秩序，以引導人們關注現實與實體之上，正確安排自己的修行、生活。〔註28〕

三、世界觀念的特點

《俱舍論》繼承了根本佛教宇宙觀的基本觀念。世界的形成不是由某種神，如梵天或其他神力創造的，世間的運行經歷著壞、空、成、住四劫，周而復始，無法逆轉，彷彿是一種既定的、自然的運行程序，並且世間乃至有情萬法的根本狀態是「無常」，均建立於因緣和合或特定條件之上。佛陀乃至《俱舍論》的宇宙論帶有現象論的認識特徵，但其根本目的是為了讓人認識世間皆虛妄、人生難脫苦的真相，所以對世界的事實探究不是佛教重點關注、思考對象，並且現有的事實性認識也參雜了價值判斷的內容，這是其價值立場和實踐導向決定的。

相比《阿含經》和阿毗達摩早期論書，以《俱舍論》為代表的一切有部思想，比較明顯地對根本佛教關於世界的學說加以分類、整理了，故而內容層次較為清晰、生成結構比較完善，甚至設定了較為縝密地算法、測量性質。部派

〔註28〕有西方學者認為「佛陀誠然是真正的人，但他同時即是智者的自覺，也被他的追隨者視為遠遠與人類不同的智者；在他的崇信者眼中，甚而至於在僧伽圈子的外邊，他都的確是一個神」，「佛陀的超驗性格是以一種非常充足而武斷的方式加以申明的」。參見：〔英〕凱思著，宋立道等譯：《印度和錫蘭的佛教哲學：從小乘佛教到大乘佛教》，第15頁。

佛教的宇宙論、世間論本身就是一種系統化的理論發展趨勢，比根本佛教更具有實在論的傾向。當然，從整個部派思想來說，各派又有所不同，「上座部系的諸派，大體是取實在論的傾向；大眾部系的方面，合有觀念論或宇宙論的傾向。上座部方面，不管什麼事，都唯重事實，似有將一切在常識上說的趨勢；大眾部方面，乘那自由思想，對於一切，可說一起掠過。結果，彼此就發生這樣的不同。當然，如嚴格說：在上座部中，固有如經部觀念論的傾向；在大眾部中，也很帶有實在論的傾向。」〔註29〕從一切有部所提出的三世實有說與法體恒有理論，應該說該部是徹底主張世界實在論的。〔註30〕

世界實體論、過程論的轉向並不能根本消解發生論所存在的意義，世界起源問題在認識上是人對生存世界之所以如此的根本問題；在信仰上，儘管起源神話不盡相同，卻也具有滿足各種人類經驗、情感、認知等多方面的作用，在今天認識高度尚是為神秘主義、神話論的古代思想內容，在過去的特定歷史階段卻是他們的「科學」發現。以婆羅門教為例，它以吠陀教義為基礎，吸收印度河流域多種文化、信仰，逐步提煉出三個基本綱領，即吠陀天啟、祭祀萬能和婆羅門至上，和以三神一體的主神崇拜，即梵天、濕婆、毘濕努，並提倡「梵我合一」的終極信仰。在一定程度上，它解決了三個方面問題：其一，付諸神秘主義、超驗體驗的神道體系、現象解說多具有的辨析式認知理論特徵，能夠解答普通人對世界的直觀感受、一般知覺和現實生活體驗產生的疑問，甚至俘化他們的思想，將之納入到自己的表現方式和解釋體系之中；第二，對於對象化客體的形象美化、賦予超能力和無限崇拜，往往是人類試圖擺脫自身局限性，獲得某種超驗、永恆、圓滿的行為表現。這種目的化、對象化的解決方式，在思維認識層面上能夠有所清醒，然而在精神情感需求上卻具有增上作用，其表現之一，便是信仰往往是人們獲得現世生活精神支柱，某種理念是人們從事某種危險、艱難活動的最根本動力。第三，在成熟的宗教信仰體系中，崇拜客

〔註29〕 〔日〕木村泰賢：《小乘佛教思想論》，第 76 頁。
〔註30〕 關於「三世實有」，姚衛群先生指出：部派佛教各有主張，一般而言，說一切有部主張「三世實有，法體恒有」；大眾部一些論師認為「過去未來非實有體」，一說部認為事物都是假名，沒有實體；說出世部認為涅槃為實，世間皆假；說假部認為三世法中依緣為假，不依緣為真；犢子部認為「法我俱有」；化地部中，部分主張過去未來是無，現在法、無為法是有，另一部分主張過去未來是有；經量部認為現世法實有其體，過去未來法則無。（參見：姚衛群：《部派佛教中關於「三世法」本質的觀念》，《佛學研究》2010 年總第 19 期。）關於此話題，學界探討甚多，在此不一一綜述，亦不重複是論，請讀者另行參閱。

體和信仰主體二者往往是同構關係，被建構起的絕對、客觀、唯一、至高無上的終極實體，往往是驅動信仰者更加關注自己的內心需要，注意身心及外界的變化，主動追求神聖、崇高、超驗、圓滿的結果，或在信仰活動中滿足自己身心的需要以作為某種補償、庇護、平衡。

佛陀所建立的世界圖式，有發之於自身禪修經驗、經驗認知，其中也有來自於其他文化思想。從他對「十四無記」的態度，反映出其理論在當時眾多派別思想中因較為獨特而不易被人理解、受到詰難，也表明實體論與發生論尚有許多基本問題需要理清，其中最直接的便是實體論沒有很好回答發生論對世界起源問題的解釋。因此「十四無記」所提出的問題，在後來的部派佛教、大乘佛教中均有許多討論。《俱舍論》承續了根本佛教思想，對部派佛教諸家加以整理、總結，進行多層結構性解答，如在世界由「空劫」入「成劫」時有情世間與器世間的產生是「有情業力」作用，無論是有情還是非情都由「四大種」所構成，另外還有極微論、種子說等等。〔註31〕但是，起源論、本原問題不僅是宗教問題、物理問題，也是一個邏輯問題，即追溯現象、認識、思維的起點、極限。相對於「神」就是「神」的獨斷性、不可懷疑性，任何求諸理性論說之「有情業力」、極微、種子都難以抵擋簡單的發問，它們從何而來？如何施用？如果這一問題沒有得到合理解釋，那麼人類自身諸多原發性問題也會受之影響，關於人之任何認識與實踐理論都無從作答。

佛教的宇宙論試圖迴避印度文化中本有的神創世論，欲以過程論而代之，以「緣起」作為始因〔註32〕，在《俱舍論》而言是一種承認存在外在世界的態度基礎上的表述，撇除人的時間與空間感知不談，身體作為世界過程與結構理解延伸的兩個顯著特徵是，佛教的生、住、壞、空四劫基本對應著有情之生、老、病、死四個階段，而為了解決生、老、病、死而形成的超脫，最終是一個世間的色體壞滅，而某些高級修行者之非色體（受、想、行、識）可以進入十方世界的其他世界，否則在理論上將降低求取超脫的實踐性意義（如佛教常以

〔註31〕杜繼文先生認為：「至於世界為什麼只能是上面描繪的那種相貌，早期佛教很少有正面的回答，後期佛教則多答以『共業』；就是說，世界之所以採取如此圖式，本質上是眾生業力共同作用的結果，至於世界呈現的諸多差別，那就歸於眾生的『別業』所造。」參見：杜繼文：《漢譯佛教經典哲學》上卷，南京：江蘇人民出版社 2008 年，第 19 頁。

〔註32〕有學者從佛教宇宙觀之緣起意義，討論佛教宇宙的本體論意義。參見：陳代湘：《佛教宇宙本體論的意義》，《湘潭大學學報》1994 年第 2 期。

宣揚的「極樂世界」），至少在《俱舍論》表述中含有這方面的指向。總體而言，《俱舍論》世界觀念是一種階段化構建的、特殊的自然發生論，應該說是對神創論的理論轉化，但是也同樣蘊含著其他兩種解釋向度，其一，它以無常、緣起為根本觀念，所謂的外在世界亦無常性空，如此可以間接與「空觀」有一定程度的契合；其二，《俱舍論》並不同於說一切有部承認「三世皆有，法體恒有」之說，很大程度上強調心體與「識」，作者世親本人後來亦轉入大乘瑜伽說，其典型取向為「萬法唯識」，在中土逐漸形成法界安立乃「唯心所造」的主流說法，世界觀念由實體論而逐步心性化；前者主要強調一切空無實在，令心無所執；後者直接偏向心體實在論或者精神導向，究此二者，不過是對身體之心體或間接或直接的認同。

根本佛教宇宙觀的重點，不在於構擬精緻的世界圖式，提出縝密的四劫生成毀滅論。從佛陀「十四無記」的旨趣，可以看出其基本認同於有一包含有情界在內的外在世界之存在，對根本關注有情之基本問題，其世界觀仍然是以有情問題為核心，尤其關心生命現象與具體修證，並非意在演繹佛教的宇宙本體思想。這個根本態度蘊含著以身體現象的體驗與觀察、求證、覺悟為主體的內在意義，對外在世界的理解，實乃覺者對於身體的自我覺察、體驗、證悟、超脫為始終的，一切問題之解決具以身心為中心，所謂世界不過是身心問題的延伸而已。

第三節　有情界的過程考察與解讀

劫（梵 kalpa），漢譯劫簸、劫波，或長時，所計之時間超乎年月時，故又稱大時。〔註33〕就世間總體而言，常以壞劫、成劫、中劫、大劫謂之，乃是對世間命運、發生階段的表述。其說由來自婆羅門教已然，根本佛教更而續之，漸次成為佛教各派世界起源論的大同小異之思想，「佛教與婆羅門教，把世界的命運，同樣分為四期。其唯不同的，在婆羅門教方面，往復循環於俱利多、脫利多、羅瓦婆羅、卡利的四瑜伽之間，最後以梵之眠而為世界的破壞。在佛教方面，以四期為世界的成立、立住、破壞、混沌的區劃。有情的壽命及其道

〔註33〕現代漢語的「劫」具有多種義，通常和災難、厄運相聯繫，在佛經中則經常作為「長時間」使用，這種現象應該發生在佛教、佛經傳入以後。並且在意義引申上，是從「長時間」而逐步轉化為「災難」的意涵。參見：梁麗玲：《從長時間到大災難：談佛經中劫字》，《香光莊嚴》第五十五期，1998 年。

德狀態之循環的變遷，是於其立住期而論的。然同分為四期，又論道德狀態之循環的變遷，而從悠久的立場說，世界終於是不絕的往返循環。在這點上，佛教也好，婆羅門教也好，畢竟不可不說是立於同一思想之上。」〔註34〕

通常而言，劫量無盡，一輪分為四個階段，各有劫名，《俱舍論》舉為成、住、壞、空，而《大毘婆沙論》一百三十五卷則言劫有三種：中間劫、成壞劫、大劫，而中間劫又有三種：減劫（人壽無量歲減至十歲）、增劫（人壽十歲增至八萬歲）、增減劫（人壽十歲增至八萬歲，然後從八萬歲減至十歲）。中間劫需經歷一減一增，十八增減，有二十中間劫；二十中劫後，世間方能形成，此後便是世間穩定的「住」的狀態（二十中劫），但統稱為「成劫」；經過二十中劫，世間漸次毀壞，此後又有二十中劫的空劫，這兩階段統稱「壞劫」。以上兩大階段八十中劫合稱為「大劫」。

比較而言，《俱舍論》與《大毘婆沙論》基本一致，因為後者也是分為四個階段，只是以成攝住，以壞攝空，又加以統括而已，二者並無大異。《俱舍論》根據論述展開的需要，明確劃分四劫，則論述清晰，層次分明。四劫論的重點，在於陳述非情與有情的生成與毀壞次第，在此過程中呈現出各種各樣佛教對於有情「身體」特徵、類別及其衍化的豐富認識，也反映出佛教的世界觀念與哲學思維特徵。

一、有情之壞劫與空劫

1. 有情壞滅

所謂「壞劫」，即「從地獄有情不復生至外器都盡」，其中「壞」有兩種解釋，一為「趣壞」和「界壞」，一為「有情壞」和「外器壞」，雖意義有所側重，但所指基本相同。趣壞即五趣（六趣）壞滅，也即五種或六種有情的壞滅；界之意義較為豐富，趣外之界，即為器世間，在有情之外，亦為外器，故器壞即外器壞。壞劫之時，世間一切無法逃避。壞劫發生的時間點，是在世間經歷二十中劫的住劫之後；持續的時間，也是二十中劫。

壞劫發生後，其間歷經階段大致為「有情世間壞」和「器世間壞」。「有情世間壞」有五個階段：

（1）第一階段為「地獄趣壞」。在此階段，墮入地獄之人將轉至他方世界的地獄，而此世間的地獄有情，命終無復新生；原來的地獄有情轉至他界地獄，

即「諸有地獄定受業者，業力引置他方獄中」，由此直至地獄無一有情。

（2）第二階段為「傍生趣」和「鬼趣」壞。「傍生趣」、「鬼趣」之壞和地獄趣壞類似，原則上他們都是從各自所住處開始。不過，雜居於人、天之地的傍生、鬼趣也與人、天同時而壞，所以傍生趣與鬼趣有情的壞滅是分二至三個階段才最終完成。

（3）第三階段為「人趣」壞。南瞻部洲及東、西二洲人，會有一人無師自通初靜慮，出靜慮而後唱誦「離生喜樂，甚樂，甚靜」〔註35〕，其他人聽後皆得初靜慮，可以「命終並得生梵世中」。北洲人，不能「入定離欲」，命盡之後生欲界天。最後一人離開，便宣告「人趣」壞滅。

（4）第四階段為「天趣」壞。四大王天人以及其他五欲天眾，都從初靜慮「得生梵世中」。至此，每個階段趣壞無遺，有情盡滅，即其論曰：「至欲界無一有情，名欲界中有情已壞」。

（5）第五階段為有情界之終結。梵世等諸天，無師自然獲得二靜慮，有一人出定而後唱誦：「定生喜樂，甚樂！甚靜！」其餘人聽聞而後，皆入二靜慮，「命終並得生極光淨天」。經歷了「梵世中有情都盡」之後，除極淨光天外的第一至第三禪天都已毀滅，標誌著「有情世間」最終盡壞無存。

當有情全無，惟留空曠無生氣的器世界，其餘十方界的有情，感此三千世界業已盡消。有情世間的壞滅經歷了漫長的時間，占去總共二十劫中的十九劫，其後壞滅的「器世間」僅需一劫，《俱舍論》卷十二對「器世間滅」，有一總述，云：

> 漸有七日輪現，諸海乾竭，眾山洞然，洲渚三輪並從焚燎，風吹猛焰燒上天宮，乃至梵宮，無遺灰燼。

對所燃之火，還補充說：

> 自地火焰燒自地宮，非他地災能壞他地；由相引起，故作是言：

「下火風飄焚燒上地」。謂：欲界火猛焰上升為緣，引生色界火焰。總的說來，器世間的壞滅是經歷了火、水、風三災。不過《俱舍論》在此說明過於籠統，實際上三災的次第、現象、作用也均有不同。大三災是相對與人類所需經歷的小三災而言的，在程度破壞上有為過之。相比小三災的懲罰性、破

〔註35〕惟善法師認為，此句是玄奘的概括性翻譯，依照《俱舍論》梵文，可以翻譯為：他說〔如是〕言：「遠離〔欲界〕而生起的喜與樂才是快樂。遠離〔欲界〕而生起的喜與樂才是寂靜。」參見惟善：《說一切有部之禪定論研究》，第105頁。

壞性，大三災是為了迫使有情捨離下地而上聚天界，去提高自身修行境界的目的。三災首先是火災，空中有七個太陽同時出現；其次水災，天降大雨；而後是風災，有大風搏擊肆虐。

從具體時間上，三災有其發生的次第關係，即首先有連續不斷的七次火災，然後又一次水災生起，此後又有不斷的七次火災和隨即一次水災，如此反覆，到滿七次水災後，又有七次火災，最後風災出現。於是，要經歷八個七次火災，一個七次水災，一次風災，總共六十四災。對於大三災的生起及其階段性發展的原因，《俱舍論》認為是「由彼有情所修定因，於上漸勝，故感身壽，其量漸長，由是所居亦漸久住」的原因，根本上也就是由有情修業招感所居器量所致。《俱舍論》認為其對六十四災的解說，也是對《施設足論》之「遍淨天壽六十四劫」的圓滿解釋。

不過，在不同階段，三災也各有其影響力的極限，《俱舍論》認為原因是與有情靜慮修行密切相關。禪定有四，其中初、二、三定中有內災和外災，內、外災相等。初靜慮時，尋、伺為內災，能燒惱此心，和外界的火災可相等同；第二靜慮意味著火災消失，水災生起，有情以喜受為內災，以輕安潤身，粗重的身體也得以消除；第三靜慮中，動息為內災，息即是風，可與外界的風災等同，此時水災也自然結束。〔註36〕即是說，「一個行者生到前三禪的任何一天界，他依然不安全，因為他還有內在尋、伺、喜、樂等心理活動。這些心理活動會引起外在的災難——火、水、風傷害他。」〔註37〕總體上，內災和外災同時發生，在靜慮時內災發生變化的同時，外災也發生相應的改變。經歷三災之後，器世間的一切乃至構成色體的極微也被破壞殆盡。〔註38〕

換個角度看，之所以把大三災放在初、二、三，在佛教也有說法，初靜慮以下即是器世間，即是土地，而地和地不能相剋相違，只有火等其他元素才可以與地相違背；而第四靜慮地沒有外災，是由於出離內災的原因，佛陀說第四

〔註36〕惟善法師據《俱舍論》梵文本所譯，此段意思可理解為「因為在初禪尋伺為內災，能燒惱意（心）故，是名火劫。在第二〔禪〕與輕安相應的喜受為內災，能使柔和作為它的依至故，是名水劫。經說：因為在此所有身體的不舒適已消失了，苦根〔於第二禪〕已滅。第三禪呼吸為內災。呼吸也就是風。因此，入此禪定中有如是內災，生此禪天中有如是外〔災〕。」參見：惟善：《說一切有部之禪定論研究》，第106頁。

〔註37〕惟善：《說一切有部之禪定論研究》，第107頁。

〔註38〕勝論派認為，極微是恒常不滅的，大三災之後，器世間盡遭破壞，還有極微存在。如果極微不存在了，那麼劫後的沒有產生事物的種子了。

靜慮為不動定，即是內、外災都無從所加了。也有論師說，是因為第四靜慮地居五淨天，可於此涅槃，不再受生餘處，已經不會受到災害的破壞了。不過這也並不意味著他們是永恆的，一樣會遵循天界無常的法則，「四無色界是非物質的純精神世界。那些行者所達到的這種精神境界也是無常的，當他們的生命結束時，他們的世界也同時隨之滅亡。」〔註39〕

值得注意的是，《俱舍論》強調即便是第四靜慮地，也不是恒常的，它與有情共生共滅，進一步來說，所有的器體都不是恒常的，所有天處都沒有象眾星一樣的恒定形態，而是各不相同的，當有情在此世界有生、死現象發生，其所居天處也會隨起、隨滅。通過這些論述，還可以看到《俱舍論》雖然強調世間劫壞的不可抗拒性，卻也時時顯現有情的作用，甚至突出了有情修行帶來的影響，木村泰賢分析道：「我人的精神修養，在三禪以下，雖已很微細，但還不免動搖，所謂世界觀，我想大概是從這兒推算出來的結果。第四禪，在修養上，只被稱為不動地，即使是界地，但於此，破壞的災害已經不及。」〔註40〕另外，根本上說，大三災中，內災直接導致了外災的產生，內災消除則外災也隨之而滅；從現象上，三災中的身體性因素，從身體的粗重、呼吸以至於內心的喜受等，表現出《俱舍論》認為有情的身體、精神對於世界變化是有所影響的。

2. 有情虛無

《俱舍論》卷十二曰：「謂此世間，災所壞已。二十中劫，唯有虛空」，是說世間已經壞滅，還要經歷二十中劫之久的虛無空曠、唯為空空之狀態。如此虛空，何以以後生出器世間與有情世間，也即是說，空劫作為成劫的前提、必要階段，則必須回到成劫之可能性的問題。是以後世佛教常以「空劫以前」為重要討論話題。

二、器世間的形成與結構〔註41〕

所言「成劫」，指「從風起乃至地獄始有情生」，即從風初生起到地獄開始生起有情的過程，也就是器世界和有情界的形成階段。成劫需經歷二十中劫的

〔註39〕惟善法師：《說一切有部之禪定論研究》，第 107 頁。

〔註40〕〔日〕木村泰賢：《小乘佛教思想論》，第 250 頁。

〔註41〕除《俱舍論》卷十二外，《長阿含經》卷二十二《世本緣品》、《立世阿毘曇論》卷十，《大毘婆沙論》卷一三三、卷一三四等也有類似表述，而《立世阿毘曇論》持說稍異。

時間。其間需要經歷和壞劫幾乎相反的生成過程，《俱舍論》卷十二云：「所餘成壞及壞已空，雖無減增二十差別，然由時量與住劫同，準住各成二十中劫。成中初劫起器世間，後十九中有情漸住；壞中後劫減器世間，前十九中有情漸捨」，《光記》卷一釋曰：「此明中劫並顯住劫。準此論文，壽漸減時方名住劫，壽未減時是成劫攝。問：初劫唯減，後劫唯增，如何時等中間十八？解云：二十住劫前後相望，前有情福勝，後有情福劣，住中初劫福最勝故，應合受用上妙境界，故下時極遲，從第二劫已去，其福漸薄，上稍遲下漸疾，以上時境勝，由福薄故，不合受用，故上時遲，以下時境劣，由薄福故，應合受用，故下時疾；如是乃至第十九劫，福漸漸薄，上時極遲下時極疾，至第二十劫，福最薄故，上時極遲，故初、後劫等中十八。又解：壽未減時是成劫攝，從無量歲初減已去，方名住劫，第二十劫上至八萬，多時經停，故初、後劫等中十八」，由此或可推測，關於四劫的時長與佛教對業報的計算有著比較直接的聯繫。總之，成劫是器世間與有情界成立之時期。

成劫的過程首先由「一切有情業增上力，空中漸有微細風生，是器世間將成前相」，而後，首先形成外器，即「風漸增盛，成立如前所說風輪、水、金輪等；然初成立大梵王宮乃至夜摩宮，後起風輪等，是謂『成立外器世間』」，也即是常言之所居器、小器。為討論方便，本小節先介紹器世間形成的前奏部分，即三輪、九山、八海的形成。

1. 世間安立於三輪

《俱舍論》卷十一引用毘婆沙「許此三千大千世界如是安立形量不同」，對從空劫而後的世界形成次序，做出分明安排，大致為三個階段，也就是風輪、水輪和金輪形成、運動、造作的過程。這一世界也是有情所居之器世間，相對於有情世界又稱小界。

風輪形成。器世間安立，最下層是風輪，也是最先生成的部分。《俱舍論》卷十一云：「諸有情業增上力，先於最下依止虛空有風輪生，廣無數厚。如是風輪其體堅密；假設有一大諾健那以金剛輪奮威懸擊，金剛有碎，風輪無損。」「十六億踰繕那」即頌文裏的「十六洛叉」。

水輪形成。同樣因諸有情業增上力，而引起絕大的雲雨，打落在風輪上，像滴在車軸上一樣，或者是出於有情業力，或者是風輪持之，令不流散，由此積水成輪。水輪於未凝結位深十一億二萬踰繕那。廣量方面，其徑十二億三千四百半；周圍其邊數成三倍，周圍量成三十六億一萬三百五十踰繕那。

金輪形成。有情業力感別風起，搏擊此水，上結成金；如熟乳停，上凝成膜；故水輪減唯厚八洛叉，餘轉成金，厚三億二萬。廣量與水輪相同。

關於三輪的形成，實際在《大毘婆沙論》卷一三三中有極為相似的論述，除了在三輪的深、廣量度上有所差別外，最為重要的是，對於從虛空中忽起之微風，《婆沙論》沒有明給出明確的原因，而《俱舍論》直接說是由「有情」業力所引起，並且貫之至終。如此便意味著，器世間的形成，也是業力所為，必當承受相應的業果；這種業力由何而發可能是需要提出疑問的，世親沒有明確的解釋，或許是從其他世間、世界的有情所產生業力，而這些業力在整個十方世界具有普遍意義。〔註42〕三輪之後，次第而生山、海、洲立於金輪之上，為四王天、忉利天（此二天稱地居天）、人類、傍生等之住處。

2. 九山次第及異說

山為九座，依次為蘇迷盧、踰健達羅、伊沙馱羅山、揭地洛迦山、蘇達梨舍那、頞濕縛羯拏、毘那怛迦山、尼民達羅山，其中前七座為金所成，為內山，第七山外有四大洲，在大洲等外還有一山名鐵輪圍山。在不同經論中，九山之名有所不同，已有學者討論，此不錄考。

九山的位置安排。蘇迷盧（妙高山）據中央而處，其外有踰健達羅、伊沙馱羅山、揭地洛迦山、蘇達梨舍那、頞濕縛羯拏、毘那怛迦山、尼民達羅山七山環繞，最外層是鐵輪圍山，「周匝如輪，圍一世界」。九山入水量皆為八萬踰繕那，而出水量不同，妙高山王出水高度八萬踰繕那，其餘八座山由高到低依次減半，最末之鐵輪圍山之出水高度為三百一十二點五踰繕那。九山的廣量都與自身出水數量相同。

「蘇迷盧山」即妙高山、須彌山，處於九山之中心，為妙高山王所居。〔註43〕以四寶為體，北、東、南、西四面，分別由金、銀、吠琉璃（青琉璃）、

〔註42〕 有學者認為，世界本來出自於有情心識的各各變現，自無始以來逐漸凝聚和不可任意操縱，業力作為真個世界的大綱，其作用遍及有情與非情，似乎成為一種獨特的組織和力量，「就著全宇宙的業力（共業）而論，並不是單出於某一個人的心識，不過某一個人的心識，也正可生出這種業力而使整個的宇宙發生影響。」（參見：吳信如：《佛教世界觀》，北京：藏學出版社2008年，第28頁。）

〔註43〕 須彌中心說，有學者認為可能是「我佛偶而談論而借用的一種神話點綴」，或是根據便於聽眾信解的「權設的一種當機說法」，或是被後人多所摻亂而竄入的流俗之見。無論哪種意見，最基本的態度是不能太過於執拗不化，「不把它太看呆了」；佛教世界觀有一些纏夾誤認與混亂不明，卻也多少反映著實地情況。（參見：吳信如：《佛教世界觀》，北京：藏學出版社2008年，第13~14頁。）

頗胝迦寶（白玉）所成〔註44〕；並隨寶物威德而在空中有不同光色，故而瞻部洲天空似吠琉璃色。四寶生成而後，復由業力引起別風，簡別諸寶，攝受而聚集成山、成洲；並分水甘、鹹，又使之分別成立了內海、外海。蘇迷盧山有四層，每層相距一萬踰繕那，從下至上面積漸次而減半，分別為一萬六千踰繕那、八千踰繕那、四千踰繕那和二千踰繕那。

持雙山以上沒有日、月，無法區分晝夜，建立晝夜的途徑是按照花的開合，如拘物陀（白蓮花）、缽特摩（紅蓮花）等花；或依鳥鳴叫及靜止的差別區分晝夜；或者依天眾醒、睡的不同建立。那裏的天眾自身本具光明，亦能成就外面的光明之事。

《俱舍論》卷十一還記述了有部和所謂數論者關於四寶從何生起的辯論。有部認為四寶「亦諸有情業增上力。復大雲起，雨金輪上，滴如車軸，積水奔濤，其水即為眾寶種藏。由具種種威德猛風鑽擊變生眾寶類等。如是變水生寶等時，因滅果生，體不俱有；非如數論轉變所成。」該處或有疑問，依其所述，四寶當在九山之前即以存在。有部批評數論外道，認為其把四寶所成的「轉變說」是錯誤的，在於「執有法自性常存，有餘法生，有餘法滅」，犯了把果體視為由因轉變而成的錯誤。它違背了，必定不容許有法自性常住，而卻可計執別有法滅、法生的道理，即「必無容有法常住可執別有法滅、法生」。數論派認為自己並不是說「法外別有有法」，只是說「唯即此法於轉變時，異相所依，名為『有法』」，論主答「即是此物而不如此，如是言義曾所未聞」。通過這一段，或者可以看出，對於世間的形成節目乃至世界的整體觀念，於部派佛教已經形成多方面的爭論，或者也是世親重視並特立《世品》之緣由。

3. 八海與天器遠近

九山之間「妙高為初，輪圍最後」，中間分布八海。前七名為內海，皆具八功德水：一、甘，二、冷，三、軟，四、輕，五、清淨，六、不臭，七、飲時不損喉，八、飲已不傷腹。《俱舍論》對八海有面積之劃分，「最初，廣八萬，四邊各三倍；餘六，半半陜」，即謂最初之海，寬、廣為八萬踰繕那，長度約持雙山內邊周長來計量；海的四邊，每一邊各為寬的三倍，為二億四萬踰繕那。其餘六內海的寬度依次遞減一半，即第二海的寬度是四萬踰繕那；第七內海的寬度是一千二百五十踰繕那。其他依次類推。第八重海，盈滿鹹水，寬度為三

〔註44〕《起世經》謂九山為七寶所成，八海遍覆優缽羅華等諸妙香物。

億二萬二千踰繕那。

《俱舍論》於明天器遠近距離亦有所論。諸天有二十二處,相互之間的距離難以測算,不過可以依例推算,比如四大天王住在妙高山,那麼從這第四層級到大海的距離就是四萬踰繕那,類推可知,從四大王天往上直到三十三天的距離也是四萬踰繕那,故而三十三天與大海相距八萬踰繕那,而三十三天上直夜摩天的距離亦是如此。色究竟天最高,向上不再有住處,故名「究竟」。另外,有的論師說,名「色究竟天」,是因為「『礙』名目積集色;至彼礙盡,得『究竟』名」。《阿毘達磨俱舍釋論》卷八還提出了一種意見:「復有餘師說:此處名阿迦尼師吒,謂『所行究竟』。」從「究竟」而言,既是位極,也是修行極高,其餘諸天也是相似的情況,差別次第的分類在《俱舍論》絕非沒有意義的,而是相對於特定的修行階段、法門,比如修中之下品十善則生四大王天,修中之中品善則生忉利天,修中之上品十善則生夜摩天,修上之下品十善發願行慈則生化樂天,修上上品十善則生他化自在天等等。

三、有情界的生成與結構

自三輪、九山、八海形成後,是四大洲、諸天等形成。《俱舍論》卷十二對器世界與有情界有相應、縝密的安置,即器世界的形成,正是為了能夠承載有情,概括起來是「初一有情,極光淨歿,生大梵處,為大梵王;後諸有情亦從彼歿,有生梵輔、有生梵眾、有生他化自在天宮,漸漸下生,乃至人趣——俱盧、牛貨、勝身、贍部,後生餓鬼、傍生、地獄——法爾後壞必最初成。若初一有情生無間獄,二十中成劫,應知已滿。」《俱舍論》卷八曰:「趣謂所往」,從天宮到地獄,有情的體系被分成了五種,也就是一般所說的「五趣」,或在有的部派加入「阿修羅」成為「六趣」〔註45〕,皆屬欲界,《俱舍論》云:「若

〔註45〕除了五趣,還有六趣說。一般而言,五道(地獄、餓鬼、傍生、人間、天人)為上座部、一切有部等部派所採用;六趣,是五趣之中,傍生之後,加一阿修羅(asura),是犢子部或案達羅派的說法。對於世間構成,佛教內部記載較不一致,據《長阿含·忉利天品》(卷二十)將欲界眾生為十二種:地獄、畜生、餓鬼、人、阿須倫、四天王、忉利天、焰摩天、兜率天、化自在天、他化自在天、魔天。犍陀羅派主張色界十七說,迦濕彌羅派主張十六說,《俱舍論》卷八即把大梵王天納入到了梵輔天中。「阿修羅」又作阿須倫、阿素洛等。其含意有三:一是非天,指阿修羅有天人之福而無天人之德。二為無端正,是說阿修羅容貌醜陋。但佛經中又說阿修羅男容貌醜陋,阿修羅女卻美貌非凡。三是無酒,指阿修羅不飲酒。說是阿修羅在過去世持不飲酒戒。或說阿修羅過去好酒,曾釀酒而不得,無酒得飲,便斷了酒。在佛教中,阿修羅是六道之一,又

有情界，從自在天至無間獄；若器世界，乃至風輪──皆欲界攝」。

1. 有情之天趣

　　「天」（梵語）音譯為「提婆」，據《法苑珠林》卷五載《立世阿毘曇論》云：「天名提婆，謂行善因，於此道生，故名提婆」，「所謂諸天，皆無骨肉，亦無大小便利不淨。身放光明，無別晝夜。報得五通，形無障礙。」在佛教中，「天」是器世界的一部分，居於其處的便是天眾，主要指有情因各自所行之善業（修習「十善業道」）而感得之殊勝果報，是有情六道輪迴中轉生得最高、最善妙、最快樂的趣處。即便如此，天眾仍未能脫離輪迴之苦，享盡前業即入輪迴。這也是佛教不同與印度其他多數宗教的理念。

　　蘇迷盧山（妙高山）有四個層級，均凸出、圍繞在整個妙高山的下半部。前三層級都住著藥叉神，分別名為堅手、持鬘、恒憍，皆為四大天王的部屬天眾；第四層級為四大天王及諸眷屬共居，契經以此稱之為四大王眾天〔註46〕。如同妙高山的四個層級住著四大王眾及眷屬，持雙、持軸山等七座金山上也有天人居住，為四大天王部屬的封邑。依地而住的「居民」統稱為「四大王眾天」，在欲界六天中，此四大王眾天範圍最廣，也是欲界第一層天。《起世因本經》卷六、《立世阿毘曇論》卷四、《瑜伽師地論》卷二等言四天王住於持雙山頂，此外對於下文忉利天等也有異說，暫不一一述說。

　　欲界第二層天是忉利天。蘇迷盧山頂以底部四邊長度為準，四面各有八萬踰繕那。不過，還有論師說此山周圍共八萬踰繕那，四面各有二萬踰繕那。山頂四角各有一峰，高度與廣度各有五百踰繕那，藥叉神金剛手只住在中守護諸天。由於每座山峰各有八天，故有三十二天，加之中央一天，共三十三天〔註47〕。山頂中央有一座宮城或金城，名為善見，長寬各有二千五百踰繕那，四周長度共一萬踰繕那，高度是一踰繕那半；地表平坦為真金所成，並

是佛教護法八部眾之一。據說阿修羅生性好鬥，又多疑善嫉，爭強好勝，常與諸天鬥戰。眾生若犯嗔疑等，死後就會墮入修羅道中。據《長阿含經》中說，有阿修羅王，名羅呵者，住須彌山北大海中，因見諸天從其頭上經過，即憤從心起，怒斥諸天對他無禮，於是發兵，與帝釋天為首的諸天發生大戰。他們之間的大戰經歷了很長時間，互有勝負，後來帝釋天等得到佛法相助，才終於戰勝了阿修羅。而阿修羅也最終皈依了佛法，還成了護持佛法在世的八部眾之一。

〔註46〕東方住持國天王，南方住增長天王，西方住廣目天王，北方住毘沙門天王（多聞天）。

〔註47〕吠陀時代把諸天神稱為三疊十一天。

裝飾以一百種各類寶物，地面柔軟如綿，踏之即陷，提足即滿。這是天帝釋的大城，即都城。金城中央有一座宮殿，名「皮闍延多」，飾以各種珍妙寶物，莊嚴之象映蔽四周，故名為殊勝殿。其邊各有二百五十踰繕那，四周共一千踰繕那，城中有諸多可愛的事項。金城外有車苑、粗惡苑、雜林苑、喜林苑四個諸天的遊戲場所，同時也是金城莊嚴的外飾。四苑之外有四妙地，妙地與四苑距離二十踰繕那，也是諸天勝遊戲之處，諸天於此角逐歡勝。金城外東北方有圓生樹（林），也是三十三天享受欲樂的殊勝之所。樹林榮根錯節，深植地下五十踰繕那，樹幹高聳，枝條傍布，其高廣有百踰繕那。挺葉開花，妙香芬馥，順風之時熏滿百踰繕那；逆風之時，亦猶遍五十踰繕那。金城得西南角，座落著善法堂，三十三天時常集聚於此，詳論世間如法或不如法、應作或不應作的事情。這些都是三十三天所居住的外器，都是住在依空而立的宮殿。此天天眾身高四十里，壽命一千歲，人間百年為其一日一夜。天眾身長四十里，壽命一千歲，人間百年為其一日一夜。

　　欲界第三層天是夜摩天，第四層天是覩史多天，第五層天為樂變化天，第六層天為他化自在天。夜摩天、覩史多天、樂變化天、他化自在天以及梵眾天等，有十六處。加上欲界的六天，共有二十二天，都是依外器而居的，換句話說三十三天上都有自己的宮殿，供諸天居住。〔註48〕天界層級之間雖然沒有絕對對立、絕對分化的，在《俱舍論》來說，也不是沒有一定的準則。自夜摩天一下諸天，或者由自己的神通從本處升見夜摩天，或者借助其他有神通的天眾，由上層級天眾接至夜摩天。但沒有升入夜摩天時，下界與上天也互為較獨特的存在，處於下界有情不能目見上地色，下地身不能感知上界觸；而上天來到下地，需要轉為下地化身，其自身不能覺知下地觸。《俱舍論》保存了其他部派（《光記》認為是大眾部）的看法，認為下地天也能隨心樂意看見上地色，簡單的說就是下天能見上天。從上下天之間沒有境界的不同，而只有色、觸的差異，因而佛渡眾生也不由自身而來，需作下地化身而來，這樣才能使下地之人無法看見、感知，這也是佛祖化生轉世的一個客觀原因，《順正理論》卷三十一曰：「以色界中諸地相望，因果斷故，要離下地染方得上生故，下地眼根

〔註48〕《俱舍論》於此天器所言甚簡，不在闡說之列。《佛地經論》卷五有詳言，可為參考，其云：「夜摩天者，謂此天中隨時受樂，故名時分。覩史多天後身菩薩於中教化，多修喜足，故名喜足。樂變化天，樂自變化作諸樂具，以自娛樂。他化自在，樂令他化作諸樂具，顯己自在。梵身天者，離欲寂靜故，名為梵。身者眾也。」

不見上色，是卑下業所感果故。」

此外，日、月、星等也是四大天王及部屬的天眾居處。不過，住於空居天之人，只住於日、月、星等處；而住於地居天的天眾部屬，只在妙高山諸層級等處居住。《俱舍論頌》曰：「日、月，迷盧半，五十一、五十。夜半、日『沒、中』、日出，四洲等。雨際第二月後九夜漸增，寒第四亦然夜減；畫，翻此。畫、夜增臘縛；行南、北路時。近日，自影覆，故見月輪缺。」寥寥數句，內容含義卻很廣，值得細細推敲。

根據世親之論，日、月、星三者總的情況是：（1）三者依諸有情的業增上力所引的風而住，繞著妙高山，在空中旋轉運行，不停不墜。（2）日、月、星處於，離瞻部洲地面四萬踰繕那的空中，與持雙山頂等齊，在妙高山半腰。（3）日、月、星皆為實體。日輪值徑為五十一踰繕那，乃由頗胝迦寶火珠所成，故能熱、能照；月輪值徑有五十踰繕那，由頗胝迦寶水珠所成，故能冷、能照。日、月二者都是由有情的業增上力所生，能普行、作用於四大洲，對眼、身體、果、花、稼穡、藥草等物產生如其所應、或益或損的功能作用。星星最小的直徑只有一俱盧舍，最大的直徑有十六踰繕那。

日輪由於運行軌跡所致，不可能在四大洲同時出現。據世親之論，北俱盧洲夜半時，東勝身洲正當日沒；南瞻部洲日中時，西牛貨洲正當日出；日輪在四大洲的運行時間是相等的。

因為日輪軌跡有別，當向南或向北運行時，便使得畫夜發生增減。畫、夜增加或減少的時間，每一畫夜均為一臘縛，即一分三十六秒。由此而引起了季節的變化，從雨際第二月後半月的第九日起，夜增畫減；從寒際第四月後半月的第九日起，夜減畫增。

月輪在黑半末位、白半初位時會有缺損，《俱舍論》引用了《世施設論》的解釋：「以月宮殿行近日輪，月被日輪光所侵照，餘邊發影自覆月輪，令於爾時見不圓滿。」而經部先前舊論師認為，是因為日、月輪軌道行度不同，所以月輪會有圓缺。

木村泰賢指出：「佛教的日月曆數，雖同樣是假定的，但結合於事實的採求，其說明法是密緻的」，因而也有一一說明考察之必要。對於天眾，他認為所列皆是按照境界漸次順序配列而成，但是其所得名仍存在多種疑問。〔註49〕所有這些疑問，或者可以歸結為，佛陀在原有印度輪迴思想基礎上的援引與加

〔註49〕〔日〕木村泰賢：《小乘佛教思想論》，第 235～236 頁。

工，其往來本末不構成所要解決的根本問題，即拯救有情的目的。但這一部分又不得不有所重視，在理論上成為比較合理、自洽的構成部分，故而敍述、描寫的說明部分遠遠大於仔細推究、究竟緣由的深入思考，比如在講到天眾壽命將盡的時候，用了大量筆墨勾畫出「天人五衰」的諸多細節，但幾乎沒有涉及這些變化的原因。〔註50〕

2. 有情之人趣

「人趣」，音譯為摩㝹沙、或末奴沙，又稱「人道」。《品類足論》卷七云：「人趣云何？謂人諸有情類。同性同類同眾同分，依得事得處得，生彼有情無覆無記色受想行識，是名人趣」，《集異門論》卷十一釋云：「云何人趣？答：與諸人眾一性一類眾同分等，依得事得處得。若諸所有生人中已；無覆無記色受想行識；是名人趣。復次由下品身妙行語妙行意妙行，若習若修若多所作；往於人中，生於人中，結人中生，是名人趣。復次人趣者：是名是號異語增語想等想施設言說，故名人趣。」可以概括為輪迴於人道，由五蘊和合而成，能思維、觀察等特徵，《立世阿毘曇論》尤其突出人道八種特質，提出人道「八義」：「此有八義：一聰明，二為勝，三意微細，四正覺，五智慧增上，六能別虛實，七聖道正器。八聰明業所主故。」不過成劫中的人趣，不同於住劫人趣，此時人趣僅比天眾略低一等，並沒有住劫人趣業障聚集，煩惱甚多。

《俱舍論》言，外海中有四大洲，南贍部洲、東毘提訶洲、西瞿陀尼洲、北俱盧洲，分別對著妙高山的四面；有人居於其上，面貌依隨各洲相狀。四大

〔註50〕所謂的天人五衰，意指天人壽命將盡時，所出現的種種異象。五衰又有大五衰、小五衰兩種。大五衰之一是衣服垢穢，本來天人的衣服光潔曼妙，但命終時，就會開始生出髒垢。二是頭上華萎，天眾平日總是頂著明媚的華冠，但命終之際，這些華冠都慢慢凋萎。第三是腋下流汗，照說天人平日身體是非常潔淨的，但臨命終時，兩腋就會開始流汗。第四是身體臭穢，香潔的身體不再，而發出難聞的氣味。第五則是不樂本座，本來天人過的是最安樂的生活，但是到了命終，卻不安於座，甚至感到厭倦不耐。小五衰則包括曼妙的天樂不再揚起、身上自然散發的光芒逐漸褪散、洗浴的水居然會沾在天人滑膩的凝脂之上，同時對妙欲之境起了戀戀不捨的心，以及原本無礙的天眼也受了影響，無法像以前一樣普照大千世界。天人五衰是最終的悲哀也因為天人平日過著極為享樂的生活，平均壽命又極長，以最短的四大王天為例，是以人間五十歲為其一晝夜，估計可享壽五百歲；而在這種壽命長、生活享樂的狀況下，天界眾生很容易產生「常、樂、我、淨」的顛倒想，所以一旦臨到天人五衰的境界，很少不起瞋心的，也就很難不墮入惡道了。因此在六道當中，天道誠然只有樂沒有苦，但是樂盡之後的苦，卻也是沒有修行的天人難以承受的，較諸人道的有苦有樂，也有修行助道的因緣，長遠來看，天道眾生反而有其不幸。

洲旁還各有二個中洲，為大洲之附屬，它們分別是，南贍部洲邊的兩個中洲，為遮末羅洲、筏羅遮末羅洲；東勝身洲邊的兩個中洲，為提訶洲、毘提訶洲；西牛貨洲邊的兩個中洲，為舍搋洲、嗢怛羅漫怛里拏洲；北俱盧洲邊的兩個中洲，為矩拉婆洲、憍拉婆洲。此八個附屬洲也有人居住。〔註51〕其安排如下表所示：

四大洲	地　　形	寬、廣（踰善那）	八中洲
東勝身洲	東狹西廣 形如半月	東邊：350， 三邊：2000	提訶洲、毘提訶洲
南贍部洲	北廣南狹 其相如車	南邊：3.5， 三邊：2000	遮末羅洲、筏羅遮末羅洲
西牛貨洲	圓如滿月	直徑：2500， 周圍：7500	舍搋洲、嗢怛羅漫怛里拏洲
北俱盧洲	形如方座	四面各2000	矩拉婆洲、憍拉婆洲

　　南贍部洲，地形北廣南狹，東、西、北三邊長度相等，各有二千踰繕那，南邊寬度只有三踰繕那半，形相如車。「唯此洲中有金剛座，上窮地際、下據金輪；一切菩薩將登正覺，皆坐此座上起金剛喻定，以無餘依及餘處所，有堅固力能持此故。」南贍部洲的形狀為上尖下寬，而旁邊的大海則隨深度由窄漸寬，以容納地獄。南贍部洲，又作「南閻浮洲」，「人類，尤其在閻浮洲，亦有種種的變化，且在長時間中，人仍不能不接受種種的運命。就中，那最顯著的，是壽命的長短及道德完否的循環。在婆羅門教，四瑜伽之行，因被限於閻浮洲，即在佛教，亦是特就南洲來說。其理由，不用說，南洲的人們，幻想堅強，善惡也強，因而那運命，也就認為有種種的可能性。」〔註52〕《大毘婆沙論》卷一七二載「契經說：人有三事，勝於諸天。一、勇猛。二、憶念。三、梵行」，惟善法師指出「人有三事」之人即居住四大洲的人，也有巴利語文獻《佛本生故事》中說諸佛只出現在南贍部洲，《增支部》的《有情品》討論「人」的特徵，認為與北俱盧洲人和三十三天相比，南贍部洲的人有三洲殊勝，「這裡的南贍部洲廣義地說是指我們人類世界，狹義地說，就是印度周圍一帶，世尊在此出生、證道、涅槃。」〔註53〕

〔註51〕也有論師認為，唯有遮末羅洲是邏剎婆所居住。
〔註52〕〔日〕木村泰賢：《小乘佛教思想論》，第246頁。
〔註53〕惟善：《說一切有部之禪定論研究》，第81頁。

　　瞻部洲從中部向北，有三處地方各有三重黑山，黑山的北方有大雪山，大雪山的北方又有香醉山。大雪山與香醉山之間，有一座大池水名為無熱惱池，長度與寬度相等，每邊五十踰繕那，八功德水盈滿其中，若非神通之人無由能至。四大河發源於此，即殑伽河、信度河、徒多河、縛芻河。無熱惱池邊有林，樹形高大，果實甘美，名瞻部林。依此樹林，命名所在洲為瞻部洲，或是依其果實以立洲號。

　　東勝身洲，地形東狹西廣，南、北、西三邊長度相等，各二千踰繕那，東邊長三百五十踰繕那，形相如半月。西牛貨洲，直徑二千五百踰繕那，周圍長七千五百踰繕那，形相圓而無缺。北俱盧洲，形如方座，四邊長度完全相等，各為二千踰繕那。

3. 有情之地獄

　　地獄（梵 naraka），音譯為「那落迦」，舊譯為泥犁耶、泥犁、不樂、可厭、苦具、苦器、無有等等。其依處在地下，故謂之地獄。《大毘婆沙論》卷一七二釋云：「有說，落名人，迦名為惡，惡人生彼處，故名落迦；有說，落伽名可樂，是不義，彼處不可樂，故名落迦。」此外還說「地獄」有壞喜樂、無歸趣、無救濟、苦器、卑下、顛墜等義。「地獄」是指眾生受自己所造惡業的業力驅使，而趣入的地下牢獄；和「天」的概念一樣，既指有情本身，又指代他們所依止、生活的場所。令有情墮入地獄的不善業有許多種，但以十惡、五逆、謗法等為主要原因。木村泰賢指出：「地獄的思想，從根本佛教時代，在佛教內，就被採用了。最初，專是通俗的倫理論，還沒有到達世界觀的要素。其數目或位置，雖到後來的阿毘達磨論書，似還沒有確定，從大體說：其初期，地獄的說法，都是斷片的，且是譬喻的，不過不論那種說法廠與婆羅門教的地獄思想，其連絡之點很多（例如以地獄之數為七）。經過相當的年代次第的被整理，與發揮佛教特色的同時，地獄在世界觀及有情觀中，就佔有很大的地位了。」〔註54〕

　　《俱舍論》認為，在南瞻部洲下二萬踰繕那，有阿鼻旨（阿毘旨）大地獄，「阿」為「無」，「鼻旨」為間，故而又叫無間地獄。深廣也是二萬踰繕那，故而地獄底部距地面為四萬踰繕那。地獄最大特點，是地獄有情在其中受苦無有間斷，而其他七大地獄不是恒常受苦。在有情身被種種斫刺磨搗時，會暫遇

〔註54〕〔日〕木村泰賢：《小乘佛教思想論》，第 227 頁。

涼風吹拂，有情便活如前，由此這七大地獄也叫「等活」之名。〔註55〕這七大地獄在無間地獄之上，層層相迭而立。〔註56〕自下而上，分別是極熱地獄、炎熱地獄、大叫地獄、號叫地獄、眾合地獄、黑繩地獄、等活地獄。有情入於其間，無不苦於炎熱，故又稱為八熱地獄。

　　十六增地獄，分佈在八大地獄的四面門外；因四面各有四所，又各增四，故為十六；因為其中增設刑害，使得有情在其地獄中再次遭受重重苦難，無所止息，所以稱作「增」。〔註57〕具體是：（1）煻煨增地獄，其內煻煨（熱灰燼）沒膝，地獄有情腳才踏下則皮肉血脈俱燋爛潰散，提起腳則血肉還生，平復如初。（2）屍糞增地獄，其內充滿死屍、糞泥，生長很多娘矩吒蟲，嘴利如針，身白頭黑。地獄有情於此會被蟲鑽皮破骨，吸食骨髓。（3）鋒刃增地獄，有三種不同類型：刀刃路，即刀刃上仰，布為大道。此處有情腳才踏下，皮肉與血脈俱斷碎散，提起腳來後則血肉又生，恢復如初；劍葉林，此處樹林純以銳利劍刃為葉。有情遊走於此則風吹葉墜而斬刺肢體，使得骨肉散落，而後烏色及雜色狗迅速跑來吃；鐵刺林，其林上有向下或向上的銳利鐵刺，有十六指長。地獄有情被逼上下樹，受鐵刺之苦，還有鐵嘴鳥探啄有情的眼睛、心、肝等，爭競而食。這三種雖有不同，但同是鐵杖，故而歸攝到同一地獄。（4）烈河增地獄，其範圍廣大，充滿了熱鹹水。有情於此或浮或沒，或逆或順，或橫或轉，被蒸被煮，骨肉糜爛。烈河兩岸有獄卒，手拿刀槍守衛，使有情無法逃出。

　　以上四地獄中，前三個地獄好似園林。烈河地獄與其不同，宛如溝塹，此外更為不同的是，除了受苦的有情，還增設了「獄卒」。對此衍生出獄卒是有情還是非情的問題，有論師認為獄卒為非情，其動作是由有情業力引起，否則若獄卒為有情則會產生惡業而需要遭受異熟果報，進一步解釋說琰魔王使諸邏剎娑，擲諸有情置地獄者，名「琰魔卒」，是實有情；非地獄中害有情者，故地獄卒非實有情。另有論師認為獄卒是有情，其中關鍵的業報問題有不同的解釋，以為獄卒所造惡業果報較小，而地獄連五無間業所感大異熟果報尚能容許，故而獄卒造業可以在地獄中受異熟果報。另外，因為其業力間隔阻礙，或者由於獄卒所招感的是不同大種，所以不會被烈河地獄燒到。

〔註55〕還有論師說認為「無間」和「等活」之異，在於無間地獄中沒有樂來間隔苦，而其他地獄中有樂間隔，雖然無異熟果卻有等流果。

〔註56〕有論師說七大地獄是在無間地獄之旁。

〔註57〕有論師說有情從地獄出來，更遭刑苦，故而稱為「增」。

八寒地獄，在八熱大地獄之旁，同在瞻部洲之下，即頞部陀、尼剌部陀、頞哳吒、臛臛婆、虎虎婆、嗢缽羅、缽特摩、摩訶缽特摩。有情在其中被嚴寒所逼，就隨身變（指前二后三地獄）、聲變（指第三、四、五地獄）而確立其獄名。

八寒地獄、八熱地獄統為根本地獄，都由一切有情的增上業感招致，故而也被稱作業感地獄。其餘的孤獨地獄，也隨其不同業力所招，或隨多有情，或隨二有情，或隨一有情，止於其中，差別多種；處所不定，或近江河、山邊、曠野，或在地下、空中及餘處。地獄器的安布特點是，根本地獄在地下，而作為支派的孤獨地獄流轉不定。

4. 有情之傍生

傍生（梵 tiryagyoni），舊譯云畜生，新譯傍生，又作旁生，意為傍行之生類，或說因行不正，得不正之生。《玄應音義》卷二十一曰：「傍生，梵言吉利藥住尼。又云帝力耶瞿揄泥伽。此云傍行。舊翻為畜生。或言禽獸者分得。仍未總該也。」《俱舍頌疏》卷一曰：「言傍生者，以傍行故。」概言之，有情因造作種種愚癡業，或因身語意各種惡行，在六道輪迴中墮於畜生道，即為「傍生」。《俱舍論》卷十一說，傍生所住，在於水、陸、空三處，傍生原處大海，而後流轉於陸、空。

5. 有情之鬼趣

鬼趣，又稱「鬼道」，因此道有情中餓鬼最多，又譯作「餓鬼」。《品類足論》卷七云：「鬼趣云何？謂鬼諸有情類同性同類同眾同分依得事得處得，生彼有情無覆無記色受想行識。是名鬼趣。」《集異門論》卷十一云：「云何鬼趣？答：與諸鬼眾一性一類眾同分等依得事得處得，若諸所有生鬼界已無覆無記色受想行識，是名鬼趣。復次由慳吝身惡行語惡行意惡行，若習若修若多所作；往於鬼界，生鬼界中，結鬼界生，是名鬼趣。復次鬼趣者，是名是號異語增語想等想施設言說，故名鬼趣。」概言之，即因前世惡業，而在輪迴中墮入鬼道的有情。在此道中，倍受飢饉之苦，因得不到食物和水，身子羸瘦，醜陋不堪，見者望而生畏；其中餓鬼腹大如山，但咽如針孔，雖遇飲食而不得進食。據《俱舍論》卷十一，諸鬼本處於琰魔王國，在瞻部洲之下，經過五百踰繕那處，有琰魔王國，其寬廣範圍亦各五百踰繕那。諸鬼從此處展轉散居，有些長相莊嚴，具大威德貌，享受富樂，自在如天人；有些鬼道有情則飢餓羸弱，顏貌醜陋等等。

6. 有情三界結構

八大地獄、鬼、畜、四大洲人類，以及六欲天（四大王眾天，三十三天，夜摩天，覩史多天，樂變化天，他化自在天）這二十處，和器世間；從有情世間的角度來說，自在天至無間地獄均屬欲界，器世界乃至風輪也均攝屬於欲界。因為以上這些有情都有身體形象，不能離系色礙、喜樂、男女欲望等等，故名「欲界」。

在欲界之上，是佛教劃分的色界，共計有四禪合十八天，色界四禪十八天。具體而言為，初禪（梵眾天、梵輔天、大梵天），第二禪（少光天、無量光天、光音天），第三禪（少淨天、無量淨天、遍淨天），第四禪（福生天、福愛天、廣果天、無想天、無煩惱天、無熱天、善見天、善現天、色究竟天）。其中第四禪的後五種靜慮殊勝，名五淨居天。色界天眾有情雖然沒有財、色、名、食、睡等欲望，但是還有殊勝的形色、精神上的愛情、國家的型態、社會的組織等現象，並以禪悅法喜為食，因此稱為「色界」。無色界有四天，即空處天、識處天、無處有處天、非想非非想天。此界有情已無男女之欲、飲食與身體之需，亦不執著各式形色，以禪悅法喜、識為食。這些有情可以說是純粹精神性的存在者。

色界之上為無色界，然而，三界中的無色界，沒有器世間，無色有情也沒有體形。惟善師認為，無色界並不是地方或處所，只是沒有色法、無形無色的超越性的精神世界，根據精神差異分成空無邊處、識無邊處、無所有處、非想非非想處四類。〔註58〕無色界沒有色法，無色界的有情也沒有形體、欲望等，只有五蘊中的受、想、行、識四蘊，所以等於說只有心識存在。不管是欲界、色界，還是比較高級的無色界，三界有情都不能超脫無常、脫離輪迴，在佛教看來，此三界仍屬「迷界」，故而《妙法蓮華經》卷二說：「三界無安，猶如火宅；眾苦充滿，甚可怖畏」。

從天界的結構來看，「佛教是以眾生的欲望和修持程度為標尺來區分三界的高下，肯定有一種無物質的精神世界的存在，並強調精神世界高於物質世界。由此看來，三界是天界主體經過修持所達到的不同境界，這也表明，具有鮮明的信仰修持色彩是佛教宇宙圖式論的重要特點。」〔註59〕佛教關於有情種類及其劃分，似乎與世人的經驗相差甚遠，常被視為幻化和想像，有學者指出：「對於這樣一種世界的情狀，佛教經籍極少描述，但論及的頻率卻不低。主要

〔註58〕惟善：《說一切有部之禪定論研究》，第81～82頁。
〔註59〕方立天：《中國佛教的宇宙結構論》，《宗教學研究》1997年第1期。

與佛教的特殊實踐『禪定』和心理體驗有關，一般人沒有這樣的體驗，所以也很難理解，顯得神秘。」〔註60〕

四、有情界的續成與消亡

1. 住劫及其階段

所謂「住劫」，是成劫之後器世間和有情界趨於穩定之狀態，其重要的表現是有情年量增減，以及諸佛、輪王和現世人類產生，人類形成了私有制、法律、國王等諸多社會形態內容。據《俱舍論》的說法，在經歷了二十中劫的成劫以後，就會有「成已住」諸多現象次第而起，「從風起造器世間，乃至後時有情漸住。此洲人壽，經無量時，至住劫初，壽方漸減。」（卷第十二）

具體而言，當南贍部洲人壽從無量歲減至最少的十年這一階段，名為「初一住中劫」；人壽在此後的十八中劫裏都有增有減，即從十年增至八萬年，又從八萬年減至十年，這一時期被稱為第二中劫；第二十中劫時，人壽從十歲增加到最高八萬歲，此為第三期。總之，「一切劫增，無過八萬；一切劫減，唯極十年」，並且「十八劫中一增一減，時量方等，初減、後增，故二十劫時量皆等」（卷第十二），從時間上可以被總稱為「住劫」。住劫的初期也有比較特例的，「劫初的人們，一切是化生，有說他是意生化身，還沒有男女的區別，四肢圓滿，可以自在的飛揚於空中。這時，雖沒有日月，但由自身的光明輝耀，以喜樂為食，因沒有另外的段食，所以其生命，差不多是無量歲。然而，其後漸次出生地味，人們似也漸執其味，其身體也成為堅重，已經失去如原來那樣的輕妙，光明也隱蔽掉了。於此，由於有情的業力而生日月以代替其光明；男女的區別也發生；欲心也漸次熾盛；壽命也逐漸的縮短，終於至八萬歲而下落。於此，是就成為所謂人間的人間。」〔註61〕

按照《俱舍論》的看法，成劫、壞劫、空劫和住劫的時長都是等量的，而前三劫由於沒有人壽增減的情況，所以它們所謂的二十中劫的由來及其具體劃分，是根據住劫為標準的。如成劫中的初劫和後十九劫分別是器世間生起和

〔註60〕 杜繼文：《漢譯佛教經典哲學》上卷，第18頁。惟善法師指出：「色界與無色界完全不同。前者擁有精細的物質，而後者是絕對非物質的生存界，則三界名為三有（存在），欲有、色有、無色有，是有情造業召感輪迴果報所致。」參見：惟善：《說一切有部之禪定論研究》，第79頁。

〔註61〕 〔日〕木村泰賢：《小乘佛教思想論》，第246頁。

有情生起、漸注的階段，而壞劫中的有情捨離是在前十九劫發生的，後一劫為器世間壞滅階段。四劫總時長為八十中劫，在佛教看來是一個大劫量，所以又稱為「大劫」。

2. 輪王與佛

當南贍部洲人壽無量歲，乃至八萬歲時，會有輪王生起，因為少於八萬歲時，有情的富樂、壽量損減，眾惡漸盛，不適合大士所居，故無輪王。

所謂「輪王」，乃由輪旋轉應導，威伏一切，又名「轉輪王」。據佛經言，輪王出現於世，便有七寶出現世間，即輪寶、象寶、馬寶、珠寶、女寶、主藏臣寶、主兵臣寶七種。其中，象等五寶是屬有情之類，並非是根據輪王之業所生起，而是乘藉其先世共造互相係屬的自業所生。這也是和欲界、色界的四大天王等所不同之處。

根據《施設足論》的說法，輪王有四種：金輪王、銀輪王、銅輪王、鐵輪王，其差別依次為勝、上、中、下，分別統領四、三、二、一大洲。《俱舍論記》卷十二云：「初引論釋四王：鐵輪王，一，謂贍部；銅輪王，二，加勝身；銀輪王，三，更加牛貨；金輪王，四，更加北洲。」其中只有金輪王最為特殊，《俱舍論》卷十二引契經說：「若王生在剎帝力種，紹灑頂位，於十五日受齋戒時，沐浴首身，受勝齋戒，升高臺殿，臣僚輔翼，東方忽有金輪寶現，其輪千輻，具足轂輞，眾相圓淨，如巧匠成，舒妙光明來應王所，此王定是轉金輪王」，轉金輪王如此，其他諸輪王也是相同情況。

四種輪王，在威定諸方上，也有差別。對於金輪王，諸小國王各自前來恭迎，並請求說自己國土寬廣豐饒，安穩富樂，人民眾多，祈願天尊能親垂教示，我等都是天尊的部屬隨從；對於銀輪王，威嚴近至所往小國，若到小國，小國便即臣伏；銅輪王到臨諸小國後，宣威競德，諸小國便推勝臣伏；鐵輪王親臨諸小國，顯現威容，擺列陣勢，能制勝即止。總的來說，一切輪王都不會傷害眾生，使諸小國臣伏自己得勝後，諸國人民各安其所居，勸導教化人民，使他們都能修習十善業道，輪王死後，定能生天。

輪王和佛一樣，不會有兩個同時出現，《俱舍論》卷十二云「輪王如佛，無二俱生」，解釋說「契經言：『無處無位，非前非後，有二如來、應、正等覺出現於世；有處有位，唯一如來。如說如來，輪王亦爾』」。其中「唯一」之言，是根據一方三千世界？還是十方一切三千世界呢？換言之，即「一時無二佛」還是「十方佛同時」？有部論師堅持認為「餘界定無佛生」。首先，薄伽梵（世

尊）的功能不容有礙，唯只一位世尊能普於十方，遍行教化。如果有一處所一佛於中無教化功能，其餘諸佛也應如此。其二，世尊曾與舍利子對話，世尊說假使有人來到你的住處問「是否有梵志、沙門正在與喬答摩彼此平等證得無上正覺呢」你怎樣回答呢？舍利子說我會回答說，現在沒有梵志、沙門所證得無上菩提是與世尊相等的。之所以如此，這是我從世尊處親自聽聞，親自受持此言之所得，即唯只一如來出現於世間。

　　大眾部詰難說，如果按照有部所見，那麼就和《梵王經》中「我今於此三千大千諸世界中得自在轉」的說法矛盾了。有部解釋說，這句經文有密意，是說世尊若不起加行，就只能觀察此一方三千大千世界；當世尊發起加行，十方無邊世界皆為佛眼所觀之境。佛的天耳通等諸神通也是如此。還有一些部派論師持「有十方佛說」，認為「餘世界亦別有佛出現世間」：首先，有眾多菩薩同時修習菩提資糧，即便一三千世界同時可能不會有眾多的佛，但眾多世界便會產生眾多的佛，這種可能性是不能否認的。所以於無邊世界中會出現無邊的佛；其次，如果只有一佛，且僅住世一劫、同於人壽，便不能遍作一世界的佛事，不能利益無邊世界的所有有情。有情居於無邊世界之中，在時間、處所、根性等存在著無邊差別，必須有一個佛能遍觀有情之類，為他們應機示現神通說法，以使有情未生起的過失不會生起，已生起的過失能夠斷滅；未生起的功德得以生起，已生起的功德能得到圓滿。如果只有一佛無法頓時成就這些，所以同一時間一定會有眾多的佛。第三，根據有部所引「無處無位，非前非後有二如來出於世」經文，「有十方佛說」者認為，如若其中所指為「多界」，則在其他世界中便不會有轉輪王，因為有部堅持佛只有一位；如果說其餘世界別有輪王，那就必須承認別界仍有佛；第四，佛的出現對於世間來說是吉祥福分，若眾多世界有眾多佛，即可饒益無量有情，令他們得增上生果及決定無漏的勝道。有部質問說，依照此論，為何在一方世界不會有二位如來同時出現？「十方佛家」回答說：第一，沒有必要，「一界中一佛足能饒益一切」；第二，願力所致。如來為菩薩時先發誓願：「願我當在無救護、無依靠、盲闇的世界中成等正覺，利益安樂一切有情，為救、為依、為眼、為導」；第三，一世界中只有一位如來，能使有情深生敬重心；第四，為使有情疾速修行，即讓有情認識到，一切智尊（即世尊）極為難遇，應依其教法，精進修行；讓有情認識到，等到佛般涅槃或往餘處去之後，就再無救護、無依靠。總此四點，則一世界中必不會有二佛同時出現。有部論

師對此再無理論，似乎認同了「十方佛家」的看法。雖然《俱舍論》與根本佛教都極力否定「神」，但是不可避免地在佛教發展過程中將佛陀塑造成類似於神的形象，這之中原因很多，關於一佛與多佛的爭論或能提供一些來自佛學的理據。也有研究者指出，「他們所以仰慕崇拜佛陀，乃是因為他在他們眼中仍然是萬神之神（天中之天），相信對佛陀的崇信會把他們最終帶入永恆的解脫，而永恆解脫正是永恆的幸福。……這個智慧之師的樸實的人性也就給某種神性所掩蓋了」。〔註62〕

此外，《俱舍論》辨諸佛與輪王之異，還說可以從相狀上來區分，即四輪王具有三十二大士相的差別，輪王不具有佛大士相之諸處端正，身相分明，圓滿無缺質等特徵。

3. 現世人類的起源

在成劫階段，器世間和五種有情都得以安置，但其具體的生起過程並沒有說明，好像忽焉而起，順勢生成的，沒有什麼緣由和過程。這可能是理論描述與理論假想之間的張力所在，除了人類能提供直觀的觀察以外，其他方面描述的越詳細，產生的理論質疑就越大。佛教對人類群體的安排，放在了住劫，而產生的過程也頗具特色。

按照《俱舍論》的描述，住劫在某種意義上是四劫發展的巔峰、穩定階段，但同時也是人類產生、由成劫入壞劫過程，這一過程是人之起源、發展的過程，同時也意味天人的墮落、人間苦難的過程。住劫發生之初，此時人類如色界天人，《立世阿毘曇論》卷十認為劫初時人是「意生化身」，《俱舍論》卷十二引用契經的描述：「劫初時人有色意成。肢體圓滿，諸根無缺，形色端嚴，身帶光明，騰空自在，飲食喜樂，長壽久住」，這時的人類由意欲便可化生，以喜樂為飲食，可謂盡善盡美，年壽大概還能保持無量之歲。關於人類本原，《世記經・世本緣品》記云：

> 此世天地還欲成時，有餘眾生福盡、行盡、命盡，於「光音天」命終，生空梵處；於彼生染著心，愛樂於彼，願餘眾生共生彼處。發此念已，有餘眾生福行命盡，於「光音天」身壞命終，生空梵處。時先生梵天即自念言：我是梵王、大梵天王，無造我者，我自然有，無所承受；於千世界最得自在，善諸義趣，富有豐饒，能造化萬物，

〔註62〕〔英〕凱思著，宋立道等譯：《印度和錫蘭的佛教哲學：從小乘佛教到大乘佛教》，上海：上海古籍出版社 2004 年，第 4 頁。

我即一切眾生父母。其後來諸梵，復自念言：彼先梵天即是梵王、
大梵天王，彼自然有，無造彼者，於千世界最尊第一，無所承受；
善諸義趣，富有豐饒，能造萬物，是眾生父母，我從彼有。……此
世還欲變時，有餘眾生福盡、行盡、命盡，從「光音天」命終來生
此間……身光自照，神足飛空，安樂無礙，久住此間。爾時無有男
女、尊卑、上下，亦無異名，眾共生世，故名「眾生」。是時此地有
自然地味出，凝停於地，猶如醍醐……味甜如蜜，其後眾生以手試
嘗……覺好遂生味著，如是展轉，嘗之不已，遂生貪著；便以手掬，
便成摶食，摶食不已。餘眾生見，復效食之，食之不已。時此眾生
身體粗澀，光明轉滅，無復神足，不能飛行。

　　從《世記經》所記，反映佛教與婆羅門教的承繼關係，「在人類的生成中，
特別突出了來自『光音天』的『梵天』的地位和作用。顯然，這有向婆羅門教
的『梵天創世』說妥協的嫌疑，也與佛教不得不顧及婆羅門教在社會民眾中的
傳統影響有關。任何一種學說，哪怕是宗教想像，都不能脫離當時當地可能提
供的思想材料。」〔註63〕從時間上看，大概是隨著食欲漸增，人壽逐漸從無量
減少至八萬歲，再到十歲。在此期間人類、人類社會逐漸形成。根據《俱舍論》，
輪王是產生在人類八萬歲之前，也就是在其還未真正墮落的時候。此後，彷彿
是一部從天人到凡人的墮落史，相比《世記經》的介紹，《俱舍論》更加具有
佛教理論的純粹性，其云：

有如是類地味漸生，其味甘美，其香郁馥，時有一人，稟性耽
味，嗅香起愛，取嘗便食，餘人隨學，競取食之，爾時方名初受段
食。資段食故，身漸堅重，光明隱沒，黑闇便生，日、月、眾星從茲
出現。由漸耽味，地味便隱，從斯復有地皮餅生，競耽食之，地餅
復隱；爾時復有林藤出現，競耽食故，林藤復隱；有非耕種香稻自
生，眾共取之，以充所食，此食粗故，殘穢在身，為欲蠲除，便生
二道，因斯遂有男、女根生；由二根殊，形相亦異，宿習力故，便
相瞻視，因此遂生非理作意，欲貪鬼魅，惑亂身心，失意猖狂，行
非梵行，人中欲鬼，初發此時。〔註64〕

「按佛教的通常說法『摶食』（指用牙齒咀嚼而食）是人類生活的標誌之一，

〔註63〕杜繼文：《漢譯佛教經典哲學》上卷，第 18 頁。
〔註64〕《長阿含》卷二十二《世本緣品》類同是說。

因此，『天』上的一部分有情下生於『此世』地上，就標誌著人類的開端」
〔註65〕，人類的墮落，似乎是由一種香濃甘美的地味引起的，即便本如天人
的人也還具有貪嗜美味的本性，於此說明人類本身藏有欲貪，只要有外界事
物引誘便會觸發，而且人類還有一種從眾、模仿的行為模式，於是一人墮落
而形成整體的墮落，肇起「段食」之端。段食的結果是原本靈性的天性、輕
盈的身體逐漸遲鈍，引發了黑暗，襯托出日月星辰的光芒。此後，人類相繼
以地餅、林藤、香稻為食，食材愈加粗糙，致使身留殘穢，身體發生變化，
產生了排便尿的通道，生起男、女二根，帶來形狀外貌的差異，以至於人性
陰暗面的大爆發。《俱舍論》把人心失衡的狀況，歸之於男性、女性的產生
和長期積累的宿惑、習氣，加上相互觀看，便引發違礙正理的意欲，使得身
心惑亂，行為乖張，不符合梵修之道，相對於段食肇端，此時便是「欲鬼」
初發的階段。

　　段食代表人類最初從憑藉喜樂為生，發展到依靠某種具體食物，使人從準
天人降格到凡人。這種認識與其他宗教相比，有些特殊。男女之別及欲鬼生起，
則是從天人到凡人的徹底轉化，形成真正意義上的世間人類。從其逐漸退化、
墮落的過程而言，人類始終面對著各種各樣的誘惑，而其自身的某些不完滿性
則是苦難悲劇的根源。

　　4. 社會、國家的產生

　　以喜樂為食的天人，及其與之類似的、劫初時期的人類，只能歸為一種能
夠獨善其身的生命群體，沒有一種彼此緊密連結的組織或社會。《俱舍論》的
描述，說明部派佛教乃至根本佛教，都把凡間的社會組織形態的形成，也歸為
由貪欲、佔有欲而產生的私有制，不過這並不是與生俱來的，也是發展到一定
階段的產物，因為早期眾人隨早、晚而食，不去積聚香稻，只是一味的靠天吃
飯（地香、地餅、香稻都是自生的）。

　　而後，稟性懶惰的人開始多聚香稻，貯存留待食用，其餘人跟著效法，逐
漸產生了據為己有的佔有觀念，各縱貪情，多收無厭，隨處收取，最終香稻無
復再生，導致人們佔有、侵奪土地田產的現象，那麼劫盜、國患也在此時開始
生起，引起生存上的混亂。《俱舍論》由此引出人類社會化、利益分配的重要
現象，也就是國家的產生，其云：

────────

〔註65〕杜繼文：《漢譯佛教經典哲學》上卷，第 21 頁。

> 為欲遮防，共聚詳議，銓量眾內一有德人，各以所收六分之一，
> 雇令防護，封為田主，因斯故立剎帝力名，大眾欽承，恩流率土，
> 故復名大三末多王，自後諸王，此王為首。時人或有情厭居家，樂
> 在空閒，精修戒行，因斯故得婆羅門名。後時有王，貪悋財物，不
> 能均給國土人民，故貧匱人多行賊事，王為禁止，行輕重罰，為殺
> 害業，始於此時。時有罪人，心怖刑罰，覆藏其過，異想發言，虛
> 誑語生，此時為首。

為了遏制社會紛爭，人們約定辦法，選定適合的人選，對人類秩序進行有效的作為。在此意義上，佛教認為國家、國王及其社會形態不是自古就有的，而且對人類社會能夠產生比較正面的影響，能給予人類生活安定和追求戒行的高層次生活提供保障。不過，人類社會最終不能脫離混亂，人類犯罪、心懷恐怖、虛妄誑語造成社會的種種亂象、禍亂，其原因則歸結為國王貪戀財物，社會分配不均，不能進行有效統治造成的。

《俱舍論》的人類社會與國家起源說，是秉承、引用了契經的說法，和阿含經《世本緣品》基本一致。〔註66〕

5. 獨覺、諸佛的出現

當贍部洲人壽至八萬歲，然後逐漸減少，到壽命只有百歲，也即是相當於我們現在世界人類的樣態時，諸佛便會出現，「佛教崇拜的『佛』，乃是覺者、智者，即認識和把握了世界和人生真理並用以啟示其餘眾生的導師，而且只有在特定的地區和特定的時間裏產生。按《俱舍論》卷一二說，唯有『從此洲（即贍部洲）人壽八萬歲漸減、乃至壽極百年，於此中間諸佛出現』，其餘皆屬無佛世界。因此，佛不是創世造物者，世界人生也不以佛的意志為轉移；不論有佛無佛，世界總是如此。佛都是這樣的，當然更不會承認有其他創世造物者。佛教與婆羅門教在宇宙觀上的根本分歧，就集中在這裡：佛教不承認並激烈抨擊天神是世界的創造者和眾生的主宰者。」〔註67〕

諸佛出現的時間不是隨意，而是經過選擇的。在此前人壽處於增加時，「有情樂增，難教厭故」，故佛不出；在此後的少於百歲的人，則「五濁極增」，難以教化，故而佛不會出現於此時。佛的出世，選在有情眾生由樂轉濁的關節點

〔註66〕木村泰賢認為佛教的國家起源說和霍布斯的契約說很相似。參見：〔日〕木村泰賢：《小乘佛教思想論》，第247頁。

〔註67〕杜繼文：《漢譯佛教經典哲學》上卷，第19頁。

上，即所謂「五濁」之時。「五濁」即壽濁、劫濁、煩惱濁、見濁、有情濁，其中前兩濁分別使得壽命、生活資具極度衰損；由次二濁導致善品衰損，有情耽於欲樂、自苦行，或減損出家或在家的善；有情濁，使自身衰損，即身量、顏色、氣力、正念、正智、勤勇及健康受到損害。這些危害如渣滓污穢泛起，故稱之為「濁」。此時之人，如《立世阿毘曇論》卷九所載「人髮衣服以為第一，唯有刀杖以自莊嚴」，常耽於美食，生性懶惰，沒有不犯十惡業道的。

除了諸佛以外，還有獨覺出現。據《俱舍論》言「獨覺出現通劫增、減」（卷十二），這裡的獨覺有兩種，一為部行獨覺，一為麟角喻獨覺。前者先是聲聞，得勝果時轉名「獨勝」，乃由聲聞人修得勝果而來；〔註68〕所謂「麟角喻」，乃就其「必獨居」而言，此獨覺之修行時節，要經歷百大劫，修習菩提資糧而得證果位。由此可見，兩種獨覺不同只是獨修與群修而已，其共同點是「現身中離稟至教，唯自悟道，以能自調、不調他故」，即是說這些人修證時沒有稟受師教，獨自悟道，可以自我調伏，卻不能調伏他人。

關於獨覺能不能調伏他人，在佛教內部有所爭議，有人認為獨覺有教化的能力：（1）有能力演說正法，因為他也獲得法、義、詞、辯等四無礙解；（2）具有宿命智，能憶念過去所聞諸佛宣說聖教義理；（3）具有慈悲之心，因為他為了攝化有情，會示現神通；（4）從眾生而言，仍有受法的機緣，能生起世間離欲對治之道。反對者一定程度上認同獨覺具備此類優點，但仍提出異議，認為：（1）獨覺宿世修習，少有欣樂殊勝的解悟，也沒有說法的願望要求；（2）有情順生死流既久，難以令其逆生死流，接受甚深之法；（3）獨覺害怕喧嘩吵雜，所以常避免攝受部眾，也不為他人宣說正法。

6. 住劫有情與小三災

虛妄不實之語，在佛教看來，似乎是人類社會徹底淪喪的重要原因，由其導致邪惡業道熾盛，而其根本原因是耽著美食和生性懶惰。這一階段，贍部洲人的壽命也會逐漸減少，最少到十歲，隨即出現了小三災。從四劫的角度而言，小三災是在住劫的中劫之末生起的。三災即兵災、疾疫災、飢饉災，詳細情形是：

〔註68〕對此還有其他解釋，其他論師認為「彼先是異生，曾修聲聞順決擇分，今自證道，得『獨勝』名」，此說乃據《本事經》載，有一座大山裏，有五百位苦行外仙。有一隻獼猴曾與獨覺相近而住，常常見到獨覺的威儀，而後這獼猴展轉遊行到外仙之地，顯現先前所見之獨覺威儀。眾外仙見之，咸心生敬慕，須臾之間也盡皆證得獨覺菩提。這說明山中仙人若本為聖人，就不用修苦行成為獨覺了，也就是說他們本來就是異生凡夫。

> 謂中劫末十歲時人，為非法貪染污相續，不平等愛映蔽其心，
> 邪法縈纏，瞋毒增上，相見便起猛利害心，如今獵師見野禽獸，隨
> 手所執皆成利刀，各騁兇狂，互相殘害。又中劫末十歲時人，由俱
> 如前諸過失故，非人吐毒，疾疫流行，遇輒命終，難可救療。又中
> 劫末十歲時人，亦俱如前諸過失故，天龍忿責，不降甘雨，由是世
> 間久遭飢饉，既無支濟，多分命終。是故說言：由飢饉故，便有聚
> 集、白骨、運籌。

這裡佛教描述了凡間三大慘烈的災禍，即於中劫末人壽十歲時發生了七日刀兵之災、七月七日疾疫災和七年七月七日的旱災，造成了聚集、白骨、運籌三種事件。佛教對凡間慘劇的記錄，如同親見實錄，所謂聚集即，由於極其飢餓聚集而亡，或為了利益後人而自發絕食，省下糧食種子留給後代；白骨反映災象之劇烈，一為由於飢饉造稱死亡產生白骨，一為饑民聚集白骨以為食，實際上就是人吃人；運籌之說，也有兩種，一為應對糧食稀少而抽籤發放少量的糧食，一為用籌簽去以前的糧倉挖取埋在土裏的穀粒。

這些災難的原因，在《俱舍論》看來，是由於人被非法貪所染、不平等愛和邪法縈纏，導致瞋毒增上，彼此間生起殺害之心相互殘害，使得非人吐毒而災疫流行，惹得天龍憤怒以大旱來懲罰人類。佛教說，要安順度過三災，有以下幾種方法，即如若人們能一天一夜持守不殺的戒律，則於未來生一定不會遭逢刀兵災起；如果能以一棵訶梨怛雞果起恭敬善心奉施僧眾，則於未來世一定不會遭逢疾疫災起；如若有能以一搏之食起恭敬善心奉施僧眾，則未來世一定不會遭逢飢饉災起。當然，這只是對於未來生有用，而此生需忍受災禍，直到停止，人壽才又逐漸增加。相比而言，東、西二洲也有相似的災禍，即瞋增盛、身力羸劣和乾旱，北俱盧洲較為特殊，沒有這些災禍。

五、四劫之體性與哲學意涵

佛教的四劫說具有鮮明的層次性、階段性，符合一般事物的新生、延續、衰變、死亡的規律，也與普通人的認識、體驗較為一致。四劫中的每一劫時長都是等量的，並且以此發生，循環不停，故而有人與西方哲學家尼采提出的「永劫回歸」思想加以比較。

尼采在《權力意志》中說：「對這個思想我們以它最可怕的形式來想想看，既沒有意義也沒有目標，由無出發又回到無，是不可避免的回歸，永遠如此，

即『永遠的回歸』（die ewige Wiederkhr），這就是虛無主義的極限形式；『無』（亦即無意義）一直持續到永遠！」這裡尼采以虛無主義的哲學表達對存在的認識體驗，他是「要人們站在超人的立場上，具有甘願接受所有命運的勇氣，從而得以認識到世界存在的真理。就是說，尼采持有稱為命運愛的超人態度，竭力主張『永劫回歸』。」〔註69〕和尼采的哲學立場不同，埃利亞德從宗教學的角度理解「永劫回歸思想」，認為「宗教人感到，必須週期時沉浸在不可破滅的神聖時間裏。對他們來說，其他的時間、日常的時間、所有人類生存得以存在的舞臺，就是使世俗的持續成為可能的時間，就是神聖的時間。宗教祝祭不以紀念神話事件為限，而且延伸到這些事件的重演。因為最高的、卓越的根源時間是創造宇宙的時間，是實在的最大形態，即世界最初出現的時間。所以，以祭儀朗誦的宇宙創造的神話包含著原初事件的重演。這樣，參加宗教祝祭的人們感到，他們成為與神話事件同時代的人物。他們企圖從他們的歷史時間中擺脫出來，恢復任何時候都處於同一永恆中的原初時間。宗教人用這種方法尋找進入週期性的、神話性的神聖時間的道路。因為不參與世俗時間的持續，因為它由永恆的現在構成，所以它週期地回歸到可能恢復的根源的時間、不逝流的時間。」他與尼采的不同點在於：尼采僅是作為體驗的主體，而埃利亞德則是要尋找「宗教性」的事實根據；尼采是以體驗來證明存在的精神世界，而埃利亞德則是以考察人類古代史或原始生活的現場來探索某一特定文化的發展；尼采力求以超人「重新安排世界」，起用「權力意志」，而埃利亞德則認為，在人類中曾出現與自然生命大為不同的現象，它們有各自的祖形，並對這些祖形作出了解釋；尼采企圖實現以人類為中心的歷史轉換，主張「君主道德」，以謀求價值創造，而埃利亞德則是把生成原理看作宇宙魂，並將其視為「回歸思想」。〔註70〕

　　關於世界起源、運行過程的解釋，在不同文明中都有所涉及，西方為代表的是上帝創世論和末日審判說，尼采的「永劫輪迴」思想與其所宣揚的「上帝已死」殊途同歸，都是對上帝作為人類社會道德標準和終極目的的質疑，強調「如果生長是一個大輪環，那麼任何事物均有同等價值，且具永恆性與必然性

〔註69〕柳炳德、金洪喆、梁銀容、柳雪峰：《基於永劫回歸思想的主體主義宗教觀探索》，《佛學研究》1996年第4期。
〔註70〕柳炳德、金洪喆、梁銀容、柳雪峰：《基於永劫回歸思想的主體主義宗教觀探索》，《佛學研究》1996年第4期。

——在是與非、惡與善、愛與憎的一切相關中，都表現了生命特定類型的遠近法與關懷。在其自體中，對存在的一切事物都可承諾。」與尼采的思想訴求相比，《俱舍論》的四劫說，同樣富含對有情生命體驗的描述，不過這種體驗所揭示的本質是「苦」，並不是理想中有情所應選擇的生命形式；一切彷彿如期發生，而不存在某種「權力意志」，如果說有，在一切有部更加強調「人無法有」，可以所是「法的意志」，「整個世界以及這世界中的所有事物，無不處在生滅變化中；但這變化，只沿著同一個定式運行，周而復始地循環不已。三界的結構，有情的六道，過去如此，現在如此，未來還是如此，這就是世界及其演化的全部圖式」。〔註71〕

和埃利亞德的宗教學立場相比，《俱舍論》的四劫往復循環，更多的是一種自然、客觀、實有的態度，否定背後的神力、神造的左右，「佛教與其他宗教極不相同的本體論和宇宙觀，那就是，世界，無論是物質的還是宗教的，都不是由某個天神或上帝創造出來的，而是一個沒有開端也無終結的，按成、住、壞、滅規律永恆循環運轉的客體。在這個客體之外，別無本體。因此，佛教不承認有什麼造物主，也沒有創世紀。」〔註72〕如果說能夠起到干涉、影響的因素，可以歸結為「業」；和一般的宗教立場相似，四劫說在於訴說世間的煩惱、災難、忍苦，但其循環不是指有情命運的無法超脫，其本意也正在於教諭眾生世界四劫與有情輪迴都是無盡之「苦」，應該斷苦集，入滅道；儘管佛教與基督教都有設定人類某種終極價值與目標，但實現的方式卻也不同，《俱舍論》和根本佛教的態度都是反對祭祀、神性崇拜，主張一定道次第說，尤其是修習禪定之術，所以更加凸顯的是人的修行意志。所以，《俱舍論》所持有的「以理為宗」和佛陀所說的「依法不依人」，更加貼近於現代所謂「真理性宗教」的概念，既不成為神聖偶像、神聖觀念的附庸，也同樣保持著對世俗性的警惕、超脫，尋找、實現某種終極價值與目的意義。

如何評價、理解佛教的宇宙與世間觀念，以及典型的四劫過程理論，有學者指出其所具有的現實指導意義，「以佛法觀劫災，應清醒地認識到劫災乃人類自身活動的果報，認清今天泛濫人間的殺伐、劫盜、貪污、淫亂、詐騙、破壞環境等惡行，必然會導致劫災的提前來臨。」〔註73〕有學者認為「這個圖式

〔註71〕杜繼文：《漢譯佛教經典哲學》上卷，第18頁。
〔註72〕杜繼文：《漢譯佛教經典哲學》上卷，第18～19頁。
〔註73〕陳兵：《世紀之末話劫災》，《佛教文化》1999年第1期。

中沒有發展的地位，所以本質上只能是重複的、封閉的、僵化的，是純粹想像的產物。但是應該強調，這種想像並非完全是空穴來風，它有禪定這類宗教，實踐的主觀經驗作基礎，後來又得到佛教哲學的論證。」〔註74〕從教外視角觀之，佛教四劫說和十方世界觀念在很長歷史時期內皆無新說，加之內在結構的固化，內容設計的程式化，確實顯得繁複、僵化，但很難說是純粹的想像，至少應該肯定其中實在的生活、身體體驗，並且對世界構成、人類本原、生物結構等等充滿了細密安排，顯示出獨特的認識視角和深刻的思考理解。

最為重要的是，《俱舍論》繼承了根本佛教對於世界、有情本質的深刻認識，「劫」的本質是什麼？《俱舍論》認為「唯五蘊」，按照《大毘婆沙論》所見「劫體是何？有說是色……。如是說者，晝夜等位，無不皆是五蘊生滅，以此成劫，劫體亦然，然劫既通三界時分，故用五蘊、四蘊為性」，所以《光記》釋為「劫謂時分，時無別體，約法以明，故以五蘊為體。」依此而論，有情本為五蘊和合而成，也是依五蘊為體，也就是說世界、劫波、有情的本相皆為色、受、想、行、識積聚之五蘊；整個宇宙並不是一團現代意義上的物質，宇宙變化也絕不是物質生滅遷移，宇宙本身即攝色、受、想、行、識之五個方面，亦不存在一個絕對沒有有情存在之宇宙。

「劫」本義表示極長的時間，中國文化逐漸為之增加了「災難」的含義，故而世間的所有經歷、過程可為「劫」之一字所盡，即是世間萬象之總體，又為世間之歸宿、本質，生中蘊死，希望之中漫布絕望的氣息。方立天先生指出，佛教對於世界生滅變遷及劫量的論述具有時間哲學的思想，概括起來有四個方面，其一，「時間和事物及其運動不可分離的思想」，無論劫量長短，總是同世界的變遷同時發生的，「不存在脫離事物的時間」；其二，「時間的永恆觀念」，世界總是處在四劫更替的運動變化之中；其三，「時間的無限觀念」，時間因其永恆而無限；其四，「在劫難逃的思想」，世界總是沒有止息地循環變遷，無可阻擋、改變。〔註75〕不過，與時間的永恆、無限、無止息相比，佛教更加關注或智慧地看到了時間的相對性、剎那性、無奈的一面，由此生發出了獨具特色的理論體系。其論述排序由「壞」始「成」，則表達在世間客觀無意志發展的同時，透出壞、滅、空的悲觀意味，此種情緒漫延到有情嬗變之中，布滿整個佛教體系脈絡，即便成劫與住劫也是逐漸步入毀滅的終途。較之其他宗教，此

〔註74〕杜繼文：《漢譯佛教經典哲學》上卷，第18頁。
〔註75〕方立天：《中國佛教的宇宙結構論》，《宗教學研究》1997年第1期。

乃佛教特殊之觀察視角與思維路徑，也是諸行無常觀念的徹底表現。這些外部世界劫波過程，亦是有情界的生滅過程，故而其間蘊含的有情理論，是揭示有情歷盡一切最終生命狀態的呈現與歸宿的重要內容。

第四節　有情形態及其轉生

　　一般而言，任何生命體都有一定的生命表徵，比如外貌（四大洲人相貌各如其地形）、身高、體重、年齡、毛髮等等，早期佛教理論中對此有著豐富的論述，甚至可以看出其中的數據計算都是經過精心設計的，儘管這些內容不是佛教的重點和主要方面，卻代表了根本佛教與部派佛教的觀察視角與理論傾向。《俱舍論》中具有典型性的身量與壽量論述，體現根本佛教至部派佛教對於有情「身體」的諸多認識，進而在「身體」超脫甚至以「身」為滯礙的理論氛圍中，呈現佛教隱含的身體理論；「四食說」與「轉生論」則顯示出佛教對於身體之生命特徵的種種安排、理解。《俱舍論》對有情身體形態與輪迴轉生的精細討論，實際代表著佛教理論對於有情及其「身體」、「生命」的認識高度，而這種對於「身體」與「生命」的體驗、思考與價值取向，一定程度上構成乃至決定了佛教的人生價值論內容及其導向。

一、有情形態及其意涵

1. 有情身量

　　外器界的大小、範圍、數量有所不同，居住其上的有情在身量的身長、身形等方面也有很多差別。

　　南贍部洲人身長大多是三肘半，其中有少部分人身長有四肘。東、西、北洲人，倍倍增加，即東勝身洲人身長八肘；西牛貨洲人身長十六肘；北俱盧洲人身長三十二肘。《長阿含經》卷二十與此稍有不同，認為東洲、西洲人身長一樣，北俱盧洲人是二倍的七肘。

　　欲界六天，最下層四大王天身長是一俱盧舍（梵 krośa）的四分之一；如此以後諸天，每經一天就增加一俱盧舍的四分之一，直到欲界第六天他化自在天的身長是一俱盧舍半。色界天的身長，初梵眾天是半踰繕那，梵輔天是一踰繕那，大梵天是一踰繕那半，少光天是二踰繕那，此四天是半半遞增關係。從此以上其餘諸天，身高都是一倍一倍的增加，唯有無雲天倍增後還要再減三踰繕那，就是無量光天身高從少光天的二踰繕那倍增至四踰繕那，乃至色究竟天

增滿為一萬六千踰繕那。進到色天中最初的梵眾天，為半由旬，從此以上諸天，雖作半倍或一倍增加，但到位於第四禪最初的無雲天，則減三由旬，更亦倍加，到色究竟天，終於成為一萬六千由旬。據《長阿含經》卷二十載，阿修羅身長為一由旬，四天王是半由旬，忉利天是一由旬，焰摩天是二由旬，兜率天是四由旬，樂變化天是八由旬，他化自在天是十六由旬。不過，無色界天眾的身量在《俱舍論》中似乎沒有提及。

　　所有天眾出生後，身形迅速成長圓滿。色界天眾初生時，身量已然周全圓滿，且身具妙衣服裝，《阿毘達磨俱舍釋論》卷八認為天眾具有先天嚴重的慚羞感，故而一出生即身穿衣服。《俱舍論記》卷十一：「色界天眾於初生時，身量周圓，具妙衣服。如梵眾天初生半踰繕那，乃至色究竟天初生萬六千踰繕那」，《大智度論》卷三十四則載云：「四天王衣重二兩；忉利天衣重一兩；夜摩天衣重十八銖；兜率天衣重十二銖；化樂天衣重六銖；他化自在天衣重三銖。色界天衣無重相。」

2. 有情壽量

　　天眾子女是天然的天眾，初生時的身高、年齡等也不一樣。人的壽命是基於，世間的晝夜時間作為衡量基礎的。據《俱舍論》、《立世阿毘曇論》載，人間的五十年，是六欲天中最下層——四大王天的一個晝夜，以此為基礎，三十個晝夜為一個月，十二個月為一年，那麼四大王天的壽命就是五百歲，相當於人間九百萬年（500×360×50）；忉利天、夜摩天、兜史多天、樂變化天、他化自在天這五欲天的晝夜和天眾壽命逐層倍增，五欲天晝夜依次為人間的一百、二百、四百、八百、一千六百年為一晝夜，天壽分別是一千、二千、四千、八千、一萬六千歲。

　　具體到四洲人類來說，北俱盧洲人固定壽命千歲，西牛貨洲人壽命五百歲，東勝身洲人壽命二百五十歲，此三洲人壽呈半半減少的狀況；南贍部洲人的壽命沒有固定年限，當劫減到最後時僅為十年，而於劫初之時，人壽是無量數，不能用百千等數去計量。

　　就欲界而言，六欲諸天初生，如次為五、六、七、八、九、十歲人；這裡的數字，其意為諸天所生第一天即相當於幾歲的人類，如四大天王第一天新生的子女，相當於人中五歲兒童。據《瑜伽師地論》卷五云：「一切欲界天眾，無有處女胎藏；然四大王眾天於父母肩上或於懷中，如五歲小兒欻然化出；三十三天如六歲；時分天如七歲；知足天如八歲；樂化天如九歲；他

化自在天如十歲。」

色界天也沒有晝夜差別，是用劫數衡量壽命的長短，而其壽命又和身量相等，所以梵眾天身量是半踰繕那，他的壽量就是半劫；梵輔天的身量是一踰繕那，那麼他的壽量就是一劫；以此類推，及至色究竟天身量一萬六千踰繕那，其壽量即為一萬六千劫。無色界四天，從下至上，依次壽量是二萬、四萬、六萬、八萬劫。需要說明的是，衡量天眾的「劫」也有所不同，自少光天以上是以八十中劫為一劫，此天以下是以四十中劫為一劫，即是說大梵王過梵輔天，其壽一劫半，就是以成、住、壞各二十中劫為六十中劫；總六十中劫為一劫半，所以就以大劫之半四十中劫，即為色界下三天之壽的劫量。《光記》卷十一解釋說：「身、壽二量不可俱齊，為順火災，故大梵王不受大劫；為順水、風災，故少光已上大全為劫，倍倍漸增」，所以大梵王天與其他諸天的不同竟然也和其所受三災相對應。無色界劫數也是以一大劫為一劫計算，空無邊處天二萬劫，識無邊處天四萬劫，無所有處天六萬劫，非非想處天八萬劫。

地獄壽量。《俱舍論》參照六欲天的壽量來確定六大地域的壽量，認為六欲天壽量如其次第為六大地獄的一晝一夜。例如，四大王天壽量為五百歲，相當於等活地獄的一晝一夜，乘此晝夜成月以及成年，可以計算得知等活地獄的壽量是五百歲；他化自在天的壽量是一萬六千歲，對於炎熱地獄只是一晝一夜，乘此晝夜成月及成年，那麼炎熱地獄壽量是一萬六千歲；極熱地獄壽量則是半個中劫；無間地獄壽量是一中劫。〔註76〕八寒地獄的壽量，後一地獄都是前一地獄有情壽量的二十倍。

傍生的壽量，大多沒有確定年限，若壽量極長可以是一個中劫，比如難陀等諸大龍王。所以佛陀曾說：「大龍有八，皆住一劫，能持大地。」（卷十一）《光記》引《法華經》釋八龍王是：難陀龍王、跋難陀龍王、娑伽羅龍王、和修吉龍王、德叉迦龍王、阿那婆達多龍王、摩那斯龍王、優盋羅龍王。（卷十一）

鬼趣以人間一月為一日，乘此晝夜成月及成年，鬼趣壽量是五百年。

以上，《俱舍論》設定了天趣、人趣的壽量，但是此時的人趣並不能完全等同於人類，實際上是一種「準天趣」，此二者在佛教又被視為「善趣」，相對

〔註76〕《正法念處經》、《俱舍論》等皆採用此種說法。《優婆塞戒經》卷七的說法也與此相同，是以六欲天的壽量為準，不過其所用計數的方法不同。主張前六地獄是不定，後二地獄是決定。

之下其他四趣被稱為「惡趣」，也有著自身的壽量長短。

3. 有情語言

除了對有情身量、壽量的說明外，還述及語種，《俱舍論》卷十一：「一切天眾皆作聖言。謂彼言詞同中印度。」即言天眾的語言相同，一切天眾都說聖言，即言詞與中印度語相同。《阿毘達磨俱舍釋論》卷八云：「一切天同中國語，說婆羅門言。」《光記》卷十一云：「二界諸天皆作聖言。聖言謂中印度語。印度此云月支。月有千名斯其一矣。舊云天竺。或云賢豆。或云身毒。訛也。又正理云。謂彼言詞同中印度。然不由學自解典言。」對於佛教的語言，《俱舍論》這裡似乎沒有確切的交代，據佛教早期文獻顯示，根本佛教早期使用（半）摩揭陀語，不允許信徒使用梵文而可以用他們自己的語言學習佛所說的話，但這似乎不是強力的規定，基本還是放任的語言政策。部派佛教時期，說一切有部和根本說一切有部流星於印度西部地區，是以梵文為經堂用語。〔註 77〕如果《俱舍論》中的「聖言」是指佛陀使用的語言，那麼這裡的「中印度」或許存在地理方位上的誤判，當然更有可能的是隨著佛教的發展，其所使用的語言也必須隨之改變。此外，《俱舍論》還提出一些語言學方面的觀點，如名、句、文等等，本書暫時存而不論。〔註 78〕事實上，這時已經有了比較詳細的梵文語法方面研究的書籍了。

自佛陀反對使用婆羅門語言，到佛教逐漸接受，說明佛教從當時的印度東部不斷擴展，既有語言種類豐富的需要，又有尋找一個相對穩定、統一、利於表達的語種的必要。但這一變化，或許還顯示佛陀自身的生活環境與當時思想擇取的特殊性，語言總是來源於身體，運之於人與人之間、人與環境之間的溝通、交流、傳播活動；語言的使用與變換，一定程度上是身體、生活與環境相互影響、作用下的產物。

4. 形態之意涵

身體與年齡是所有生命體的共同特徵，尤其在佛教中是沒有在時間上可以永恆的事物，所以從測量的角度而言均有一定極限與可測度性。從以上內

〔註 77〕參見：季羨林：《原始佛教的語言問題》，載《佛教十五題》，北京：中華書局2007 年，第 25～52。

〔註 78〕相關討論，讀者可參閱：〔日〕上杉宣明：《阿毘達磨佛教の言語論——名・句・文》，《佛教學セミナー》，第 30 期，1979 年；〔日〕小谷信千代《有部の言語觀》，《アビダルマ佛教とインド思想：加藤純章博士還曆記念論集》2000 年。

容，可見除了無色界以外，《俱舍論》對於欲界、色界的有情都有比較充分的考慮，當然這些也都是在佛教整體理論框架之內的設定，而且主要以倍增之法的身量、壽量計算方法也略顯僵化。但其中卻極為真實、自然地體現了佛陀與論師們對於有情的基本認識。

首先，雖然「空間」的概念經過哲學、物理的解釋變得有些複雜，卻是人類自然感知與認識體現的基本內容或前提。通常而言，任何事物都可能具有長短、高矮、大小等特徵，對於這些特徵的感知在不同認知主體那裏或有不同，因此需要比較統一、得到認同的測量方式。《俱舍論》提出了身體高度的基本的測量單位「肘」，由此衍生出俱盧舍、踰繕那或由旬等更大、高級的單位，這種方法即是「肘尺法」。〔註79〕不過《俱舍論》似乎沒有進一步考慮這個「肘」的具體長度，或者以某個有情作為標準「肘尺」。

其次，關於時間的測量，在有情壽量上主要使用了晝、夜、年、劫等概念，不過根本上說，最小的時間單位在佛教應為「剎那」。《俱舍論》曰：「何等名為一剎那量？眾緣和合法得自體頃，或有動法行度一極微。對法諸師說：如壯士一疾彈指頃六十五剎那，如是名為一剎那量」（卷十二），可見佛教最小的時間單位「剎那」的測量方法是「彈指法」，並且進一步說是以「壯士」彈指為標準動作，突顯「剎那」單位的瞬間不可再分性。以剎那為單位，進一步有了時間單位及其換算方法，《俱舍論》云：「剎那百二十為一怛剎那，六十怛剎那為一臘縛，三十臘縛為一牟呼栗多，三十牟呼栗多為一晝夜。此晝夜有時增，有時減，有時等。三十晝夜為一月，總十二月為一年。於一年中分為三際，謂寒、熱、雨，各有四月。十二月中六月減夜，以一年內夜總減六。」（卷十二）

第三，根本上說，《俱舍論》認為最小的物質或者體積應該是不可再分的「極微」，它比「肘」更為微細的多。《俱舍論》卷十二云：極微為初，指節為後，應知後後皆七倍增，謂七極微為一微量，積微至七為一金塵，積七金塵為水塵量，水塵積至七為一兔毛塵，積七兔毛塵為羊毛塵量，積羊毛塵七為一牛毛塵，積七牛毛塵為隙遊塵量，隙塵七為蟣，七蟣為一虱，七虱為䵃麥，七麥為指節，三節為一指，世所極成，是故於頌中不別。分別二十四指橫布為肘，積四肘為弓謂尋，積五百弓為一俱盧，捨一俱盧舍許是從村至阿練若中間道

〔註79〕古代埃及人也使用「肘尺」或「腕尺」，後來「肘尺」觀念傳給了猶太人，在《聖經》中多有所見。在不同文化、不同時期的人們，普遍有以身體部位作為基本尺度的現象。

量，說八俱盧舍為一踰繕那。《光記》稍加詳言，卷十二云：「此微即極名曰極微。若依正理三十二云，然許極微略有二種：一實、二假。其相云何？實謂極成色等自相。於和集位現量所得，假由分析比量所知，謂聚色中以慧漸析至最極位，然後於中辨色、聲等極微差別。此析所至名假極微，令慧尋思極生喜故，此微即極故名極微，極謂色中析至究竟，微謂唯是慧眼所行，故極微言顯微極義，準彼論文。有二種微積七極微為一微量，微顯細聚，梵云阿菟此名微，眼見色中最微細也，應知但為天眼、輪王眼，後有菩薩眼所見。積微至七為一金塵，金、銀、銅、鐵總名為金雜心云銅塵。舊俱舍云鐵塵，皆局一偏。塵於金中往來不障故名金塵。又解積微至七方於金上住故名金塵，水塵兩釋亦爾兔毛塵量等兔毛端名兔毛塵。又解積水至七方於兔毛端上住名兔毛塵，羊、牛毛塵兩釋亦爾又婆沙有一說。七微成一水塵，七水塵成一銅塵，七銅塵成一兔毫塵，此師意說水塵細。銅塵鹿隙遊塵等文顯可知。若依此間計一踰繕那成里數者，謂一肘有一尺六寸，四肘為一弓，一弓有六尺四寸，五百弓為一俱盧舍，計五百弓有三千二百尺，八俱盧舍為一踰繕那，計八俱盧舍有二萬五千六百尺，以五尺為一步計有五千一百二十步，以三百六十步為一里計有一十四里餘八十步為一踰繕那。言阿練若者，阿之言無，練若名喧雜」。這裡實際是以「極微」為核心，以「七倍增」為量級，演繹出系統、完整的測算步驟。

「極微」、「肘尺」與「彈指」等一系列佛教關於空間、體積、時間的規範測量單位與方法，與人或其他有情身體、形體有著緊密而直接的關係。從這裡，或可顯示出對於空間、時間等基本感知的認識具有身體相關性，而這種關聯還具有身體體驗、身體關注等多層意涵。有身體與時間、空間、體積的測量方法，除佛教外，在古希臘、羅馬、基督教文化、中華文化、兩河文明中均能多見與此類以身體或身體器官作為計量標準的做法，因此，具有某種方法上、感知認識的共通性。

二、四食理論及其意涵

據《俱舍論》載，「食」的作用是「先資益自根大種，後乃及餘」，《品類足論》卷第七則說餐具有「諸根長養，大種增益，資助、隨資助，充悅、隨充悅，護、隨護，轉、隨轉，益、隨益」等作用。「食」不僅是一種物質依持和為人類所特有，反而是有情所共有之現象。有情「由食而住」，即是說有情安

住賴於四食：段食、觸食、思食、識食。〔註80〕其中段食為物質所需，而後三者構成有情生命不可缺之感覺、思維（意志）、觀念。〔註81〕

1. 有情之段食

段食（Piṇḍa），《俱舍論》卷十曰：「香、味、觸三，一切皆為段食自體，可成段別而飲噉故，謂以口鼻分分受之。」廣義而言，即為世間普通飲食，以香、味、觸為體，被口、鼻分段受用，資益身份。《大乘法苑義林章》卷四曰：「段者分段，分分受之能持身命。舊云團者，可摶可握，立為團食，此義全非。團字非摶，非水飲等可摶團圓。云何名團？故應名段。」其實，段食之所以名，乃「傳說此語從多為論」，因其多而可分之緣故。

段食有兩種：細食和粗食。因為中有眾生以香氣為食；諸天與劫初眾生飲食不會變成糞穢之物，故亦以細食；細污蟲和嬰兒食物，也叫細食。反之則為粗食。這些有情都是係屬於欲界的，因為捨離段食貪欲的有情即可生於色界與無色界。

《俱舍論》卷十載，細食有光（日光）、影（樹影）、炎（火炎）、涼（風涼）等四種，認為其雖不可飲食，也能維持身體。為便於理解，它以藥塗身體和洗浴為例加以解釋。《光記》指出，人寒則光、炎可助，人熱則影、涼能益。這四種細食不僅為中有、諸天、嬰兒等獨享，也可遍益有情。

「食」之必要條件，在於資養相對之根、大種，其他根、大種隨之受益。如此，四食針對的根為鼻、舌、身、意四根。按照佛教理論，「色」有物質之義，可以分段，卻不是「食」，因為色塵不能資益眼根及其所依的大種，此其一；色塵對摒棄欲望、沒有食貪的解脫者，如阿那含、阿羅漢，色雖妙無比，業已無所影響，也是無用的表現，故「色」不是「食」，此其二。

因為這個原因，食體是不能通於無漏的。據《俱舍論》言，毘婆沙師作解

〔註80〕四食之說亦見於《雜阿含經》卷十四、卷十五、卷十七、《中阿含》卷七《大拘絺羅經》、卷四十九《說智經》、《長阿含》卷八《眾集經》、卷二十《世記經》、《增一阿含經》卷二十一、卷四十一、《起世經》卷七、《大樓炭經》卷四、《大毘婆沙論》卷一二九、卷一五四、《成實論》卷二《諦品》等，然名稱多有出入。

〔註81〕日本學者中川善教、竹內良英等，通過對阿含諸部、《大毘婆沙論》、《俱舍論》等論典，對意思食、細滑食、四食、有情食、離欲、摶食等概念及印度文化背景做了比較基本的闡述。參見：〔日〕中川善教：《有情食》，《高野山大學論叢》，1969 年第 4 期；〔日〕竹內良英：《原始‧部派仏教の食物觀：食厭想について》，《印度學佛教學研究》，1994 年第 2 期（總第 42 期）。

釋說能資益諸有（三有）即是「食」，修習無漏生起卻是為了滅盡諸有。契經中認為食有四種，能令部多（即本有）有情安住，及能資益諸求生者（指中有），無漏不然，故非食體。」經中說「部多」，即顯已生的意思，諸趣有情生起後，都稱為已生。

2. 有情之觸食

觸食，又作細滑食、樂食。《俱舍論》就觸食、思食、識食三者，言「觸謂三和所生諸觸，思謂意業，識謂識蘊」，欲界、色界、無色界三界均需此三食。

所謂「觸謂三和所生諸觸」之觸食，即為對於六識順情之境而資益心身者，《品類足論》卷七云：「觸食云何？謂緣有漏觸，諸根長養，大種增益，資助、隨資助、充悅、隨充悅、護、隨護、轉、隨轉、益、隨益；是名觸食」，《集異門論》卷八云：「云何觸食？答：若有漏觸為緣，能令諸根長養大種增益；又能滋潤，隨滋潤，乃至持隨持；是名觸食。其事如何？答：如鵝雁孔雀鸚鵡鸜鵒春鸚離黃命命鳥等，既生卵已；時時親附，時時覆育，時時溫暖，令生樂觸。若彼諸鳥，於所生卵，不時時親附覆育溫暖，令生樂觸；卵便腐壞。若彼諸鳥，於所生卵，時時親附覆育溫暖，令生樂觸；卵不腐壞。如是等類，說名觸食。」這裡細微、形象地對觸食的發生、利益與缺陷做了說明，即觸食是由對所觸之境，或者說接觸到可意對象，生起喜樂之愛，攝喜樂受受等為食事，並且對長養身體起到作用。比如看畫、聽戲能夠忘記飢餓，身心喜悅。

觸食的根本是有漏之法，即便是屬於五蘊的身觸與觸識也是如此，故而《成唯識論》卷四云：「二者、觸食。觸境為相。謂有漏觸、才取境時，攝受喜等，能為食事。此觸雖與諸識相應；屬六識者，食義偏勝。觸粗顯境，攝受喜樂，及順益捨，資養勝故。」所以，在佛教修行來說，觸食也應斷除，故而有「觸食如新剝牛皮」之說。

3. 有情之思食

思食，又作念食、意念食、意食、意思食、業食等。《雜阿毘曇心論》卷十云：「意思者，長養當來有，故說食」，具體而言，即對於可意之境或心思所能指望處，生起希望的念頭，從而能令諸根滋長相續，如望梅止渴。

《俱舍論》卷十以故事說思食對人的作用與重要性，其釋之云：「亦見思食安住現身世傳有言：昔有一父，時遭飢饉，欲造他方。自既饑羸；二子嬰稚；意欲攜去，力所不任。以囊盛灰，掛於壁上。慰喻二子，云是麨囊。二子希望，

多時延命。後有人至，取囊為開。子見是灰，望絕便死。又於大海，有諸商人，遭難敗船，飲食俱失。遙瞻積沫，疑為海岸。意望速至，命得延時。至觸知非，望絕便死。《集異門足》說『大海中，有大眾生，登岸生卵，埋於沙內，還入海中。母若常思；卵便不壞。如其失念；卵即敗亡。』此不應然。違食義故。豈他思食，能持自身。理實應言卵常思母，得不爛壞。忘則命終。」第一、第二個故事以比較極端的例子，說明人在困境之中是希望是保持、延續生命的重要條件，第三個例子則是說「思食」的主體與受益者應該是統一的，是主體保持當前思想而令命不斷。

這一點在佛教具有相通性，如《大乘法苑義林章》卷八曰：「過去業思，是其命根，令命不斷，說為思食。若如是者，一切眾生所有壽命，皆由往思，不應言無。或當應以彼現在思想而活命者，說為思食。」四食同樣是需要斷除的對象，故而《大毘婆沙論》有所謂「思食如火坑炎炭」的說法。

4. 有情之識食

識食，是以念識、精神來維持身體、生命。《品類足論》卷七云：「識食云何？謂緣有漏識，諸根長養，大種增益，資助、隨資助，充悅、隨充悅，護、隨護，轉、隨轉，益、隨益；是名識食。」《集異門論》卷八云：「云何識食？答：若有漏識為緣，能令諸根長養大種增益；又能滋潤隨滋；乃至持隨持；是名識食。其事云何？答：如世尊教頗勒窶那記經中說：頗勒窶那當知，識食能令當來後有生起。如是等類，說名識食。」

識食和其他三食一樣，也具有長養身體的作用，尤其對於地獄和無色界有情來說，全部是依靠識食來保持身體、延續生命，《增一阿含經》卷二十一《苦樂品》云：「彼云何為識食？所念識者，意之所知，梵天為首，乃至有想無想天，以識為食，是謂名為識食。」

在佛教理論中，無論小乘還是大乘，也都認為識食是有漏，是所依，故而也成為求斷之對象，《大毘婆沙論》稱之為「識食如三百利鉾」。

5. 四食資益有情諸根

《俱舍論》引用《品類足論》的說法認為食的作用是資益諸根與大種，並指出從段食到識食都是如此。並且有些食既可能對身體有所損害，同時又能暫時解除饑渴，比如地獄中的熱鐵丸等，因為具有食的特性，所以也稱為「食」。總的來說五趣中都有四食。

從有情總體來說，以四食為標準，欲界中的四洲之人主要依於段食，欲界

的四大王天到他化自在天諸有情，以清淨段食維持生命；對於四禪天、四無色天有情，已經完全沒有段食，只是依賴觸食、思食、識食；其中四無色天完全依賴識食，如《大毘婆沙論》卷一三〇載，欲界具有四食而以段食為主，色界具有三食而以觸食為主，鬼趣具有四食而以思食為主，濕生具有四食而以觸食為主。色界天、無色界天以及地獄的識食，皆為酬前世之業；欲界有情，如欲得識食時，必需努力修行尚可具備。

從「生」而言，阿羅漢永離色界，沒有食貪，被稱為「部多」，義為無生，亦不受生；反之，有愛欲之染的有情，如凡夫、有學等，受生不止，則被稱為「求生」。〔註82〕但二者皆不離四食，根本上，如世尊所言，現在四食皆是未來災病之根本、老死之因緣，換句話說，四食不僅安住現在身，亦影響未來身，身之福禍，因而四食關係茲大。所不同者，段食不單是資益現身，維持生命的基本條件，根據毘婆沙師觀點，也資益現在惑業、招致後來果報的原因；思食不光對未來身影響深遠，也能安住現在身，從書中引用例子，說明某種意志力對延續生命的重要性，而此思食，如引《集異門足論》，強調來自自身，藉由他人思力則不起作用。四食的作用可見下表：

四 食	身 心	三 世	因 果
段食	資益所依（根身）	資益現有惑業	招致後有果報
觸食	資益能依（心、心所）	資養大種	牽引有因
思食	安住現身	牽引當有（未來生）	生起當有
識食		牽引當有（未來生）	生起當有

總的說來，四食功能與差異是，段、觸如養母，資養已生有；思、識如生母，能生未生有；從事件時間來說，毘婆沙師認為，只要初食解決了飢餓，消化後能資益身根、大種，也可稱為食。

《俱舍論》認為，從滋養生有而言，一切有漏法都有此功能；而從所依、能依、當有三者論，其中四食影響最為殊勝，故而世尊特說四種食。不過，四

〔註82〕據《攝大乘論釋》卷十四、《大乘阿毘達磨雜集論》卷五載，四食，就凡與聖可區別為四種：（1）非清淨依止住食，又作不淨依止住食、不清淨依止住食，謂四食令欲界眾生相續生存。（2）淨不淨依止住食，謂業、觸、識等三食令色界與無色界之眾生相續生存。（3）清淨依止住食，又作一向清淨依止住食，謂四食令聲聞、緣覺之身相續生存。（4）能顯依止住食，又作示現住食、示現依止住食，謂四食悉為諸佛之食。

食中的每一種都有自己的特殊情況，其內涵仍有嚴格限定。以段食為例，有四種情況：

是段非食	可分段飲噉	害根、大種
是食非段	不能分段飲噉	資益根、大種
非段非食	不能分段飲噉	害根、大種
段食	可分段飲噉	資益根、大種

同樣，其他三食與此相類，特殊情形，如有無漏法雖能現前資益根與大種，但不能牽引後有因，所以非食；有些對根、大種有所妨害也被稱為食，是因為初始時資益，即初益後損或初損後益，比如地獄有情飲噉熱鐵丸、赤鎔銅。

6. 有情「四食」之意涵

佛教關於「食」的觀念，首先來自人類及其他動物都依賴於食物的體驗與認識，並進一步認識到除了能吃的食物對於身體與生命莫大關聯外，還有可意的感覺、希望乃至精神等等也對維持身體與生命不可或缺。不過四食乃為有漏法，必須斷除以達聖境。所以，佛教對於「食」的認識，應該是有一個由淺及深、有理論到實踐的循序展開過程。

不過，佛教對「食」的觀察確實比較獨特，意義甚為豐富。首先，「食」是人類起源之原因，「其於地上世間的墮落，則始於貪『食食』為人生之本，也是人生變化的第一動力。世間的彼我是非，憂愁懊惱，皆出於貪食和謀食。食也是淫慾的源泉，是男女相悅、組成家庭的起點，因而也是衣服、房舍和城市等文明的起點。」其次，「食」是私有制與國家產生的根源，「『食』在早期佛教中受到重視的程度，可以說是無以復加的；它還是財產私有制的生物學基礎，而私有制又是『民主』和國家產生的根源。《世本緣品》說，以『有田宅疆畔別異，故生諍訟，以致怨讎無能決者』，於是眾議：『我等今者寧可立一平等主，善護人民，賞善罰惡；我等眾人各共減割以供給之。』時彼眾中有一人，形質長大，容貌端正，甚有威德，眾人即請立為主，彼即受之：『應賞者賞，應罰者罰，於是始有民主之名。』此『民主』謂人民的主管，有給人民當家做主的意思，也就是後來的國王、剎帝力。」〔註83〕第三，說「食」是人生和社會得以存在的條件，而因「食」生「愛」構成了有情煩惱的根源，反映出佛教

〔註83〕杜繼文：《漢譯佛教經典哲學》上卷，第21～22頁。

對於人類史與社會史的樸實而深刻的認識。但是它並不是要維護、豐富和美化這樣的生活，而是將之作為「人」墮落的原因；是人類痛苦的主要根源，「以此等觀念為中心，形成了佛教以禁食、禁愛為主要特徵的禁慾主義一大思潮。東晉時道安注解過《人本欲生經》，他的評論就是：『愛為穢海，眾惡歸焉。』域外的一些教派，還專修一種厭食的禪定。」〔註84〕其實，《雜阿含經》卷十五、《北本涅槃經》卷三十八、《瑜伽師地論》卷六十六等也都記載、敘述了對四食之觀法：（1）觀段食猶如曠野中飢餓之父母，不得已而食己子之肉。（2）觀觸食猶如生剝牛皮，任由諸蟲螫食、草木針刺。（3）觀思食猶如城邑之大火。（4）觀識食猶如盜賊身受三百矛之鑽刺。依此而次第觀身、受、心、法等四念住，是為入道之方便法。

關於「四食說」之起源，木村泰賢指出：「阿含經籍、《大毘婆沙論》和《俱舍論》卷第十均言，世尊自悟一法，即『諸有情一切無非由食而住』。此被稱為正確的覺證和說示，為佛教之通說。」《成唯識論述記》卷四載，佛陀於成道前曾接受牧牛女之乳糜供養，遂遭外道誹謗，佛於成道後，便為彼等說四食。此外，四食說還體現了佛教常用的「四分法」認識模式，同時也具有「攝」著萬有的意義，「把萬有分為四要素的方式，也是從根本佛教時代來的。那就是一般所知的四食之說，主要雖是欲明我們有情的成立要素，但如把他擴大，實也可以成為萬有全體的要素。四食者：謂段食、觸食、意思食、識食。第一意味物質的要素，其他的三者，指精神的要素，同是維持成立吾等有情，如食物的養身體，在某種意義上，把他說為食。然這四食說，很多譬喻的意義，加之此中不合無為法，所以在阿毘達磨，似不認為這是太有力的分類法。」〔註85〕

三、有情生命產生「四生」

依據《俱舍論》，一切有情，雖形貌種種，類別相雜，所自從來，惟有四生：卵生、胎生、濕生、化生。此四種生，乃佛教共識。溯其源頭，有類於奧義書的胎生（父母所生身）、卵生、濕生、種子生的思想。

1. 有情之卵生

《俱舍論》卷八載云，所謂卵生，即從卵而生，如鵝、孔雀、鸚鵡、雁等

〔註84〕杜繼文：《漢譯佛教經典哲學》上卷，第26頁。
〔註85〕〔日〕木村泰賢：《小乘佛教思想論》，第115頁。

等,亦有人趣卵生,如世羅〔註86〕、鄔波世羅從鶴卵而生,及鹿母〔註87〕(即毘舍佉夫人)產卵所生三十二子,還有般遮羅王妃產卵所生五百子等。〔註88〕《大毘婆沙論》卷一二四云:「昔有商人,入海得一雌鶴,遂生二卵,卵漸濕熟,生二童子,端正聰明,年長出家,得阿羅漢。大名世羅,小名鄔波世羅是也。」此類有情,因虛妄顛倒之惑,起飛沉亂想之業,惑業和合,故感此生之報。飛沉者,若想念浮舉,則為飛禽;若情念沉重,報為魚蛇之類。

2. 有情之濕生

《俱舍論》卷八載云,濕生者,從濕氣而生,如蟲、飛蛾、蚊、蚰蜒等等,亦有人趣濕生者,如曼馱多(即頂生王,此王由布殺陀王頂皰而生)、遮盧、鄔波遮盧(二人由頂生王兩髀上皰生)、鴿鬘(此女子從跋羅哈摩達多王腋下皰生)、庵羅衛(此女子從庵羅樹生)等。《集異門論》卷九云:「云何濕生?答:若諸有情,展轉溫暖,展轉潤濕,展轉集聚;或依糞聚,或依注道,或依穢廁,或依腐肉,或依陳粥,或依叢草,或依稠林,或依草庵,或依葉窟,或依池沼,或依陂湖,或依江河,或依大海潤濕地等,方得出生。此復云何?如蟋蟀飛蛾蚊虻蠓蚋麻生蟲等,及一類龍,一類妙翅,並一類人。復有所餘諸有情類,展轉溫暖。廣說乃至或依大海潤濕地等,方得生者;皆名濕生。」

此類有情,因顛倒執著之惑,起翻覆亂想之業,惑業和合,故感此生之報,即含蠢蠕動之類是也。「翻覆」即「飛伏」,因違義背信,翻覆任情,遂感蠢蠕飛伏之類。

〔註86〕世羅、鄔波世羅。《光記》卷八釋云:「『世羅』,唐言山。『鄔波世羅』,唐言小山──大小不同,故以小標別。兄弟二人皆阿羅漢,近山生故,以山為名。故《婆沙》一百二十五云:『人卵生者,昔於此州有商人入海得一雌鶴,形色偉麗,奇而悅之,遂生二卵。於後卵開,生二童子,端正聰慧;年長出家,皆得阿羅漢。小者名鄔波世羅,大者名世羅。』」

〔註87〕鹿母,是毘舍佉夫人。《光記》卷八釋云:「『毘舍佉』是二月星名,從星為名,此云長養,即功德生長也。是彌伽羅長者兒婦,有子名『鹿』,故名『鹿母』,從子為名。生三十二卵,卵出一兒。故《婆沙》一百二十四云:『毘舍佉鹿子母』。」

〔註88〕般遮羅五百子,《光記》卷八釋云:「般遮羅是地名,唐言執五,此王從地為名。王妃生五百卵已,羞愧恐為災變,以小函盛棄殑伽河,隨流而去。下有鄰國王因觀水,遣人接取見卵,將歸經數日間,各出一子,養大驍勇,所往皆伏,無敢敵者。時彼鄰國王與彼父王久來怨讎,欲遣徵罰,先作書告,今欲決戰。尋後兵至,圍繞其城,即欲摧破。般遮羅王極生忙怖,王妃問委,慰喻王言:『王不須愁,此五百子皆是我兒。具陳上事,夫子見母,噁心必息。』妃自登城告五百子,說上因緣,如何今者欲造逆罪?若不信者皆應張口。妃按兩乳,有五百道乳汁各注一口,應時信伏。因即和好,各起慈心,兩國交通,永無征伐。」

3. 有情之胎生

《俱舍論》卷八載云，胎生，即從胎藏而生，如象、馬、牛、豬、羊、驢，以及今世之人，此外鬼趣之道，唯可胎生，就如餓鬼女告訴目連說：「我夜生五子，隨生皆自食；晝生五亦然，雖盡而無飽。」《集異門論》卷九云：「云何胎生？答：若諸有情、從胎而生。謂在胎藏、先為胎藏之所纏裹；後破胎藏、方得出生。此復云何？如象馬駝牛驢羊鹿水牛豬等、及一類龍，一類妙翅。一類鬼，一類人。復有所餘諸有情類、從胎而生。謂在胎藏、先為胎藏之所纏裹；後破胎藏、方出生者；皆名胎生。」胎生金翅鳥王，居樹南面，欲取龍時，飛往樹上，乃即飛下，令水開四百由旬，取龍食之。此鳥王惟能取卵、胎二生龍，不能取濕、化二生龍也。

劫初之人，男女未分，皆為化生，其後發淫情而生男女二根，始為胎生。佛書說南贍部洲胎生人類，從父體得骨、髓、精液，從母體得肉、皮、血液。此類有情，因愛欲雜染之惑，起橫（因行邪道，感生畜類，故身橫）、豎（因行正道，得為人類，故身豎）亂想之業，惑業相滋，故感此生之報，即人畜龍仙之類是也。

關於胎生，有一個引起激烈佛教內部爭論的問題，即佛陀為何選擇胎生。佛陀前一世，本可自在受生，而選擇胎生，原因在於胎生有利於：（1）「為引導諸大釋種親屬相因令入正法。」（2）「引餘類，令知菩薩是輪王種，生敬慕心，因得捨邪、趣於正法。」（3）「令所化生增上心：『彼既是人，能成大義；我曹亦爾，何為不能因發正勤專修正法？』」（4）「若不爾，族姓難知，恐疑幻化：『為天？為鬼？』如外道論矯設謗言：『過百劫後當有大幻出現於世，噉食世間。』故受胎生，息諸疑謗。」還另外一種解釋，即有其餘論師認為，是為留此身界，所以佛陀前一世（後身菩薩）受胎生，能使無量人及其他一切異類有情，興起供養，並由此福德而使他們能返回生天，及證得解脫。如果後身菩薩受化生，因為死後便不留大種身，所以身纏殞逝，就不再有遺形存在，如滅燈光譬，即無所見。不過世親並不認可後一種解釋，而說如果人們相信佛陀有持願的神通智慧，便能久留這大種身，不需要有意識保留此身。

4. 有情之化生

《俱舍論》卷八載云，化生，乃無所依託而生，即六根具足無缺，肢體頓時而生，無而忽有，所以名為化生，如那落迦（地獄）、天人、中有等；畜生趣中可化生者有龍、揭路茶（金翅鳥）等；人趣亦有化生，但只限於劫初之人。另外鬼也可化生。《集異門論》卷九云：「云何化生？答：若諸有情、支分具足，

根不缺減，無所依託，欻爾而生。此復云何？謂一切天，一切地獄，一切中有，及一分龍，一分妙翅，一分鬼，一分人。復有所餘諸有情類，支分具足，根不缺減，無所依託，欻爾生者；皆名化生。」謂此類有情，因顛倒變易之惑，起捨故取新亂想之業，惑業和合，故感此生之報，即轉蛻飛行之類是也。

化生有情數量最多。因為鬼、畜、人三趣一部分，及地獄、諸天全部，還有一切中有，都是化生的緣故。人、畜遍及四生，地獄、諸天唯有化生。

化生六處具足而出。《瑜伽九》卷十三云：若於有色有情聚中，謂欲色界受化生者；諸根決定圓滿而生，與前差別。

化生死無遺形。《光記》卷八：「『以不知故至暫食何咎』者，答。或不知取食，或暫充饑。問：何故化生死無遺形？答：如《正理論》云：『化生何故死無遺形？由彼頓生，故應頓滅，如戲水者出沒亦然。毘婆沙師說：『化生者，造色多故，死無遺形；大種多者，死非頓滅。』即由此義，可以證知一四大種生多造色。』《正理》雖作此說，非婆沙正義，故《婆沙》一百二十七云：『問：一四大種，為但造一造色極微？為能造多？若但造一，如何不成因四果一？因多果小，理不應然。若能造多，即一四大種所造造色有多極微，云何展轉非俱有因？對法者說有對造色展轉相望無俱有因，許則便違對法宗義。答：應作是說：一四大種但能造一造色極微。』」

四生之中，化生最為殊勝。據《俱舍論》卷九載，化生者，皆以愛染當生處而受其生。《光記》卷八云：「化生最勝，亦有地獄受劣化生，據總相說，故《正理》云：『應言最勝唯是化生，支分、諸根圓具猛利，身形微妙，故勝餘生。』」凡化生者，不缺諸根支分，死亦不留其遺形，即所謂頓生而頓滅，故於四生中亦最勝。

四、有情轉生環節與論爭

1. 有情受生及其差異

《俱舍論》重點描寫了六天有情的生育情形。諸天眾皆有行淫之欲望，《俱舍論頌》稱「六受欲」，即身交、抱、執手、笑、相視為淫。相比而言，只有六欲天能生活和受用在妙欲（淫慾）境，諸天中處於第一層的四王天和第二層三十三天是依於地而住的，其中的男女交媾成淫，與人無別；不過，在經過風氣排泄之後，淫慾產生的熱惱就會消失，不像人間會有餘穢、不淨（精液）。夜摩天眾只要男女擁抱，就能成淫，心熱即息；覩史多天只要男女相互握手，

便能成淫；樂變化天男女只要面對面笑，便能成淫；他化自在天的男女，可相視成淫。毘婆沙師解釋說：六欲天男女皆以形體交媾而成淫。《世施設論》中說男女天人相抱等，只是為了顯示他們行淫慾的時量差別。因為，諸天有情，在欲境中轉妙、貪心轉捷，故使之然。交媾而後的男女，則會在膝蓋上，有童男、童女忽爾化生，即是那些天人所生的子女，女天為母，男天為父。《施設論》、《俱舍論》等論典載云，生於四天王界的天人，相當於五歲的光景，以下到他化自在天，則相當於六歲、七歲、八歲、九歲、十歲之形而化生。《長阿含》卷第二十《忉利天品》記載類同，認為四天王界初生的男女，相當於閻浮洲的一、二歲；於忉利天初生的男女，相當於二、三歲；生於夜摩天者，相當於三、四歲；生於兜率天者，相當於四、五歲；樂變化天初生的天人，相當於五、六歲；他化自在天初生的天人，相當於六、七歲。相比而言，越往上，有情的戀愛關係就越淡泊；在欲界，雖說也有戀愛，但並不一定是生殖獲取。

四生有情，在受生之初的稟賦是不一樣的，主要體現在諸根的差別上，《俱舍論》頌曰：「欲胎、卵、濕生，初得二異熟，化生六、七、八，色六、上唯命一四」，具有以下含義：

首先，欲界受生的有情，《俱舍論》卷三云：「欲胎、卵、濕生，初受生位唯得身與命二異熟根，由此三生根漸起故」，意為屬於胎、卵、濕三生的有情，在最初受生位時，只有身根和命根二種異熟根，因為胎、卵、濕三這生的根是漸漸生起的，這裡沒有將化生列入，《光記》卷三解釋說：「舉胎、卵、濕生，顯除化生，化生色根無漸起故。……初受生位，顯生有初念。既根漸起故，唯初得二異熟根。」

三生受生時，原本也是有意根與捨根，但在續生時會受到染污，所以就不是異熟根了；苦、樂、憂、喜、信等五根，初受生位時即已成就，但也不是異熟根。具體而言，欲界化生有情最初受生時，其異熟根有得六根、七根、八根的差別：如果是沒有男、女二根之形的化生有情，初受生時僅得到眼、耳、鼻、舌、身、命六種異熟根，比如如劫初之時的有情即是如此；如果是具有男根或女根之一的化生有情，最初受生時，得到的是前六根加上男根或女根，共計七種異熟根，比如欲界諸天等；如果是同時俱生男、女二根的化生有情，於最初受生位時，所得到的是八種異熟根，即前六根加男、女二根，這樣的有情出現在三惡趣中，那裏容許同時具有男、女二根的化生有情。

其次，色界的受生情況是，化生有情於最初受生時可具備六種異熟根，即

五色根和命根，就如同欲界化生不具男、女二根之形的有情一樣。

再次，無色界比欲界、色界而言，因為有禪定和受生更為殊勝，無色界中化生有情最初受生時，得到的異熟根唯有命根，而沒有其餘諸根。

2. 有情轉生之環節

所謂「轉生」，又作換世、輪迴轉生，即死於此處，而生於彼處。《大智度論》卷十六云：「菩薩得天眼，觀眾生輪轉五道，迴旋其中。天中死，人中生；人中死，天中生……非有想、非無想天中死，阿鼻地獄中生。如是展轉生五道中。」轉生是指有情死亡到以四生形式而受生的中間狀態及其輪迴現象，不順利者則為中夭，一般而言都會經歷中有之階段。〔註89〕

《俱舍論》認為，三界中，北俱蘆洲的有情固定為千歲之壽，可盡壽而終，而其他地方的有情的壽命不能確定；就個別現象而言，住在覩史多天的菩薩、及最後的聖者、佛記、佛使、隨信行、隨法行等皆無中夭，若菩薩或輪王母適逢懷胎，也因其可如其所應而無中夭。

如果說中夭只是發生在一般有情的偶發事件，那麼所有有情都將有壽終之時，似乎都要面臨生、死。不過，在《俱舍論》看來，死、生現象不是一切有情所共有，因為所處界地不同，有散心、定心和有心位、無心位諸種差別，使得生、死現象也有區別。

首先，「定心」由加行所生，可攝益有情，使其無死無生。其次，「無心位」由定力任持，生命無損無害，若其所依身變壞，則必定生起其所依心，然後命終。「無心位」不起因緣，不生煩惱，故而不能受生。

對於有死有生的有情，《俱舍論》提出了「死有」概念，並認為死有也有善、惡、無記三性心，然而入於涅槃的有情只會有兩種無記，即威儀路〔註90〕和異

〔註89〕西方學者認為，佛陀是一個實際的合理主義者，不會接受轉世的說法，但拒不接受會使自己陷入理論的自相矛盾，給信徒帶入「痛苦窘迫的思想境地」，「亞洲的信眾之所以視佛陀為世界的光，並非因為他的因果學說，甚至也不是因為他的關於止息欲求的教導」，而是相信佛陀能把他們帶入永恆的解脫。參見：〔英〕凱思著，宋立道等譯：《印度和錫蘭的佛教哲學：從小乘佛教到大乘佛教》，第4頁。

〔註90〕威儀路與有情身體觀有著極為密切之關係，當為研究者重視，如《大毘婆沙論》卷一百二十六云：「處處說威儀路，及起威儀路。威儀路者，謂色香味觸、四處為體。起威儀路者，謂能起彼、意法二處為體。眼鼻舌身四識，是威儀路加行，非起威儀路。意識，是威儀加行，亦是起威儀路。又眼等四識，能緣威儀路，不能緣起威儀路。意識能緣威儀路，亦能緣起威儀路。有餘由此所引意識，具能緣十二處。」

熟生。有捨受相應異熟生心的欲界有情，入於涅槃時就會同時具有威儀路和異熟生二種無記；無與捨受相應異熟生心的欲界有情，可以帶入涅槃的只有威儀路，而沒有異熟生心。無記心之所以能入涅槃，是由於其勢力微弱，能附著、隨順心的斷滅。

命終之時有情「識」的存滅情況。《俱舍論》認為根據人命終的情形，會有不同：（1）頓時死亡的人，意識、身根會忽然隨之消失。（2）緩慢、逐漸命終的人，意識所滅將隨其受生的情況而定：墮於惡趣的，意識最後從足滅；往生人趣的，意識將從臍處滅；往生天趣的，意識將從心處滅。（3）阿羅漢不會受生，他的最後的意識於心識處滅，有的論師認為是從頭頂處滅。

正命終的人，其死亡時從足等處直到整個身根滅，而意識也隨之而滅，臨到命終之時，其身根直到足跟盡滅時，便「忽然」全滅了。逐漸命終的人，命終時會受「斷末摩」苦的折磨、逼迫，所謂「末摩」位於身體中不同的關節處，一但觸碰便會致死。而且水、風、火中的任何一個增盛都會增加人的苦受，然後命終。而「斷」，不單單是物體如木棍那樣被折斷成兩截，而是覺知的消失。「末摩」是人相對地獄有情而獨有的第四內身災患，地獄有情唯有由風、火、水增盛導致的風病、熱病、痰病。諸天有情於命終不會有「斷末摩」，其命終時，會有五種比較小的衰相為預兆：一是衣服和妙莊嚴具會發出不可意聲音；二是自身光明變暗、微弱；三是沐浴時水滴沾身；四是活動的本性滯於一境；五是本來凝寂的眼睛會頻繁瞬動。這五種情況出現，天人「必定當死」。還有五種大的衰相為預兆，一是衣染塵埃，二是花鬘萎悴，三是腋下出汗，四是臭氣侵入身體，五是不樂本座。這五種相狀出現，天人也「必定當死」。

佛陀把世間的所有有情分為初生、次住和歿化三個時間段，生為生有，住為住有，歿化則分為死有和中有，肯定了世間所有有情的本性為「有」。有以積聚為表徵，而性質不同，《俱舍論》將其集中概括其為「三聚」，即一正性定聚，二邪性定聚，三不定性聚。

所謂「正性」，引用契經釋為「貪無餘斷，瞋無餘斷，癡無餘斷，一切煩惱皆無餘斷，是名正性」；所謂「定」，即「聖」，專指聖可「無漏道生，遠諸惡法」而得離系果，通過「定」可達聖境、盡除煩惱，所以稱之為「正定」，是最高、不會逆轉的。相比之下，已經獲得順解脫分的修行這，也能由定達至五停心、總別念住資糧而得涅槃，但仍有回返受生、造惡業而墮入邪定聚的可能，未能完全捨離邪性，所以它們的修定與「正定」仍有區別。

所謂「邪性」，具體指地獄、傍生、惡鬼這三惡道，他們的「定」，謂為「無間」，因「造無間者必墮地獄」故稱「邪定」。

除了正定、邪定之外，都屬於不定性，故有不定性聚，其所謂「不定」，乃是就外緣而言，隨順外緣善、惡不同而可能產生正、邪二性。

3. 中有問題及其辯論

有情之生四種，而生有之前，亦有獨特存在，也是必經階段，名「中有」。從死至生，無間無絕。《俱舍論》言：「於死有後，在生有前，即彼中間，有自體起，為至生處，故起此身，二趣中間，故名中有」，欲、色二界有情具足四有，無色界有情缺中有，只具其餘三有。〔註91〕中有說無論在佛教，還是從哲學上看，都非常有意義，「從形式上看，有情於其間換其身份而轉生，其轉換期狀態如何的問題，在說明輪迴上，有極重大的意義。以之徵於根本佛教，根本佛教說明轉生，是常識的，有情死，由前世業，得生三界五趣的某一界趣。率直地說，在哲學上，我們的五蘊，來此適應業，相當各自之趣變化的，就是轉生，未就另外深的中間狀態而下考察。」〔註92〕

中有的體性，《俱舍論》認為是在死有之前，生有之後的蘊體，概言之，有體就是五取蘊。按照時間先後的不同，可以分為中有、生有、本有、死有四種，所謂「死有」，乃有情生命結束的最後一剎那、最後一念；所謂「生有」，乃諸趣結生、生命誕生的最初一剎那。二者之間，非為虛妄，必有自體生起，

〔註91〕有學者指出，無色界有情的特點是，無自然國土與居處宮室，亦無色礙之肉身，僅以眾同分、命根等假和合為體，其體非色。而中有乃色、心和合體，需活動於有「連續處別」的區域，故而無色界無中有。有部成立中有的用意，在於解釋死有與生有，不過如果考慮到有情在有色界與無色界轉生的問題，那麼「除非中有能夠色、心分離，達到純精神狀態，『無色界無色』才容許有中有存在的可能。」《俱舍論》針對無色界有情下生的情況，並不採用有部色法能生同類色法的說法，而採用了經部色心持重說，即無色界下生有色界的有情，「色法由心生不由色起」。（參見：釋宗平：《說一切有部之中有觀——以有無和轉變為主》，《正觀雜誌》1999 年第 9 期。）

〔註92〕〔日〕木村泰賢：《小乘佛教思想論》，第 433 頁。《雜阿含經》載，婆蹉白佛：「眾生於此命終，乘意生身往生餘處，云何有餘？」佛告婆蹉：「眾生於此處命終，乘意生身生於餘處，當於爾時因愛故取，因愛而住，故說有餘。」這裡的「乘意生身生於餘處」即是中有之說，不過佛陀這裡的「因愛故取，因愛而住，故說有餘」不能理解為主張神我之論。中有與業力緊密相關，「其根源可在《奧義書》的二大主題——業與輪迴，稍見端倪，但佛教中並無不變的靈我可從此生到來生。」（參見：釋宗平：《說一切有部之中有觀——以有無和轉變為主》，《正觀雜誌》1999 年第 9 期。）

欲至所生處，結為新身，或者說除去出生最初一剎那，直到最後死一剎那前的時位即為「本有」；因處舊身隕滅，新身生起之間，亦在兩有情之間，所以稱為「中有」。

「中有」之特殊，首在不是「生」，雖言「有自體起」、「起此生」，卻不可與四生混同。在《俱舍論》，明確「生」之意涵，為「當來所應至處」、「依所至義」，所引異熟，已然究竟分明；中有之身，體起於此，未至於彼，故生有未形，異熟未果。簡言之，中有只是死有與生有之間的一個環節、特殊形態，並且僅在欲界與色界，無色界沒有中有。

中有形量。論證中有存在後，《俱舍論》探討中有的形狀等問題，第一，中有往生何趣？第二，其形狀如何？中、生二有，雖滿業別，牽引業同，業感所往亦招能往；如果這業能牽引當來所往的趣，那麼這引業就能招感能往的中有，所以這中有如果往到那個趣，就會如所往之趣當來本有的形狀一樣。色界中有形態身量圓滿如本有，與衣俱生，因為慚愧增長的緣故；菩薩中有也是與衣俱生；鮮白比丘尼，由於她以衣施四方僧，發願我生常著衣服，乃至中有亦不露形，本願力的緣故，所以她的中有於世世都有自然衣，恒不離身，且她所著衣服也會隨她自身的漸次增長或身份的不同而改變，乃至於最後涅槃時，就以這衣服纏屍焚葬；其餘的欲界中有都無衣服，因為這些有情都是增長無慚愧的緣故。

中有入處。《俱舍論》認為，中有從生門入，非破母腹而得入胎；故雙生者前小後大。《光記》釋曰：「此文意證從生門入，非從右，故雙生者，前生者小，以後入胎故；後生者大，以前入胎故。」《大毘婆沙論》卷七十曰：「應作是說：中有入胎必從生門，是所愛故。由此理趣，諸雙生者，後生為長。所以者何？先入胎者必後出故。」

中有還具有其他特點：（1）眼境。《俱舍論記》卷九云：「此中有身，五趣同類各別相見，異趣相望即不相見；若有修得極淨天眼，亦能得見異趣中有；諸生得眼皆不能見中有，以極細故。」有的論師認為天中有眼能見五趣，地獄唯見自類，五趣按照等級可見其下者。還有的認為地獄中有見五中有，乃至天中有亦見五中有。（2）中有行最疾。《俱舍論》卷九載云，「一切通中，業通最疾。陵虛自在，是謂『通』由業得，名義。通為『業通』。此通勢用速故名『疾』。中有具得最疾業通，上至世尊無能遮抑，以業勢力最強盛故。」即是說中有行最疾，如《婆沙》卷七十云：「如是說者：神境通力行勢迅速，

非諸中有？」〔註93〕（3）具根，一切中有皆具五根。（4）無對，「對」謂對
礙。中有為金剛等所不能遮，故名「無對」。（5）不可轉，應往彼趣中有已生，
一切種力皆不能轉。為往彼趣中有已起，但應往彼，定不往餘。（6）所食，欲
中有身雖資段食，然細，非麤。其細者，唯香氣；由斯故得「健達縛」名。少
福者唯食惡香，多福者好香為食。（7）住時非久。（8）結生、起倒心。就胎生、
卵生而言，如是中有為至所生，先起倒心，馳趣欲境；彼由業力所起眼根，雖
住遠方，能見生處父母交會而起倒心——若男，緣母，起於男欲；若女，緣父，
起於女欲。翻此，緣二，俱起瞋心。故《施設論》有如是說時健達縛於二心中
隨一現行謂愛或恚。彼由起此二種倒心，便謂己身與所愛合。所憎不淨泄至胎
時，謂是己有，便生喜慰；從茲蘊厚，中有便沒，生有起已，名『已結生』。
若男處胎，依母右脅，向背蹲坐；若女處胎，依母左脅，向腹而住；若非男女
住母胎時，隨所起貪，如應而住——必無中有非女非男，以中有身必具根故。
由處中有或女或男，故入母胎隨應而住；後胎增長，或作不男。〔註94〕對於濕
生、化生二種而言，濕生者，染香故生。謂：遠嗅知生處香氣，便生愛染，往
彼受生；隨業所應，香有淨穢；化生者，染處故生。謂：遠觀知當所生處，便
生愛染，往彼受生；隨業所應，處有淨穢。這裡涉及地域是否也生愛染的問題，
論主認為，由心倒故，起染無失。謂：彼中有或見自身冷雨寒風之所逼切，見
熱地獄火焰熾然，情欣暖觸，投身於彼；或見自身熱風盛火之所逼害，見寒地
獄，心欲清涼，投身於彼。先舊諸師作如是說：由見先造感彼業時已身伴類馳
往赴彼。（9）行相。天中有，首正上升，如從坐起。人、鬼、傍生中有，行相
還如人等。地獄中有，頭下足上，顛墜其中。故伽他說：「顛墜於地獄，足上
頭歸下，由毀謗諸仙樂寂修苦行。（10）入胎有四種。有些有情，因為多集福
業，勤修正念智慧，所以在死或生時，由念力所持，都能正知不亂，即或有正
知入胎，或有正知住胎兼入胎，或有正知出胎，兼知入、住胎。有些有情，福
智皆少，於入、住、出胎位都無法正知，入胎時不能正知，住、出胎時也必定
不能正知。一切卵生有情入胎等三位，都恒是無知，不過卵生有情先前一定要
入胎藏而後方可能從卵而出。所謂「正知、不正知」，諸有情若是福德微薄，

〔註93〕對此，部派論師尚有爭議。見《俱舍論記》卷九。
〔註94〕有的論師對中有根依提出問題，有的認為「於此義中復應思擇：為『由業力，
　　　　精血大種即成根依』？」論主答說精血即成根依。謂：前無根、中有俱滅，後
　　　　有根者，無間續生；如種與芽滅生道理。

於入母胎位時，就會起顛倒想，看見大風雨、毒熱、嚴寒，或見大軍眾，聲威亂逼，於是又看見自己躲入密草、稠林、葉窟、茅廬中，投向樹下或牆下；住於胎位時，看見自己就住在這當中；出胎位時，看見己身就從此處出來。若是福德增多，於入母胎位時，也是會起顛倒想，自己會看見自身進入妙園林中，升上花臺殿，住於高床上等境況；住胎、出胎情況就如前面所述一樣。以上所述就是於入胎、住胎、出胎三個時位都不具正知的有情。若是對於這三位都能具有正知，那麼於入胎等時，便不會有顛倒想，就是於入胎位時知道自己入胎了；住、出胎位時，自己也知道住、出胎了。四種入胎的情況，依照次第，前三種分別指轉輪王、獨覺、大正覺。第一種情況入胎位的人，就是轉輪王，他於入胎位時具有正知，但於住胎、出胎二位不具正知；第二種情況入胎位的人，就是獨勝覺（緣覺），他於入胎、住胎二位具有正知，但於出胎位不具正知；第三種情況入胎的人，就是無上正覺，他於入胎、住胎、出胎三位都能具有正知。之所以有輪王等如此三種的不同，是由於有業勝、智勝、業智俱勝，如次殊勝的緣故。第一種業勝，就是轉輪王因宿世曾修作廣大福德的緣故；第二種智勝，就是獨勝覺人因久習多聞，具有殊勝思擇慧力的緣故；第三種業智俱勝，就是無上正覺，因曠劫（三只百劫）修行勝福、勝智的緣故。除去這前三種，其餘胎生、卵生之類，福、智皆劣，就合成第四種（入、住、出胎皆無正知）。

　　中有之有無。〔註95〕中有一說，從根本的有無上，受到質疑，大眾部等以物依鏡可得像為喻，主張生有到死有之間可有斷絕，對有情續生沒有妨礙，故而中有是無。《俱舍論》對此應辯，途徑有二，一為理證，二為教證。〔註96〕

〔註95〕關於「中有」有無問題在佛教部派內爭議較大，此說關係到各派的根本論點，故而各自陳說，研究者根據《異部宗輪論》《大毘婆沙論》指出：「部派中，說一切有部主張『唯欲、色界定有中有』大眾部、化地部針對有部『定有中有』，提出異議——『都無中有』，認為有情一期生命結束，因緣和合即生，無須假借『中有』投胎；也就是前一生命結束，因緣和合，後一期生命即生，所以沒有中有脫胎的問題。然主張『中有』的部派中，看法也不一致，例如：有部以欲界、色界有中有，無色界『無色』故無中有之外；也有主張無色界『有色』，所以與欲、色界同樣有中有；或認為欲、色界業猛利者無中有，業遲鈍者有中有。依有部認為：有情須借父精、母血託生，當中由『中有』投胎，亦即是有情前期生命結束，未來生有在未生之時的中間橋樑。」（參見：釋宗平：《說一切有部之中有觀——以有無和轉變為主》，《正觀雜誌》1999年第9期。）

〔註96〕這兩種證明方法在《大毘婆沙論》卷六十九「問分別論者依何量」中有較為細緻的記載，其中分別論者代表了大眾部與化地部的說法。應理論者代表有部的觀點對分別說者嚴屬批評，其中大部分內容為《俱舍論》所秉承。

　　理證方面，《俱舍論》提出，一般意義上，世間法皆相序相轉，剎那續生，無所間斷；有情死生，應然如此，剎那續生，處必無間。其情形，喻如種果，相續相生。由此，批評大眾部鏡像說，謬處為二：其一，鏡像是影非實。由於兩種色是不同大種所造，二者不會同處並有，換言之，假若鏡像也是真實，則鏡子、鏡像二色不可並現，故鏡像非實。以此類推，狹水可倒映兩岸之像，此二像互見分明，同處同時並現，故二像非實；鏡像與光，同現於鏡，知像非實；以鏡對月，鏡面、月像為二，人之所見，鏡近像遠，非實色並生，故知像非實。總之，《俱舍論》提出「諸因緣和合勢力令如是見，以諸法性功能差別難可思議」。其二，鏡像與物質本體，相異不相等。鏡像非實有，則在實有層面，鏡像與其無本體即不相等，二者自非相續而生，鏡像乃為藉助鏡等因緣所現，與本質僅為同時而有關係。死有生有，前後無間，同一相續，餘處續生。從生起根本，鏡像之產生，因緣二法，一者物質本體，二者鏡子，二緣殊勝時，鏡像即現。生有緣生不二，唯緣死有，無別憑依。此外，如胎生者，精血等非情之體，甚為重要，然亦不可作為勝依因緣，《俱舍論》舉化生為例，謂其「空中欻生」，勝依之體，難以言計。由此，生有之依，只可回溯至死有。至此，《俱舍論》依從正理，證中有非無。

　　教證方面。《俱舍論》引用諸經，證有中有。（1）引《七有經》，釋「有」含七：五趣有、業有、中有。《長阿含‧十報法經》類於此說。（2）引《健達縛經》，謂「入母胎者要由三事俱現在前：一者、母身是時調適，二者、父母交愛和合，三、健達縛正現在前。」《俱舍論》認為，大眾部亦當誦此經，可資論證。實際上，所引內容，應為根本佛教、部派佛教之共識，其多見於諸經，如《中阿含經》卷三十七《阿攝恕經》、卷五十四《嗏帝經》，《增壹阿含經》卷十二《三寶品》等等。（3）引用《掌馬族經》：「汝今知不？此健達縛正現前者，為婆羅門？為剎帝力？為是吠舍？為戍達羅？為東方來？為南、西、北？」此說有類同，見於《中阿含經》卷三十七《阿攝恕經》等。（4）引用《五不還經》：「有五不還：一者、中般，二者、生般，三、無行般，四、有行般，五者、上流。」同此論述，亦見於《雜阿含經》卷二十七；《長阿含經》卷八《眾集經》。五不還，即五種不還果。《俱舍論》指出，分別論者認為中天實有，在彼可得般涅槃，故名「中般」，以此類推，當有生天、無行天、有行天、上流天，然不符實際，故所見有誤。（5）舉「七善士趣」為證，此說見於《中阿含經》卷二《善人往經》。另見《俱舍論‧分別賢聖品》等。所謂「七善士趣」，乃基

於「述無不還果」，將其「中般」分為三種，故成「七善士」，因為欲界之後，中有上至色界受生，其處之地與時間有所不同，形成近、中、遠三品差別。而並不是分別論者所主張的，及至中天方在時、處上有近、中、遠的差異。（6）「中般」別解。《俱舍論》還批駁了另外一種分別論者之見，他們認為，「斷除其餘煩惱，證成阿羅漢，就叫作中般」。《俱舍論》指出，此論雖如「七善士」，在時間上有三種分別，卻忽視了彼三種皆在色界而無處所差別；另外，按照分別論者所言，如果稱色界壽量中間般涅槃為中般，那麼無色界的壽量中間般涅槃也應該稱為中般，然而這違背了《嗢拕南伽他》（集施頌）的說法。（7）答辯質疑。持無中有者，引用佛經質疑，《中阿含》卷三十《降魔經》言「造極惡業度使魔羅，現身顛墜無間地獄」，提出若有中有，為何經中會說「現身顛墜無間地獄」？《俱舍論》解釋說，由於摩羅惡業極重，不待命終，就遭受地獄猛焰焚燒，受中有身墮入無間地獄，乃先受現世果報，再受次生果報。「現身顛墮」即是說存在中有。（8）反對者，引用經之「一類有情於五無間業作及增長已，無間必定生那落迦」，指其「無間」二字即明無中有，若有中有，應為「有間」。《俱舍論》通解「一類有情於五無間業作及增長已」，經文是在遮止造業有情往生別趣，顯示造業必定會順次生而受苦報；「無間必定生那落迦」意思是，若造作惡業，剎那間心等即生地獄，不待身壞命終。在某種意義上，中有也具有生義，因為死有無間中有生起，便可視為生，中有是生的方便，故而那落迦之名也是通於中有的。（9）反對者又提出經頌有說「再生！汝今過盛位至衰，將近琰魔王，欲往前路無資糧，求住中間無所止。」提出，世尊之「中間無有所止」即意味無中有。此句類似於，《別譯雜阿含》卷五：「壯盛及衰、老，三時皆過去，餘命既無幾，常為老所患，近到閻王際，婆羅門欲生，二間無住處，汝都無資糧。應作小明燈，依憑於精勤，前除於諸使，不復生老死。」《俱舍論》指出，經頌之意，是凸顯再生婆羅門於人趣中迅速歸於磨滅，不會有片刻暫停；也即是說再生婆羅門的中有要到達所生處，速往受生，其間沒有停留，因為中有行處無所滯礙。

　　從《俱舍論》陳述與《大毗婆沙論》相比，世親幾乎完全提取了後者的主要觀點、內容，對於有部來說肯定中有存在、主張無色界無中有，重點在於避免在理論結構上造成「一心二身」的問題。分別論者主張無中有，據《大毗婆沙論》載「諸從死有至生有時要得生有方捨死有。如折路迦緣草木等。先安前足方移後足。是故死生中無斷過」，認為只有生有成熟，死有才能發生；換句

話說，生有和死有可以並行發生、成熟轉接，有部對此批評說：「人中死生地獄者應先得地獄諸蘊。後方舍人中諸蘊。若爾趣壞所依身壞。有一身內二心俱生。趣壞者。謂彼於爾時是地獄趣亦人趣攝。身壞者。謂彼於爾時是地獄身亦人身攝。有一身內二心俱生者。謂死有生有二心俱生。一有情身二心並起心既有二身應非一」（卷六十九）。這裡涉及二心能不能在同一剎那發生的問題，也牽涉到自性與自身的關係，《大毘婆沙論》卷二十中有部主張「若自性於自性為能作因。便違世間諸現見事。謂指端不自觸。眼不自見。刀不自割。諸有力人不能自負如是一切」，也就是說心與心所互相應，而不是各自與自身相應，即卷十六所言：「阿毘達磨諸論師言。心與心所心所與心。心所皆展轉力持而得生故。更互相應一身二心不並起故。」如果分別說者觀點成立，則會發生地獄身與人身同時發生的奇特現象。所以有部的「中有」主張，能在自身理論體系內得以圓說，解決「一心二身」之矛盾。

4. 有情生命及其解脫

結合世界的整體圖式與四劫說過程理論，《俱舍論》對有情身高、年齡做了精心的結構性論述，具體探討諸種不同類型的有情及其形態；四食說則是對有情存續變化的形式加以歸類，段食、觸食、思食、識食儘管所針對的有情類別不同，卻不意間指出凡事有情則必須以食資益長養的事實，無形中暗示有某種生命主體的存在，並且有著自身的生成形式，即通過卵生、濕生、胎生、化生等多種方式產生具有生命特徵的有情。從這些在《俱舍論》中描述的，幾乎是佛教通論的教義，或可視作圍繞「身體」進行的闡釋，並在討論的內容、廣度、深度上構成了佛教的身體論，呈現出獨特的「身體」概念、價值及其意義。

首先，就「身體」理解而言，具有諸如外貌、身高等可見或不可見形式的差別，在時間的維度上也長短不同；天眾、凡眾、傍生、地獄、鬼等五趣，則是富含不同生命特質的有情類型，除了形式各具外，還有各自不同的「身體」資養途徑、產生方式，前者在《俱舍論》的論述中，總體說明「身體」的存在或者是五蘊聚集，或者是非色之四蘊聚集的形式，而無論哪種「身體」都不是無生命的「軀體」，且根據所處不同修行、四劫階段所依存資糧不同，預示著四食對於生命之不可或缺性，其中便包括了物質與精神兩個層面。

其次，「身體」在《俱舍論》中的設置別具匠心，但最終指向是「解脫」，一者欲以諸種禪定修行解脫以色身為顯著的色蘊體，以及不斷強化以四蘊為特徵的精神體，最終從受生、轉生的輪迴中求得解脫；二者，《俱舍論》的身

體解脫訴求，與其特有的「身體觀」有著密切的聯繫。根本佛教於印度《奧義書》、婆羅門教等輪迴與解脫思想予以吸收、批判，將有情的生命形態及其存續視為「輪迴」，「釋迦牟尼在菩提樹下悟出了四諦——苦、集、滅、道，論述了人生形態這種輪迴中苦的普遍存在、產生苦的原因、滅苦的目標、滅苦的途徑。這四諦理論實際上表明：輪迴形態中就充滿痛苦，要滅苦，達到涅槃或解脫」〔註97〕，而在《俱舍論》中所闡述的解脫實際上是「聖者」修的無漏四蘊為基礎的「不生」狀態。是故，《俱舍論》的解脫觀，也可以表述為對於「身體」通過特殊修行擺脫色身困擾，摒棄色法，最終實現純粹精神樣態的生命體。〔註98〕

　　總體而言，根本佛教以至於部派佛教，都有著十分明顯的人生或有情論指向，都是以求取終極「解脫」為目的而建立的複雜而深刻思想。其必然要求其理論的鵠的不能是反有情的，也不能否定有情生命的存在、價值與意義，只能是對於有情之滯礙性與局限性地批判，提出自認為合理的途徑以實現某種生命的價值與內容。由此佛教的理論不能不是一種有關「身體」的理論。甚而言之，「在印度思想上具有更廣泛最深刻影響的觀念，也許就是所謂生死輪迴的宇宙概念，即變化轉生的世界概念」，已經成為成熟的形而上學產物的形式。〔註99〕根據《俱舍論》，四劫是宇宙自身的生滅運動，是固有的，具有不可抗拒性，但修行得道的「聖者」實際上是不生的，在空劫來臨時，則能夠升入其他世間之中，於是意味著經過修煉後的純粹「身體」具有了超越性的意義，或者說具有了永恆性。「身體」不僅在佛教理論中綽約可見，甚至被推崇到了一種存在的極端形式。

〔註97〕姚衛群《「輪迴」與「解脫」》，《人文宗教研究》2015年第1冊，第30頁。

〔註98〕大乘佛教的解脫思路與小乘佛教有著顯著的差異，「按照大乘佛教的說法，這是一種實相涅槃。就是說，認識了人生現象的本質，認識了世間事物的本來面目，就不再輪轉，徹底脫離痛苦了。要達到這一目標，就要消除無明。消除無明靠什麼？靠的是智慧，靠的是對人生或世間事物的真理性認識。這方面的內容涉及佛教的核心理念，也是宗教哲學討論的基本問題。」參見：姚衛群《「輪迴」與「解脫」》，《人文宗教研究》2015年第1冊，第26～27頁。

〔註99〕〔英〕查爾斯・埃利奧特：《印度教與佛教史綱》（第一卷），北京：商務印書館1982年，第143頁。

第三章　有情與四大種、極微

　　通過《俱舍論》的世界觀念與關於有情身體、生命轉生的學說，有助於梳理、理解其對於「有情」的基本認識。然而「身體」在此僅僅構成有情的基本向度，作為兩種基本存在的有情與非情，還在根本體性上具有統一性，即同為四大種之所造，亦同為極微聚合之結果，或者說有情與非情的差別，只是世間之物體與身體的區別，是由於四大種所造與極微不同構成之結果。這一結論，並非自非情所能得，是對有情具身認知之徹解。一般而言，探討四大和極微的觀點將之付諸物質論或物質觀範疇，而實際上佛教已經漸漸脫離早期印度物質論，發展成為世界構成的本原要素說，並蘊含了為色、心尋求最本原、根本解釋的努力。

第一節　四大種與其色心意涵

　　佛教四大種說發軔於佛陀時期，其來源可追溯至《奧義書》、梵書時代，並且在婆羅門教、沙門時期均有廣泛討論。作為試圖解釋世界本原的理論，除了四大種說，還有多種理論形態，如五大種、三大種說，佛教大種說也經歷了從現實事物實相到元素化哲學的抽象的發展變化，而後佛教又引入極微論與大種說互相映照，根據自身教義形成特有的本原論思想，形成較為廣泛使用的「四大種」說，「『四大』觀念在印度思想史上一直很受人們關注。這類觀念從印度遠古文獻吠陀奧義書中開始萌發，到後來有大量哲學派別的文獻論及了它，有關思想不斷得到闡發。這方面的內容表明了古印度人對自然現象的大膽探索，在這種持久的探索中形成了一系列的重要理論。這些理論對世界東方文

化中科學和哲學思想的發展起了重要的推動作用。」〔註1〕

一、四大種體性與業用

根本佛教的世界觀，有以事實為基礎的實在論傾向，故不可避免地要進一步說明這一實體的構成。從思想史上看，這在印度是一個長期存在的理論傳統了。梵書時代，有空、風、火、水、地之說；奧義書時期，有人提出水、火、食（地）的三要素說，以及地、水、火、風四要素說；數論認為有空、風、火、水、地的所謂五大原元素，是聲、觸、色、味、香的五唯；勝論也認同地、水、火、風、空的五大，從一一分子即極微所成立，在諸要素中求第一要素〔註2〕。

佛教之中，有的主張地、水、火、風空五元素說，但大部分都是主張四元素說，如《俱舍論》卷一曰：

> 地、水、火、風能持自相及所造色，故名為界。如是四界亦名大種，一切餘色所依性故，體寬廣故，或於地等增盛聚中形相大故，或起種種大事用故。

「界」在《俱舍論》本身就有任持自相的含義，地、水、火、風這四種基本元素必須首先保持自身特有屬性，其次還要能夠保持其所構成之物。四大種在色法中具有根本地位，是一切色法的最基本構成元素，所以被稱為「種」；而四大種是一切色法之所依，遍及一切色法，所以「體性寬厚」，並由於其能所構成形相極大之物或作用廣大，所以被稱為「大種」。惟海法師指出，「大種」原是印度哲學關於客觀物理的基本範疇，「大」指普遍屬性，大致有四種意義，一，為一切現象世界的所依，稱為「所依大」；二，規律高於一切事物，能造萬物，稱為「體性大」；三，規律普遍於一切，無有邊限，稱為「形相大」；四，成住壞空，無所不能，作用無邊，故稱為「起用大」。早期的大種分為地、水、火、風四類，後來擴大到第五空大、第六識大等。「種」，指有種類含義，也有生因、所依、建立、攝持、長養等意涵。綜合而觀，「大種」是物理世界和知識世界的要素，內含有物質本體和規律本體的雙重意義。〔註3〕所造色則有五根、五境與無表是一種。大種與所造色的關係是能造與所造，二者都屬於勝義法，有各自的獨立性，但是

〔註1〕姚衛群：《印度古代哲學文獻中的「四大」觀念》，《西南民族大學學報》（人文社會科學版）2012年第8期。

〔註2〕參見：〔日〕木村泰賢：《小乘佛教思想論》，第126頁。

〔註3〕惟海：《五蘊心理學》（上冊），北京：宗教文化出版社2005年，第104頁。

有部仍然強調大種的優先地位，這是其理論一致性的必然要求。〔註4〕

　　按照《俱舍論》的觀點，四大種各有自己的屬性，「即用堅、濕、暖、動為性。地界堅性，水界濕性，火界暖性，風界動性」。以風界動性為例，本論曰：「由此能引大種造色，令其相續生至余方，如吹燈光，故名為『動』。《品類足論》及契經言：『云何名風界？謂輕等動性。』復說『輕性』為所造色故，應風界動為自性。舉業顯體，故亦言輕。」（卷一）從解釋力而言，要說明任何物質都由四大種所構成，容易與物質界本具之地、水、火、風四種物質相混淆，所以在根本佛教即認識到這一問題，〔註5〕《俱舍論》以堅、濕、暖、動四性彌合四大種元素和四種物質之間的問題，並進一步分為這四性為「實四大」，而地、水、火、風則為「假四大」，世間所有物質或曰色法皆為「假」。假實問題將本原問題引向深入，或許有思想觀念上的層遞性，「這不是從阿毘達磨初期時代，就成定說的，盡我人所知，不管巴利的六論，漢譯的古論部，是都沒有的，物質觀的發達，終於到此。以《品類足論》為始，有部的諸論，其意見是一致的，在南方，《論事》等，這意見常被含蓄，特別到注者，明顯的斷言這個。」〔註6〕可以說，根本佛教的基礎理論，以至大乘佛教的基本理念，都否定「四大」是實有觀念的，這也是佛教關於此問題的主要思想傾向。〔註7〕

〔註4〕 有部對大種與所造色之間的關係有時候是模糊的，《大毘婆沙論》卷一二七列舉二種異說，即覺天主張「色唯大種」、「造色即是大種差別」，法救主張「離大種別有造色」。相比之下，勝論派明確認為地水火風四大為「實」，而色聲香味等是「德」（屬性），前者是後者的依存基礎。現代學者中，Karunadasa 將大種與所造色翻譯為 primary elements 和 secondary elements，意在肯定二者的第一、第二地位。參見：Karunadasa Y. Buddhist Analysis of Matter, Singapone:The Buddhist Research Society,1989,P.4.

〔註5〕 四大種說的形成也經歷了一個過程，從漢譯《增一阿含經》對四大的考察還局限在對山、河等具體事物的考察，在《長阿含經》、《中阿含經》中除了有涉及具體事物，還提出了堅、濕、暖、動四種性質。《發智論》卷十三中對四大則只以性質解釋「地云何？答顯形色。地界云何？答堅性觸。水云何？答顯形色。水界云何？答濕性觸。火云何？答顯形色。火界云何？答暖性觸。風云何？答即風界。風界云何？答動性觸。」日本學者赤沼智善、水野弘元等學者對「四大」的理論定型進行過詳細討論。（參見：〔日〕水野弘元：《佛教教理研究》，臺北：法鼓文化 2000 年，第 343～355 頁；〔日〕赤沼智善：《佛教教理之研究》，京都：法藏館 1944 年，第 302～310 頁。）

〔註6〕 〔日〕木村泰賢：《小乘佛教思想論》，第 129 頁。

〔註7〕 姚衛群：《印度古代哲學文獻中的「四大」觀念》，《西南民族大學學報》（人文社會科學版）2012 年第 8 期。

從「任持自性」而論，「性」是分判的本質，而對事物而言，必具其相，則產生「相」的就是四大的作用，即「業用」，《俱舍論》卷一云「如其次第，能成持、攝、熟、長四業。地界能持，水界能攝，火界能熟，風界能長，長謂增盛，或復流引」。這一思想，《俱舍論》和《大毘婆沙論》，乃至南北論部都是一樣的。〔註8〕

無論是對本性的設置，還是業用的說明，停留在事實、現象層面，只是分辨的越發細微，是根本佛教、部派佛教乃至外道，都面臨的疑難問題。因而他們提出各式說法，但大都著眼於實體論的層面，故而不能獲得根本解決，在某種程度上是疊床架屋式的解釋，即便後來引入極微論也未能突破理論困境，如《俱舍論》云：「色聚極細立微聚名，為顯更無細於此者」，說到底仍然是大小量變的組合式、還原論的思維方式。從這一觀點出發，對人的身體等五根的解釋也必然陷入物質論的模式，從而對心識等非物質現象的解釋造成理論困難。

二、四大種的色心意涵

《俱舍論》似乎並不諱言在思想上對印度四大種思想的繼承性，也專門把自己的理論與一般世俗的理論做了溝通性、區別性的解釋。所謂地、水、火、風四大種，其命名是順從了世間人的表達習慣。從大種風而言，世人往往是以「動」作為風的體性，這也是《俱舍論》所認同的，但是又指出世間對物質的認知主要關注的是顯與形，包括對風的認識也是如此，比如對風的表達常用黑風、團風等名稱。《俱舍論》進一步看到，無論顯或形，它們的根本特徵仍然是「蘊」，是積聚的結果，那麼不可避免地必然變壞，所以綜合世間的看法，《俱舍論》進一步提出：

> 何故此蘊無表為後，說為色耶？
>
> 由變壞故。如世尊說：「苾芻！當知：由變壞故，名色取蘊。」
>
> 誰能變壞？
>
> 謂手觸故，即便變壞，……乃至廣說。變壞，即是可惱壞義。
>
> 故《義品》中作如是說：「趣求諸欲人，常起於希望；諸欲若不遂，惱壞如箭中」。
>
> 色復云何欲所惱壞？

〔註8〕參見：〔日〕木村泰賢：《小乘佛教思想論》，第130～131頁。

　　　　　　欲所擾惱，變壞生故。

這段話以問答形式表述的問題有三組，其中心的議題或關鍵詞就是「變壞」。色蘊包括眼、耳、鼻、舌、身五根，色、聲、香、味、觸五境，以及無表色。五根、五境均有顯、形作為表徵。其所以「變壞」，在佛陀看來任何外部的干擾、破壞都會導致五根和五境發生改變，以至於壞滅；無表色較為特殊，它是意識對於過去的所見之境，仍是蘊集所致，故而非能永續。這一點《俱舍論》與根本佛教保持了一致，如《雜阿含經》卷二說：「諸所有色，若過去、若未來、若現在，若內、若外，若粗、若細，若劣、若勝，若遠、若近，如是一切，略為一聚，說名色蘊」。總的來說，一切色法，導致其變壞的根本原因是由於人永遠無法滿足的執著和欲望；從實體的角度，「變壞」是一切物質的通性；從主體的角度，凡「色」都是內心欲念的物質表徵。所以色之變壞的另一面即煩惱之蘊，故而稱「色」為「取蘊」。以此而論，世間必定經歷四劫之壞空，也可以從「色」的變壞性質來理解。〔註9〕單就色蘊而言，四大種也反映出「心」的意涵，「《俱舍論》在相當程度上，將色蘊的根本問題放在了四大——四種感官的性質上，具有很強的『唯感官』的特徵。而一般的感官性質又被歸為『心』的一層，所以《俱舍論》似乎有一元的傾向」。〔註10〕

　　四大種固然是能造色，而三界所構成均為「五蘊」，換句話說由四大種所造色最終至少包含除了色蘊、色法之外一般屬於心識的受、想、心、識四蘊，由此則對四大的看法便可在物質構造層面上多一層理解了，至少從《俱舍論》而言，似乎沒有明言物質生心識的說法，但卻在無色界有情轉生有色界時提出過「色生於心」的觀點。四大種說，發展了根本佛教的物質觀，表現出從實體過渡到本體，並強調本體功能的趨勢，關於極微的討論亦是如此。

第二節　極微及其構成

　　極微說在根本佛教的阿含諸經、佛教巴利文文獻中沒有記載，說明早期佛教仍是以四大種作為主要解釋理論。木村泰賢認為極微說最早存在於印度的順世論思想中，此外耆那教也較早涉及，勝論派、正理派則把極微說作為重要

〔註9〕從語源上也可以有互通，「因色的語源，是從變、破來的。若唯是變壞，把世間還源於√luj 的語根，破壞名為世間」。（參見：惟海：《五蘊心理學》（上冊），第 127 頁。）

〔註10〕楊勇：《〈俱舍論〉業思想研究》，北京：宗教文化出版社 2010 年，第 61 頁。

理論，佛教吸納極微觀，在公元一世紀《大毘婆沙論》編輯稍前，而後被有部繼承、發展〔註11〕，「說一切有部在分析色法時提出了『極微』（原子）的概念……說一切有部的四大種說與順世論四大元素說相似，指出四大是有物質最小的微粒或原子所構成的，並描述了原子運動的形式和性質，這就進一步發展了印度原子論的學說。」〔註12〕在思想上，極微思想與四大種也有著密切的聯繫，只是對事物本原的解釋向度不同，前者側重於構成論，後者偏重於屬性認識。

一、極微與方分、剎那

極微（梵 paramanu），舊譯作「鄰虛」，又做極細塵、極微塵。現有的材料，未能判明印度早期思想裏的「極微論」，與大種說的先後承遞的具體關係，也不是各派均所奉行之思想。從文獻上，早在《大毘婆沙論》中，就有論師主張極微或微塵之說，並多處探討了極微方分、相合、相觸等問題；在世親《唯識二十論》、陳那《觀所緣緣論》裏，也認為毘婆沙師是極微論的擁護者。

《俱舍論》的極微論是一切有部的集中代表，卷十二云：「分析諸色至一極微，故一極微為色極少」，或曰「由諸微聚必有形色有多極微共積集故」，這仍然是物質還原分析的認識方法，猶如分析四大種所言之「極細」，不可方分，是以《俱舍論》說：「此極微云者，顯有形持之至極微細，無可再分者。若更分析，既歸虛空耳」。不過世親還給出一個對於極微的具體「七倍增」計算方法：

極微為初，指節為後，應知後後皆七倍增，謂七極微為一微量。積微至七，為一金塵。積七金塵，為水塵量。水塵積至七，為一兔毛塵。積七兔毛塵，為羊毛塵量。積羊毛塵七，為一牛毛塵。積七牛毛塵，為隙遊塵量。隙塵七，為蟻。七蟻，為一虱。七虱，為穬

〔註11〕〔日〕木村泰賢，《小乘佛教思想論》，第135～137頁。

〔註12〕徐遠和等主編：《東方哲學史》（中古卷），北京：人民出版社2010年，第146～147頁。日本學者木村泰賢、赤沼智善、水野弘元等等，認為一切有部的極微思想都來自於順世論、勝論派或耆那教，產生於印度本土。（參見：〔日〕木村泰賢《小乘思想史論》，第135～137頁；〔日〕赤沼智善：《佛教教理之研究》京都：法藏館1944年，第137頁。〔日〕水野弘元：《佛教教理研究》，臺北：法鼓文化2000年，第450頁。）凱思在《印度邏輯和原子論》中認為印度原子論起源於希臘「原子論」的影響。（參見：宋立道譯，北京：中國社會科學出版社2006年，第12頁。）

　　　麥。七麥，為指節。三節，為一指。世所極成，是故於頌中不別分
　　　別。二十四指橫布為肘，豎積四肘為弓，謂尋。豎積五百弓，為一
　　　俱盧舍。一俱盧舍許是從村至阿練若中間道量。說八俱盧舍為一踰
　　　繕那。

這一段層次說明比較清楚，「極微」與「無方分」並不矛盾，只是和測量技術、
對極限的認識有關。根本上，從《大毘婆沙論》到《俱舍論》的認識都是一致
的，如《大毘婆沙論》卷一三六云：「問彼極微量復云何知。答應知極微是最
細色不可斷截破壞貫穿不可取捨乘履搏掣。非長非短。非方非圓。非正不正。
非高非下。無有細分不可分析。不可覩見。不可聽聞。不可嗅嘗。不可摩觸故
說極微。是最細色」〔註13〕，又如《俱舍論》云：「分析諸色至一極微。故一
極微為色極少」。對於「無方分」，實際上是一種比量所得，由理論推導、思想
推演得出的結論。

　　關於極微是否相觸，也在各部派中形成比較激烈的爭論，《俱舍論》基本
承襲了《大毘婆沙論》的思想，卷二曰：

　　　又諸極微為相觸不？

　　　迦濕彌羅國毘婆沙師說不相觸。所以者何？若諸極微遍體相觸，
　　即有實物體相雜過；若觸一分，成有分失，然諸極微更無細分。

　　　若爾何故相擊發聲？

　　　但由極微無間生故。若許相觸，擊石拊手，體應相糅。

　　　不相觸者，聚色相擊，云何不散？

　　　風界攝持，故令不散。或有風界，能有壞散，如劫壞時；或有
　　風界，能有成攝，如劫成時。

對於第一組問答，《大毘婆沙論》卷一三二云：「問諸極微互相觸不，設爾何失？
二俱有過。若相觸者寧不成一，或成有分。若不相觸擊時應散或應無聲。答應
作是說，極微互不相觸。若觸則應或遍或分，遍觸則有成一體過，分觸則有成
有分失。然諸極微更無細分」。世親概括了毘婆沙師的觀點，提出極微相觸的
二難問題，即如果極微遍體、整體相觸，意味著所有的極微都會相雜一起；如
果不是完全相觸，則意味著極微還有部分，這與其無方分的設定相矛盾。由此
可能得出極微不相觸的結論，但又面臨兩個質疑，即第二、第三組問答的內容。

〔註13〕對於該論極微思想，可參考：許瀟：《〈大毘婆沙論〉中的極微說》，《重慶交通
　　　大學學報》2012 年第 1 期。

第二組問答是就聲音提出的，婆娑師側面舉出如果石與石、手與手必須接觸，那麼發聲時就會黏糅在一起，從而反正聲音的產生不是因為極微接觸，反而是以不接觸為前提的。第三組問答是關於不相觸的極微為何不散的問題，毘婆沙師認為是由於風界的攝持作用，實際上是引出第三方來作輔助論證。總之，毘婆沙師認為「中間都無片物」，卻又主張無間生起，其中的問題仍然未能彌合。世親云：

> 尊者世友說：諸極微相觸，即應住至後念。
>
> 然大德說：一切極微實不相觸，但由無間，假立觸名。
>
> 此大德意，應可愛樂。若異此者，是諸極微應有間隙，中間既空，誰障其行，許為有對？又離極微，無和合色，和合相觸，即觸極微，如可變礙，此亦應爾。又許極微若有方分，觸與不觸，皆應有分，若無方分，設許相觸，亦無斯過。（《俱舍論》卷二）

對於世友之說，《光記》云「此師意說，過去、未來極微散住，若從未來流至現在，微不相觸，散入過去，此即易成；若現相觸，欲入過去，離散即難，要經少時方得相離，如膠黏物，急遣相離，猶經少時。若現經停，應至後念；若至後念，其性應常」，而所謂大德則「以實而言，微不相觸，但由無間極鄰近，假立觸名」（卷二），二者中世親比較傾向於後者。他贊同大德「無間說」，認為如果極微間有間隙，中間既是空的，則運行無礙，就不能說他們有礙有對了；如果離開了極微，就沒有和合的色法可言，而假如和合相觸，則意味著極微相觸，極微也是在相合中相礙；如果容許極微是有方位、體積的可分，那麼無論是相觸或不相觸，都應有方位、體積；如果沒有方位、體積，假使容許極微相觸，也不會產生極微有無方位、體積的問題。世親反對毘婆沙師「中間都無片物」的觀點，認為極微無間是極微有質礙性的前提；並且如果承認和合色相觸，極微也應該相觸，因為極微是和合色形成的前提條件。世親對極微無間的論證，可能還會面臨極微相觸的二難問題，於是提出，既然相觸與不相觸的難題是由於極微有方分問題產生的，那麼極微就是「無方分」的。〔註14〕

〔註14〕有學者認為：「我們且先不論佛教關於一極微（長度），一生滅（時間）的計算與當今科學比較起來對錯與否。至少我們可以肯定，佛教是認為極微的大小及其生滅的時間是有一個定值的，並非是任意的小或無限的小的值。正因為色法的極小的單元是個定值，故嚴格的微積分可對粗色作出有效的計算，而微積分悖論的不思議情況似乎就與它們無關了。」參見：曹彥：《從極微論看佛教時空及涅槃觀》，《佛學研究》，2002 年。

　　其實，有方分的設定，最終難逃理論的詰難，不論存在多少問題，「無方分」恐怕是最合適的推理結果，也是「勝義法」的要求。如果承認無方分導致的問題無法解決，勢必還會產生另一個結論，即認為極微根本不是實在的。於是世親提出了勝義、慧析的理解方式，以應對世俗諦，《俱舍論》卷二十二云：

　　　　若彼物覺，彼破便無，彼物應知名世俗諦。如瓶被破為碎瓦時，瓶覺則無；衣等亦爾。又若有物以慧析除，彼覺便無，亦是世俗。如水被慧析色等時，水覺則無；火等亦爾。即於彼物未破、析時，以世想名施設為彼，施設有故名為世俗。依世俗理說有瓶等，是實非虛，名世俗諦。若物異此名勝義諦，謂彼物覺，彼破不無，及慧析餘，彼覺仍有，應知彼物名勝義諦。如色等物碎至極微，或以勝慧析除味等，彼覺恒有；受等亦然。此真實有，故名勝義。依勝義理說有色等，是實非虛，名勝義諦。先軌範師作如是說：「如出世智及此後得世間正智所取諸法名勝義諦，如此餘智所聚諸法名世俗諦。」

這裡實際上反映出兩點，首先世親認為，如果一個事物由於破碎、支解現象，而使自身改變，失去原有的存在性，那麼就是世俗的存在，反之則是勝義存在；其次，通過「慧析」的方法，只有那些經過推理排除之後仍然保留、恒有自性的存在才有自相可言，也才能成為「勝義諦」。這一點在《順正理論》卷三十二表述較為清晰，其云：「謂世現見，以餘聚色。析餘聚色，有細聚生。析析至窮，猶有餘分，可為眼見，更不可析。如是聚色不能析處，亦如兔聚，有可析理，謂彼可以覺慧分析。如以聚色，析聚至窮，慧析至窮，應有餘在，可為慧見，更不可析。此餘在者，即是極微。是故極微，其體定有。此若無者，聚色應無，聚色必由此所成故。」概言之，即認為極微的無方分在理論上是成立的，是無可置疑的勝義諦，與現象界有著根本的不同；同時還意味著，和合色終究會還原至極微，極微是世界一切物質的形成的前提條件；如果說一切事物皆為聚合，是假名而已，那麼「極微」或者是其背後所依存的、最真實的「實在」。也許只有通過這一統攝地把握，才能最終回答觸與不觸的種種詰難，因此之前的問題屬於世俗諦，其問題本身就是可以慧析的，沒有達到邏輯或問題的原點處。

　　然而，或許極微仍然沒有達到慧析的終點。《俱舍論》卷十二云：「分析諸色至一極微。故一極微為色極少。如是分析諸名及時至一字剎那。為名時極少。

一字名者。如說瞿名。何等名為一剎那量。眾緣和合法得自體頃。或有動法行度一極微。對法諸師說。如壯士一疾彈指頃六十五剎那。如是名為一剎那量。」《順正理論》卷三十二幾乎有同樣表述：「以勝覺慧分析諸色，至一極微。故一極微為色極少，不可析故。如是分析諸名及時，至一字、剎那，為名、時極少。」二者實際上都強調極微、剎那、名三個慧析的極點。然而，《俱舍論》卷十三云：「剎那何？謂得體無間滅。有此剎那，法名有剎那。如有杖人名為有杖。諸有為法才得自體，從此無間必滅歸無。若此處生即此處滅，無容從此轉至餘方」，世親將剎那定義為法獲得自體並且無間消滅的過程，所謂的時間概念不過是法的變異而已；世間一切有為法、物質現象等等都是剎那生滅的，極微是世間一切現象的基點，是和合色產生的前提，因此可能意味著極微也是剎那生滅的。從世親三世觀的角度「過未實體」，過去和未來都不是實體，只有現在才是實存、實有的，因此只有現世的極微才具有剎那的實有性。另外，從四劫說的「空劫」而論，極微最終也是會毀滅的。〔註15〕

　　從思想史的角度而言，佛教剎那、無常說遠遠早於極微說，並且無常是自佛陀時期建立的佛教基本觀念、原則，後世莫不奉行，所以這也是極微說籠罩在剎那說之下的原因之一。

二、極微構成與四大種

　　極微與四大種的關係，在《大毘婆沙論》卷一二七也可以找到相關的說明，極微雖無方分，仍然是基本構成要素，在世間四劫運動中必然不能永恆，是以《俱舍論》卷十二說：「此三災力壞器世間，乃至極微亦無餘在」。

　　關於大種說與極微說的先後關係，學界一般認為大種說早於極微說，二者理論是否存在矛盾則在學界有所爭議，日本學者木村泰賢、赤沼智善、宇井伯壽、水野弘元、阪本幸男、櫻部見等學者認為二者存在矛盾，舟橋一哉、佐佐木閑、斯里蘭卡 Karunadasa 等學者認為二者是一致的。如水野弘元說：「佛教所解釋的四大種，並非物質的量之元素，而是質的要素，所以此四大種也不能稱為極微。從這些觀點來看，有部等將量的微粒子之極微思想，導入色法說中，導入色法說中，可說於第一義是不妥當的。」〔註16〕木村泰賢認為：「如一極微是八事俱生

〔註15〕勝論派認為，原子是圓體常住的，經歷四劫時，原子也只是在壞劫中回到絕對靜止的狀態，其自體並未改變。也許正是要反對這個勝論派這一主張，世親才徹底地主張「空劫」狀態實物一物，是絕對的虛空。
〔註16〕〔日〕水野弘元：《佛教教理研究》，第357頁。

（能造四大、所造四塵）的結果，四大種合，是唯作一極微呢？還是作眾多極微呢？對這，在《大毘婆沙論》，雖有種種說法，但畢竟是以四大合成所造的一極微為正義。可說四大化合，是生一物理的分子之義。堅濕暖動的四大各自極微如何？因是八事俱生，沒有單獨的堅濕等，所以不可說為極微。」〔註17〕這種批評的主要焦點在於大種與極微的產生關係，是極微生大種，還是大種生極微，其次是認為極微是物質形量與堅濕暖動四屬性不可調和。不過，在《大毘婆沙論》的基礎上，世親完善了八事俱生的理論，《俱舍論》卷四云：

> 色聚極細，立「微聚」名，為顯更無細於此者。此在欲界，無聲，無根，八事俱生，隨一不減。云何八事。謂四大種及四所造色香味觸。

這裡涉及極微與色的關係〔註18〕，極微是最小的識體，但這種說法只是為了解釋現實實體構成的「還原式」的構想，並且「為顯更無細於此者」。但是，「極細」之所以能夠「微聚」，並且衍生不同樣態、性質、種類的現實世界，背後還有其屬性、德性的四大種即所造色。世親在此強調四大種與所造色，在構成具體事物是同時俱在，不可缺少任何一個，在某種程度上是淡化了四大與所造色關係的緊張，也沒有像勝論派等，截然地將能造與所造分開。從極微的定義，所謂「八事」，應該理解為「八種」，而不是「八個」；舟橋一哉、佐佐木閒、Karunadasa 等學者認為構成非聲、非根的不止八個極微，如 Karunadasa 認為每一個所造色都依存於一組四大種，這些大種對於某一個所造色都是獨立的，例如色的大種，不會在對香、味等所造色起作用。最小的微聚應該 20 個極微構成，而不是 8 個。〔註19〕

對於有執受，即有知覺的事物，應該都具有眼、耳、鼻、舌、身等根，《俱舍論》卷四根據四大種、八事理論有自己獨特的設定：

> 無聲有根諸極微聚。此俱生事或九或十。有身根聚九事俱生。八事如前。身為第九。有餘根聚十事俱生。九事如前加眼等一。眼耳鼻舌必不離身。展轉相望處各別故。於前諸聚若有聲生。如次數

〔註17〕〔日〕木村泰賢：《小乘佛教思想論》，第 138 頁。
〔註18〕有學者認為極微屬於「色」的範疇，但不能直接屬於「色蘊」。極微通過聚集形成色蘊，呈現出諸種色、聲等色蘊之相。極微分散，色蘊就會變壞。從色蘊變化的角度，構成色蘊的極微就可以說屬於「色」了。參見：楊勇：《〈俱舍論〉業思想研究》，第 59 頁。
〔註19〕Karunadasa, Buddhist Analysis of Matter, Singapore: The Buddhist Research Society, 1989. p.155.

> 增九十十一。以有聲處不離根生。謂有執受大種因起。若四大種不
> 相離生。於諸聚中堅濕暖動。

八事所針對的是，不是聲音和身根的外部世界，它們是有四大及色香味觸所構成。而身根只有有情才具備，聲音則可以分為有情的聲音和自然界聲音。對有情而言，身根是眼耳鼻舌諸根之所依，故而除了八事，首先需要具備身根，即是說身根應該是八種極微和身根一種極微構成，形成九事；其餘諸根則是由九事，再加上各自的極微構成，即為十事；有執受的有情聲音則是由十事和聲極微構成，所以形成十一事，無執受事物的則還是由八事與聲極微構成。以上實就欲界而言，對於色界則沒有香、味二種。

　　如果聯繫有部「識必有境」的原則，四大與所造色無疑可以作為認識的對象被覺知，可以說認識離不開與其相應之境，但所能夠認識的能力、認識的可能性恐怕已經蘊含在大種及其所造色最基本的八事之中了。事實上，世親從五因理論，即生因、依因、立因、持因、養因五個角度說明了大種對所造色所具有的生起、依存、立撐、維持、長養五種作用，一方面能夠肯定大種對所造色的根本性，另一方面所造色可能以此還獲得了中心、實有的意義。這種脫離了原有具體事物，強調大種功能、性質意義的理論固然對事物生成性原因有所揭示，但發展到一定程度，越發需要返回解決事物的構成性問題，所以佛教在四大種說的基礎上，必然引入一度十分流行的極微論。從有情的角度，四大種與極微可以看做，部派佛教在根本佛教五蘊理論的角度之外，試圖從本根的意義上，提出解釋有情與非情、物質與精神等等比較複雜的問題的理論架構，但極微、四大種同的理論各有偏重，極微論側重於構成性的解釋，而四大種則側重生成的緣起性、原發性的向度，比較而言，「通過反思，可以知道極微不是可以單獨看待的，因此是有體而不可見的東西。這樣一來，承認極微為本原就沒有問題了。那麼，四大和極微都應該為色法的本原，只是四大和極微都應該為色法的本原，只是四大的範圍更廣一些」。〔註20〕

　　此外，和四大種一樣，極微也面臨著「假實」的問題，如《俱舍論》卷一提及一些論師的爭論：如果說極微也是微聚，則為「蘊」，為假有，「若言聚義是蘊義者，蘊應假有」，那麼極微也是假有，世親的五蘊非我與極微聚合為假是

〔註20〕楊勇：《〈俱舍論〉業思想研究》，北京：宗教文化出版社 2010 年，第 60 頁。
　　　　作者還指出世親將某種非感覺的事物放進來，但仍然堅持世間的基礎是非心
　　　　的色法存在，肯定了二元的哲學觀點。

一致的，他並非否定蘊與極微，而是認為「合則為假」，正如學者所分析，世親
認為單一的極微不能稱為所緣所依，但多個極微積聚便會使得每一個極微都產
生所依所緣的功用，極微在積聚中是一一實有的，但這不是因為極微積聚的而
得實有，積聚的真實狀況是假有〔註21〕；若據《俱舍論》「現世有」的觀念，極
微則存在假實的兩種取向，而《順正理論》則體現說一切有部的觀念認為極微
實有，它從現量與比量兩種方法入手，提出「有究竟處，名一極微。云何知爾？
以可析法分析至窮，猶有餘故。謂世現見，以餘聚色，析餘聚色，有細聚生，
析析至窮，猶有餘分，可為眼見，更不可析。如是聚色，不能析處，亦如粗聚，
有可析理。謂彼可以覺慧分析，如以聚色析聚至窮，慧析至窮，應有餘在，可
為慧見，更不可析。此餘在者，即是極微。是故極微，其體定有。此若無者，
聚色應無，聚色必由此所成故。」〔註22〕（卷三十二）比較而言，「新有部是佛
教中側重講『法有』的派別，自然不能否定極微的實在性。在將極微視為物體
的實在基礎方面，它與婆羅門教哲學派別中勝論派的觀點是接近的」〔註23〕，
不過《俱舍論》中關於極微假有的討論，也是瑜伽行派的主張〔註24〕，或者可
以表明，在世親小乘佛教思想時期可能已經涉及許多大乘思想的內容了。〔註25〕

〔註21〕曹彥：《〈阿毘達摩順正理論〉實有觀念研究》，武漢：武漢大學出版社 2014 年，
　　　　第 166 頁。
〔註22〕對該論極微觀詳細討論可參見：曹彥：《〈順正理論〉的極微觀》，《哲學動態》
　　　　2011 年第 4 期。
〔註23〕姚衛群：《印度古代哲學中的「極微」觀念》，《哲學分析》2011 年第 4 期。
〔註24〕姚衛群先生指出：「瑜伽行派認為極微僅僅是假說。這與印度古代佛教內外的
　　　　一些極微論者的觀點明顯不同。為了確立本派的理論，瑜伽行派對佛教外和
　　　　佛教內的極微實有觀念都作了批判。」（參見：姚衛群：《印度古代哲學中的
　　　　「極微」觀念》，《哲學分析》2011 年第 4 期。）關於《俱舍論》和瑜伽行派
　　　　的聯繫，筆者在此不做詳論。其他關於有部與瑜伽行派極微論的還可參見日
　　　　本學者阿部真也、加藤精神、加藤利生、上杉宣明等人的論文。（〔日〕阿部真
　　　　也：《有部の極微說をめぐって──古代ギリシアとの比較》，《仏教文化學會
　　　　紀要》2004 年第 13 期；〔日〕加藤精神：《有部宗の極微に關する古今の謬說
　　　　を匡す》，《印度學佛教學研究》1954 年第 2 期；〔日〕上杉宣明：《說一切有
　　　　部の極微論研究》，《佛教學セミナ》第 24 期，1976 年。）
〔註25〕關於極微假實問題，實際上是對於「有」的理解不同造成的，有部的極微實存
　　　　觀念基礎在於「假必依實」的存在論原則。（詳見：王俊淇：《阿毘達磨俱舍論
　　　　〈界品〉翻譯與極微論研究》，復旦大學哲學學院學位論文 2013 年。）還有從
　　　　法體存有的觀念進一步分析「極微論」與「反極微」爭論的論文。（詳見：黃
　　　　俊威：《佛教的『極微論』與『反極微論』之諍──以說一切有部的『法體恒
　　　　存論』與中觀學派的『無自性』觀念為中心》，《華梵大學第一次儒佛會通學術
　　　　研討會論文集》1997 年。）

第三節　四大種與有情身體

從根本佛教到部派佛教，以有情為中心的分析，雖然是以解脫為目的，但經歷了及其繁雜、豐富的慧證、慧析過程，其內容往往是建立在對有情身體的探討之上，如以上所述之身量、壽量、四食、轉生等等，而四大種和極微說則是針對所有有情與非情的理論，通過慧析思辨的方法達到了對有情自性的把握。不過，以上只是對有情外部及宏觀現象的分析，如果結合身體微觀機理之認識與佛身之特殊討論，或可進一步呈現佛教身體論及其認知的方法。

一、大種攝身論

在分析有情身體時，漢傳阿含經與南傳中部經的內容大同小異，並且都是發揮了四大種的理論，分別從堅濕暖動四個方面分析有情的各個組成部分，而這一思路基本上被《俱舍論》延續下來，如《俱舍論》卷九中經部和有部以阿含部的《象跡喻經》（《象跡喻大經》）為基礎討論緣起問題，既反映了根本佛教時期關於四大與身體結構的「分別身界」認識，也顯示出部派佛教時期的若干變化、爭論。

《中阿含經》卷七《象跡喻經》認為，世間有色都是由四大種及四大所造色所構成，四大及地界、水界、火界、風界。首先，地界有內地界與外地界之分，所謂「地界」即：

> 云何地界？諸賢！謂地界有二，有內地界，有外地界。諸賢！云何內地界？謂內身中在，內所攝堅，堅性住，內之所受。此為云何？謂髮、毛、爪、齒、粗細皮膚、肌肉、筋、骨、心、腎、肝、肺、脾、腸、胃、糞，如是比此身中餘在，內所攝，堅性住，內之所受，諸賢！是謂內地界。諸賢！外地界者，謂大是，淨是，不憎惡是。諸賢！有時水災，是時滅外地界。

地界有兩種，「外地界」之「大是，淨是，不憎惡是」即是指有情身外的無執受存在；對於有情身體而言為內地界，當為以堅性為自性。所謂「內身中在，內所攝堅，堅性住，內之所受」，南傳中部卷三譯為「獨自存在於內身，成為堅粗者，是依〔此〕而存在」，即髮、毛、爪、齒、粗細皮膚、肌肉、筋、骨、心、腎、肝、肺、脾、腸、胃、糞等等，以及「其他所有獨自存在於內身之堅、粗，謂〔內〕所執持者」（南傳中部經典卷三第二十八《象跡喻大經》）。〔註26〕《中

─────────────

〔註26〕此處列舉與中部基本相同，中部卷三為「髮、毛、爪、齒、皮、肉、筋、骨、

阿含經》卷七明言此分為「比丘內地界」，且云「彼一切總說地界，彼一切非我有，我非彼有，亦非神也」，即是說內地界諸身不是我有，也不據有我，總之不是常我、恒我、真我。

水界也有兩種，即內水界、外水界。其解釋的思路基本和對地界的解釋相仿，《中阿含經》卷七《象跡喻經》曰：

> 諸賢！云何水界？諸賢！謂水界有二，有內水界，有外水界。諸賢！云何內水界？謂內身中在，內所攝水，水性潤，內之所受。此為云何？謂腦、腦根，淚、汗、涕、唾、膿、血、肪、髓、涎、膽、小便，如是比此身中餘在，內所攝水，水性潤，內之所受，諸賢！是謂內水界。諸賢！外水界者，謂大是，淨是，不憎惡是，諸賢！有時火災，是時滅外水界。

對於內水界而言，指內身之中，被身所攝之獨自存在的水性之物，如腦、腦根、淚、汗、涕、唾、膿、血、肪、髓、涎、膽、小便等等〔註27〕，以及依此而存在的東西。內、外水界諸所造和合色，均屬無常法，但凡夫仍執念此身。以下佛陀說法，基本類同於對比丘說內地界及其修行正知，無需贅述。《中阿含經》卷四十二說：「若有內水界及外水界者，彼一切總說水界，彼一切非我有，我非彼有，亦非神也。如是慧觀，知其如真，心不染著於此水界，是謂比丘不放逸慧。」南傳中部《象跡喻大經》保留了一些關於外水界的一些描述，盛讚其偉大，但最後仍舊歸之無常，〔註28〕揣摩其意，皆是警告有情修行者處處以如

髓、腎、心、肝、肋、脾、肺、腸、髒、腑、胃、糞」（《漢譯南傳大藏經》，第 9 冊）；《中阿含經》卷四十二也有類似說法，如「髮、毛、爪、齒、粗細膚、皮、肉、骨、筋、腎、心、肝、肺、脾、大腸、胃、糞」。

〔註27〕南傳中部經典《象跡喻大經》為：「諸賢！云何為水界？曰是內水界與外水界也。諸賢！云何為內水界？獨自存在於內身之水及水者，〔謂內〕所執持，即膽、痰、膿、血、汗、脂、淚、膏、唾、涕、滑液，小便，其他皆獨自存在於內身之水及水者，是依〔此〕而存在者」。（《漢譯南傳大藏經》，第 9 冊。）

〔註28〕南傳中部經典《象跡喻大經》：「諸賢！時外水界成有怒，彼淹去村裏、淹去聚落、淹去市鎮、淹去地區、淹去國土。諸賢！又有時於大洋水退百由旬，水退二百由旬、退三百由旬、四百由旬、五百由旬、六百由旬、乃至水退七百由旬。諸賢！更有時於大洋，水有七陀羅樹之高深、有六陀羅樹之高深，有五……〔乃至〕……唯一陀羅樹之高深。諸賢！更有時於大洋，水有七人身之高深、有六人身之高深，五……〔乃至〕……有唯一人身之高深。諸賢！更有時於大洋，水有半人身之高深，有至人腰之高深、有唯人膝之高深，有唯人踝之高深。諸賢！有時於大洋，水無足於潤趾節。諸賢！彼外水界雖如此偉大，猶應知其無常性」。（《漢譯南傳大藏經》，第 9 冊。）

實慧見，辨世間虛妄，皈依三寶。

火界也有兩種，關於「內火界」，與內地界、內水界似有不同，多數為身體之感覺現象，《中阿含經》卷七《象跡喻經》曰：

> 諸賢！云何內火界？謂內身中在，內所攝火，火性熱，內之所受。此為云何？謂暖身、熱身、煩悶、溫壯、消化飲食，如是比此身中餘在，內所攝火，火性熱，內之所受，諸賢！是謂內火界。諸賢！外火界者，謂大是，淨是，不憎惡是。諸賢！有時外火界起，起已燒村邑、城郭、山林、曠野，燒彼已，或至道、至水，無受而滅。諸賢！外火界滅後，人民求火，或鑽木截竹，或以珠燧。

此段對內火界言「內身中在，內所攝火，火性熱，內之所受」，義涵大致可以參照《中阿含經》卷四十二「比丘分別此身界，今我此身有內火界而受於生」，南傳中部解釋「內火界」更加細緻，可以作為卷七之注腳，其云：「獨自存在於內身之火及火者，依〔此〕而存在者，即由此所熱〔熟〕，以此而老衰，以此燒之，以此正變化噉、飲、嚼、味，其他皆獨自存於內身之火及火者，依〔此〕而存在」。結合二者，所謂暖身、熱身、煩悶、溫壯、消化飲食，即身體中暖、熱、燥、溫等感覺，而火性大致類同飲食消化及其與之相應的吃、喝、嚼、味等等。其原理大致取象於自然界火之焚物，如其對外火界現象的描述，南傳中部類於此說：「諸賢！有時外火界有怒。彼燒村裏、以燒聚落、以燒市鎮、以燒區城、以燒國土。彼漫燃至綠草邊、或道邊、或岩邊、或水邊、或至所愛地域時，以無食而消滅。諸賢！有時至以雞翼，又以筋革而求火。」佛陀最後的宣教都是強調，儘管外火界如此強大、偉大，卻也是無常、毀滅的，其他對比丘示教也類同內地界，《中阿含經》卷四十二也說「若有內火界及外火界者，彼一切總說火界，彼一切非我有，我非彼有，亦非神也。如是慧觀，知其如真，心不染著於此火界，是謂比丘不放逸慧。」

風界一樣分為內風界與外風界，對於有情專屬之「內風界」，《中阿含經》卷七《象跡喻經》曰：

> 諸賢！云何內風界？謂內身中在，內所攝風，風性動，內之所受。此為云何？謂上風、下風、腹風、行風、掣縮風、刀風、躋風、非道風、節節行風、息出風、息入風，如是比此身中餘在，內所攝風，風性動，內之所受，諸賢！是謂內風界。諸賢！外風界者，謂大是，淨是，不憎惡是。諸賢！有時外風界起，風界起時撥，屋拔

　　樹，崩山，山岩撥已便止，纖毫不動。諸賢！外風界止後，人民求

風，或以其扇，或以哆邏葉，或以衣求風。

佛陀言比丘等眾，此身有內風界而受生，此分別身界當如南傳中部之意，即「獨
自存在於內身之，風及風者，依〔此〕而存在者」。所謂「上風、下風、腹風、
行風、掣縮風、刀風、躋風、非道風、節節行風、息出風、息入風」，南傳中
部《象跡喻大經》作上向風、下向風、胃住風、下腹住風、肢肢隨流風、出息
風、入息風，這裡主要是指身體關節運動、體液流動、氣息運動。外界狂則能
吹走、吹倒樹木、房屋、村莊、聚落，甚至大山，如果能夠合適利用，也可以
被人所用。顯示了佛教對印度地區海洋季風氣候的認識。對治之法，亦如內地
界說，《中阿含經》亦云：「若有內風界及外風界者，彼一切總說風界，彼一切
非我有，我非彼有，亦非神也。如是慧觀，知其如真，心不染著於此風界，是
謂比丘不放逸慧。」

　　以上內容，反映了從四大種四個重要方面為標準，將身體各個組成及相關
部分一一具體劃分、分類的思想，這一點與南傳巴利藏經中部的《象跡喻大經》
內容幾乎完全相同，「由此我們可以明白經典中指出組成有情的肉體自身的四
大種是些什麼了。然而四大種的本身也不是單獨存在，而是互相為因互相為緣
的」〔註29〕從身體的角度而言，雖然可以按照一定的標準為之分類，但各部
分之間的聯繫及其整體功能的發揮也是可以直觀認識的，間接帶出關於四大
種互相之間關係的認識問題。但從論述中顯然可見，佛陀的關注點並不在此，
反而集中於身體的滯礙、毀壞性以及對實現對身體的完全超越之上。

二、身壞與正身

　　《中阿含經》卷七《象跡喻經》從地水火風四大方面分析了有情身體的構
成於類屬關係，如髮、毛、爪、齒、粗細皮膚、肌肉、筋、骨、心、腎、肝、
肺、脾、腸、胃、糞、腦、腦根，淚、汗、涕、唾、膿、血、肪、髓、涎、膽、
小便、暖身、熱身、煩悶、溫壯、消化飲食、上風、下風、腹風、行風、掣縮
風、刀風、躋風、非道風、節節行風、息出風、息入風等等，以現代基本看法，
即幾乎包括了構成身體的很多器官、體液、氣息等等，這裡的結構不是死體解
剖，而是對有情鮮活生命體具有的生理現象的詳細描述。總的來說即是暫住之

〔註29〕曇摩結：《南傳上座部的色蘊》，《部派佛教與阿毘達摩》，臺北：大乘文化出版
　　　　社 1979 年，第 380 頁。

「此身」。對與以上內容，佛陀的法教幾乎完全一致的，故而以對治內地界身的部分為代表，陳述如下。

對於有情以外之「外地界」，佛陀認為儘管極其偉大、清淨、無煩惱，但依然是無常性、壞法性、滅法性、變易法性，為渴愛所執受的此身暫住之區區之身則更是如此。不多聞、愚癡凡夫總是認為此身「是我，是我所，我是彼所」（南傳中部為：或『是予』，或『予之所有』，或『予有』），執著此身常在；而多聞、佛陀弟子們不應該也不會有此念想，當受到他人罵詈、捶打、瞋恚、呵責、數說不是以惱害比丘，應作是念「我生此苦，從因緣生，非無因緣。云何為緣？緣苦更樂」，其中「緣苦更樂」新譯為「緣苦觸」，即如南傳所譯「於予從此耳觸生者即苦受生。有其緣生，而非無緣。於何緣而緣於觸？」即看到覺、想、行、識皆是無常，從而「彼心緣界住止、合一、心定、不移動」（南傳中部為：依於彼界而心滿足，清淨、祥和、安定）；當此後，他人又來以語柔辭軟之態度相待，應作是念「我生此樂，從因緣生，非無因緣。云何為緣？緣樂更樂」，和之前一樣看到覺、想、行、識皆是無常，當「彼心緣界住，止合一心，定不移動」〔註30〕。

漢譯云「彼於後時，若幼少、中年、長老來行不可事，或以拳扠，或以石擲，或刀杖加」，「不可事」即不可意事，南傳譯文意思更加明確，為「若其他者，有以所不欲，以所不愛；以所不好而以拳觸、以土塊觸、以杖觸、以刀觸〔等〕」，應該如次知之「我受此身，色法粗質，四大之種，從父母生，飲食長養，常衣被覆，坐臥按摩，澡浴強忍，是破壞法，是滅盡法，離散之法，我因此身致拳扠、石擲及刀杖加」〔註31〕，即認識到所有色法的本質都是四大種所造，生身及其活動皆屬無常，以此修行，「我極精勤而不懈怠，正身正念，不忘不癡，安定一心，我受此身，應致拳扠、石擲及刀杖加，但當精勤學世尊法」。佛陀還以「鋸喻之教」，若有賊來〔註32〕以利刀鋸，節斷肢解身體，比丘對此若「心變易」，「惡語言」，意識紛亂或攻擊對方，則屬「汝則衰退」，意即南傳中部《象跡喻大經》「非遵我教者」。正確的做法是：

令我心不變易，不惡語言，當為彼節節解我身者起哀愍心，為

〔註30〕此「緣樂更樂」部分，南傳中部闕如。
〔註31〕南傳中部譯為：「此身體如拳觸於此身體，以示結果，是有如是身體，又如以土塊觸之，以示結果，又如以杖觸之以示結果，又如以刀觸之以示結果，是有如是身體也。」
〔註32〕南傳中部譯作道中、賤業者。

彼人故，心與慈俱，遍滿一方成就遊，如是二三四方、四維上下，
普周一切，心與慈俱，無結無怨，無恚無諍，極廣甚大，無量善修，
遍滿一切世間成就遊。(《象跡喻經》)

即對人不言語、行為攻擊，且憐憫其苦集作業，自己則以實際修行，精進勇猛，
不墮不怠，念確不亂，身安不激，心持寂靜，從而實現一切成就。總之，佛陀
以各種人間現象，尤其比丘修行所會遇到的情況，詳加施教，辯機說法，根本
在於強調世事無常，此身非我，另外強調比丘要遵守法教，精進修行，即曰：

　　　諸賢！彼比丘若因佛、法、眾，不住善相應捨者，諸賢！彼比
丘應慚愧羞厭，我於利無利，於德無德，謂我因佛、法、眾，不住
善相應捨。諸賢！猶如初迎新婦，見其姑嫜，若見夫主，則慚愧羞
厭。諸賢！當知比丘亦復如是，應慚愧羞厭，我於利無利，於德無
德，謂我因佛、法、眾，不住善相應捨，彼因慚愧羞厭故，便住善
相應捨，是妙息寂，謂捨一切有，離愛、無欲、滅盡無餘。諸賢！
是謂比丘一切大學。(《象跡喻經》)

這裡要求比丘、修行者真正做到歸依佛、歸依法、歸依僧，所謂「彼比丘應慚
愧羞厭，我於利無利，於德無德」，南傳中部是說「實予之不幸，不成幸福，
實予之難得、不易得也」，以此體認刺激、激勵自己提高修為，如同新婦見到
公公婆婆，而見到丈夫則慚愧羞厭；真正如是歸依佛、法、僧者，若住止於善
相應之捨者，如果能夠捨離一切，尤其切斷愛欲，必然多所成就，「是謂比丘
一切大學」；另外，《中阿含經》第四十二卷曰「若有內地界及外地界者，如是
慧觀，知其如真，心不染著於此地界，是謂比丘不放逸慧」，基本與以上說法
相吻合。

三、身體認識方法

　　通過以上所述《中阿含經》卷七《象跡喻經》與卷四十二《六界經》的內
容，以及參照南傳中部《象跡喻大經》，以及與《俱舍論》卷九中有部、經部
圍繞《象跡喻經》內容的辯論，應該可以說《象跡喻經》北傳、南傳出入不大，
具有真實性或後人加工、改動較少，在內容上很大程度上反映出根本佛教的理
論面貌與佛陀說法的風格。

1. 有情身體觀

　　雖然《象跡喻經》僅僅是阿含經及其他經籍的極少數一部分，但是從四大

種逐一論說，以比丘對象的有情的分別身界，是早期四大種理論廣泛應用的表現，在結構、機理、功能層面試圖解釋人的身體構造及其行動、行為，但尚未完全脫離地水火風具體事物性的一面，完全從堅濕暖動性上給予解釋；而對四界對治多次重複、內容雷同上，也反映出佛陀隨機說法，法性自然流動的一面。準確地說，對有情身界的種種分說，儘管已經上升到反思其物質與屬性意義上，但從內容的傾向以及佛陀的意旨上，其不在於討論有情身體之種種，而意在曉明一切有為法皆屬無常，有情之身不過暫住而已，凡夫所執陷於苦集輪迴，是以警示比丘心定合一、離愛無欲，所以佛陀說身不過是藉此轉迷開悟。

還需看到，《象跡喻經》的身體說，一方面反映並受制於當時社會普遍的身體認知水平，而更大程度上是因為佛陀的一切對於有情身的考察，最終都被歸結為自性無常住，這種直指鵠的、徹察本性的特點，往往使得對身界的認識只停留在四個部分屬性上的「溯源式」探索，而沒有進一步探討其自身及互相之間的複雜、多層的內在關係，或者說也沒有深挖探索的必要。所以，儘管認識到「人身難得」，佛陀仍是出於解脫目的的考慮，對於有情身體的基本態度是「否定」的；其身體論說儘管比較豐富、剖析較深，也只是一種比較自然地認識，身體認知的邊緣地位是其教法內容與特點決定了的。

隨著社會知識、認識水平提高，佛法認識加深，到了阿毘達摩佛教時期，僧眾們已經自覺以佛陀教法為對象，多方學習、深入探討、集結論辯，原有的教法首先作為知識成為研習的對象，並自然生成若干讀經解經的方法。阿毘達摩本身就是當時最重要、流行的研究方法，並且演繹出大乘佛教、部派佛教等許多流派。以《俱舍論》而言，世親最基本的態度仍然是尊佛崇經，宣稱繼承佛陀一切教諭，但在實際研究中不僅要解釋經文，辨識佛說，還要統一、圓融佛說，更加需要應對新的理論要求，試圖在佛說的體系內提出新的內容、見解，從而衍生出經與論、教與理的問題，促使他採取「理法為先」、「以理為宗」的立場，並設法將自己的「理」歸之於佛陀的「宗」。經藏、律藏之後形成、擴充的論藏、論書，在解經、配經的過程中逐步獲得思想上的獨立、半獨立性，其更為顯著的是對佛陀教法的系統化研究與內容上的極大擴充，有情身體論也隨著佛教理論充實獲得極大推進。通過以上章節不難看到，《俱舍論》在身體形態、身體機理、身體轉生等等方面的理論之極為繁複、細密，顯示了身體認識水平已經有了很大提高，但所採取的態度和佛陀幾乎沒有變化，身體的種種論說總是籠罩在無常、無我、解脫的理念之下。

2. 隨勝與了義

觀念的產生，必定是建立在一定認知基礎之上。對於認知內容、認知觀念，也必定有一些的基本方法、規律、條件可循，比如佛教提出的現量、比量、非量、聖教量等認識方法。為說明之便，仍以前面所討論的內容為主，《象跡喻經》與《俱舍論》對有情身體的討論可以分為現象認知、基源認知與認知自覺三個方面。

首先，現象認識，即指對有情身體的器官、身體結構、生理機能等方面的認知，基本上屬於現代物理、醫學等自然科學的範疇，以及屬於心理學的有情心理、知覺等方面的認識。這方面的內容已大量反映在前述章節中，此處略過。

其次，基源認知，這裡主要是指在不滿足現象認識的情況下，一種對包括身體在內的事物之構成及其原理的本根原因、本原結構的哲學式的認知。《象跡喻經》以及阿含諸經的內容，顯示根本佛教已經廣泛使用四大種理論解釋世間萬物與有情現象，即是基源認知的表現；而從初期四大種與其本相具體事物纏雜、四大種與空等五大種說逐步發展到專以四大種及其所造色的解釋理論，以及後期引入極微理論，反映出佛教的基源認知得到不斷加強、提高、深化。

再次，認知自覺，即是對認知的認知。通過《象跡喻經》關於「內界所攝身體」的討論，可以發現其分別以地水火風依次展開，每一界分外界、內界，然後揭示外界極大而無常，並說內界之無常；關於「身體對治慧觀」方面，其對於每一界說明幾乎同出一轍，即評判凡夫執著此身、認識其因緣所生與苦之本相乃至覺想行識皆是無常性、強調心定合一、比丘正身正念應對各種外擾、最後以極端的鋸喻之教重中心不變異以善修成就。其論述，在論述思路、脈絡、結構上具有極大的程序性，部分內容還有較大的重複性，語言、語句的固定化與重複性則更加明顯。這些特點，一方面是佛對弟子應機講授的特點和早期文章的章法，一方面則反映出這一認識方式的成熟化、範式化，已經成為一種固定的解釋方式。這一方式在佛陀而言，是宣法的自然狀態，也被弟子們比較原始、原貌地保留了下來。

但是到了阿毘達摩佛教時期，所討論的不僅是佛陀以及留下的經書思想，還需要在此基礎上總結佛陀認識問題、理解問題、解決問題的方式，以此生發出自己的理論或為自己的學說作辯護，經而久之，阿毘達摩自身也產生了歧異，需要對自己的方法和他人的方法予以考察。考查的方法，往往是以了義與不了義、了義說與隨勝說為判斷標準，例如經部認為經義皆了義，要區分己情

與經義，獨覺己情違反經義。《俱舍論》卷九云：

> 非一切經皆了義說，亦有隨勝說。如《象跡喻經》：「云何內地
> 界？謂髮、毛、爪等。」雖彼非無餘色等法，而就勝說，此亦應爾。

有部反駁說不是一切經都是究竟之說，有些只是「隨勝說」，於是舉《象跡喻
經》「云何內地界？謂髮、毛、爪等」，認為其意思是以髮、毛、爪等為例說明
堅性，而實際上髮、毛、爪還有色、香、味、觸和其他三大種，是沒有窮究列
舉而已，故《光記》釋曰：「說一切有部救。非經皆了義，亦有隨勝說。如《象
跡喻經》：『云何內地界，謂髮、毛、爪等。』雖彼髮、毛、爪等非無餘色、香、
味、觸，及餘三大等法，而就勝說，以髮、毛、爪等地界強故，故用髮、毛等
釋內地界。此經所說無明等支理亦應爾，雖彼非無餘色蘊等，而就勝說無明等
名」。換言之，經中不說的不代表沒有，只是實際已暗含其中，以此類推，則
反駁經部，肯定自己的觀點，即雖然經中沒有說無明等十二緣起以五蘊為體，
但說無明以五蘊為體及意味著其他也是如此。有部所見確有全面的特點，但忽
視了四大種及其所造色的各具自性的一面，混淆了問題的重點，經部反駁有部
的例證，《俱舍論》說：

> 所引非證，非彼經中欲以地界辯髮、毛等，成非具說；然彼經
> 中以髮、毛等分別地界，非有地界越髮、毛等，故彼契經是具足說。
> 此經所說無明等支，亦應如彼成具足說，除所說外，無復有餘。

經部強調有部所引契經不能作為證明，提出《象跡喻經》地界當然不只是髮、
毛等，否則就會成為不具足（不了義）之說，正如有部所理解的那樣；不過契
經從提問方式上提出，契經不是說「云何髮、毛等？謂內地界」，而是「云何
內地界？謂髮、毛、爪等」，經部認為前者才是隨勝說，而後者是了義說，《光
記》解釋說：「經部破。所引非證，非《象跡喻經》中欲以內地界辨髮、毛等，
成非具足說。謂地界狹，髮、毛等寬，具有色、香、味、觸。若彼經言：『云
何髮、毛等？謂內地界。』可如汝說舉勝偏答，以髮、毛等雖有色等，地界強
故；然彼經中以髮、毛等分別內地界，非有地界越髮、毛等，故《象跡經》是
具足說。」用現代邏輯觀念來說，「內」只是說身內，而「地界」指堅性，「云
何髮、毛等？謂內地界」屬於「事物定義」，以屬性特徵來說明，採用的是「內
涵定義」法，但毛、髮等屬性較多，地界只是固有屬性，即「地界強故」，因
此就是不具足說，即「舉勝偏答」；「云何內地界？謂髮、毛、爪等」，則屬於
「語詞定義」，採用了「外延定義」法，堅性是髮、毛等的固有屬性，內涵一

定不會超過概念本身之外，即「非有地界越髮、毛等」，因此是具足說。

接下來，有部似乎沒有糾結原定義方法所導致的理解歧異問題，而是引向另一個討論角度，質問說「豈不地界越髮、毛等，洟、淚等中，其體亦有？」（《俱舍論》卷九）《光記》釋曰：「說一切有部難。豈不內地界越髮、毛等，洟、淚等中其體亦有，是則髮等攝地不盡，非具足說，還是就勝說。」意思是，且不說毛、髮等具有堅性，洟、淚之中也有堅性，具有堅性的事物很多，如果從佛教關於事物構成非四大種任何一種可為的角度理解，有部這部分認識是有根據的，但需明白洟、淚的堅性只是一般屬性，固有屬性是水性（濕性）；對於「云何內地界？謂髮、毛、爪等」，有部若認為「髮等攝地不盡」，則是將「內地界」顯然理解成了一個集合概念，而髮、毛、爪只是若干子項，所以髮的外延當然無法與內地界相同。經部似乎沒有發現有部將概念理解做了轉換，只是從《象跡喻經》找到「復有身中餘物」說辭為根據，辯駁說包含了有部所列舉的洟、淚等物，卻沒有發現有部的理解在《象跡喻經》中卻是站不住腳的。所以要評定二家爭論，還需要回到其所依據的文本：

> 云何色盛陰？謂有色，彼一切四大及四大造。諸賢！云何四大？謂地界，水、火、風界。諸賢！云何地界？諸賢！謂地界有二，有內地界，有外地界。諸賢！云何內地界？謂內身中在，內所攝堅，堅性住，內之所受。此為云何？謂髮、毛、爪、齒、粗細皮膚、肌肉、筋、骨、心、腎、肝、肺、脾、腸、胃、糞，如是比此身中餘在，內所攝，堅性住，內之所受，諸賢！是謂內地界。（《象跡喻經》）

這裡的思路還是比較清晰的，即討論色之構成時，提出了四大種即所造色，解釋四大及地水火風，再從身體內、外分述地界為內、外兩種提出第一個「何內地界」問題，經中的解釋是「內身中在，內所攝堅，堅性住，內之所受」，這一句比較關鍵，從「堅性」、「所受」可以看出說的是一種性質；而後從第二問「此為云何」開始，方才列舉諸多身體諸構成，所以所列皆是說「符合堅性的事物」，後面再次強調了「堅性住，內之所受」；其「如是比此身中餘在」，大致相當於今天的「諸如此類」，但從下文對水界、火界、風界的明確列舉，可以看到並不包含洟、淚等物，否則便違反了定義不可子項重複的問題，因為四大種是上位概念的子概念，在外延上具有互斥性。由此，經部在第一次反駁中，實際上注意到了「屬性」和「同一屬性所構成的事物」的區別，第二次辯駁則被帶入有部的彀中，沒有注意到有部的理解是不對的，自身的分辨也屬於「強

詞奪理」；而有部第一次提出不了義說，即是看到了髮、毛、爪的豐富性，比如沒有體液的肝臟等也不成其為肝臟，從這個角度來說是「不具足」，但也這是《象跡喻經》下面要解決的，屬於另一個層面的問題，所以有部欲引申出「不說不代表沒有」的結論也是不對的；至於有部的第二次反駁，實際上是混淆了「屬性」和「同一屬性所構成的事物」的區別，和第一次一樣沒有貼合《象跡喻經》的本義去理解。

暫且拋開對於契經是否了義與不了義的問題的討論，從身體及其屬性認識的角度，重新考慮、理解經部與有部的了義說與隨勝說，可以發現這是對於身體及其理解的兩種不同進路造成的。首先，對於「了義說」，經部認為屬性總是具體身體、具體事物的屬性，屬性無法越過所依而獨立存在；換句話說，通過對身體的瞭解，可以就可以發現其中蘊含的屬性，從自相可以認識其共相；其次，對於「隨勝說」，有部看到了具體身體、具體事物屬性的複雜性、多樣性，只舉其中一種充其量只能說其中某些屬性，不能代表整體；換言之，則必須以整全的角度去理解身體，但不排除通過部分去瞭解身體的可能性與現實性。回到《象跡喻經》，其對於內身界的認識，首先說明身體具有堅性，則屬於「了義說」的認識，其次以具體身體部位則是對「同一屬性的事物」的子項列舉，屬於「隨勝說」，當然這有別於被有部混淆了的「隨勝說」。需要強調的是，在契經本身只是自然呈現，沒有對自身認知方式加以總結，所以不論是正解還是誤解，「隨勝說」與「了義說」實際上是有部與經部對契經認知方法的總結，即方法的自覺。

3. 方法論反思

所謂「內身界」實際上不過是針對有情與身外世界的方便說而已，內身界與外身界都以四大種及其所造為屬性，因而四大種等是內身界與外身界乃至世間之共相，但是在佛教看來四大種卻不能視為世間之固有屬性，其自性為無常性。對於共相的認識包含有了義說與隨勝說兩種認知的方式，而對於自性的認識更多通過具身認知達到的。

「了義說」強調身體（世界）與屬性是主體與依存的關係，而「隨勝說」則看到對某些屬性的認識、對部分的考察一定程度上可以獲得對身體（世界）的認識，但卻是不具足的、缺乏主體整全的認識。二者的共同點在於認識到身體（世界）的主體地位，而通過本質屬性說明主體的「隨勝說」則只能是「不了義說」。具體而言，以上通過對有情的身體形態、四食、四生、中有乃至四

劫、四大種、極微論的種種考察，對於身體（有情、世界）都是隨勝說，是以身體結構及其運動、現象為對象的自相與共相的研究。

儘管「隨勝說」難以獲得徹底認知，但了義認知並非不可能達到，如佛陀在說四大種與內身界，總是強調內身之內所攝，內之所受等等，實際上就是在強調此身或內身界的主體地位；當然，佛陀還進一步指出凡夫總是錯誤地執取此身，認為「是我，是我所，我是彼所」，因而必須認識到此身之緣起因於無常性，最終正身正念實現超脫、無我之境（果）。如此，大致經歷了認知此身、執取此身、真知此身、超脫此身的過程，這種以身體為焦點、主體的認知，無疑是佛陀的「了義說」。不過正如有部所言，契經裏沒有說的，只是限於表達的特殊情境，通過分析可以勾勒契經蘊含的言外之意或意內之言；這種「身體學」的脈絡實際上隱含在佛學之中，卻一度被彰顯的、弘傳的四諦、緣起、輪迴、無我等等佛教主要的理念與修證所掩蓋。

如前文所述，了義說與隨勝說代表了經部與有部對佛陀與契經認知的自覺與總結，是對於不同認知進路的理解。進一步說，「了義說」抓住了事物的固有屬性，尤其對屬性與主體關係的理解更具有徹底性與超越性，類似於形而上學的哲學方法；而「隨勝說」則試圖通過考察部分，抓住典型問題達到認識主體，則類似於實證的科學的認識方法；二者的共同特點是對有情的「具身性」認知，因為佛學的有情認知都是建立在解釋身體與超越身體基礎之上，所謂「有情」首先突出其所謂「有」之存在的身體性的一面和「情」之作為屬性限定的一面；但佛學的「具身」並非一般意義上肯定身體本體的絕對性、身體認識的優先性、身體存在的實有性，更大程度是強調身體本體的繫縛性、身體認識的有限性、身體存在的無常性，其思考是建立在身體之上的對「法體」的探尋，集中體現佛陀「依法不依人」的囑咐之上。

從佛學的整體而言，只談「具身」仍然陷入如同凡夫一樣的「身執」，身體可以是了義說的主體身體，也可以是隨勝說的對象身體，如果僅此二者，其結果仍然是隨勝之不了義認知故而佛教的精神更多體現在對於身體思考的「身體反省」：所有對於身體的觸碰與認知都指向於正心、離愛、去欲，所有的關於身體的修行、律儀、禪定也都指向離苦斷惑、去身存心、解脫涅槃的大道，而從理論上對這些問題進行探討的，莫過於根本佛教即已建立、並為阿毗達摩佛教所完善、著力剖析有情心性與認知的「五蘊論」。

第四章　有情五蘊結構論

　　世間萬物的本原構成在於「大種」與「極微」，具體反映為色、受、想、行、識五蘊。一切事物及其變化，皆為蘊聚，而蘊聚之不同是造就物種分別的結構性原因。「蘊」、「處」、「界」三者，是佛陀說法的基本概念，以此建立起的五蘊、十二處、十八界的「三科」體系是佛學的重要內容。「五蘊」重在解析有情之構成，「十二處」偏於以根、境二者為中心的有情認知結構，「十八界」則在前者基礎上融入認知內容，此「三科」以「五蘊」為本，相互融攝，該遍萬法。佛陀以說「五蘊」為最上之法，從部派佛教到大乘佛教，無不倚重解說「五蘊」作為自身立說之本。

　　《俱舍論》的「五蘊說」，秉承佛陀法教的基本內容，彙集小乘部派之說，與世親後來所著《五蘊論》相比較亦可探尋世親本人思想之嬗變，以及大小乘佛教在有情理論上的融通與歧變〔註1〕。佛教五蘊思想，為深入剖析物種差異、功能要素、身心結構等提供了比較完善的理論解釋和解決身心問題的框架。

第一節　五蘊思想析論

　　「蘊」（梵 skandha）音譯為「犍陀」，舊譯為「陰」、「聚」或「眾」，意為聚集、積聚之義。《翻譯名義集易檢》中引《音義指歸》云：「漢來翻譯為陰，

〔註1〕世親轉向大乘後所著《五蘊論》是佛教唯識學的綱要和法相宗瑜伽十支論之一，不僅對佛教專門術語的定義有明確的解釋，對於阿賴耶識存在也有論證。參見：李學竹：《關於〈五蘊論〉的研究》，《中國藏學》2011 年第 S2 期。本書參照的《五蘊論》亦為李學竹與奧地利學者斯坦因凱勒之校注本（《世親〈五蘊論〉：梵文》，北京：中國藏學出版社 2008 年。）

至晉僧叡改為眾，至唐三藏改為蘊」。〔註2〕關於「陰」與「蘊」，譯法之不同，卻是代表佛教思想的變化，早期佛教的「skandha」本意即體而言為「積集」，即用而言為「陰覆」，人生之苦根本在於「略五盛陰苦」，是陰覆性盛之故。〔註3〕

《俱舍論》本頌曰：「聚生門種族，是蘊處界義」，論曰：「諸有為法和合聚義是蘊義」，「如契經言，諸所有色，若過去，若未來、若現在，若內若外，若粗若細，若劣若勝，若遠若近，如是一切，略為一聚，說名色蘊」。所謂「略為一聚」，是「指諸法的名相上而言，並非指諸法之體而論，因為過去法之體已過去，無法與現在法為一聚，未來法之體尚未到來，同樣不與現在法為一聚，其餘內外法等也是如此」，但是無論哪種法，只要屬於同類變礙的色法，就名之為色蘊。〔註4〕以此類推，除了色蘊以外的，其他四蘊也是如此。蘊之所別，就是把一切諸法，依同等特質的法，在名相上進行歸類，而後聚集起來。總之，「蘊」可以作為對有為法所包括的色、心、心所、不相應行法的另外一種概括，比如所有的過去、未來、現在、內外等色法的一切內容，都兼攝於「色蘊」之中。

既然說「蘊義是聚義」，有婆沙師認為，如果把蘊解釋為積聚，則是「蘊」應為假名，其云：「聚義是蘊義者，蘊應假名，有實積聚集共所成故，如聚、如我」。《俱舍論》（卷一）就是否定了「蘊」有真實之體的存在，或者沒有看到諸種積聚的因緣和合之關係。《俱舍論》堅持一切有的立場，云：「此難不然，一實極微亦名蘊故，若爾，不應言聚義是蘊義，非一實物有聚義故」。（卷一）這裡以一實極微為例，說明蘊之實存性質，也間接辨明其所認為「蘊」與「聚」在概念上差異，即蘊實聚假、一極微可稱為蘊不可名為聚。不過，這一解釋似

〔註2〕有關對梵語「塞建陀」的翻譯問題，慧暉《俱舍論釋頌疏義鈔》有所簡別：「梵云寒乾陀，此云蘊義、聚義。若言聚，梵云揭羅陀，古譯言陰，陰謂陰覆，字應從草，或云陰陽能生萬物，應，梵云缽羅婆陀，譯為陰，此應錯譯，法花翻為五眾，若言眾者，即梵云僧伽，皆非正義也」。慧暉認為，「陰」是「應」的梵語「缽羅婆陀」的錯譯，而「眾」的梵語又是「僧伽」，所以這兩種對梵語「塞建陀」的翻譯都是不準確的，而玄奘改譯成「蘊」才是正義的。實際上，「蘊」是積聚的意思，而「陰」是蓋覆的意思，兩者的差異在於「蘊」是從積聚有為的角度而言，「陰」是從蓋覆真性的角度而言，實質上，兩者皆從不同的角度，揭示了有為法的特性。參見：定源：《試述〈俱舍論〉之五蘊思想》，《閩南佛學院學報》1999 年第 2 期。

〔註3〕方廣錩：《初期佛教的五陰與無我》，《佛教文化》2004 年第 5 期。該文還指出：色有陰覆之性，這是初期佛教的基本思想。Skandha 單純理解為積集義，是析空觀產生之後才出現的。而析空觀不是初期佛教的理論。抹煞 skandha 的陰覆之性，把它譯為「蘊」，代表了後起的析空觀理論。

〔註4〕定源：《試述〈俱舍論〉之五蘊思想》，《閩南佛學院學報》1999 年第 2 期。

乎難以自圓其說，所以爭論並未就此止息。世親的說法，及其在論辯中以「聖教相違」為理由，應該是堅持了根本佛教的「蘊是積聚義」的基本主張。〔註5〕

一、五蘊之諸相

1. 色蘊唯十一

色（梵 rūpa），以梵語「rūp」（意為造形）為詞根，得「有形狀」之意；√rū 詞根亦有「變壞」之意，故「色」被用來指有形質、可變壞的物質。〔註6〕這裡的「變壞」也是廣義的，可以指人的生老病死，世間的壞空成住。總之，有形質、占空間、互障礙、可變壞的事物，都可以稱之為「色」。「色」在不同語境中，詞義復有區別。在五蘊中，色蘊包括四大種及其所造色，是一切物質的總稱，如《雜阿含經》說：「云何色受陰，所有色，彼一切四大及四大所造色，是名為色受陰。」（卷三）「十二處」與「十八界」中的「色處」、「色界」僅指物質的一部分，是「眼根」所取之境而已，如《大乘五蘊論》說：「云何為色，謂眼境界，顯色、形色及表色等。」〔註7〕

〔註5〕從《俱舍論》對各家辯難的記述，大致可以總結一些對「蘊」、「聚」關係的不同理解。依《光記》所釋，大致表現為：（1）「毘婆沙宗，蘊等三門皆是實法；經部所立，蘊、處是假，唯界是實。今論主意，以經中說略一聚言，許蘊是假，餘二是實。今立比量破毘婆沙說蘊是實。立比量云：色等五蘊必定是假，多實成故，猶如聚、我。」（2）「毘婆沙師云：一一極微亦得蘊相，可積集故。既一一極微亦名為蘊，非多實成，顯所立因於一一蘊有不成過。」（3）「婆沙師說：若觀假蘊，彼一微為一蘊少分；若不觀假蘊觀實蘊，彼說一極微即是一蘊。」

〔註6〕從詞源上，詞根√rū 在《界讀》中具有「to suffer violent or racking pain」（變壞）和「to violate, confound, disturb」（變礙）含義，rūpa 在世親文中常以 rūpyate 解釋，實際是在強調「被損害」義。赤沼智善認為變壞和變礙只是不同譯名，其意思是相同的。（參見：〔日〕赤沼智善《佛教教理之研究》，第 153 頁。）曇摩結認為：「色蘊的色字，含有擾、惱、變、壞、滅、障礙等等的定義，如果僅照字面來看，我們實難瞭解。顯而易見的如形色和顏色的色，它是屬於色塵，只是色蘊中的一部分。」（參見：曇摩結：《南傳上座部的色蘊》，載《部派佛教與阿毘達摩》，第 377 頁。）

〔註7〕這裡值得深入討論極微與色法二者之間的關係及其屬性。在一切有部看來，這十一種都具有色之二義，都屬色蘊所攝。一般而言，一切色法都是以極微為最小單位的，不存在有再分的可能性，那麼極微是否等同於色法而具有變礙屬性呢？有論師認為極微它不應該是色法，而有部認為，極微既然是構成一切物質的基礎，它應該也是屬於色法，因為色法必須由色法構成，只是極微本身並無變礙，變礙隨其積聚而產生，因此極微與色法屬性並不矛盾。（參見：定源：《試述〈俱舍論〉之五蘊思想》，《閩南佛學院學報》1999 年第 2 期。）

根據《俱舍論》，本頌曰：「色者唯五根，五境及無表」，即舉「色蘊」（rupa-skandha）包含十一種，即眼、耳、鼻、舌、身五根，色、聲、香、味、觸五境，和無表色。所謂「色蘊」，色之聚集，稱為色蘊，如《雜阿含經》卷二說：「諸所有色，若過去、若未來、若現在，若內、若外，若粗、若細，若劣、若勝，若遠、若近，如是一切，略為一聚，說名色蘊」。根本而言，色有變壞、質礙之義，故可凝聚佔有空間，但無論是有表色還是無表色都會變壞。「色蘊」的豐富內容，不是僅用「物質」可以展現，它可以包括若干形態：

從三世法而言，「三世」即「色」。《俱舍論》云：「無常已滅名過去，若未已生名未來，已生未謝名現在」，《光記》釋曰：「正滅是現在故，舉已滅名過去，簡異擇滅，非擇滅故言無常已滅。已生是現在，若未來未至已生位名未來，至已生位未落謝過去名現在。」三世之所以成之為色，《大毘婆沙論》七十四云：「問：過去、未來、現在諸色可略聚耶？答：雖不可略聚其體，而可略聚其名，乃至識蘊，應知亦爾。」

從內、外而言，正如「十二處」可以分為內處和外處，對色蘊而言，其「自身名內，所餘名外」，《光記》釋曰：「自身成就名內；不成就及他身非情名外。……或約處者，處謂十二處，五根名內，六境名外色。」所以這裡的內外實際是五根和五境（六境）的分屬。

從粗、細而言，雖然是通過「相待立」的比較來說的，但大多實指「有對名粗，無對名細」，其粗者指五根、五境，其細者指無表色。〔註8〕「有對」、「無對」也是佛教常用的認識範疇，《集異門足論》說：「或約有見有對、無見有對、無見無對三色相待，前粗後細；或約欲、色、不係三色相待，前粗後細。」

從劣、勝而言，其所指還是從法的染、淨進行的區分，有污染的色法則名為劣，無污染的色法名為勝。

從遠、近而言，《集異門足論》一解同此論，又一解云：「云何遠色？答：若色過去非無間滅，若色未來非現前起，是名遠色。云何近色？答：若色過去無間已滅，若色未來現前正起，是名近色」，在《俱舍論》非指距離之遠近，實指過去和未來二世，過去、未來的色為遠，而現起的色法為近。以上對色蘊

〔註8〕 《俱舍論》在此肯定了相對比較的認識方法。有人提出「若言相待，粗細不成」，世親回答說：「待彼為粗，未嘗為細；待彼為細，未嘗為粗。猶如父子、苦集諦等」，他肯定在同一語境之內，不同的對象就必然會有差異，或者從特定的角度，也可以說事物必然有粗與細、長與幼、樂與苦諸多不同。

的層次分析，同上也適合於其他四蘊。

色蘊、色處、色界等概念皆為佛教常用基本概念，在不同語境、法相體系中的所指有時有不同，極易混淆，是以需做分別。三者所指範圍不同，但本質都是一樣的，皆為變壞之意，這是小乘、大乘佛教之通旨。但佛教亦深究其趣，從有情的內在進一步分析，如《大毘婆沙論》云：「問：色取蘊云何？答：若色有漏有取，彼色在過去、未來、現在，或起欲，或起貪，或起瞋，或起癡，或起怖，或復隨起一心所隨煩惱，是名色取蘊。」（卷七十五）總結一句話，就是色與煩惱幾乎等同，所《雜阿含經》說「色，無常。無常即苦，苦即非我，非我者亦非我所，如是觀者，名真實正觀。」這種揭示色之真相，超越色之束縛的思想，在大乘佛教也是一致的。〔註9〕

《俱舍論》頌云：「為差別最勝，攝多增上法，故一處名色，一名為法處」，由於五境、五根的種種差別，各成一門則為「十處」，名為「色處」，其所含範圍與色蘊大致相同，之說以這樣區分，一方面是「為令了知境、有境性種種差別」（卷一），其意為五境之色本身就是境性，而五根可緣取五境，為有境性。設立十處，是要突出五根、五境各自不同，相對別立，其所以能夠保持獨立性的方面，也是體現「色處最勝」的。色處的體性是色法，所以也是有對礙的，故而本論認為「由有對故，手等觸時，即便變壞，及有見故，可示在此在彼差別」（卷一），便是說色在本質上是可變壞的，可以通過可觸、可見等感覺經驗去認識它們的不同，這也是選取普遍性的「色」來命名色處的原因。

「色界」，一般有兩種用法，欲界、無色界並立作為三界之一的「色界」和十八界之「色界」。前者概念已於前文有所涉及，一般意指在欲界之上，無色界之下，雖離棄貪淫等各種欲望，但又不能脫離物質性「色身」的有情所居之處，佛教認為由「四禪天」所構成，總體所來是絕妙、清淨的物質世界。作為「十八界」之「色界」，大略和「十二處」之「色處」同義，指眼能所見的一切色境。由此，「色界」的兩種用法，其實具有一致性，都是物質界，也都是可以被有情眼根所知之境。

「無表色」是色蘊中比較特殊的色法。惟善法師指出，無表色實際上「是在受戒儀式上的宣誓、發願所生起的一種能隨著生命一起延續的力量」，無表

〔註9〕如《大般涅槃經》說：「色是無常，因滅是色，獲得解脫常住之色，……色即是苦，因滅是色，獲得解脫安樂之色，……色即是空，因滅是色，獲得解脫非空之色，……色是無我，因滅是色，獲得解脫真我之色。」（卷三十九）

色不能獨立存在，所依因為其所依四大種而有變礙，但只是以色業為性，無法展現、表示故稱之為「無表色」。不過無表色，不是由極微所成，和一般的色法不同，具有五見、無對、無障礙的特性。根據有部的分類，無表色有三種：首先，與善心等生起的無表色，即受戒後的強烈遵守戒律的願望，佛教稱之為律儀，具有遮蔽惡法相續的作用；其次，是與不善心等生起的無表色，成為不善律儀，能遮蔽善法之相續；第三，在善心與不善心二者之間生起的無表色，成為非律儀非不律儀。儘管有部與經部等對無表色與色法關係有所爭論，但顯示了「有部對於物質的解釋遠比我們現代人的解釋要寬，與物質相對應的一個詞『色』，不僅包括了物質層面的東西，還包括由物質所顯現出來的一切東西，或潛在的力量」。〔註10〕

通過以上三個概念的辨析，大致可以看出，「色」這一概念出入三界、遍於三世。「色蘊」之所異於其他，最大特點在於包含了更多有情心理機能方面的內容，如「勝色」層面言其無染無係，「內處色」言其官能機理，二者實際是有情內法之基礎，根境識之能發之根本。對於「色蘊」的階性也由於這些特點而定位不同，其爭議點在於「五根」，而難點是對「無表色」的認識。

關於「色蘊」的理解，有些學者將之歸結為物質（色法），五根只是傳遞各自感覺的透明物質，五境則是與根對應之感覺材料，「物質（色）分為第一層次的以及第二層次的。支持一個大種所造的即第二層次的物質原子，必須有四個第一層次的基本物質原子，即各各從（地水火風之）一個大種來的原子。只有第十項，即觸感覺的這一類既包含了所有第一層次的（大種的），也包含有部分第二層次的（大種所造的）可觸知性；而其他各項僅包含第二層次的、被支持的（種所成的）物質。」〔註11〕杜繼文先生也將五根和五境理解為「人的感官以及感官對應的客觀對象」，同時看到佛教色蘊中「感官和感官對象是統一的、不可分離的」特點，並根據眼根與顯、形二色指出「無論在認識論還是心理學上，也都具有學術參考價值。」〔註12〕陳兵似乎將色蘊整個等同於「略當物質現象」的色法。〔註13〕而在惟海則認為「色蘊」即為信息攝取的感知系統。〔註14〕這些理解角度雖有所差別，但色蘊的中心問題是對五根與意根

〔註10〕惟善：《說一切有部之禪定論研究》，第116～117頁。
〔註11〕〔俄〕舍爾巴茨基：《小乘佛學》，第180頁。
〔註12〕杜繼文：《漢譯佛教經典哲學》上卷，第48～49頁。
〔註13〕陳兵：《佛教心理學》，第59頁。
〔註14〕惟海：《五蘊心理學》（上冊），第104頁。

作用的把握，《俱舍論》認為內五根依於意根，二者有比較簡單的交叉關係。

從意根的實際統攝性來看，雖然它也離不開所謂的「意根」，但相對於五根，它無疑帶有一種自明性、半自明性，它在整個五蘊體系中的必然走向是要被「意識」所統攝，換句話說五根、意根所緣果就是五識、意識，五境只是助緣。有關色蘊與其他諸蘊之間的聯繫，有學者認為色蘊只是最為初級的感知，其所得到的結果，最後要被分到其他諸蘊之中，換句話說色蘊和受蘊、想蘊、行蘊、識蘊等活動是交織在一起的。從心理學與佛學理論出發，研究者認為能夠對覺知活動產生影響的因素是多方面的，大致可分三類，即外色、外香、外聲、外觸、外味、外法等外在信息；內在信息，以及「多因素綜合作用而形成的實際覺知境界相」。從實際理論可以明顯看出《俱舍論》偏向內根的傾向，而最後強調的是意根的作用，「所欲強調者，第六根即意官，是對心理活動的自我感知，具有內明功能，與自知自覺、智慧、理解、明悟、量識（因明智、邏輯智慧）、菩提、般若波羅蜜多是有關的，確切地說，是它們的根本」〔註15〕，以現代術語來說，對色蘊覺知產生影響的有歷史、現實、客觀、經驗、知識、心智水平、有無解脫、精神因素等等。意根在整個色蘊中的地位愈加特殊，這也是《俱舍論》強調所謂感知「極微」的必然表現，獨立的五內根最後也要找到一個所依之體。

對於色蘊的理解，問題主要集中在兩個方面，以上將色蘊理解為感覺屬性，從佛教理論中比較模糊的論述，或者可以作為進一步闡述的方向〔註16〕，不過在傳統上色蘊大都作為物質性要素而沒有認知功能；另一方面，物質性要素的色蘊在參與「身體」構造上只是低級角色，《俱舍論》認為三界中，欲界凡夫五蘊具足，色界中色蘊已微，無色界與聖者皆無任何色蘊，以此來批評主張無色界亦有極其希微色蘊的觀點。但無是關於色蘊感知與否，還是參與身體構成的層階性，色蘊的「涉身性」意義已是顯著事實。色蘊只是身體的物質性構成要素，因色法的滯礙性而對有情的自我認識、自我解脫產生障礙，因此佛

〔註15〕惟海：《五蘊心理學》（上冊），第 125，126 頁。

〔註16〕對於色是否兼具心理屬性或精神屬性，從該詞的源起上說是可能成立的，有學者指出：「色原是奧義書的術語，統指組成有情的精神、物質二大元素」，「早期佛教的色陰包括四大和四大所造，由極微組成。色有相障、方所、觸變三性，就是說，它確實存在的，是我們可以感覺到的，是不斷流轉變化的。由此看來，它大致相當於我們所說的物質」。參見：方廣錩：《初期佛教的五陰與無我》，《佛教文化》2004 年第 5 期。

教理論設定由特殊修行將其捨離身體之外，以實現最終的解脫。

2. 受領納隨觸

受（梵 vedanā），或譯為「覺」、「痛」、「更樂」等名，意為「領納」、「領受」。據《俱舍論》，所謂「受蘊」（vedanā-skandha），即是領納隨應觸因而產生的，《光記》謂之「能領納隨順觸境，是受自性」（卷一）。所以，「領納」是受的基本內涵，這一認識為佛教通說，如大乘《顯揚聖教論》卷一謂「受」以「領納為體，受緣為業」。《俱舍論》解釋說：「受蘊謂三（苦、樂、捨），領納隨觸，即樂及苦，不苦不樂，此復分別為成六受身，謂眼觸所生受，乃到意觸所生受」。（卷一）由此，則「受」的自性即是「領納隨觸」，具體含義在圓暉疏中解釋甚詳：「受能領納，隨順觸因，故名為受。此隨觸言，為顯因義，因即是觸，能生受故，觸順於受，故名為隨。受能領納，隨順觸因，名領納隨順」。（卷一）即是說，受以觸為因，隨觸之不同而有不同的受；但也有「觸順於受」的一面，感受主體應為主導地位。〔註17〕

從「受」的產生上，有六種受。《雜阿含》卷三：「謂眼觸生受，耳、鼻、舌、身、意觸生受，是名受、受陰。」從「受」的接受上，有三種，即苦、樂、不苦不樂〔註18〕。《雜阿含經》第十三云：「眼色緣生眼識，三事和合觸，觸俱

〔註17〕 關於「領納隨觸」，古代疏家有不同理解。民國時期窺諦撰《俱舍一頌的檢討》
引普光《俱舍論記》、法寶《俱舍論疏》，慧暉《俱舍論頌義鈔》等諸家釋文，
並加以討論。（參見：《俱舍論研究》（下），大乘文化出版社1979年。）有學者
總結說：「俱舍注疏諸家，對『領納隨觸』的解釋各自都有不同的看法，共提出
有兩點：一、領納隨順於觸之境──執取受，即一切心、心所法都有此受執取
所緣之境。二、領納隨順於受之觸──自性受，即受領納自己所觸之境，在這
兩種解釋中，那一種才是真正屬於受的自性呢？依俱舍諸家注疏證文中，多數
是主張第二種領納隨順於受之觸為受的自性，即強調受、觸二心所互相依止，
不相違背，觸是受之所依，受是觸之能依。」（參見：定源：《試述〈俱舍論〉
之五蘊思想》，《閩南佛學院學報》1999年第2期。）也有學者從心理學角度進
行解釋，說：「受，釋為受納，詞義謂由感應而知之，基本意義為緣觸所生的領
受。感受是受的基本意義，情感、情趣、欲有、感情、欲望，是受的延續、發
展」，總體而言，「受蘊指心理感性反應機能系統，也是各種感受活動及其緣起
過程的總稱。」（參見：惟海：《五蘊心理學》（上冊），第132頁。）

〔註18〕 「若增益身心，是名為樂；損減身心，是名為苦；與二相違，名不苦不樂」（《成
實論》卷六）。《五蘊論》云：「云何受蘊？謂三領納。一、苦，二、樂，三、
不苦不樂。樂、謂滅時有和合欲。苦、謂生時有乖離欲。不苦不樂，謂無二
欲。」《廣五蘊論》云：「云何受蘊？受有三種。謂樂受、苦受、不苦不樂受。
樂受者：謂此滅時，有和合欲。苦受者：謂此生時，有乖離欲。不苦不樂受者：
謂無二欲。無二欲者：謂無和合，及乖離欲。受、謂識之領納。」

生受、想、思。」又云：「眼色緣生眼識，三事和合觸，觸緣受，若苦、若樂、不苦不樂。」總說此三種受，《光記》云：「謂樂受等，約依因異別說成立。言受身者，身是體義，故《對法論》云：身義體義無差別也。」這裡直接從感覺經驗劃分五境，所重者在於有情主觀之體驗，此處之「受」與「十二因緣」中講的「受支」的「受」所指基本相同。

　　總的說來，「受蘊」包含了人之身體、生理、感官之感覺、體驗等多個方面，其中不乏情感、精神方面的內容，所涵深廣，《入阿毗達磨論》卷上云：

> 受句義者，謂三種領納，一樂、二苦、三不苦不樂，……能為愛因，故名受，如世尊說，觸緣受，受緣愛，此復隨識差別有六，謂眼觸所生受，乃至意觸所生受，五識俱生名身受，意識俱生名心受，由根差別，建立五種，謂樂根、苦根、喜根、憂根、捨根，諸身悅受，及第三靜慮心悅受名樂根，悅是攝益義，諸身不悅受名苦根，不悅是損惱義，除第三靜慮，餘心悅受名喜根，諸心不悅受名憂根，諸身及心，非悅非不悅受名捨根。

「憂受」是精神層面的，「苦受」、「樂受」與「喜受」是心靈、生理層面的，「捨受」較為特殊一些為苦樂之外的特別感受〔註19〕。由於其涉及身與心、生理與心理、物質與精神等多個層面，故在佛教也分類甚多，有一受、二受、三受、四受、五受、六受、十八受、三十六受、百八受、無量受等多種，故有學者認為「受蘊是四蘊中包涵最為豐富的一蘊」，其概念，「大體包括西方心理學所說情緒（emotion）、感受、情感體驗（feeling）、心境（moods）等，以直接體驗所緣為特徵。」〔註20〕

　　對於受蘊之理解，似乎已經是學界的共識，如惟海法師認為，受蘊包括一切身心感受現象，是感受、情感、情趣、情緒、感情、欲望、情感性行為的總稱。」〔註21〕具體而言，「西方心理學對受蘊所主要講的情緒，有多種分類，如：愉快與不愉快的情緒（馮特），相當於樂、苦二受。粗糙與細緻情緒，粗糙者相當於

〔註19〕關於捨受，有學者述曰：「有時亦名為俱相違，即為一種不苦不樂的中庸受，有人認為，既然它是不苦不樂，就應該名為無受。可是，又有人認為，平時固然沒有感覺到特別的苦和樂，但仍然是有所感受的，所謂的捨受，並非指毫無感受，只是相對於苦、樂二受而言，比較輕微，不易為我們所覺察罷了。」參見：定源：《試述〈俱舍論〉之五蘊思想》，《閩南佛學院學報》1999 年第 2 期。

〔註20〕陳兵：《佛教心理學》（上冊），第 64 頁。

〔註21〕惟海：《五蘊心理學》（上冊），第 132 頁。

身受，細緻者相當於心受。分離性與連接性情緒（阿德勒），前者包括憤怒、悲傷、厭惡、恐懼、焦慮，後者有快樂、同情、謙遜。或說人類最基本、最原始的情感為快樂、憤怒、恐懼、悲哀四種。或分情緒為快樂、驚奇、厭惡、憤怒、恐懼、悲傷六種（艾克曼），頗近中醫喜、怒、憂、思、悲、恐、驚七情。或分人的基本情緒為憤怒、恐懼、悲傷、嫌惡、輕視、驚訝、愉悅、尷尬、罪惡、羞慚10大類，每類又包含許多情緒（艾克曼），佛教認為受的種類無量，人的情緒、感情極其豐富多樣，如快慰、狂歡、幸福感、滿足感、激動、振奮、亢奮、吃驚、畏懼、憂愁、煩悶、悃、困乏、無聊、寂寞、失落感，等等。〔註22〕

　　受蘊的分類大略體現了分支、交叉的複雜關係，身受、心受已經顯示出基本的結構，「從發生角度來看，感受是以對象激發的心一境契合度為前提，由境緣（情境、刺激物）上行所激發的感官、心理、或廣泛主體的機能反應。與基本的生存、安全、成長需求關係密切」，因此在現代學者看來，受蘊是「從初級感受到高級體驗，具有層次性特徵，表現著感受的機能水平」的系統〔註23〕。《中阿含經・受法小經》曰：「世尊告諸比丘：此世間如是欲、如是望、如是愛、如是樂、如是意，令不喜、不愛、不可法滅，喜、愛、可法生。……此是癡法。」此句在有些學者那裏認為，是佛陀把受蘊作業〔註24〕分為以意欲下行為共同特點的欲、望、愛、樂、意五個層級，即欲受、望受、愛受、樂受、意受五種。

　　《俱舍論》對受蘊有重要而深入的研究。其關於受蘊的不同分類，每一種分類都代表一種研究的角度，主要有身心分別、根門分別、自性分別、情感分別、界屬分別、染淨分別等等，這些分類之間還有重合、交互。

　　關於「身受」，《俱舍論》卷一云：「身，謂身受，依身起故，即五識相應受」，《法蘊足論》卷九云：「云何身受？謂五識身相應諸受，乃至受所攝；是名身受」，則身受是指依身體而生起的感受，具體指從眼等五根所生的各種意識相應受，多屬於生理性的情緒。按照不同根門分別，可以得出眼觸生受、耳觸生受、鼻觸生受、舌觸生受、身觸生受等五觸受。身受、五觸受，又叫「自性受」，是指

〔註22〕陳兵：《佛教心理學》（上冊），第65～66頁。
〔註23〕惟海：《五蘊心理學》（上冊），第143頁。
〔註24〕關於「受蘊作業」。惟海法師說：「受蘊作業，指感性行為。需求下行，或正面的感受經驗轉化成意欲，或身心內在張力形成意識的體驗和態度，就形成與感受有關的低級動機與感性行為。一般內在的需求與張力，經過感受系統放大才轉化為態度和動機，並下行產生感性的行動與行為——此即受蘊作業。」參見：惟海：《五蘊心理學》（上冊），第149頁。

依生理感受為主的最為基本的感受，一般分為苦、樂、捨三類。《俱舍論》卷三云：「言不悅是損惱義。於身受內能損惱者名為苦根。所言悅者是攝益義。即身受內能攝益者名為樂根。」又云：「『如是捨根，為是身受？為是心受？』『應言通二。』」木村泰賢認為，苦、樂、捨三受相當於現今心理學感情之根本三態的分類。阿毘達磨論師以此區別，在《成實論》卷六表述道「若增益身心，是名為樂；損減身心，是名為苦；與二相違，名不苦不樂」；苦、樂、捨雖是感情的基本分類，但在觀察的便利上，把他作種種分類的也有。如說六受，與六觸、六想等，南傳尼柯耶於此相若；感情誘起的原因，要以眼、耳、鼻、舌、身、意的六觸為前提，如說眼觸所生受等，即《俱舍論》卷一之觸有順樂受觸、順苦受觸、順不苦不樂受觸。〔註25〕除了身受，還有「心受」，又稱為「意觸受」。《俱舍論》卷十云：「意觸所生說為心受」，《法蘊足論》卷九云：「云何心受？謂意識相應諸受，乃至受所攝；是名心受」，則心受是從意官而發的感受，或者指對各種感受的心理領納〔註26〕，《俱舍論》將心受分之為喜、憂、捨三種。

　　關於身受、心受二者，身受是從五根產生的苦樂感，是真正感覺的心理；心受是起於精神內部的喜悅、憂苦。身受、心受與苦、樂、捨即佛學之「五受」（憂、喜、苦、樂、捨），其中憂、喜、捨三心受，對於六境，以意為近緣，向於意，名為意近行〔註27〕，其中「憂、喜以心受為代表，苦、樂以身受為代表；捨即中庸態為一，在中庸中，沒有心身的區別。」〔註28〕

　　從心理學角度而言，自性受是身體對刺激的主動或被動性感知，屬於本能的生理性反應。研究者認為自性受還有低級與高級之分，更高層次的自性受是隨觸受所緣生的情感反應，仍是基於本能、以情感反應為主，身心相關特徵非

〔註25〕〔日〕木村泰賢：《小乘佛教思想論》，第316頁。

〔註26〕有學者認為「意觸受可以包括一切內部心理活動所觸發的感受身觸與意觸所生受，最易引起耽樂雜染，故最受重視。通過六門分別，修習厭離，消除愛染，是根本佛教時代最主要的觀修內容。」參見：惟海：《五蘊心理學》（上冊），第140頁。

〔註27〕佛教有中十八意近行，在《俱舍論》卷十、《成實論》卷六、《大毘婆沙論》卷二二九等皆有所論，也是佛教通行之說。意近行「指以意識為近緣，從眼耳鼻舌身意六門所生的六種受，各分喜、憂、捨三類，合為十八種受。十八受各分為染、善二品，合為三十六種。染品謂有污染眈嗜，如貪財者中獎券時的狂喜；善品謂無貪染而有益，如佛教徒聽聞佛法時的歡喜。三十六受各分過去、現在、未來，合為一百零八種受。無量受，謂受的種類、相狀極多，甚至多到無量，不勝枚舉。」參見：陳兵：《佛教心理學》（上冊），第65頁。

〔註28〕〔日〕木村泰賢：《小乘佛教思想論》，第316頁。

常突出，且受自性受支配的性格具有人格特徵；在實際生活中表現為任性任情、脾氣大、一觸就跳，或易於抑鬱，性格受理性的調節制約較少。心受，又被稱為「近行受」，即謂「是其他心理系統在受蘊系統引起的體驗或聯覺反應，如意外帶來的吃驚、無知帶來的困惑、認知帶來的充實感、意志受阻引起的燥煩、意志實現帶來的欣快、智慧活動帶來的明快感等」，近行受唯是有漏，特別是意門的近行受，會轉進轉增，形成煩惱煩惱、憎惡憎惡等，引起感情、欲望、耽著，煩惱重重。〔註29〕

《俱舍論》比較明確地區分了「身受」和「心受」，卷七云：「心唯生心，受唯生受」，卷十五云：「心受非身。身受必與尋伺俱故」。〔註30〕二者差異，

〔註29〕惟海：《五蘊心理學》（上冊），第142～143頁。關於自性受和近行受的不同，惟海法師認為以現代觀點看，自性受是本能的感性反應，而近行受只有部分以本能生理感受為根據，還有相當部分是由學習獲得而建立起來的條件反射和機體機能系統的綜合反應，情緒、感情、欲望、耽著，越高級的體驗，綜合反應愈居於主導地位，複雜程度也愈高，而簡單的生理反射成分越少。在機能系統的綜合反應中，有大量主觀的成分，可能是不恰當的涉人，給人帶來了不必要的煩惱。諸近行受，俱屬心受。意門的近行受，建立在主體對自性受的無明分別的基礎上，以此樂可樂而樂，以此喜可喜而喜，耽著不捨，輾轉增益，見漏情漏，疊互交參，故稱分別受，是煩惱難釋、人生憂惱的主要原理之一。受上取受，是滲漏的根本。感受系統，是多維的，也有上行和下行的不同，如感受等自性受是以上行為主的，近行受是對其他心理活動的感受，或理解為來自橫向的因素，情緒是以產出性下行為主的，感情是綜合的把握，並體現到生活實踐中。」

〔註30〕《大毘婆沙論》卷一百十五云：「問：此中何者名身受？何者名心受？答：若受、在五識身；名身受。在意地；名心受。復有說者，諸受中無分別者，名身受。有分別者，名心受。復有說者，若受、緣自相境，名身受。緣自相共相境，名心受。復有說者，若受、緣現在境，名身受。緣三世及無為境，名心受。復有說者，若受緣實有境，名身受。緣實有假有境，名心受。復有說者，若受、於境一往取者，名身受。數數取者，名心受。復有說者，若受、於境暫緣即了者，名身受。推尋乃了者，名心受。復有說者，諸受中、若依色，緣色；名身受。若依非色，緣色非色；名心受。如色、非色，如是有對、無對，積聚、非積聚，和合、非和合，說亦爾。尊者世友說曰：佛說二受，謂身受心受。何者名身受？何者名心受？此中無有身受。諸所有受，皆是心受。何以故？心相應故。然所有受，若依五根轉，名身受。恒以身為增上緣故。若依意根轉，名心受。恒以心為增上緣故。有作是說：無有身受。諸所有受，皆是心受。何以故？心相應故。然所有受，若依三根轉，取和合境；名身受。恒作想故。若依三根轉，取不和合境；名心受。非恒作想故。大德說曰：受、有二種。一者、身受，二者、心受。若是身受，亦是心受。有是心受，而非身受。謂所有受，不取外事而起分別。但依內事，執取其相，而起分別。謂緣一切補特伽羅有緣法處所攝色心不相應行無為法等，名心受。大德欲令如是心受，無實境界，惟分別轉。」

在現代佛教心理學看來，主要體現在：（1）生理、心理之別。身受是生理、軀體性質的，心受則是感性知覺。（2）三世之別。身受唯感於現世，而心受可與回憶過去、感知現在、展望未來而引發諸種感受。（3）緣境一度與反覆緣境。由於身受和心受的三世分別，身受只能緣境一度，而心受可以反覆緣境；身受對境暫時感應即產生感知，而心受卻往往反覆推尋。（4）自相境與共相境。身受唯由自相境而引起，如單純性痛感受總是由某一具體的刺激而致；心受不僅能由自相之境，也能緣共相之境而引起，例如情緒性的痛苦，只要屬於某一類的情景都可以引起；（5）實有境域假有境。身受由實有境而起，心受則由假有、實有之境都可以引起，如針刺到某一具體部位才能引起身體的疼痛，此是由實有法而起的身受，但幻肢疼痛卻可以在沒有刺激，也沒有該肢體情況下產生，這是心受由假有引起的典型。概言之，身受與心受最顯著的區別是，身受是「依色緣色而起，即由形身對物質性刺激和生理病理性刺激發生感性反應」，屬於客體感受，而心受是「依非色緣色與非色而起」，是由心理對心理表徵境界發生感應的主體體驗。〔註31〕

　　如果從欲界、色界、無色界三界而言，可以分為欲界系受、色界系受、五色界系受，「欲界系受，是欲界心理活動的有漏感受、情感、情緒。色界系受，是色界心理活動所引起的有漏感受、情感、情緒；五色界系受，是由無色界心理活動所引起的有漏感受、情感、情緒」，可見三界之受，都是有漏、有雜染、有繫縛的；出離三界之後的感受則是無漏、離系的，如無為所生受、涅槃所生受等等，「解脫之後不是沒有感受，而是痛而不苦。聖者也不是毫無所憂，但不同於病態的憂鬱，而是某些憂患意識」。〔註32〕

3. 想取像為體

　　想（梵 saṃjñā），意為「取像」或「取相」，《俱舍論》釋為「『想』謂於境界取差別相。」所謂「想蘊」（sanjñā-skandha），即「謂能取像為體，即能執取青、黃、長、短、男、女、怨、親、苦、樂等相。」（卷四）《光記》釋曰：

　　　　依謂諸法自相、共相，此想能取，故名取像，如緣青時，想能

〔註31〕惟海：《五蘊心理學》（上冊），第 139～140 頁。作者還指出：「身受的範圍，只限於身體感受，比較狹窄，如擇滅無為引起的感受、成功體驗，就不是身體感受所能經驗到的；心受的範圍極為寬廣，對情、知、意、境物、人物、社會、抽象範疇、無為法，一切外法、內法、具體、抽象事物都可能產生體驗，而且比身體感受更為深刻。」

〔註32〕惟海：《五蘊心理學》（上冊），第 141 頁。

> 封疆盡非非青，故名之為青；黃等亦爾。此所取像，餘心所等不能
> 取故，餘心所等雖緣一境，各別起用，行解不同。約依不同，別說
> 成六，應如受說。

想蘊對於「相」或「像」皆有能取之功能，以顏色為例，可以形成具有區別於其他相狀的特殊能力；這一能力對一般的顏色、形狀可用，對具有綜合性和內在體驗性的男女、怨親和苦樂同樣能辨其差別，所謂「於境界取差別相」也可以說是「於境界取種種相」（《五蘊論》）。想蘊的取像之體用是心所功能不可取代的，它們的共同點是都需要「緣境」，但結果以自差別；想蘊也不是絕對獨立的，比如和受蘊、色蘊也緊密相連，按其所依之眼、耳、鼻、舌、身、意的不同，佛教歸為「六想身」。另外，想蘊也是四十六心所之一。

「想蘊」在《俱舍論》中所涉及的地方較為散亂，沒有專門作為討論對象。現代學者認為，《俱舍論》所說「像」、「相」大體同義，「指影像、相狀，即由視、聽覺等所得關於認識對象的感知覺，取像、了像，謂心對這些感知對象的主動分別、認識，或體認所緣，此乃進一步形成『名言』或『言說』（概念、語言）的前提，論典中因而稱想以『令心發起種種言說為業』（《瑜伽師地論》卷三）、『施設種種名言為業』（《成唯識論》卷三）——想的功能是形成概念、語言。」〔註33〕這一分析大致可以分為兩個部分，即想蘊的知覺性和想蘊的認知功能。

想蘊的知覺性。《增一阿含經》卷二十八曰：「所謂想者，想亦是知。知青黃白黑，知苦樂，是名為知。」對這幾句話可做不同理解，有學者認為這裡的「知」，「大略相當於現代心理學所言知覺」。〔註34〕與之可以參互理解的是《大乘阿毘達磨雜集論》的論述：

> 構了相是想相，由此想故，構畫種種諸法像類，隨所見聞覺知之
> 義，起諸言說。見聞覺知義者，眼所受是見義，耳所受是聞義，自然
> 思構應如是如是，是覺義，自內所受是知義，諸言說者謂詮辯義。

《入阿毘達磨論》又云：

> 謂能假合相名義解，即於青、黃、長、短等色，螺鼓等聲，沉
> 麝等香，鹹苦等味，堅軟等觸，男女等法，相、名義中假合而解，
> 為尋伺因，故名為想。

兩則材料的基本意思，是說通過對境取像，可以對顏色、形狀、聲音、味道、

〔註33〕陳兵：《佛教心理學》（上冊），第67頁。
〔註34〕陳兵：《佛教心理學》（上冊），第67頁。

觸覺以至於法相有所覺知，從一般認知過程而言，這是認識活動的基本前提之一，是對事物的基本分辨、感知，或稱之為「感性認識」。《大乘阿毘達磨雜集論》之「構了」一詞較好地概括了這一階段，即意為「構畫了別，由想構畫認識對象相狀、種類、性質等的作用，對所見聞覺知的感覺經驗作進一步的處理、加工，形成概念，可用語言表述。……現代心理學一般將知覺看作主動的、有選擇性的構造過程，主動地、有選擇性地，相當於佛學所言『取相』，『構造過程』一語，正相當於《阿毘達摩雜集論》解釋想之『構了』二字」，因此，佛教的「想」，在現代可以大略相當於現代心理學之感覺的大部分，及知覺（perception）、表象（image）、概念（concept），想蘊還可包括運用感覺、知覺進行的聯想（association）、想像（imagination）、白日夢、形象思維（imaginal thinking）、幻想（fancy）等心理活動。〔註35〕

4. 行蘊為造作

行（梵 saṃskārā）的原意，是「此是被形成者」或「依此而被形成」，意謂「被某種具有形成作用的力量所決定如此」〔註36〕。佛經中有很多和行相關的詞語，如「諸行無常」、「一切行」等等。從概念的外延上來看，「諸行無常」和「一切行」的「行」涵蓋最廣，包括宇宙萬象、萬法之總體；「行蘊」的「行」偏重於法相、行為現象中與「思」相關的所有現象、法相；「十二緣起」中的「行支」則是狹義上的，「『行蘊』的內容比較複雜，它與『十二因緣』中的『行支』含義理應相仿，把「思」作為主要規定，是支配人的思想行為的主體，故一般可解作今人所謂的『意志』。」〔註37〕不過總的看來，「十二緣起」的「行」與「業」牽涉較多，也包含了「思」所造業之內容。

所謂「行蘊」（梵 saṃskāra-skandha），《俱舍論》云：「除前及後色、受、想、識，餘一切行，名為行蘊」，以排除法為「行蘊」定義，也就是在四十六心所法中，除受、想二心所，其餘的四十四心所、十四不相應行法等五十八種，皆為行蘊所攝。《俱舍論》卷一間接討論道：

〔註35〕陳兵：《佛教心理學》（上冊），第68頁。

〔註36〕陳兵：《佛教心理學》（上冊），第69頁。日本學者舟橋一哉認為 saṃskārā 翻譯為「行」固然不錯，但此「行」字其實含有很多的意義。不應該只以一義來涵蓋整個辭彙。比如「行」有時應解釋為「形成力」。（參見：關世謙譯：《佛學研究指南》，臺灣：三民書局1986年，第8～9頁。）或者直接用「力」來表述。（參見：〔俄〕舍爾巴茨基：《小乘佛學》，第41頁。）

〔註37〕杜繼文：《漢譯佛教經典哲學》上卷，第50頁。

　　薄伽梵於契經中說「六思身為行蘊」者，由最勝故。所以者何？
行名造作，思是業性，造作義強，故為最勝。是故佛說：「若能造作
有漏有為，名行取蘊。」若不爾者，餘心所法及不相應，非蘊攝故，
應非苦、集，則不可為應知應斷。如世尊說：「若於一法未達未知，
我說不能作苦邊際。未斷未滅，說亦如是。」是故定應許除四蘊，
餘有為行皆行蘊攝。

薄伽梵即佛陀，《俱舍論》所引契經之語，類似於《雜阿含經》的記述：「云何
行如實知？謂六思身——眼觸生思，耳、鼻、舌、身、意觸生思，是名為行，
如是行如實知。云何行集如實知？觸集是行集，如是行集如實知。」（卷二）
以「思」來解釋行蘊，因為「思」本身也具有造善惡業的特質，是「行」中最
能造作的，強於其他心所，所以最為殊勝、特別，從這個意義上來說「思即是
行」（卷九）。從結果看，有漏、有為諸法生起也是行蘊造作使然，它們構成了
苦、集二諦，同時也是了斷的對象。應當說，佛法說有情諸種問題，通達無間
道，證知解脫道，很大程度上是建立在對行蘊的深刻認識、把握之上的；行蘊
實際上貫穿四諦，與五蘊中其他四蘊共同構成了世界之總體。〔註38〕總之，行
蘊包含了思業造作，並且「除了意志以外，像貪欲、瞋怒等情感以及名詞、句
子、文字也應該包括在內；所以《五蘊論》將它的外延更擴展到除了『受』、
『想』兩蘊以外的所有『心法及心不相應行法』，實際上是解釋成了運動；不
論是心理的還是物理的運動，通可稱之為『行』」。〔註39〕

　　從上面可以看到，《俱舍論》比較重視從「六思身」的角度說明行蘊，這
也是佛教對行蘊解釋的傳統，如《雜阿含經》第三云：「云何行受陰，謂六思
身，何等為六，謂眼觸生思，乃至意觸生思，是名行受陰。」《大乘阿毘達磨
集論》第一云：「云何建立行蘊，謂六思身，眼觸所生思，耳觸所生思，鼻觸
所生思，舌觸所生思，身觸所生思，意觸所生思，由此思故思作諸善，思作雜

〔註38〕《俱舍論》第一中有「除前及後色受想行識，餘一切行名行蘊」即說除四蘊之
　　　　外，其他44種心所以及14種不相應法之總稱為行。不過，關於行，經部、
　　　　大乘中有不同說法（參見多屋、舟橋、橫超三氏所編《佛教學辭典》，昭和30
　　　　年，京都，第80頁）也即是說，色與識（包括受、想等）之外的有為法是因
　　　　為行蘊才有的。有為（saṃskṛta）是通過行（saṃskāra）才生成的。這裡的行，
　　　　並不僅僅是形而上學的分類，而具有導致涅槃的行為實踐意義（參見早島鏡
　　　　正，關於「行」（saṃskāra），載於《印度學佛教學研究》三，昭和28年，第
　　　　308頁以下）〔俄〕舍爾巴茨基：《小乘佛學》，第17頁。
〔註39〕杜繼文：《漢譯佛教經典哲學》上卷，第50頁。

染，思作分位差別」，從現代佛教心理學研究的角度，「行蘊的語義，與現代心理學包括意向、意志、動機、動作、行為等的『意向過程』基本相同，不過現代心理學將佛學歸於受蘊的情緒、情感也歸於意向過程。阿德勒認為，人的精神是指向一個目標的運動力量之綜合體，這些趨向目標的運動力量，或可云意志、造作，可歸於行蘊。」〔註40〕

　　除了《俱舍論》所強調的「思」以外，現代學者從心理學的角度對其他一些佛教典籍，有如下幾種分析：（1）以「思」為首的有目的、有意向的心理活動。行蘊的行，主要指以「思」為首的有目的、有意向的心理活動。《雜阿含經》卷三云：謂眼觸生思，乃至意觸生思，是名行受陰。將行蘊解釋為由眼等六根六識接觸外境後所生的「思」。思，指能發起語言、行為的意志、決定、主意。《清淨道論·說蘊品》即曰：「有發動組合的作用，以忙碌為現狀」，「把一切有行作相的稱為行蘊」。《大乘阿毘達摩雜集論》卷一解釋行為「造作」義，謂行驅動心發起造作的作用，造作或善或惡或非善非惡的業。（2）對自我的體認（我見）或自我意識。最重要的思或行，是對自我的體認（我見）或自我意識，《雜阿含經》卷三言：「愚癡無聞凡夫，於色見是我，若見我者，是名為行。」最根本的自我意識或行，則是意識層面之下念念不停的我執。大乘唯識學將作為意識之根、執有內自我的第七末那識歸於行蘊。《佛學今詮》解釋行乃衝動、本能衝動或活動欲、生存欲。（3）一切有情皆依行住、一切有為法為行蘊。《法蘊足論》、《品類足論》等部派佛教論典和《廣五蘊論》等大乘論典，皆分行蘊為心相應行與心不相應行兩大類。心相應行蘊，謂屬於心的觸、作意、欲、念、輕安、定等所有心所法。心不相應行蘊，既不屬於心理現象也不屬物質現象，有無想定、滅盡定（兩種止息了意識活動的禪定）、命根、眾同分、生、老、住、無常、時、方、數、得、名身（名詞）、句身（句子）、文身（字母）等。《阿毘達摩集異門足論》卷一謂「一切有情皆依行住」，「此壽命根說名為行」，眾生生命之根本（命根）稱為行，此壽命根即屬於心不相應行。《大毘婆沙論》卷七四謂行蘊廣攝五蘊，廣攝一切有造作的「有為法」，有為法必具的生、住、異、滅四相（「四有為相」）乃行蘊的特性。《大智度論》卷三十五說，佛或說一切有為法為行蘊，或說身、口、意三行——出入息為身行，覺觀（尋伺）為口行，受、想為意行。此則為廣義的行蘊。總之，行蘊，可謂以自我意識為根本、在意志驅動下發起的一切心理活動。行蘊使人具有自我感、意志和造作能

_____

〔註40〕陳兵：《佛教心理學》（上冊），第 70～71 頁。

力，是人進行一切活動、事業，乃至修學佛法的根本。〔註41〕

5. 識謂各了別

　　識（梵 Vijñāna，Vijñapti），本謂「分別」、「了別」之意，有的地方釋為「知」。關於「識」，以及梵文「Vijñāna」和「Vijñapti」，陳一標認為，學者們對 Vijñāna 的看法大同小異，故依他們對 Vijñapti 看法的不同，將其分為五類：長尾雅人等將 Vijñapti 視為「表象」，屬於對象面，不含有主體的意味，「唯識」也就變成「一切只是表象」之意，是一種觀念論的形態；寺本婉雅將 Vijñapti 視為「創造，統一境與識的認識主體」，具強烈唯心論的傾向；稻津紀三認為 Vijñapti 應譯為「表識」，與「表象」同屬對象面的意含，他更發現 Vijñapti 具「顯現為境」與「從自種子生」的兩個性質，而 Vijñāna 的性質則是「相續」與「轉變」；芳村博實主張 Vijñapti 原指對象一面，但《攝大乘論》後，Vijñapti 指「純粹的識的作用」，是「對象顯現」與「使對象顯現之能力」（種子）所在的場所；上田義文反對將主體的意思排除在 Vijñapti 外，且堅持初期唯識思想不能是觀念論，他認為 Vijñapti 是表示「識見識自身」之意。〔註42〕

　　所謂「識蘊」（梵 vijñāna-skandha），《俱舍論》頌文云：「識謂各了別，此即名意處，及七界應知，六識轉為意」，論曰：

> 各各了別彼彼境界，總取境相；故名識蘊。此復差別，有六識身。
> 謂眼識身、至意識身。應知如是所說識蘊、於處門中，立為意處。於界
> 門中，立為七界。謂眼識界、至意識界。即此六識，轉為意界。（卷一）

此段關於識蘊，可分述數端解之：第一，所謂「各各了別彼彼境界」、「有六識身」等，即指眼、耳、鼻、舌、身、意等六識身各自了別所緣之境而對境相產生總體認識，既可指所得之知識，也可指認知之主體。而所謂六識身即依止六根對六境產生的六種辨識的作用，如《雜阿含經》卷三云：「云何識受陰？謂六識身。何等為六？謂眼識身乃至意識身，是名識受陰。」這裡的識蘊就是指「六識」。

　　第二，識蘊與意界的關係。《俱舍論》卷一云：「識蘊即名意處，亦名七界，謂六識界及與意界」，即是說眼、耳、鼻、舌、身、意等六識界概括起來就是意識界，前後相加得出「七界」。之所以在六識之外設立意界，是因為「更無異法，即於此中」，即所有的法都在這六識之中了。關於意根與意識的關係，

〔註41〕陳兵：《佛教心理學》（上冊），第 69～71 頁。
〔註42〕參見：陳一標：《「識」的詮釋：Vijñāna 與 Vijñapti》，《圓光佛學學報》1997 年第 2 期。

木村泰賢說：「對這配合而成問題的，就是意根界與意識界的不同，究在什麼地方？這在諸派間，多少發生解釋的不同。在阿毘達磨的法相上，雖則是很難的問題，但現在我想把他暫為這樣解說：所謂意根界，專名於心之所動的方面；所謂意識界，判斷推理等，多少含有能動的方面。」〔註43〕如果考慮到《俱舍論》自身的說法，設立「意識」和設立「意根」、「法界」用意是相同，用於完善蘊處界三科，設立具有統攝的意根，則必須設立其能依的需要，即「如五識界，別有眼等五界為依，第六意識無別所依，為成此依，故說意界。如是所依、能依、境界應知各六界成十八。」（卷一）

第三，基於以上所論，「識蘊」與「十二處」、「十八界」的關係如《俱舍論》所云：「（識蘊）於處門中立為意處，於界門中立為七界，謂眼識界至意識界，即此六識轉為意界。如是此中所說五蘊，即十二處並十八界」（卷一），即是說，在「處門」中，「識蘊」即十二處中的「意處」；在界門中，從眼識界到意識界的六識界轉為七界門中的「意界」，此意界乃由眼識至意識等六識轉謝過去而得到，而已轉謝之識，還可以為後識所依，故知六識居現在世名識，在過去即名為意。從蘊、處、界三科的關係上看，五蘊含攝了十二處和十八界，換句話說，此三者實際上是等同的，只是分析的角度和思路上的差異。〔註44〕

〔註43〕〔日〕木村泰賢：《小乘佛教思想論》，第 118 頁。
〔註44〕印度大乘佛教時期，瑜伽行派的唯識法相學，在六識之上加「第七識」（末那識）、「第八識」（阿賴耶識），而中國大乘佛學，更在八識之上加「第九識」即「阿摩羅識」（無垢識），甚至更上一層樓，加到「第十識」，所謂「一切一心識」。在原始經典，識的異名「心」（citta）與「意」（manas，mano），「心」、「意」、「識」，三者名異而義同，部派佛教也採取同樣立場，但到了大乘佛教時期，瑜伽行派的看法與以前有所差異，他們認為「心」、「意」、「識」三者名稱不同，意義自然也不一樣，三者體性各別，「識」即「六識」，從眼識到意識，「意」即第七「末那識」，「心」即第八，「阿賴耶識」。原始佛教之「五蘊」說，「受」是感受作用，「想」是概念，表象作用，「行」之中的「思」是意志作用，「識」是分別、認識作用，這些心作用，彼此獨立平等，「心作用」之外，沒有「心的實體」，因此，「受」、「想」、「思」與「識」同等地位，「心」一動，諸多「心作用」隨之而起，這就是「心」，除此之外，別無「心」的實體可尋，但到了部派時代，把「心」當作「實體」，即所謂「心王」來考察，而「作意」、「觸」、「受」、「想」、「思」等稱之為「心所」，為「心」所有，屬於「心」的意思，在此，「作意」、「觸」等包括在「心王」之中，是「心」的屬性、樣態，而不是獨立的心作用，與原始佛教的看法大異其趣。總之，原始佛教的「五蘊」說，其「受」、「想」、「行」、與「識」同等地位，到了部派佛教，「受」、「想」、「行」、變成「識」（心王）的屬下，即「心所」。參見：張瑞良：《蘊處界三概念之分析研究》，《臺大哲學論評》1985 年第 8 期。

　　對於六識的產生先後，則取決於五根緣取五境的狀況。《俱舍論》認為，它們雖同時呈現，卻也有先後的差別，以身根和舌根而言，「隨境強盛，彼識先生；境若均平，舌識先起，食欲引身令相續故」（卷一），這裡的標準有二，一為外境刺激的強弱，二為根與根之間的互動鏈條，不過在諸多條件相同的情況下，另據「欲」以抉擇。

　　《俱舍論》對於識蘊的分別，總體上是以討論「六識身」為主，其他分別或散見於文中，或隱含在有些分類之內。總結起來，可如《集異門足論》卷十一：「云何識蘊？答：諸所有識、若過去，若未來，若現在，若內，若外，若粗，若細，若劣，若勝，若遠，若近；如是一切、略為一聚，說名識蘊。」

　　《俱舍論》說識蘊也有種種差別，表現為六識身，如《品類足論》卷二云：「識蘊云何？謂六識身。即眼識、乃至意識」，即眼識、耳識、鼻識、舌識、身識與意識六種。

　　從尋、伺角度理解，眼等五識，有尋有伺，由與尋伺恒共相應，以行相粗，外門轉故。《俱舍論頌疏》云：「十八界中，五識唯有尋有伺，分界名也。由與尋、伺恒共相應，釋唯有尋、伺所以也。以行相粗外門轉者，釋恒共尋、伺相應所以也。」如在欲界、初靜慮中，是有尋有伺；在到達第二靜慮過程中間（即中間定），是無尋惟伺；到了第二靜慮以上諸地，乃至到有頂（非想非非想處天），都是無尋無伺。法界所攝非相應法（十四不相應行、三無為、無表色），和到達第二靜慮過程中間的伺，也都是無尋無伺。尋在一切時都是無尋惟伺，因為並沒有第二個尋心所，惟只跟伺相應的緣故。《光記》曰：「法界中有四法：一尋，二伺，三餘相應法，四非相應法。於此四中，餘相應法界及意界、意識界，皆通三品；非相應法界及靜慮中間伺，亦同第三品；尋在第二品收。無第二尋，顯無有尋，但伺相應，顯彼有伺。」有尋、伺心所之地，是有四品法：一有尋有伺，就是除去尋、伺二自體，其餘相應法（餘四十四心所）都是；二無尋惟伺，就是尋自體；三無尋無伺，就是一切非相應法（十四不相應、三無為、無表色）；四無伺惟尋，就是伺自體。其餘五根、五境十色界，都是沒有尋、伺二心所的，因為它們永遠和尋、伺是不相應的緣故。

　　意界、法界、意識界在根、境、識中各居最後，皆通於（有尋有伺、無尋惟伺、無尋無伺）三品，其內容即意界、意識界，以及相應法界（四十六心所法）中除去尋、伺二心所（其餘四十四心所法）。

　　五識身取自相境。對於「眼識」，《俱舍論》卷一稱：「有時眼識緣一事生，

謂於爾時各別了別；有時眼識緣多事生，謂於爾時不別了別，如遠觀察軍眾、山林、無量顯形珠寶聚等。」是說眼識既能對諸色各自了別，也可以作以總的認知。其他五識也是如此。換言之，五識是由於五根緣取五境所得，其中眼、耳、鼻、舌、身五根既可以只緣一色境而生起，也可以緣多種色境而生起。《俱舍論》不贊同有些論師主張身識的發生需要極多的緣，或稱具足五觸境，或稱具足十一觸境方可。〔註45〕總的說來，五識能夠總緣一切外境，但需要限制在各自相對應的外境，而不是緣取其他外境，也即是「五識身取自相境」，這也是對「應五識身取共相境，非自相境」的評破。

三性分別。《俱舍論》提出三種分別，即自性分別、計度分別、隨念分別，「由五識身雖有自性，而無餘二，說無分別」，「意地散慧，諸念為體。散謂非定，意識相應散慧，名為計度分別；若定若散，意識相應諸念，名為隨念分別」（卷二），即謂五識身只有自性分別，是心識的單純覺知與思考，所以也說為「無分別」；意識是以前五識以及自身所緣前識為體，根據所緣之境而思惟、計度，因此稱為「散慧」；與意識相應，對過去之事的隨事臆想或隨境追念，或有定或不定，即為隨念分別。「隨念分別」只是意識的一種特殊表現。

內外分別。《俱舍論》卷二曰：「六根六識，十二名內；外謂所餘色等六境。我依名內；外謂此餘」。既然佛教主張不執著此身，所謂「身體」乃蘊集之無常，為什麼還說內外之別？世親說：「我執依止故，假說心為我」，即「心」實際是我執（我見）所依止，故而假說心即是我，在此基礎上「眼等為此所依，親近故說名內；色等為此所緣，遠故說名外」（卷二），眼等六根乃假我所依止處，因為較親近就叫作內；色等六境是假我所緣處，因為較疏遠就叫作外。

除了六識身重要分別外，還有三世識。即識有過去、未來、現在三者。所謂「過去識」，即識已起、已等起，已生、已等生，已轉、已現轉，已聚集、已出現，總之都為落謝過去，盡滅離變，因此屬於過去性、過去類，為過去世攝；所謂「未來識」，即識未已起、未已等起，未已生、未已等生，未已轉、未已現轉，未聚集、未出現，屬於未來性、未來類，被未來世攝；所謂「現在識」，即識已起、已等起，已生、已等生，已轉、已現轉，現在聚集、住未已謝，未已盡滅，未已離變，和合現前，因此屬於現在性、現在類，被現在世攝。此外還有內外、粗細、劣勝、遠近等分別，其分類不同，但都是建立在六身識的基礎之上。

〔註45〕《俱舍論》列舉了兩種異說：「有餘師說：身識極多緣五觸起。謂四大種，滑等隨一。有說：極多，總緣一切十一觸起。」

現代佛學研究中，常常將「識蘊」作為認知活動的最高階段。舍爾巴茨基認為識蘊表示的是「純粹感覺或通常的意識（識）」〔註46〕或者「純粹的無內容的心法意識」（citta 心-mana 意-vijñāna 識），他認為：「意」，「擔任獨立的、第六種知覺作用的意識，所認識的是非感覺的或抽象的對象（dharmaḥ 法），它代表了與意識（mano-vijñāna）相關的先行的剎那；「眼識」是「同視感覺相結合時的，即同一純粹意識」；「耳識」，是「同聽感覺相結合時的，同一純粹意識」；「鼻識」是「同嗅感覺相結合時的，同一純粹意識」；「舌識」是「同味感覺相結合時的，同一純粹意識」；「身識」是「同觸感覺相結合時的，同一純粹意識」；「意識」是「與同一個意識系列中先行剎那相結合，而並未參與任何別的五種感覺的，同一純粹意識。」〔註47〕

杜繼文認為，「識陰」的「識」是指「具有知識和了別能力的認識主體」。他認為佛教把人的精神世界分解為受、想、行、識等四類活動，從人的精神世界也是多因素組成的整體去描繪精神活動的各種心理過程及其相互關係，即「由主體感受外在對象開始，經過表象、概念等的想像和推理，再由情感和意志決定自己的思想和行為；而受、想、行又可以同時綜合交錯發揮作用；『識』則是承擔這一切精神活動的主要機能」。〔註48〕從這裡可以大略看出杜先生與舍爾巴茨基的判定幾乎一致，都是和西方近代認識論做了比較理解，舍爾巴茨基認為一切存在元素最簡潔的分類表述便是五組元素的劃分，即物質（色）、感受印象（受）、表象（想）、意志或別的能力（行）、純粹感覺或通常的意識（識），他說：「如果我們意識到了色蘊不過代表感覺材料，而靈魂我（soul）被排除並且被感受、表象、意志及純粹感覺所取代的話，我們不禁會驚歎，透過東方哲學術語顯露出來的這種物質和心靈的概略表達，是何等地接近現代

〔註46〕〔俄〕舍爾巴茨基《小乘佛學》，第 15 頁。

〔註47〕〔俄〕舍爾巴茨基《小乘佛學》，第 181～182 頁。舍爾巴茨基還指出意識的特殊性，還在於「它之進入個人生命的複合結構中，既是一種機能（mano-dhātu 意界，指稱為『根』的能力），又是六種各不相同感覺。它們之間的差別則是依其起源而來的，或是依據諸感覺之某一種，或是依據純粹精神性的非感覺性的來源」，又說「所有這些意識僅僅存在於普通的存在界（欲界）；在更高的世界中感覺意識漸次消失掉；在非物質的世界（無色界）僅剩下了非感覺的意識。將意識分為不同種類（從第十三至第十八界六種）是為了適應那對應不同世界居住者（三界眾生）的基本元素結構式的需要。」〔俄〕舍爾巴茨基：《小乘佛學》，北京：第 22～23 頁。

〔註48〕杜繼文：《漢譯佛教經典哲學》上卷，第 50 頁。

歐洲科學的立足點。」〔註49〕

　　事實上，知和了別也是《俱舍論》同時提出的對「識蘊」的界定，但在理解上各家有所不同。〔註50〕有研究者從現代心理學的角度認為，「識蘊指心的基本了別功能，或曰：識蘊指心識接收和識別、處理信息的基本功能」，其中「了別」當為「識別」，包括意識層面及無意識層面的識別。〔註51〕五蘊之中，「四蘊中，受、想、行三蘊皆是依識蘊的了別作用而生起的心理活動，識蘊為心法、心王，受、想、行三蘊為心所」，「將心的功能歸納為受想行識四蘊，與西哲康德的知、情、意三分說大體相近：想蘊與識蘊當於知（認識），受蘊當於情（情感），行蘊當於意（意志）。榮格以感覺、思維、情感、直覺四種功能為構成人心靈活動之「四象」，四象中情感屬受蘊，感覺、思維屬想、行二蘊，直覺屬識蘊。當代心理學一般說人心有感覺、思維、感情、行為四大功能，也大略當於受想行識四蘊。」〔註52〕同樣從知與了別的界定出發，還有更為具體的界定和深入探討。有研究者認為識蘊是古來公認最「難了知」的一個心理系統，提出「識蘊是理解系統」或曰「識蘊是理解的總稱」，所謂「理解」，即「通過內在模擬、根源性展現、精神共振等過程而達到如其本然的完全認識的過程」，「識蘊以理解功能為中心。理解行為，是介於意識與精神之間的行為，已涉入精神實踐領域，有著與認知、情感不同質的特徵，是人文精神科學的基礎領域。」〔註53〕

〔註49〕〔俄〕舍爾巴茨基：《小乘佛學》，第15頁。

〔註50〕杜繼文還提到了對於識蘊理解的不同說法，指出有的經論認為「識」即是「知」，有的釋之為「了別」，「謂其能知識和分別自己所緣的境界」；關於六識，有的說「六識」的性能不同，所以是六個獨立的識體；有的則認為是六識屬於一個識體，是同一識體的不同功能。參見：杜繼文：《漢譯佛教經典哲學》上卷，第50頁。

〔註51〕陳兵：《佛教心理學》（上冊），第71頁。作者還指出，了別當於今所言「識別」，如《清淨道論》謂「把一切有識知相的總括為識蘊」，並列舉識蘊所攝的心理現象凡89種。如此，則識蘊與受、想、行三蘊及三蘊所攝心所法，便難以區分了。大乘法相唯識學則說識蘊除六識外，還包括六識底層的第七末那識、第八阿賴耶識。《大乘廣五蘊論》解釋：「云何識蘊？謂於所緣，了別為性。亦名心，能採集故；亦名意，意所攝故。……如是六轉識，及染污意、阿賴耶識，此八名識蘊。」或只以心體第八阿賴耶識為識蘊。

〔註52〕陳兵：《佛教心理學》（上冊），第72頁。

〔註53〕惟海：《五蘊心理學》（上冊），第237～238頁。他還指出，識蘊的機能就是理解性認識，識蘊的行相，就是了別活動。佛家對理解的研究，集中在般若學和中觀學的領域內，主要表現為對意識的穿透性超越而開發明慧，達到心悟，達到「法性」、「實相」、「實際」，達到「本來面目」，但分析性研究並不充分。

二、五根、五境及其關係

1. 識依淨色名五根

《俱舍論》本頌曰：「彼識依淨色，名眼等五根」，色蘊含攝五根（眼、耳、鼻、舌、身根）、五境（色、聲、香、味、觸）十種有表色及無表色。就色蘊而言，《俱舍論》將五根與五境列為「十處」或「十界」。處，舊譯為入，是心、心所之所依、生長之處所；從根、境各自特性不一的角度來說，則稱之為「十界」。其中，眼、耳、鼻三根界各具二處而合為一根界。眼、耳、鼻三根，雖然分別都生成兩個，但以眼根為例，它們都是眼根自體，俱為同類，所以是「類相同」；因為都是以色為境，所以是「境相同」；因同為眼識所依，所以是「識相同」。耳、鼻的情況也如此安立，所以三根「雖二而一」。至於為什麼三根是成對出現，《俱舍論》的解釋是：「為所依身相端嚴故，界體雖一而兩處生」（卷一），不過在世親和有部的討論中，又進一步解釋人之所生兩眼、兩耳、兩鼻等器官與貓、狗等動物還是不同的，「為所發識明瞭端嚴。現見世間閉一目等，了別色等便不分明，是故三根各生二處」（卷一）。那是為了讓由這些根所引發的識能明瞭端嚴，因為世間人若遮閉一目等根，那麼了別色等諸境便不分明瞭，所以眼、耳、鼻三根，才各生於二處。這也是對《大毘婆沙論》的補充。

「五根」在此應與一般意義上的物質性身體有所區分，但仍然是依於淨色而生起，終難離「色」，故名「淨色根」。《俱舍論》云：「如世尊說，苾芻當知，眼謂內處四大所造，淨色為性」，即謂五根處在身內，由地、水、火、風四大種所造，以五種淨色為體。之所以名「根」，是由於根為「識所依止義」。〔註54〕這裡顯示，體性清淨的五根〔註55〕，具有增上、勝用、能生的功能，因而能緣境生識，「根」的意涵便是「識」之所依。

如何理解「五根」，關係到對「色蘊」在五蘊之中的地位與作用的評定。如果從「色」的角度出發，認為這是一種物質性的，只是「根」、「境」，而非「識」，故而傾向於把「五蘊」作為一種與「色法」相近的理解，在認識論上則作為「感覺材料」，如舍爾巴茨基說：「如果我們意識到了色蘊不過代表感覺材料，而靈魂我（soul）被排除並且被感受、表象、意志及純粹感覺所取代的

〔註54〕 有的地方認為眼、耳、鼻因可見而歸入扶塵根，舌、身二根為勝義根，以扶塵根為依處。從《俱舍論》的角度，五根結依從四大種而生，四大種的本性清淨，為清淨色，故而五根也應該是清淨為性的。

〔註55〕 《俱舍論疏》云：「眼等五根，體清淨故，如珠寶光，故名淨色」。（卷二）

話，我們不禁會驚歎，透過東方哲學術語顯露出來的這種物質和心靈的概略表達，是何等地接近現代歐洲科學的立足點。」〔註56〕這一理解方式的根源可能是受到近代西方哲學認識論，一些研究佛教心理學者雖未必引以為論，得出類似的結論。

　　另外一種觀點，認為佛教的根緣境理論，與現代生理學理論極為相似，作為「扶塵根」的五根有著可見的眼球、皮膚、耳朵、舌頭、鼻子等器官，它們「相當生理學上所說的感覺器官」，作為「淨色根」的五根具有能生能緣的功能，相當於「生理學上所說的神經系統」。二者具有事實上的聯繫，「神經知覺是通過感覺器官而獲得的，假如感覺器官受損，神經知覺就會受到某種程度的損壞，從而就影響到眼見色乃至身覺觸的各種官能」。〔註57〕

　　與上一觀點類似的是，有學者從心理學的角度，認為「心理學上色蘊，主要是研究所造色，古來皆說所造色指感官和感官境界相，故應包括一切心理生理組織和心理現象」。其分析依據是根據佛教的扶塵根、淨色根，以及能造色、所造色的說法，第一，根據部派佛教論典所說的淨色根、勝義根說法，顯然有別於作為器官存在的「扶塵根」，對這種區分可理解為：「由於在內外物質的區分中，已把普通的身內物質視為能造色，以區別於作為心理器官的所造色，故物質性的所造色僅指心理活動特有的組織基礎」，淨色根是「不可見而有發生心識作用的微細色」，是佛教對神經系統的猜測；第二，對「所造色」的理解，「在心理生理意義上指神經系統；在心理現象意義上概指一切感官覺知屬性等心理表徵，如紅綠長短、輕重冷暖、表象言詞，但在色蘊中，指六根六境，重點在六境，即色、聲、香、味、觸覺、意所知法。」如果這種將所造色作為「神經生理物質」理解可以成立，兼及「所造色」本具的世間物質實體「現象世界」而言，則色蘊無疑可如《發智論‧智納息》所言「攝一切法」。〔註58〕

　　以上三種觀點中，後兩種都從佛教思想出發，以現代神經學、心理學理論為參照，它們並不否認「五境」作為認知對象、材料也是「色蘊」，所以相對第一種觀點而言，對佛教「色蘊」的把握更為全面；其次，上述三點所持理論基礎卻是相同的，即外界刺激感官以產生認識的模式，「『所造色』主要指現象世界，為客在世界的心理屬性；又稱境界相，它是由心理所顯現或變現的世界

〔註56〕〔俄〕舍爾巴茨基：《小乘佛學》，第 15 頁。
〔註57〕定源：《試述〈俱舍論〉之五蘊思想》，《閩南佛學院學報》1999 年第 2 期。
〔註58〕惟海，《五蘊心理學》（上冊），第 239～240 頁。

影像。例如由外在刺激物所激發的客觀觸覺名為『所造觸』。」〔註59〕故而總體上，它們所持的認知理論仍然基本相似，只是對具體的「色蘊」問題所見有別。

從心理學的角度分析「五根」，目前很難擺脫心理學中認知模式架構，如感知、感覺、知覺等理論。故而，主動尋找比較貼合的「五根」作為心理認知的始點，如其言「感官層面心理活動是複合的，有質性的感應，也有現象性的反映。五官系統是客觀反映性的，故稱為覺知；意官系統是主觀感應性的，故稱為感知」〔註60〕，並且從這一論斷，可以印證上文所得結論，暫且可以稱為「反映論認知理論」，特點有三：第一，初級認知。由於在心理學認知中設定了所謂認知由低級到高級的階性劃分，所以不免將「五根」即便不當做物質材料，也認為這是「最初級的信息拾取和境界相的構造行為，是最淺層的心理活動，其境界是心理世界的素材性資源」；第二，外部反映。認為人的認知可以分為兩種，其中「以對象化的形式處理所知的信息，形成客觀知識」的可以稱之為「客觀知覺」或「自性覺」；第三，內部感知。認為人也對自身產生認知，即「主觀感知」，能「以對身心感覺自我感知的形式，形成各種生理性病理性的自我體驗和自我認識」，或稱為「果事覺」。〔註61〕

反映式認知是人對認知活動較為直接的把握，即首先區分自身與外物，進而能夠找到以「五根」為代表的信息酌取門戶，來攝入外部事物、現象、生理的各種信息，同時設立一種「內感官」或「意觀系統」作為發現心理活動的「內根」，以此為基礎，產生了諸如認知活動與意識活動、思想活動與精神活動、知識水平與心靈境界等對待劃分。根本上，仍然是心、物二分的擴展、外依，所以「五根」被設定為「五官感知」，即色覺、聲覺、香覺、味覺、觸覺五類，「它們分別由眼耳鼻舌身門五門覺知機能，完成客觀事物信息到心理屬性境界相的轉化」。〔註62〕

這種「反映式」認識角度，有助於從概念、結構和功能上加深對佛教「五根」的認識。不過是否能夠貼合佛教、《俱舍論》的本意，還有待考察，如《俱舍論》強調「五根」不能斧斫、不能火燒，其曰：「身等色根不名所斫，非可全斷，令成二故。非身根等可成二分，支分離身則無根故。又身根等亦非能

〔註59〕惟海，《五蘊心理學》（上冊），第 106 頁。
〔註60〕惟海，《五蘊心理學》（上冊），第 106 頁。
〔註61〕惟海，《五蘊心理學》（上冊），第 106 頁。
〔註62〕惟海，《五蘊心理學》（上冊），第 106～108 頁。

斫，以淨妙故，如珠寶光。如能斫、所斫，體唯外四界；所燒、能稱，其體
亦爾，謂唯外四界，名所燒、能稱。身等色根，亦非二事，以淨妙故，如珠
寶光。聲界總非，不相續故。能燒、所稱有異諍論，謂或有說能燒、所稱，
體亦如前，唯外四界」（卷二），它所強調的是五根不能斷絕，不會像色、香、
味、觸這些身外的四界那樣，其為積聚可以「剎那續生」，比如用刀斧劈開樹
枝，分隔的每一截又各自生起；五根不可完全斷截，分開後還能續存，所以
不能稱為所斫；五根如若分開，離開了身體以後，就不具備原來的感覺能力，
所以真諦譯曰：「諸根若分為多，則不成根」（《阿毘達磨俱舍釋論》卷二）。
此外，五根清淨微妙，不屬於能燒、能稱之列。其中聲界則完全不具備能斫、
所斫，能燒、所燒，能稱、所稱六種情況。〔註63〕這一說法，主要在於強調
「五根」不可分離、不可毀壞，所舉得例子是斧斫、火燒，言下之意是在強
調「五根」之不可或缺性，在此基礎上，即便是有根、境之別，根、識可能
也無法相離而各自獨存。〔註64〕

2. 五根所緣名五境

「境」（梵 visaya，gocara 或 artha），在佛教通常與「心」相對，作為心之
所遊履攀緣的對象。五境（梵語 pañca-visaya），漢語中又譯作「五塵」、「五妙
欲境」，英文常翻譯為「five external objects」。為五識所緣之五種境界，即色
境、聲境、香境、味境、觸境。有時也將意根對象之法境納入，稱為「六境」。

〔註63〕對於聲界是否能燒、能稱的問題，有的論師認為能燒、所稱之體也只有外四
　　　　界。或者，認為只有火界是能燒，所稱惟觸所攝重性。所燒能稱：所燒能稱之
　　　　事，亦指色等外四界而言。

〔註64〕從印度哲學的理論，以現代學術中的物質、生理、心理等概念去分析，恐怕仍
　　　　然力有未逮，比如對於五根與物質要素、五境與五根的機理關係等等，有些可
　　　　能是古代理論所沒有討論的，但就目前所存文獻，也比較難以定論。木村泰賢
　　　　說：「在諸學派問，同樣發生種種異論。感官是物的，雖為諸派所共同承認，
　　　　但那作用，是極微妙的，與普通的物之現象有所不同，而那構成的次第，也被
　　　　認為是一種特別的，是根與原素關係論發生的理由。對這感官的色聲香味觸
　　　　的五境，對於感官有一定關係的理由，在物質論上，生起在什麼地方有其根據
　　　　等的疑問的，不能不說是五境論發生的理由。這樣，如數論派，以五根為我執
　　　　機關，是從我慢所生，分為主張不是普通物的現象學派，與把他說為從細原素
　　　　的五唯所生的學派，也不一定。又勝論派，從五大各各生五根，而色香味觸
　　　　等，各是備於地水火風的屬性（guoa），所以於此即說一定的認識關係成立等，
　　　　其外還見到種種的說明。佛教的物質觀，實是含有這背景而論究的，這是我人
　　　　必須豫先了知的。」參見：〔日〕木村泰賢：《小乘佛教思想論》，第 126～127
　　　　頁。

作「無塵」名，意指其能使人生起煩惱，如同塵埃污染心性；作為「五妙欲境」，意指其因貪心而起執著，誤以為是淨妙之境。

「五境」之中，「境」是相對於「根」的外緣，有色、聲、香、味、觸五種，分別對應眼、耳、鼻、舌、身五根。「五境」中的「色」，在這裡僅是眼根能發所緣，和將「五境」作為五色塵自然有所差異；「五塵」在這裡雖然有學者界定為等同於物質界之一切，但似乎是脫離其在根、境、識的語義關係而得出的結論，畢竟「色法」的概念或許更為廣泛一些，之所以成為無塵，著意於使人起煩惱，污染心性如同塵埃。

對於「五境」的理解，學者觀點大致可分為三種路向，第一種，認為「五境」是純客觀之物質、環境、現象等刺激心、心所之外在世界；第二種，認為「五境」是一種主觀感知的行為之果，是主觀性的；第三種觀點介於前兩種之間，認為「五境」既有客觀屬性，又有主觀屬性。《俱舍頌疏》卷一云：「色等五境為境性，是境界故。眼等五根名有境性，有境界故」，在此將五境與五根以是否有「境性」為判斷依據，似乎採取的是一種純客觀的立場，因為被很多研究者所採用。

不過《俱舍論》還依據《雜阿含經》對「境界」、「境界相」的說法，常被作為多種解釋，根據學者研究可以分為以下幾點：首先，「境界」被作為客觀外在世界的代稱，是相對與認知主體的客體、外在對象或刺激物；或者是指「境界相」，意指「整個的外在世界鏡像，不是具體、個別的對象事物」，「把外環境稱為境界時，境界就是場景，是心理與客觀環境交互作用而形成的行為環境，以緣起淪名為依報，名境界依」；第二，指心理對象，意指「境─智」對照，把對象稱為境，如《舍利弗阿毘曇論》卷二十五云：「境界，謂『的義』，如箭的」，「境界」是「境界義」，為心理對象，「這種對象，是心理變現的對象影像，或者如相而生，或者是虛妄所起」，「把心理對象稱為境界寸，境指心理對象的心理表徵形式」；第三，作為一種心理品格，用於描述其精神、心理或修養的程度，「心理品格稱為境界時，境界指特定心理素質的水平及其對環境的同化力」，「心理品格性境界，是一種心理、生命的內在場景，表現為特定的心理格局、格調，和性命品質，是佛家人生境界淪的基本範疇，專業上稱為『地』或『法界』」。綜合這三種觀點，境界便成了「覺知形式的總稱」，「是主體因素對環境和對象事物的心理表徵形式的滲透而形成的感知相」。持此觀點的學者，似乎在有意拒斥哲學性的把握方式，認為「佛家的人生境界論，有多種體

系，大抵上都是凡聖兩分，在凡聖領域內，又以心理發展水平和斷結解脫的水
平而各分為若干層級。佛家人生境界論的特點是：建立在心理學和倫理學基礎
上，而不是建立玄哲學基礎上。」這種理解較多著重主體經驗對覺知的滲透，
境界概念總體上，被賦予了客觀性、情感性、知識型、心理性、意義性等等多
重含義。僅從此言，把五境作為物質的理解，就是「對象化認識模式尾大不掉
的表現」，在色蘊理論中，「一切都是境界相，而非絕對的外在實在」，「一切境
界都是名色」，進而理解境界認識在心理行為模式上仍然是對象化認識模式，
要「解射名色」，即「以定慧觀察抉擇名色、境界緣，以求解脫名色、境界縛」，
亦即「認識論意義上的超越主客能所」。總之，關於「五境」的觀念，力求從
心理認知機制去理解境界多重深度內涵，可對五境有比較多面向的解讀，並且
從佛教的境界觀、人生境界從心理學和倫理學的角度也可以得到比較貼切的
理解。〔註65〕

3. 眼根與色境

　　一般而言，五境是五根所遊履攀緣。《俱舍論》卷二云：「境界、所緣復有
何別？若於彼法，此有功能；即說彼為此法境界。心心所法，執彼而起；彼於
心等，名為所緣」，從外在而言，五境為世界之存在現象，而對於五根而言則
為所緣，緣取五境而生識。但從至境與不至境而言，《俱舍論》卷一曰：「眼、
耳、意根，取非至境。謂眼能見遠處諸色，眼中藥等則不能觀。耳亦能聞遠處
聲響，逼耳根者則不能聞。若眼、耳根唯取至境，則修定者應不修生天眼、耳
根，如鼻根等」，即眼、耳二根之體必須與境相離，才能發生作用，故稱此二
根為不至境，又稱離中知；鼻、舌、身三根必須與境相接觸，始能產生作用，
故稱至境，又稱合中知。

　　關於眼根與色境，《俱舍論》卷二：「眼根極微在眼星上傍布而住。如香菱
花。清澈映覆令無分散。有說。重累如丸而住。體清澈故。如頗胝迦不相障礙。」
眼根既包括作為生理器官的眼睛，含有能夠緣取「色」的增上、能動作用，這
二者也只是作理論上的描述。實際上，從佛教的角度，難以將二者剝離開來，
或者總是含混在一起討論的。從現代認知心理學、神經學的角度，眼睛是一個
能夠通過視覺系統接受外界環境中一定波長範圍的電磁波刺激而經中樞神經
等有關部分進行編碼加工和分析後獲得主觀感覺的感覺器官。那麼，這一定義

〔註65〕惟海，《五蘊心理學》（上冊），第 127～129 頁。

中的眼睛和視覺系統的總和，是否與佛教「眼根」概念相等，仍是需要商榷的問題。〔註66〕

　　一眼所見或兩眼所見色境討論。在眼見色境方面，阿毘達摩的一些大論師說有時是一隻眼睛看到色境，或者有時候是兩隻眼同時看到色境，《俱舍論》提出：「以開二眼，見色分明；開一眼時，不分明故」。如果張開一隻眼睛，用手觸壓另一隻眼，眼睛會看到兩個月亮；如果閉上一隻眼睛，用手觸壓另一隻眼睛，就不會出現二個月亮的情況。通過這一生活經驗，說明兩隻眼睛能夠互見，或同時能夠看見。所以《俱舍論》認為存在兩隻眼睛同時看到色境的情況，「非所依別，識成二分。住無方故，不同礙色。若此宗說，眼見、耳聞乃至意了，彼所取境，根正取時，為至、不至」（卷二），意謂並不是所依根不同處，能依識便成二分，根本上說心法住處並無方位之別，與質礙的色境不同。

　　《俱舍論》認為「眼根」作用的對象，就是「色境」；「眼根」緣取「色境」，才能得出「眼識」結果。不過，《俱舍論》卷二仍析分為三種情況：

　　　　獨得者，謂或有眼界，先不成就，今得成就，非眼識。謂生欲界漸得眼根，及無色沒，生二、三、四靜慮地時。或有眼識，先不成就，今得成就，非眼界。謂生二、三、四靜慮地，眼識現起，及從彼沒生下地時。

　　　　俱得者，謂或有二界先不成就，今得成就。謂無色沒，生於欲界，及梵世時。

　　　　非者，俱非，謂除前相。

所謂「獨得」，是說眼根先前並未成就，現在得成就了，但並非得眼識，即指生於欲界的有情出生時，眼根是漸漸生長而得，其眼識已於轉生時的中有位即已成就，非今始得；生於無色界的有情生命窮盡，下生到色界二、三、四靜慮地時，因第二靜慮以上五識不起作用，故唯得眼根不得眼識。如果有眼識先前並未成就，現在得成就了，但並非得眼根界，是因為生於色界二、三、四靜慮地的有情，雖五根先已成就，但五識皆無，若欲見色境，須借下地初禪眼識才

〔註66〕「根」（indriya）意為「能力」。眼的本質是見物的能力，若只有眼睛而失去了視神經見物的能力，在佛教看來就沒有眼根了。部派佛教進一步分為「勝義根」與「扶塵根」，「勝義根」大概即視覺能力，而「扶塵根」即眼睛、眼球；前者是微細物，後者粗顯可觀。耳根以至身根與此類似。

－172－

能現起，以及從這些靜慮地命盡生於下地欲界或色界初禪時，（眼識於托胎前中有位先起，故唯得眼識不得眼根）。所謂「俱得」，是說或有眼根界、眼識界，這二界先前並未成就，現在都俱得成就了，即指從無色界命盡，而生於欲界及色界初禪梵世時情況（因無色界無五根、五識；欲界及初禪天，根、識俱有，故由無色界沒生欲界、初禪天時，根、識俱得）。所謂「非」，是說眼根、眼識俱未得，比如無色界，五根、五識俱無，故生此界，根、識俱非得。

關於眼根和眼識先後成就關係，《俱舍論》卷二說：

> 等，謂若有成就眼界，亦眼識耶？應作四句：第一句者，謂生二、三、四靜慮地，眼識不起。第二句者，謂生欲界，未得眼根，及得已失。第三句者，謂生欲界，得眼不失，及生梵世，若生二、三、四靜慮地，正見色時。第四句者，謂除前相。如是眼界與色界，眼識與色界，得、成就等，如理應思。

即分為四種情況，第一種，如有情生於二、三、四靜慮地，眼識不會生起，故只成就眼根，未成就眼識；第二種，如有情生欲界尚未獲得眼根，或者雖得而復失等是，故只成就眼識，未成就眼根；第三種，如生於欲界，獲得眼根且未失去，以及生於色界梵世天中，或者生於色界二、三、四靜慮地，借初禪識正見色境時（由能觀色，故知根、識俱成就）；第四種，是與前面所提不同情況（如生無色界時，以無色界無五根、五境、五識，故根、識俱非成就）。同樣地，對於眼根界與色界，或者眼識界與色界，它們彼此之間的得與成就等問題，應如理去思考。

五境之中，色有兩大類，即顯色和形色。這是從具體的表色分判，與「色蘊」之「色」概念有別。顯色主要有青色、黃色、赤色、白色四種。而光、影、明、闇、雲、煙、塵、霧八種顯色由青、黃、赤、白四色差別而生，可以稱為「差別色」。形色有八種，即長、短、方、圓、高、下、正、不正。共計二十種。這些區分，有來自經驗觀察，如以地水蒸騰為霧，日焰為光；也有佛教自身的認識，即將二十種色進一步分類為：有顯色而無形色（青、黃、赤、白、影、光、明、闇等）、有形色而無顯色（以長、短、方、圓、高、下、正、不正等形色為體的一分身表業性色）、兼有顯色與形色（長、短、方、圓、高、下、正、不正、雲、煙、塵、霧等）。〔註67〕

〔註67〕　《俱舍論》其餘論師異說：「唯光、明色有顯無形，現見世間青等色處有長等故。」

對於顯、形色區分，產生了「如何一事具有顯、形」問題，《光記》認為屬於毘婆沙師的解釋是「由於此中俱可知故。此中『有』者是有智義，非有境義」，即言「由於此色聚中顯、形二種俱可知故。此俱句中言有顯、形者，是有形、顯二智義；由生顯、形二智，表有顯、形二色，非言一體亦顯亦形，故言非有境義。」即主張色蘊之內本具顯、行二色，為顯、形二智所認知、辨別。世親則反駁道：「若爾，身表中亦應有顯智」，是說如果按照毘婆沙師所言可以於一事但見顯、形二智，就不會有前面身表色的有形色而無顯色的情況了。

此外，有論師認為，「空」也是一種顯色，即空界色，故又說共計為二十一種色。現代研究者認為，「空一顯色」是對天空的視覺感，「本質上已把空間感知視為一種特殊的色相」，〔註68〕泛指無限空間，所以是佛教空間感知的表現。《俱舍論》堅持「五根緣境」，更加強調顯色、形色，並且明確反對設立孤立的顯智、形智。

不管是哪一種色，在佛教研究者看來，它們都是事物的心理感知屬性，不承認客觀性或者不絕對認為是實純客觀的。《俱舍論》堅持了說一切有部的「實有論」觀點，但是也對認為有些事物或者現象對人來說，實際上是一種「假有」，如對於色的假實問題，研究者指出「若以其經驗屬性而論，則一切皆實，故皆『實有』」，反之，「依感官影像的構造性而論，一切色相，皆識所顯，皆非真實」。〔註69〕

4. 耳根與聲境

耳根（梵 srotrendriya），《俱舍論》卷二認為，耳根之極微位於耳穴內旋環內，如同卷成筒狀的樺皮；耳根能聞遠處聲響，卻不能聞到貼近耳根的聲音。和眼根一樣，耳根也是「離中知」，都能獲得有距離的「至境」。這裡的解釋兼顧了耳根的扶塵根的意義，並且是勝義根增上作用的依處。又，大乘論典中，世親《五蘊論》：「云何耳根？謂聲為境，清淨色」，安慧《廣五蘊論》：「云何耳根？謂以聲為境，淨色為性。謂於耳中一分淨色，此性有故；耳識得生。即無不生。」由此，由四大所造，具清淨本性，緣於聲境，而為耳識所發生、所依止處、產生了別作用即為「耳根」。

在法相體系中，耳根是六根之一，在十二處中稱「耳處」、十八界之中稱「耳界」。耳根一般在佛教還區分為內耳根和外耳根，亦即是對勝義根和扶塵

〔註68〕惟海，《五蘊心理學》（上冊），第 109 頁。
〔註69〕惟海，《五蘊心理學》（上冊），第 109～110 頁。

根的區分。耳根所緣，為「聲境」。聲境有八種，《俱舍論》卷一云：「謂有執受或無執受大種為因，及有情名、非有情名，差別為四。此復可意及不可意，差別成八。」執受〔註70〕即有感覺或生命體，執受大種即為有情，無執受大種即為非情。有情名，即言語表詮一定意義的聲音，如人類的語言，非有情名如無執受大種發出的風聲、水聲等。這主要是從聲音產生、來源的角度做出的分類。

有些聲音令聞聽之人感到欣悅，即為可意聲；有些令聞者厭惡，則為不可意聲。由此，明顯看出對聲音的分類也基本遵循了主觀感覺視角，並進一步將之分為喜好、厭惡兩種。這一分類充分結合了人的生理、心理對聲音的接受、感知和體驗，與一般客觀聲波為表徵的認識大為不同。

不過，世親同時批評對於聲音生成的錯誤解釋，認為不在於發出源，聲音和顯、形二色一樣，也是由二種四大所造。《俱舍論》進一步認為，聲境具有等流性和所長養性，但無異熟生性，原因在其「隨欲轉故」，即隨著內心的欲樂而顯現。〔註71〕這便在另一方面，極力肯定五境之「聲」，既是客觀的，又是主觀化的，二者是同構之關係。

5. 鼻根與香境

鼻根（梵 ghrānendriya），《俱舍論》卷二云：「鼻根極微居鼻頞內背上面下，如雙爪甲。此初三根橫作行度處無高下，如冠花鬘。」鼻根是作為嗅覺器官和嗅覺功能的集合，一般認為是鼻識發生處，為不可見有對的淨色，緣於香境，產生了了別認識的作用，所以世親《五蘊論》云：「云何鼻根？謂香為境，清淨色」，安慧之《廣五蘊論》釋曰：「云何鼻根？謂以香為境，淨色為性。謂於鼻中一分淨色、此性有故；鼻識得生。無即不生。」不過對於凡夫而言，鼻根與功能都是不可或缺的，而對於色界二禪以上的修行者，五識皆無，鼻根的作

〔註70〕有執受，即有感覺。《俱舍論》認為有情皆有執受；執受，為心、心所的異名。有執受大種為因發出的聲音，就是指由人、畜等身體中所發有苦樂之情的聲音。反之，就是只由山、川、草、木、金、石、瓦、礫等非情物發出之聲。

〔註71〕對於聲為什麼沒有異熟生，即便都主張無異熟，也在部派之內有一番爭議。主張有的論師認為，聲屬於第三轉，由業輾轉而生，由業生出大種，再由大種為緣激發出聲，因此不屬於「異熟生」；有的論師則主張聲屬第五轉，「雖由彼生而非異熟。謂彼業異熟大種，從此傳生長養大種，此復傳生等流大種，此乃生聲。」論主則以身受的情況來批判第三轉的說法，因為身受也是從業所生的大種生起的，是異熟生，如果身是三轉而非異熟生，就與身受的情況相矛盾了，這「與正理相違」故不可取。

用僅在於表現身之「莊嚴」功能了。鼻根是五根之一，六根之一，十二處之一（即鼻處），十八界之一（鼻界），二十二根之一。

鼻根所緣、所對為「香境」。《俱舍論》僅舉五境之「香」有四種，即好香、惡香、等香、不等香。這一點和《品類足論》略有不同，其曰「香處有三種—好香、惡香、平等香」，《廣五蘊論》同樣認為：「云何香？謂鼻之境，好香、惡香、平等香等。好香者，謂與鼻合時，於蘊相續，有所順益。惡香者，謂與鼻合時，於蘊相續，有所違損。平等香，謂與鼻合時，無所損益」。雖然種類有差，但《俱舍論》與眾論典，在對香境的認識中，明顯地帶有心理、生理的考慮，甚至有可能涉及當時的社會生活習俗、信仰等方面，如《俱舍論》在對天界的介紹，常涉及香或有所描述。

6. 舌根與味境

舌根（梵 jihvendriya），梵語 jihvā，原意為能嘗之火焰，指祭神時投供物於火中，火焰即神之能嘗。《俱舍論》卷二云：「舌根極微佈在舌上，形如半月。傳說舌中如毛端量非為舌根極微所遍。」《集異門足論》卷一云：「何等舌根？謂四大種所造，舌識所依清淨色。」《五蘊論》云：「云何舌根？謂味為境，清淨故。」《廣五蘊論》釋曰：「云何舌根？謂以味為境，淨色為性。謂於舌上，周遍淨色。有說：此於舌上，有少不遍；如一毛端。此性有故；舌識得生。無即不生。」概言之，舌根本為四大所造，清淨為性，能緣於境，了別生識，為舌識之「根」。

舌根的作用，唯在欲界、色界方能顯用。《大毘婆沙論》卷九十云：「問：若爾鼻舌彼亦應無，彼無嗅香嘗味事故。答：鼻舌二根於彼有用，謂莊嚴身及起言說。」即是說，無色界有情已無段食之性，故而無鼻舌二識、香味二境，舌根之存在意義在於身莊嚴和說話之用。舌相對於其他五根，還具有一定的獨立性，如《大毘婆沙論》卷一四二云：「作不共事者，……唯舌能嘗。」

其實，婆沙論師已經認識到舌根所具有的語言輔助功能，《大乘法苑義林章》卷三云：「舌者能嘗、能吮、能除饑渴義。梵云時乞縛，此云能嘗。除饑渴故。瑜伽云，能除饑羸，數發言論，表彰呼召，故名為舌。然由世俗發言論者，是舌依處，故瑜伽中通以勝義、世俗二義俱名為舌。翻為舌者義相當，故依唐言譯。」此段可以作為《俱舍論》等早期關於「舌根」認識的補充性說明。

舌根是五根之一，六根之一，十二處之一（舌處），十八界之一（舌界），二十二根之一。對其取「味境」，《俱舍論》所言較為簡略，有六種，為甘、醋、鹹、辛、苦、淡。

7. 身根與觸境

身根（梵 kāyendriya），梵語 kāya（音譯迦耶）為積集義、依止義。《大乘法苑義林章》卷三云：「身者積聚義、依止義，雖諸根大造並皆積集，身根為彼多法依止，積集其中，獨得身稱。梵云迦耶，此云積聚，故瑜伽云：諸根所隨周遍積集故名為身。雖復迦耶是積聚所依義，翻為身者體義相當，依唐言譯。」《俱舍論》卷二：「身根極微遍住身份。如身形量。」《五蘊論》曰：「云何身根？謂所觸為境，清淨色。」《廣五蘊論》釋曰：「云何身根？謂以觸為境，淨色為性。謂於身中周遍淨色。此性有故；身識得生。無即不生。」概言之，身根可略作「身」，一指有形量之軀體，二指能緣、能識之功能，身根乃身識所依，取觸境無見有對之淨色，不過這是指身體內之淨色根，而非謂肉體之扶塵根。

身根不同於其他幾根，其為諸根所依止，多法所積集。身根也只存在於欲界、色界之中，無色界則無；對不同有情，身根也有不同，如《大毘婆沙論》云：「若地獄中解諸支節，乃至糜爛，亦有身根。有說：爾時亦有眼等，若全無者，後應不生，異熟斷已後不續故。有作是說：諸地獄中眼等六根斷已更續，業所引故，趣法爾故，如人等中支節斷壞不可還續，地獄等中支節斷已尋復續生，諸趣法爾不可相例，故彼眼等斷已還生，身根必無全分斷者，若全分斷無更續義，是諸色根所依止故。……有餘師說：諸地獄中雖解身支為百千分，而諸分內皆有身根，諸分中間有連續故。」（卷九十）

身根也是五根之一，六根之一，十二處之一（身處），十八界之一（身界），二十二根之一。

五境之「觸」，在《俱舍論》列有十一種，即地、水、火、風四大種，以及滑性、澀性、重性、輕性、冷、饑、渴等。具體而言，柔軟名滑，粗強為澀，可稱名重，翻此為輕，暖欲名冷，食欲名饑，飲欲名渴，它們都是「於因立果名」，亦如《舍利弗阿毘曇論》云：「若外觸身識所知，若冷熱輕重粗細澀滑堅軟，及餘外觸身識所知，是名觸人。」十一種類裏沒有「痛」，「這是由於佛家認為『痛即是受』（《大毘婆沙》卷七十四），屬於主觀感受，超過觸覺的心理層次，而且常常無客觀境界相可知，不應歸於色蘊。」〔註72〕

以上類別，多從引發觸覺的因來確立感知結果的名稱，對於一般有情而言，「佛家的觸覺理論，主要批判膚覺所帶來的副作用：光軟細滑，令人產生

〔註72〕惟海：《五蘊心理學》（上冊），第 119 頁。

耽樂；溺於皮肉上的享受，不事上進昇華，是人生下墮的途徑之一。」〔註73〕
不過，從三界的角度而言則情況略有不同，如色界不需段食，故無饑、渴二觸；
色界天眾的衣服極輕，聚合一起方可稱量出重量；而冷對於色界天人有益而無
害。

8. 意根與法境

意根（梵 mana-indriya，sad indriyāni），《俱舍論》卷三曰：「頌曰：了自
境增上，總立於六根。論曰：了自境者，謂六識身眼等五根，於能了別各別境
識有增上用，第六意根於能了別一切境識有增上用，故眼等六各立為根。」即
是，在五根之外，另設意根，以作為統攝、了別其他五根之用。意根的所緣，
即為「法境」，在十二處中稱為「法處」。〔註74〕

大、小乘佛教對意根定義不同。《俱舍論》等有部論典認為，前一剎那的
六識落謝於過去，意根即是前念之意識，或謂意根為引起次剎那六識的等無間
緣。眼等五識等不僅有特定的所依根，還要依於意根；意識只要依於意根即可。
大乘佛教中多以第七之末那識為意根，瑜伽行派等由唯識義上說六根，主張
「六識俱轉」，即六根、六境均為內識所變。

六根中，五根由四大所造，而意根實即心法，是心之所依而生起的某種心
理作用，故為「五色根」，《俱舍論》卷一指出意根並非離六識，而另有自身之
體。意根所緣之境為「法境」，對於法境而生意識。在十八界中，有「意根界」
或「意界」，是眼識等五識是以相應五根為各自之所依，第六意識別無所依，
為成此依，故而設立「意界」。〔註75〕《俱舍論》卷二云：「意根通是七心界攝」，
意根所攝範圍幾乎包括了所有的主體感知，「意官所知的對象是『法』，這裡特
指身心信息，包括一切心理活動現象」，〔註76〕這裡的「法」指的不是客觀物
質，也不能等同於自然科學的客觀對象，而是純粹的心理經驗；由於不能設立
所謂如五根一樣的內在認知主體，那麼「意知法不是對象性認識，就不應設想

〔註73〕惟海：《五蘊心理學》（上冊），第 118 頁。
〔註74〕法境或法處的設立，應是設立意根之後，於蘊、處、界三科理論的整體需要而
　　　　不得不設立，乃至意識界也是如此。《俱舍論》卷一持說較為簡約，說是根據
　　　　差別最勝、攝多、增上法三個理由而設立法處。關於法界，《大毗婆沙論》卷
　　　　七十一說：「諸法為意已正當了，是名法界」。
〔註75〕意界，《俱舍論》有稱之為「六識身」，「即六識身無間滅已，能生後識，故名
　　　　意界。」實際上，六識和意的之間是互攝關係，在十八界中六識攝意，在十二
　　　　處中意攝六識。
〔註76〕惟海：《五蘊心理學》（上冊），第 115 頁。

『法』是所知對象，意識是能知的心識」。所謂的「意根」，其實僅僅是一種歸納所得和理論演繹需要的概念，當然也要遵守佛教原有的觀念，「佛家認為，意知法是自知自明的，本身是現識或現量行為，而不是一個靈魂似的知者對對象的識別。」〔註77〕

　　研究者從心理學的角度，認為「意門行為稱為『知』，是把信息轉化為顯意識的過程，把心理信息呈現到意識領域。只有進入到意識領域，才能顯現為意識性心理活動；否則為非意識性心理活動。無淪是五官的客觀境界相，還是內在的身心狀態，若不呈現到意門系統，則不被意識所知，而表現為非意識性心理活動，現代稱為內隱性心理」，具體到「知」的內容，研究者認為「意知分為生理性感知與心理性感知」，生理性感知的內容有癢、麻、疲、困、饑、渴、冷、暖等等，心理性意知「包括對象表徵及其相應心理活動現象所觸發的精神體驗」，如表象與言詞、感受、認知、作意等等。

　　這種解釋，在《俱舍論》的論點裏是有所體現的，意根成為理論設定的統攝者，「在六門中，意根為第六感官，而且在感官覺知功能作用上，明確界定意根為『知』。所謂『見聞覺知』，都是指六門感官而言。前五根感知外在境界為主，第六意根感知身心內在境界為主」，〔註78〕五根雖然在理論上能夠獨自發生作用，和意根是平行的，而實際上「意根」彷彿成了內五根的通道。

　　在《俱舍論》的五蘊論中，幾乎都在各蘊最後設立一個類似「管家」的「意門」，而且也是佛教普遍的理論，「佛家傳統心理學的感官是六門，故四阿含經、南傳大藏中及北傳早期淪典中，皆以六為數，如六人、六受、六想、六思、六識」，就色、受、想、行、識五蘊而言，就分別有意門色蘊、意門受蘊、意門想蘊、意門行蘊、意門識蘊；如果將五蘊看做是由淺入深的層階順序，意門五蘊可以以「意識」作為統稱。〔註79〕

〔註77〕惟海：《五蘊心理學》（上冊），第 120 頁。木村泰賢認為：「第六法境者，是對意根的。不經五官，是直接依於意識所認識的境界。即由推理判斷等的作用，以暫所得的概念為對象的形態。據有部的法相說，心、心所、無表色、心不相應行、無為等，一切都被攝於此中。這些一，雖不是已入感覺的範圍，但與五根相併而為六根的關係上，對於五境而以之為第六境。不獨如此，據佛教說，到了聖者，這些境界，不是依於抽象概念的對象，而是變為直感的對境，所以參酌是等之點，暫置於感覺的對象之列。」參見：〔日〕木村泰賢：《小乘佛教思想論》，第 314～315 頁。

〔註78〕惟海：《五蘊心理學》（上冊），第 119 頁。

〔註79〕惟海：《五蘊心理學》（上冊），第 119 頁。

9. 根境關係及其意涵

一般而言，五蘊是從五種角度，對有情作結構與功能上的剖析，《俱舍論》通過對色、受、想、行、識，以及根境識的關係，深入把握了有情「身體」的微妙特徵。但五蘊實際上，並不僅限於有情，所反映的是世界的某種共性。

共身性是五蘊存在之樣態。這裡的「身」，當為包括身根在內的有情「身體」，《俱舍論》中主要為五根。從五根而言，欲要達成或解釋人類生存現象與認識現象，根境關係可以視為身體與世界的關係，五根的緣境生識的認識，一定程度上可以理解為，身體具有自發的認知世界及其自身的能力，當然如果理解為是其他事物對於身體的刺激而產生識也無可厚非，「身體」的重要地位是不可抹殺的。進而言之，所謂的五境，即是在「身體」維度下對於世間的劃分。然而，從具身認知的還原式結論而言，宇宙萬物皆由極微與大種所造，其基本的構成即為五蘊，微觀上五蘊不可分離，宏觀上世間萬般差異是五蘊聚合結構不同所致，但無論宏觀，還是微觀，「身體」始終是蘊體共同呈現、琢磨把捉的具體方式或形式。

互動性是五蘊存在之前提。根據《俱舍論》，有情「身體」大體表現為眼等五根和概括總結所得之意根，對應著受想行識四蘊，於是就有「六受身」、「六想身」、「六行身」、「六識身」等，換句話說，每一根皆有受想行識四種，在「身體」整體看，其實還是五蘊共身的類析而已；另一方面，以「受」為例，《俱舍論》認為有受受、想受、行受、識受，其他依次類推，所以似乎可以說，五蘊之間具有互生性，從這點出發，五蘊並不僅僅是經過還原所得的五種並存之要素，其互相之間還有著互生的複雜關係，或者至少可以說五蘊之間具有互動性。世間萬物的種種差別，同類事物的彼此不同，在佛教看來不存在某種神在背後進行操縱，皆是緣起之結果，這種緣起並非是極度神秘的，而是由於五蘊複雜互動的結果，沒有互動則不會有事物的差別，那麼所有的可能性乃至五蘊自身亦不復存在。

總之，任何法的本性都能夠「任持自性」，以獨特之殊相而區別其他。另一方面，法相之間，亦有彼此聯繫「共相」，尤其具有結構聯生性。故而唯有在相互獨立的前提下，五蘊各顯其能，但歸根到底，對「身體」的依存與彼此之間的互生，是五蘊凝結聚生最為重要的特徵。

第二節　五蘊與諸法

一、法的概念與類別

　　法（梵 dharma）是佛教最為核心的概念，自佛陀以來使用極廣，意謂極多。其詞根為「√dhar」，意為「保持」，《俱舍論》卷一釋為「能持自相故名為法」，即凡能保持自身特質、特性的都可稱之為「法」，按照現代學術術語可界定為「規律」、「法則」、「特質」等等。〔註80〕關於法的研究，是說一切有部乃至阿毘達摩佛教最為核心的內容，而研究「法」所使用的分類、分別、相攝則是其慣常方法，《俱舍論》即以後世所稱的「無為七十五法」著名。法在不同的使用場合下，所指會有所側重，故理解時需參照實際的語境。〔註81〕

　　「法」這一概念，並非佛教所獨創，而是印度文化所共有。但從這一概念使用上，佛教有自己「任持」的特色，「蓋於印度思想之舊話中而求與道及宇宙相當者，殆為梨俱吠陀時代諸梵書鄭重行用之規律（rta）觀念。然在佛教所謂法之觀念中，此規律者，兼具有宇宙的規律與道德的規律之意義——即佛教之所謂法。其語源雖出自婆羅門教。而其意義則更當認為遠以規律之觀念為背景。婆羅門教之為法為規律者，均以容認神之人格為本源。其在佛教，則否定有為法之主人，暨為意志之管理者。惟純粹高標法之自身獨立的意義，故其淵

〔註80〕法還具有可認識的意義，如木村泰賢認為阿毘達磨論師解釋通例為自性任持之義，就是有一定的特質而不改變之義。更加軌生物解這一認識論的條件，為法的定義。合之，即有一定的特質而起適應那個的認識，名為法義，換句話說，有一定的特質與被認識，名為法義。（參見：〔日〕木村泰賢：《小乘佛教思想論》，第112頁）從廣義的角度，法為通於一切之語、表述一切萬有。

〔註81〕「法」的內涵極為複雜，對於「法」作概念辨析的研究也很多，且互相之間質證不斷，如蓋格及其夫人所著《巴利文的法》一書，以「純粹語言學」方法研究「法」這一佛教範疇。舍爾巴茨基認為應從哲學的角度來思考，語言學的研究是有限的，「因為像這麼一個高度複雜的體系的核心概念，一個透過其種種內涵意義而包容了整個學說體系的概念，不可能是唯一一種『語言學的』方法就足以顯明的。」（參見：舍爾巴茨基：《小乘佛學》，第1～2頁）據學者研究，「法」的使用在梨俱吠陀時代，即用以與神靈之作用相關連的表述，已具有秩序、次第、特性、等意義。梵書時代，似專用之為道德的意義，尤與四姓之義務、秩序等有關。到了奧義書而至經書時代，則以整理婆羅門教之社會的道德的法則名為法經。法被作為「一般的規定」含義使用。（參見：〔日〕木村泰賢：《原始佛教思想論》，貴陽：貴州大學出版社2013年，第52頁）本書在使用時將考慮所處的語境，兼及所貼近之現代學術概念，以求如實理解和表述。

源雖肇始於婆羅門教,而在佛教中則為法之特殊意義焉。」〔註82〕

　　《俱舍論》關於法的定義,決定了「法與他性恒相離」,由此可以探知其分類的原則,即「唯攝自性,不攝他性」,比如眼根「唯攝色蘊、眼處、眼界、苦集諦等,是彼性故;不攝餘蘊、餘處、界等,離彼性故」,這也是有部對法分類的根本法則,眾多的類別及其相互關係構成佛教教法體系,並繁複演繹為基礎、系統而專門的「法相學」。

　　《俱舍論》對「法」的分類,一方面延續了《阿含經》和部派論師普遍採用的「蘊處界」三科分類方法,並認為這是由於佛陀根據教化有情類型需要所使用的,即「所化有情有三品故,世尊為說蘊等三門。傳說有情愚有三種,或愚心所總執為我,或唯愚色,或愚色心。根亦有三,謂利、中、鈍。樂亦三種,謂樂略、中,及廣文。故如其次第,世尊為說蘊、處、界三。」(卷一)可以說,這一分類方法仍是以實踐為導向的。此外還有兩種基本的對諸法的總體劃分,即有漏和無漏法、有為和無為法,前者是「從主觀的、倫理學的角度來分別諸法」,後者「是從客觀的、哲學的角度來分別諸法」。〔註83〕

　　《俱舍論》特有的法相學體系是「五位七十五法」,即以色、心、心所、不相應行、無為法「五位」總攝一切法〔註84〕。不過,「五位七十五法」並非在論中明確提出的,而是經過《俱舍論》注疏家整理、研究才最終確定,並得到俱舍學者認同、總結、闡釋的體系,是被公認為《俱舍論》的理論成就,「『五位七十五法』的法相學體系則是本論所獨有的,它既是對阿毘達摩佛教法相學理論成果的成功總結和重大發展,也是本論最具創見和最為突出的理論貢獻之一。」〔註85〕

　　可見,佛教對法的使用,是一次思想觀念、哲學理解上的轉變,其特具的意義在《俱舍論》所反覆言及、辨析的色法、心法、心所法、不相應行法、無

〔註82〕〔日〕木村泰賢:《原始佛教思想論》,第52頁。
〔註83〕何石彬:《〈阿毘達磨俱舍論〉研究:以緣起、有情與解脫為中心》,第29頁。
〔註84〕木村泰賢認為,五位法的產生是在原始佛教基礎上,漸次發展而來巧妙分類,並且是由有部論師世友最早提倡的分類方法,在《品類足論・辨無事品》中也有簡單而典型的分類,後被大乘唯識宗所依準。南方論部的七論中沒有明確,但有同類型分類。但世友「五位」法所攝,以及《品類足論》、《大毘婆沙論》所攝法數,均未圓熟、徹底、定型。後世唯識派提出的「五位百法」,是基於《大毘婆沙論》和《入阿毘達摩論》,也可能是基於比它們更為成熟的《俱舍論》的「五位七十五法」。參見:〔日〕木村泰賢:《小乘佛教思想論》,第120~122頁。
〔註85〕何石彬:《〈阿毘達磨俱舍論〉研究:以緣起、有情與解脫為中心》,第29頁。

為法等問題時，「法」表述的內容涉及了物質、精神、意志和具有永恆超越思想範疇等複雜含義。基於「法」所構成的思想內容、結構，不同部派有所差異，如世親和經量部主張法有假實，一切有部認為一切法皆實，是以被稱為「一種實在論的體系」〔註86〕。佛教關於「法」的類別劃分是佛教學說的重要內容，代表了古代印度人在理論思維方面所達到的高度，佛教通過對法的分類，表述了關於事物基本構成要素的觀念、精神現象的觀念、人生現象的觀念、事物本質的觀念，「早期佛教對『法』的分析構成了佛教對以人生現象為主體的世間事物或現象的基本分類學說，這對佛教在後來的發展影響極大。佛教後來的關於『法』的種類劃分理論雖然更為複雜，更為豐富，但卻是在這些學說的基礎上進一步發展起來的。」〔註87〕

二、五蘊與十二處

所謂「處」（梵 ayatana），即是入，表示進入之場所，故「十二處」又譯為「十二入」、「十二入處」，其內容包括六根與六境，其中六根又稱為「六內處」，六境稱為「六外處」。《雜阿含經》卷十三云：「六內入處，謂眼入處、耳入處、鼻入處、舌入處、身入處、意入處，何等為六外入處，色入處、聲入處、香入處、味入處、觸入處、法入處。」又云：「一切者謂十二入處，眼色、耳聲、鼻香、舌味、身觸、意法是名一切。」

設立十二處之緣由。《大毘婆沙論》卷七十三云：「云何建立十二處，以彼自性作用別故，……復次以二事故立十二處，一以所依即眼等六，二以所緣即色等六，復次以三事故立十二處，一以自性，二以所依，三以所緣，自性故者謂立眼處乃至法處，所依故者謂立眼處乃至意處，所緣故者謂立色處乃至法處」，即是認為六根與六境都是自性作用，在認知功能、性質上與六識迥異，可以自成一體。木村泰賢指出，十二處與十八界，是從佛陀到世親都採用的分類方法，「十二處說、十八界說，都是立於認識論的根底上的，於中可攝一切要素，不是沒有他的道理。」〔註88〕

舍爾巴茨基認為，十二處的分類方法具有佛教自身的特徵，「它將一切所知對象劃分為感覺的或非感覺的兩類。然後第一類依據五種感覺和相應的感

〔註86〕〔俄〕舍爾巴茨基：《小乘佛學》，第 14 頁。
〔註87〕姚衛群：《佛教關於「法」的類別劃分的主要理論》，《杭州師範大學學報》2002年第 5 期。
〔註88〕〔日〕木村泰賢：《小乘佛教思想論》，第 116 頁。

覺對象復分為十項,而第二類(法處),包括所有非感覺對象,不再加以區分。相當於六種感知能力有六項目。從而十二處或『認識的根據』便代表了被分配到主觀的和相應的客觀的各六項中的一切存在元素。其同義詞的『一切』當『一切實有』的原理被提出來時,它意味著:除了認識的十二處再沒有別的東西存在。任何對象,只要它不能視為單獨的認知對象或認識能力,那它就不是實在的,比如靈魂或自我人格這樣的東西。——各別構成元素的聚合,只不過是一種名稱,從而便是非實在,也就不成為法了。」〔註89〕

三、五蘊與十八界

「界」(梵 dhatu),《俱舍論》卷一認為「界」具有種族、生等等義涵,能夠「任持自性」。所謂「十八界」,是合眼、耳、鼻、舌、身、意之六根,色、聲、香、味、觸、法之六塵(六境),眼識、耳識、鼻識、舌識、身識、意識之六識,總名為十八界。其中,六根為能緣、所發,六境所緣、助發,六識為認識之果;每一根之根、境、識必須三者齊備,才能完成整個認識活動。

十八界是佛教一貫之分類、認識方法,涵蓋了認識活動的全部內容。《雜阿含經》卷十六云:「云何種種界,謂十八界,眼界、色界、眼識界,乃至意界、法界、意識界,是名種種界。」《大毘婆沙論》卷七十一云:「以所依故立六內界,謂眼界乃至意界,以能依故立六識界,謂眼識界乃至意識界,以境界故立六外界,謂色界乃至法界。」《俱舍論》卷一繼承前說,云:「如是所依、能依、境界,應知各六界,成十八」,其中所依即六根,能依即六識。〔註90〕

四、五位七十五法

根據《俱舍論》,五位法即色法十一種、心法、心所法四十六種、不相應法十四種和無為法三種。其中色法十一種即色蘊所攝十一種,無為法即擇滅無為、非擇滅無為、虛空無為三種。所謂「心」(citta),法能緣是名為心,主要有心、意、識三個主要意思,體一而名異;《俱舍論》卷四認為,集起故名心,

---

〔註89〕〔俄〕舍爾巴茨基:《小乘佛學》,第 19～20 頁。

〔註90〕如何理解十八界與十二處之重複,舍爾巴茨基認為「佛教哲學是對各別的元素或力能的分析。這些元素或力能的結合產生出一股相續不斷的事件之流。對於一般人的非哲學思辨的頭腦,這種相續流便是自我或人格我活著個別之我的(補特伽羅)。」參見:〔俄〕舍爾巴茨基:《小乘佛學》,第 21 頁。

思量故名意，了別故名識，即認為心之意義有不同，但所指唯一，沒有各自的獨立性。〔註91〕

心法，即心王，是六識的主體，而心所是心的作用。《俱舍論》本頌云「心、心所必俱，諸行相或得」，釋曰：「心與心所必定俱生，隨闕一時，餘則不起。『諸行』，即是一切有為，謂色、心、心所、心不相應行，前『必俱』言流至於此，謂色、心等諸行生時，必與有為四相俱起」（卷四），即是說心和心所必定同時俱生，離開任何一個，都不能起作用；色法、心法、心所法、心不相應行法等一切有為法生起時，必有生、住、異、滅四相生起。《俱舍論》還指出，有些法只能是有情的非色非心的法（稱之為「得」），與之相反的是不屬於有情色、心法以及善惡業的一種非物非心法（稱之為「非得」）。

關於心所法，《俱舍論》列有五種，即一大地法、二大善地法、三大煩惱地法、四大不善地法和五小煩惱地法，「『地』謂行處，若此是彼所行處，即說此為彼法地。大法地故，名為大地。此中若法大地所有，名大地法，謂法恒於一切心有」（卷四），所謂「恒於一切心有」是說這些心所法恒與善、惡、無記三性一切之心相應俱起。

大地法，即遍大地法的略稱。指與一切心相應俱起之十種心理作用，即受、想、思、觸、欲、慧、念、作意、勝解、三摩地等十心所。受、想二者同於五蘊之受、想；思，能令心有造作，對境運動；觸，為根、境、識和合而生；欲，對境產生希求、欲望以求所作；慧，謂於法能有簡擇；念，謂於緣明記不忘，《光記》云：「念之作用，於所緣境分明記持，能為後時不忘失因，非謂但念過去境也」；作意，謂能令心警覺，《光記》云：「謂能令心警覺前境，心如睡眠沉沒不行，由作意力警覺取境」；勝解，即殊勝之解，指能於境印可，《光記》云：「謂能於境，印可審定是事必爾非不如是」；三摩地，謂心一境性，《光記》云：「等持力能令心王於一境轉，若無等持，心性掉動不能住境，從強說心，理實亦令諸心所法於一境轉」（卷四）。《俱舍論》認為，一切心與心所的行相都不同，且極為微細、相續不斷，分別起來比較困難，而無色法只能被覺慧所取。

〔註91〕木村泰賢認為，citta 仍是從 √ cit 而來的。所謂 cintetiti cittam，佛音解釋為正。以心為主而視為情意作用，其心作用，為欲附加集起行動的意義，所以「集起故」，從義理上講，這說法，可謂是正確的。總之，這無差別一體論的方面，從原始佛教的用例看，也是正確的。然於其間視有區別，無疑也有某種根據，所以到後唯識佛教，一一是為第八、第七、第六識名稱的先驅。參見：〔日〕木村泰賢：《小乘佛教思想論》，第 282 頁。

　　大善地法，指與一切善心相應而俱起的心理現象，即信、不放逸、輕安、捨、慚、愧、無貪、無瞋、不害、勤等十種。大善地法，能周遍於一切善心，故稱大善；因起自心王，故心王也因此被稱為大善地。這裡的「信」，指「令心澄淨」，《光記》云：「信謂令心澄淨，理亦能令心所淨，從強說心，由此信珠在心，皆得澄淨。……有說此信於四諦、三寶、善惡業、異熟果中，現前忍許，故名為信」；不放逸，是指能修諸善法，即專注善法；輕安，謂心堪任性，即令心能於善有所堪任；慚，於諸功德及有德者，有敬有崇，有所忌難，有所隨屬；或言於所造罪，自觀有恥；愧，於罪見怖，或言觀他有恥；捨，即心平等性，《光記》云：「令心平等性，從強說心，亦令心所。或心之平等性、無警覺性，如持秤縷，掉舉相違，說名為捨」，捨與作意相比，為無警覺性；無貪，於諸境界無愛染性；無瞋，於情、非情無恚害性；不害，謂無損惱，乃心賢善性；勤，即精進，謂令心勇悍為性，《光記》云：「勤謂令心勇悍為性，即勤斷二惡，勤修二善，無退義也，懈怠相違。」

　　大煩惱地法，指六種心所法恒與一切染污心俱起的心理現象。《俱舍論》本頌云「癡、逸、怠、不信、惛、掉恒唯染」，所謂癡，即愚癡，也就是無明、無智、無顯，《光記》云：「癡謂愚癡，於所知境障如理解，無辨了相，說名愚癡。照矚名明，審決名智，彰了名顯，此三皆是慧之別名。癡無明等故，名為無顯，即是無癡所對除法。」逸，謂放逸，不修諸善，與「不放逸」相反；怠，謂懈怠，心不勇悍，與「勤」相反；不信，謂心不澄淨，與「信」相反；惛，謂惛沈，指身心重性、無堪任性、惛沈性；掉，即掉舉，令內心不得寧靜。

　　大不善地法，《俱舍論》云：「唯二心所但與一切不善心俱，謂無慚、愧，故唯二種名此地法」，即只有無慚、無愧二者與一切不善心同時俱生；無慚，即無敬無崇，無所忌難，無所隨屬；無愧，即不見怖畏。《圓疏》云：「謂無慚無愧，一則唯不善性，二則遍一切不善心，具此兩義，獨得大不善名。且如受等，雖是遍不善心，不是唯不善性；忿等七惑，除諂、誑、憍，此七及瞋，雖唯不善性，不是遍不善心故。」

　　小煩惱地法，即忿、覆、慳、嫉、惱、害、恨、諂、誑、憍十種，《俱舍論》云：「如是類法，唯修所斷，意識地起，無明相應，各別現行故，名為小煩惱地法」，這十種心所法是依意識而起，與無明相應，個別顯現，是修道者所斷除之對象。《俱舍論疏》：「小煩惱地法，有兩重釋，如前可知，謂以小分

染污心俱，故名為小。」〔註92〕

以上五種心所法，又被《俱舍論》稱為定心所，屬於定法，另外還有不定心所，即尋、伺、睡眠、惡作、貪、瞋、慢、疑八種。除了「癡」以外的大煩惱地法、小煩惱地法、大不善地法，以及睡眠、惡作等十九中，又被列入「隨煩惱」，即隨心生起、惱亂有情、依根本煩惱而起的煩惱；根本煩惱，即貪、瞋、癡、慢、疑、不正見六種。

不相應法，即有概念之名，沒有實體，不與色法、心法，及心所有法相應，所以稱為不相應行法，有十四種：一、得，指於一切法造作成就而不失，專門指有情所得之法，或係於有情之身的法；得僅與攝於有情自身的有為法，及擇滅、非擇滅兩種無為法有關，與「他相續」、「虛空」等無關。二、非得，即於一切法不能成就，有不獲、不成就兩種，概言之為不屬於有情色法、心法、善惡業的非物非心法。四、無想異熟，即無想報，外道之無想定，命終生無想天，以其果報，異世成熟，故稱異熟。五、無想定，也是外道所修之定，指想欲心俱滅。六、滅盡定，即受想之心滅盡，諸識不起的禪定狀態。七、命根，即壽命。八、生，即諸法生起。九、住，指諸法未遷，即使有為法暫住之法。十、異，使諸有為法漸衰之法。十一、滅，使有為法消盡、成為過去的法。十二、文身，文即單音節文字，身即積集、聯合，故文身指兩個或兩個以上單音節詞語。十三、名身，即依事立名，眾名聯合，指事物的兩個或兩個以上的名稱。十四、句身，指積言成句，眾句聯合，即表示一定意義的兩個或多個句子或短語。

五蘊與五位七十五法，首先，如上所述，受蘊與想蘊即為大地法中的受、想二支；其次，色蘊即相當於色法；識蘊即心王；再次，行蘊則包括了除受、想二心所法以外的四十四種心所法，以及十四種不相應法。

五、有漏、無漏法

漏，即煩惱。《俱舍論》首先將一切法分為有漏法和無漏法兩種，前者含苦、集二諦，後者含道諦、滅諦（擇滅）、非擇滅、虛空四種。其劃分依據是，

〔註92〕十小煩惱地法：一、忿：令起怒相之作用。二、覆：隱藏己過之作用。三、慳：於財施、法施等，不能惠施之作用。四、嫉：妬忌之作用。五、惱：堅執惡事而惱亂身心之作用。六、害：損惱他人之作用。七、恨：於忿境結怨不捨之作用。八、諂：令心、心所邪曲不直之作用。九、誑：欺他不實之作用。十、憍：心貢高而傲他之作用。

在苦、集二諦，「諸漏於中等隨增」（卷一），《光記》卷一曰：「漏謂漏泄，即諸煩惱。諸漏於彼苦、集二諦相應法中、所緣境中，互相隨順，互相增長，相望力齊，故名為等。」即煩惱隨應根境識的生起而增長，而煩惱在滅、道二諦則只會生起，不會隨順增長。

有漏法隨義所立，名稱不同。其一「謂立取蘊，亦名為蘊。或有唯蘊，而非取蘊，謂無漏行。煩惱名取，蘊從取生，故名取蘊，如草、糠火。或蘊屬取，故名取蘊，如帝王臣。或蘊生取，故名取蘊，如華、果樹。」「取蘊」之於有漏，乃其聚集無常之性可通三世，故可以名之以「蘊」；反之則不然，無漏之行，儒滅、道二諦者，雖為蘊而非取蘊。三類譬喻，道出了「取」、「蘊」、「取蘊」三者交相互生的複雜聯繫，即煩惱名取、蘊從取生、蘊屬於取、蘊能生取，實際表達的是對於無常之蘊集、無明之煩惱，所苦即為「取」，斷滅執取，則通於無漏。

其二「此有漏法亦名『有諍』，煩惱名諍，觸動善品故，損害自他故，諍隨增故，名為『有諍』，猶如有漏。」有漏之行，不離煩惱，損己害人，且無休止，稱之為「有諍」，一顯明有漏法，去有漏行，方得止諍，二則警醒凡夫，有漏之法，隨順增長，乖違煩惱如藤蔓纏身。

其三「亦名為『苦』，違聖心故。」聖心，即通於無漏，識無常，斷流轉，證滅度，與凡心「有漏」，背違聖道，縱樂欲、陷無明，一切皆「苦」。

其四「亦名為『集』，能招苦故。」「集」的本質是「蘊」之所聚，在佛教「苦諦」與「集諦」則常言人之所「苦」之因，在業報與煩惱，二者即「集」，故在意義上「有漏」意同於「集」。

其五「亦名『世間』，可毀壞故，有對治故。」無漏法，亦世間法，以其毀壞、無常之故；「世間」之苦，猶有對治之法，亦如有漏可斷，二者皆通於道諦。所以「有漏」即為「世間」之本，「世間」乃「有漏」之相。

其六「亦名『見處』，見住其中，隨增眠故。」所謂「見」處，即「身見、邊見、邪見、見取見、戒禁取見」，《俱舍論》卷十九以「惡慧」論之，乃「見道」所必斷。「見」之所生，唯在於無漏之中，隨順增長，且行相細微如於眠而不易察覺。此為「有漏」之具體表現，皆在於凡夫之諸見，難脫於「無明」之根。

其七「亦名『三有』，有因有依，三有攝故。」「三有」即欲有、色有、無色有，《光記》云：「（有漏法）與三有為因，因即集諦；與三有為依，依即苦

諦；復是三有攝故。具斯三義，故名『三有』。」欲界、色界、無色界之中，業報不斷，因果不亡，故稱以「有」。有漏法遍在「三有」之內，故通於「三有」。〔註93〕

由此七個方面方探得「有漏」較為全面的佛法義涵，所覆蓋之範圍則是包括了苦諦、集諦下所攝之一切法。有漏法之外的，則為「無漏法」，包括了道諦所攝諸法和無為法。

六、有為、無為法

佛教的「為」，含有因緣和合、造作變化之意。「有為」，梵文為「samskrta」，《大乘義章》卷二云：「有為是集起，造作之義。法有為作，故名有為」，其中「集起」是對前綴「sam」的解釋，「造作」是對√kr的解釋。〔註94〕有為法，即指一切由因緣聚合所生的法；包含苦、集、道三諦含攝之法，因而本質上是無常、剎那生滅、不解脫的。〔註95〕姚衛群先生指出，有為法和無為法是佛教對一切事物或現象進行分類的基本概念，既關乎對自然現象的主要看法，也涉及佛教對宗教最高目的的典型表述，不同時期、宗派所述、理解都有所不同。〔註96〕

從「五位」法的分類看，色法、心法、心所法與心不相應法都是有為法。從法的構成，《俱舍論》沿襲前說，有為法包含了色、受、想、行、識五蘊。《俱舍論》同時介紹毘婆沙師傳說之「有為法」的異名，這些既是不同名稱，也是不同的理解與認識角度：

其一「世路」，謂「已行、正行、當行性故」或「為無常所吞食故」（卷一），即是說有為法通於三世，過去法是已行，現在法是正行，未來法是當行故而稱為「世路」，或者因為它們皆難脫無常，吞食毀壞，故也稱「世路」；所謂「世

〔註93〕關於「三有」，還有生有、本有、死有之說。根據《異部宗輪論》所載，小乘的大眾部、一說部、說出世部、雞胤部、化地部等，皆主張此「三有」之說，以為在死於此、生於彼之際，即使時與處相隔，其間亦無一有，故不立「中有」，故與有部承認「中有」不同。

〔註94〕曹彥：《說一切有部對有為法的定義》，《理論界》2012年第10期。

〔註95〕《起世因本經》載佛陀云：「諸比丘！一切諸行，有為無常。如是邊變，無有常住。破壞離散，不得自在。是磨滅法，暫時須臾，非久停住。諸比丘，乃至應須，舍於諸行。應須遠離，應須厭惡，應當速求，解脫之道。」

〔註96〕參見：姚衛群：《佛教的有為法與無為法觀念》，《北京大學學報》2005年第1期。

路」，即以世為路，《順正理論》卷一云：「色等五蘊生滅法故，未來、現在、過去路中而流轉故」，《光記》卷一謂：「路為行所食，如萬里之路，行行不已，終路則盡極；五蘊亦爾，為無常所行，故終即滅盡。」

其二「言依」，謂「言謂語言，此所依者，即名俱義。如是言依，具攝一切有為諸法，若不爾者，應違《品類足論》所說。彼說言依十八界攝」（卷一），是說，語言依據的是諸法的名稱及其所表示的真實含義，「有為法」皆能以語言聲音所詮之名攝所詮之義，故二者內容表達實際上是一致的，所以《光記》卷一說：「名及與義俱行三世。義於三世中，或名前義後，或名後義前，或名義同時，能詮所詮雖同或異，同墮世攝，皆可說俱。此名與義望能說言，復同墮世，有用親故，故是言依。」有為法，根本上說仍是世間所本，無為法已是「望能說言，無用疏遠，雖亦是義，言亦能說而非言依」的「離世法」。

其三「有離」，謂「離謂永離，即是涅槃。一切有為，有彼離故」（卷一），「離」即是無憑無藉，乃是「涅槃」的表現，一切有為法都是應當捨離的，也都是可以捨離的，即便是修聖之道諦，也如同船筏一般，應予捨離，故而《阿毘曇毘婆沙論》曰：「法尚應斷，何況非法」。（卷四十九）

其四「有事」，謂「以有因故，事是因義」。「事」即是「因」，有為法皆從因而生，《光記》揣摩世親之意，卷一云：「此有為法亦名有事，事是因義，有為諸法從因生故，名為有事。經部釋事是體，有為有體，無為無體。論主意朋經部，不信事因，故云『傳說如此』。」可能，世親在此不獨強調「有為法」之所從來，更在意的是看到有為「有體」的本質屬性，從緣起的角度來說，「體」終究可以消解，而「因」則不易消失。

一般來說，與有為法相反或者除了有為法之外的法，便是「無為法」，包括了擇滅無為、非擇滅無為和虛空無為三者。「擇滅無為」之「擇滅」即「揀擇」之意，「滅」即「寂滅」，謂以智慧擇取佛法，修成涅槃之果，證得寂滅、無為之境；「非擇滅無為」，是謂經由「擇滅無為」證道之後，諸惑不起，因緣不生或有因缺緣，自然契悟而無需揀擇，即達無為之境；〔註97〕「虛空無為」，謂虛空無礙，無生無滅，無惑無染，一切空明寂滅，無所障礙。三無為法，各具特點，擇滅「以離繫為性」，有漏諸法依此可遠離繫縛，證得解脫；非擇滅「能永礙未來法生，得滅異前」，即與前面依慧擇取之法不同，非擇滅在於斷

〔註97〕「擇滅」、「非擇滅」是不是慧的差別，則古代學者亦有爭論。

其所緣，使未來法不能生起；虛空「以無礙為性」，色可運行其中。〔註98〕凡修無為法，已非一般凡夫可為，在佛教中一般指欲遠離見思繫縛的聲聞之人。

　　有為法、無為法二者之間的緊張關係，如《入阿毘達磨論》云：「若有此四有為相者，便名有為。非虛空等」，即是說，有生、住、異、滅四有為相相伴的，便是有為法，無有為相相伴的便是虛空等無為法。」意謂「不僅因緣具足處在現在世的法是有為法，而且因緣不具足處在未來世將來可生起的法亦是有為法，處在過去世永不再生的法也是有為法。因為有為法無論處在何世都有有為相與它相伴」，《俱舍論》基本繼承此說，真諦譯本謂「有為法唯此四相。若於法中有此四相，應知此法是有為。與前相翻，則是無為」，玄奘譯本謂「由此四種，是有為相。法若有此，應是有為。與此相違，是無為法」，皆與梵文句「etāni hi samskrtasya catvāri laksanāni / yatraitāni bhavanti sa dharmah samskrto laksyate / viparyayādasamskrtah //」（那兒有這些存在，那法便被標定為有為法。）意思一致，因此，有為法、無為法可以凝煉地表達為「有有為相的是有為法，無有為相的是無為法。」〔註99〕

　　有為法和有為相。《大毘婆沙論》卷三十九云：「復次，能相所相，從無始來，恒和合故，不相離故，常相隨故，相雜住故，尊者世友，作如是說：相所相異，然諸能相，依所相起。如煙依火。是故不以，餘相為相」，說明「有為法並不是在現在那一刹那才與有為四相和合，而是所有的有為法天生就有有為四相分別與它相伴，即每一個有為法在未來世時就已經有各自的有為四相，現在世時也有有為四相相伴，當進入過去世時也永遠與它的有為四相不分離」。有為法與有為相先天性地同時同世，是因為「得與所得不同一果。不定俱行，非俱有因，故或異世。相與所相是同一果，決定俱行，為俱有因，故必同世」，即是說，有為相與作為所相的有為法是同一果的俱有因關係，所以必定同時同世。〔註100〕

〔註98〕舍爾巴茨基將無為法作為「不變易的構成元素」，其中「虛空無為」即「空間（空虛處）；擇滅無為」，即「借助知性（prajñā 般若）的行動而抑止元素（dharma 法）的顯現，例如，認知到個體之我的存在是一種迷亂之後，取代這一錯誤觀念的便是永久不變的空白」；「非擇滅無為」，即「不是借助認識，而是由一種自然的方式，即通過熄滅那可能產生某一顯現的法的諸因而實現同樣的終止，好比不再添薪而使火熄滅」。（參見：《小乘佛學》，第 192～193 頁。）

〔註99〕參見：曹彥：《說一切有部對有為法的定義》，《理論界》2012 年第 10 期。

〔註100〕曹彥：《說一切有部對有為法的定義》，《理論界》2012 年第 10 期。

七、五蘊攝一切有為法

《俱舍論》卷一認為：「如五識界，別有眼等五界為依，第六意識無別所依，為成此依，故說意界。如是所依、能依、境界應知各六界成十八」，是說眼耳鼻舌身五識，皆有五根為依處；為使第六識有所依，而設立意界，於是總成所依、能依、所緣境界而成十八界。

這就會產生一個問題，即有些論師認為，無學聖者（阿羅漢）在有成就、超脫後，其臨死，因不會再次由中有、受生，故沒有後識生起，所以最後一念應該是沒有間斷的、不應該屬於意界。世親認為仍然屬於意界，「此已住意性故，闕餘緣故，後識不生」，因為阿羅漢由入涅槃之前，意識已經生起，理論上已經能夠成為所依，只是缺乏生起後識的條件而已。實際上，世親的主張是否認了意界、意識脫離五蘊獨立存在的實有性。這種意識，也可以說是「意識中在前的剎那，起到了理解非感覺對象的知覺能力的作用。」〔註101〕

既然連五蘊中最為特別的意識也屬於蘊集範疇，則五蘊均為無常聚合，含有漏與有為二性。結合以上對於有為法與無為法、有漏法與無漏法的分析，則五蘊「攝一切有為」，而取蘊唯攝一切有漏，處、界總攝一切法盡，「意根在阿毗達磨的法相上，雖有種種的解釋，但在此是與第六意識同義，現在把他說名為根，是從作為對象認識的機關這一意義出發的。又法處：不是前五感的對象，唯是意識的對象，含有無為、不相應法，並為客觀的精神現象等。這樣，在認識論上，是可含攝一切的。關於這點，佛陀把他直接名為一切（全宇宙）。這在學者們，認為是最好的分類。」〔註102〕

既然五蘊可以攝取一切有為法，那麼五蘊與無為法的關係是怎樣的？五蘊為何不歸攝無為法？《俱舍論》頌曰：「蘊不攝無為，義不相應故」，即是說「三無為法，不可說在色等蘊中，與色等義不相應故，謂體非色乃至非蘊，亦不可說為第六蘊，彼與蘊義不相應故，聚義是蘊，如前具說，謂無為法，非如色等，有過去品類差別，略為一聚，名無為蘊」（卷一），從蘊體的角度而言，有為法的實質或體性是五蘊，蘊集之法，因緣所成，最終為假合，而無為法的成立與作用是被認為是清淨、無漏之法，是能夠最終解脫所依賴的，所以它被認為不能和世間五蘊有任何交集。在果位上，《俱舍論》追求的是阿羅漢果，而從法的角度，其所秉持與最終的實現是無漏法。無為法和有為法是一組對立

〔註101〕〔俄〕舍爾巴茨基：《小乘佛學》，第19頁。
〔註102〕〔日〕木村泰賢：《小乘佛教思想論》，第117頁。

共存的概念，有為法是認識乃至設立無為法的途徑或基礎，「通過有為法的分析，了別有為法的緣起性，而後才能達到無為法境地」，但畢竟無為法很大程度上是一種理論信念，且仍要回歸於世間法的理路，也就是五蘊的形式，因此可以說，「五蘊理論的提出與闡明，它即是從有情為本位的立場出發，側重於對人生的關注和現象的分析，在一切有為法的現象中，採用歸納的形式，而後給予概括性的說明，由此突顯了五蘊理論的一大特色。」〔註103〕

第三節　五蘊身心結構論

　　身體結構是五蘊聯生及其複雜的互動關係。從《俱舍論》對五蘊與五位七十五法的關係，受蘊與想蘊即為大地法中的受、想二支，色蘊相當於色法，識蘊即心王，行蘊則包括了除受、想二心所法以外的四十四種心所法，以及十四種不相應法，因而心王與心所法基本對應著受蘊、想蘊、行蘊、識蘊，或者說此四蘊是「心」的主要體性。需要指出的是，《俱舍論》特別列出十四不相應行、三無為法，前者屬行蘊，後者非五蘊所攝，在廣義上可以歸入心體範疇。然而，佛教對身體與心體的分析是多角度、多面向的，體現其對於有情現象與世間問題的深切觀察與深入思考。通過聚焦《俱舍論》的二十二根論及其對三界蘊體的分析，可以呈現出多層面的身體分析理論，及對色蘊的處理歧見所反映的複雜心體理論，基於此提出關於身體與心體的關係建構。

一、二十二根結構

　　根（梵 indriya），有自在、勝用、光顯等義涵，《大毘婆沙論》卷一四二云：「根是何義？答：增上義是根義，明義是根義，現義是根義，熹觀義是根義，端嚴義是根義，最義是根義，勝義是根義，主義是根義。」〔註104〕五根即是人之軀體、肉體可見之扶塵根，是肉眼可見的外部感覺器官，也是

〔註103〕定源：《試述〈俱舍論〉之五蘊思想》，《閩南佛學院學報》1999 年第 2 期。
〔註104〕「增上」為增進助長之意，「明」為悟達明澈，「現」指扶塵現用，「熹觀」指覺照微妙，「端嚴」指善生正法，「最」指殊勝至極，「勝」指無出其右，「主」指中正根本。「根」的本意的第一層是指器官，第二層指器官所生發的能力。可以看出，佛教「根」之觀念在體用關係上是一致的，在內境與外緣關係上具有對應性。「根」必為內鏡與外境共同結合之產物。二十二根是內外之力和合而為之的。參見：余嘉惠：《略述說一切有部之「根」觀念》，《中國佛學》2015 年第 1 期。

依於淨色的「勝義根」；是肉眼不可見的內部感覺器官；關於這二者，學者也有將勝義根歸於扶塵根的傾向，如楊白衣、齋藤唯信等學者認為「勝義根」是五根的神經系統。意根的出現，表明佛教理論在「根」的理解上並不局限於肉體，而是有意將對於有情的身體、認識、行為等一切具有重要影響的因素均納入並系統化，形成了二十二根的理論。

這一理論在《俱舍論》看來，是符合根本佛教的內容與精神的，故而設立《根品》予以詳細剖析和闡述。所謂「二十二根」，按照《俱舍論》的順序，分別是眼根、耳根、鼻根、舌根、身根、意根、女根、男根、命根、樂根、苦根、喜根、憂根、捨根、信根、勤根、念根、定根、慧根、未知當知根、已知根、具知根。其中「前面的十九根一定是通有漏，與煩惱相應，與三界生死有關聯，而唯有最後三根是屬於真正的清淨之根，是沒有煩惱染污的三種認知功能。這三種認知功能是根據行者的認知程度來區別的，（1）『未知當知根』，屬於見道位，到達此為的人由於無始以來未曾現證四聖諦之理，所以他想知道佛陀四聖諦之理，於是修習佛法。（2）『已知根』，屬於修道位，此人已經知道四聖諦之理，並已斷除『迷理』之惑，但為了斷除『迷事』之惑，進而觀四聖諦之理，清楚了知四諦的境界。（3）『具知根』，屬於無學位，到達此位的人已得盡智、無生智，斷除了一切煩惱，可以說是所作具辦，獲得了真正的解脫。」「根」在自在、勝用的意義上，具有著對於有情生理、心理與現象上的增上影響或支配性的作用。按照惟善法師的總結，眼等五根的作用是，主要有莊嚴身體、自我防護、生識、不共事四個方面；女、男二根，主要是區別男、女性別和相貌，不過則要根據具體情況對待，也有沒有根、同時又兩根的特殊現象；命根的主要作用是，能使有情眾同分相續，維持有情生命直到死亡；意根的作用是，能續後有，使得今世的生命體能連接到下一世的生命體，此外，還能自在隨意而行；喜等五受根於染污中有增上功能，因為喜、樂受隨順貪，憂、苦受隨順嗔，捨受隨順癡；信等五種善根以及三無漏根於清淨有增上功能，通過他們可以獲得清淨。「雖然五善根和三無漏根都對清淨有增上作用，但其他論師對此做了進一步補充說明，認為前者主要是在暖頂位，有降伏諸煩惱，引入聖道的能力，而三無漏根則在於前者對後者的生起有增上功能，如位置當知根對於得已知根有增上作用。由於獲得具知根，心才能得解脫。只有心獲得了解

脫，方可證涅槃。」〔註105〕

　　總之，二十二根有著層次結構和意義上的不同，「據《俱舍》、《婆沙》說：由初眼等六根，而明心的所依，次由男女二根，以示有情的區別，由命根而示生命根本的，是關於所謂有情組成要素的部分，從此以下，是明修養所經道程的部分」〔註106〕，因此二十二根是循著一定的認識、修證原理的，即「先說五受根而示感情生活的雜多相，以之為淨化的方便而明信勤念定慧的五根，次為完成最後目的的要素而說三無漏根」。按照《俱舍論》設立二十二根的思想，其卷三本頌曰「心所依、此別、此住、此雜染、此資糧、此淨，由此量立根」，就是從根建立流轉還滅的原理演繹出來的「根系論」。

二、五蘊與三界

　　一般而言，佛教義理中將世間分為欲界、色界、無色界三界，已多見前述，此處著重梳理三界與根、五蘊的關係。舍爾巴茨基認為，「當說三界時，Dhātu（界）指世界（loka）或存在界（avacara 系、界、層面）。此與十八界全無關係。世界可以分為物質的（rūpa-色的）和非物質的（arūpa-非色的），前者又分為肉慾的或污染的物質世界（kāma-rūpa-dhātu），以及純淨的或減損了的物質世界（niṣkāma）-rūpa-dhātu（無欲）色界。欲界當中，生命由 18 種成分構成。在色界當中，則由 14 種成分組成（除去第九至十界，第十五—十六界），在無色界當中，則由 3 中成分組成（第六、第十二和第十八界）。色界和無色界中的生命具有不同層次的法悅（dhyāna 禪那）。普通人可以或由再生於其中（utpatti 受生）或由得法悅的冥想（samāpatti 等至）的努力而得轉變，進入這些較高的禪定狀態。」〔註107〕可見三界的劃分，不光是對於欲望、滯礙的區別，還帶有更強的修行境界與高低存在之分。

　　根據五蘊與諸法的關係，五位七十五法中，色法相當於色蘊十一種色，心王與心所法、不相應行則基本相當於受、想、行、識四蘊，五蘊攝諸有為法，不在五蘊之中的即三無為法。從欲界而言，含括五位七十五法，色界雖則諸法具足，色法以較為微細，有情慾望甚少；欲界與色界，因為都有色法，故而又稱為有色界。與有色、有色界相對的是「無色」與「無色界」，「無色是指那些

〔註105〕惟善：《說一切有部之禪定論研究》，第 85～87 頁。
〔註106〕〔日〕木村泰賢：《小乘佛教思想論》，第 119 頁。
〔註107〕〔俄〕舍爾巴茨基：《小乘佛學》，第 23 頁。

－195－

非物質身體的有情和精神領域，在這個領域的有情沒有色蘊、色界、色處，也沒有無表色，因此，被稱為『無色』有情」，無色法相當於除了五位百法中除了色法之外的諸法，「如果法之體是四大種，或者是四大種所造者，這就是『有色法』，其體非四大種，或非四大所造者就叫做『無色法』。那些可種植可增長之法名之為『有色法』，不可種植（不同的極微組合可產生新的物種）及不可增長之法就叫做無色法。」〔註108〕只有無色法的領域即無色界，是四類非物質的生存領域，即空無邊處、識無邊處、無所有處、非想非非想處。

在有部、《俱舍論》中，無色界超越一切色法，色法不允許生起，而大眾部和分別論者認為無色界仍有某種細微的物質。〔註109〕實際上，三界的爭論可以歸結為五蘊及其關係的討論，有部主張截然區分無色界與有色界的區別，有著自身理論結構與教理修證的需要，因為之所以叫做無色界，就是要徹底區別於欲界和色界，徹底斷除即蘊我，回到正確的修途，到達更高的無色界階段，因此無色界成為絕對的精神之域。但是這一理論要求的最大問題，是三界有情並不是固定不變的，下界可以上生，上界可以降生，於是就面臨轉換中最大問題，即色與非色的轉換、相生，因為從同類相生的角度，色法與非色無法互生，所以大眾部和分別部雖然理論不同，但都要找一個類同色法的極微細作為精神之所依。但在有部、《俱舍論》的理論中，否定無色界的非色性的必然選項，同意心法能夠生色法，以解決無色界有情降生有色界面臨的色身之需。惟善法師認為，「有情在三界中投生相續可以從色到色、從無色到色、從色到無色等多種形式的轉換。有部論師認為，在欲界和色界，有情的精神領域是以色身來支持，但無色界有情的精神領域是靠兩個不相應行、眾同分和命根來支持。當有情要從無色界到下界投生時，令色身從心生起，非從色起，因為過去所起色，被異熟因薰習在心，其功能今已成熟。而經部認為無色有情的心相續沒有別的依止，無色界有情的心、心所法相續是它們之間相互依止的，沒有一個獨立的所謂『同分』和『命根』作為其心的依止」，之所以有部認為「色法」能夠從心生起，是因為「無色界之無色，是色的暫時斷除，以後遇到助緣時還可以再生起」，而阿羅漢般涅槃之後，諸蘊相續已經完全斷除了。〔註110〕

接上論，惟善法師認為無色界只是色的短暫斷除，可以理解為色的潛在作

〔註108〕惟善：《說一切有部之禪定論研究》，第116頁。
〔註109〕相關討論，可參見：惟善：《說一切有部之禪定論研究》，第120～139頁。
〔註110〕惟善：《說一切有部之禪定論研究》，第129～130頁。

用，如此則正符合之前對於有部「色」的認識而間接認同無色界有色的立場。〔註111〕根本上說，如果有部不截斷無色界降生的通道，必然要面臨色法生起的解釋，無論從物質形態還是作用、潛能、種子等等，都會面臨難題，難以規避其他部派的立場。另外還要面臨一個問題，如果先天生於無色界的有情要降生到下界，色法的種子從何得起呢？所以，印順法師指出：「有情為心色的綜合體：沒有物質的有情，沒有精神的有情，都是不會有的，也是難以想像的。這一根本的立場，或許就是佛教的早期思想。大眾部及有部的一部分譬喻師，曾取統一的見解。經說：色、受、想、行、識不離，壽、暖、識不離，都證明了這一論題。在過未無體（大眾系，分別系）的思想中，這是更重要的。如生於無色界，而現在沒有色法；得二無心定，生無想天，而現在沒有心，那怎麼能引生未來的色與心呢？豈不成為無因而生嗎？心色相依不離的有情觀，不僅是現實而易於理解的，也是過未無體論者所應有的見地。」〔註112〕故而，五蘊與三界的關係，可能仍然是佛教教理上值得繼續討論的問題。

三、有情身心結構

二十二根、三界雖然討論的主題似有不同，卻是一致的，並且與十二處、十八界、五位法等等也不相衝突。二十二根融合了有情身體、生命與精神修證等諸多要素，三界在區別有情的同時具有較強的等級設置，十二處突出了有情六根與六境所顯示的生物機能與環境、情境的關係，十八界包羅萬法，但突出的是六識、意識的作用，每一分別的側重點不同，但隱含的共同論題，或許都可以還原到五蘊問題上，這一點在五位七十五法則更加明顯。《俱舍論》否認即蘊我，但其實每一理論都無法脫離五蘊來討論，其態度反映的是價值上的取向，具有重心法、輕色法的理論傾向，而難能可貴的是他並不因此過於忽略對根、身、心等問題的關注，反而有著十分豐富、細密之觀察、討論。

如前文所述，處於住劫時期，欲界之中的有情，除了化生以外，投生時只有命根和六根之一的身根，而後發育漸成其餘諸根；化生有情則同時具足眼、耳、鼻、舌、身、命六個根，但沒有男女根。所有有情，死亡時最後消失的是命根、意根、捨根。《俱舍論》敘述此節時，於轉生還分了劫初化生、欲界天

〔註111〕惟善法師於前文指出，有部的色不僅包括了物質層面的東西，還包括由物質所顯現出來的一些東西或潛在的力量。參見：惟善：《說一切有部之禪定論研究》，第116頁。

〔註112〕印順：《說一切有部為主的論書與論師之研究》，第423頁。

人、雙性人生以及中夭等等，於死亡則區分了自然死亡、突然死亡以及不同趣與性別的人死亡等等情況，對於根的有無細節安排甚詳，體現佛教對於有情轉生的觀察之細緻、討論之深入，其中「命根」呈現佛教對於身體之外，還認為有一個維持生命的因素，成為獨立身體之外的要素，這也是佛教援諸業力、視身體為五蘊假合的一個原因；「捨根」是不苦不樂的感受，而「意根」是意識、認識的基礎，這三者一直伴隨到生命的最後。從五蘊的角度，欲界有情生時，身體和命根具有優先性，而死亡時的心體和命根具有滯後性；按照教義，欲界有情沒有三無漏根，故而最多只能有十九根，並且是有漏根，換句話說在心體上是具有善、不善和無記三性的。

色界意味著有情已基本沒有性慾，且男根、女根較為醜陋，故而在《俱舍論》中色界有情無此二根，此界男女是根據欲界男女的其他特徵加以區別；因喜樂而無苦根、憂根；有情投生時，具備身等五根與命根，其餘諸根逐漸生起；死亡時，身等五根、命根、意根、捨根最後毀壞。這裡和欲界一樣，對於意根等一方面可能由於意根是建立五根基礎之上，故而後於身根而起，後於身根而毀，與「中有」具有微識的理論似乎有所不恰。

按照《俱舍論》，無色界有情較為複雜一些，有的投生時僅具命根，沒有樂根、苦根、喜根、憂根，因此無色界有情僅僅具有命根，和漸次生起的意根、捨根，以及信、勤、念、定、慧等五善根；死有之時，最後毀壞的是命根、意根和捨根。儘管無色界已經超脫有色界，但仍然不具備三無漏根，也就是說有色界有情的根性也是通於有漏的，這是無色界有情會發生降生的重要原因。而具備三無漏根的有情，唯有須陀洹、斯陀含、阿那含和阿羅漢，阿羅漢具足意根，樂、喜、捨三根隨一，五善根，以及三無漏根中的已知根和具知根，是聖者中的最高層次。

當然，從修證的角度，即使不具備三無漏根的有情，也可以通過修習來斷除有漏之法，根據《俱舍論》和《大毘婆沙論》，「七有色根（眼等五根及男女根）、命根與苦根唯是有漏，屬於修所斷，最後三無漏唯非所斷。其餘十根通見所斷、修所斷或非所斷」，五受根、五善根等同於有漏和無漏的，「有漏時，為修所斷；無漏時，為非所斷」。〔註113〕但是，從修道次第而言，有情凡夫到阿羅漢的修行伴隨著諸根的去除，以及擯除無漏法，行有漏法，在通往聖途的道路上仍然是攝於有為法之內，換句話說也並沒有超出五蘊之外。如同三無為

〔註113〕惟善：《說一切有部之禪定論研究》，第 92 頁。

法在心體之外，三無漏根也在身根與意根之外，似乎只是意識能夠了知的絕對善法，外在於五蘊而存在，換句話說，五蘊仍然是認識三無漏、三無為法的前提，並且五蘊法的無漏性和三無漏根是可以接續，並與一般的善根構成所謂的「聖者」，也即成就了「法身」。

《俱舍論》的二十二根結構，涉及身體之物質構成、內外部感覺器官、認識、行為等多層次的豐富內容，展現「身體」的自在性與特殊勝用，二十二根及其關係比較全面、系統地突出「身體」的內外層次，尤其預示著不管在哪一個生命層級，「身體」始終包含或等同於以受、想、行、識為體性的「心體」。在此意義上，身心始終是通體性的相具不離關係；在佛教的體系中，色法的滯礙性並不真正形成對於身體、心體的障礙，反而可以通過特殊的修行而得到自身的淨化。當然，其中不可否認的是五蘊在身體自淨化過程中的張力，本質即是五蘊的異構，而另一顯著的特點是「身體」結構中始終由心體佔據主要或全部內容，並且「身體」從有漏到無漏的昇華，在很大程度上也是由心體主導的身體淨化過程。

第五章 《俱舍論》之「心」的思想

　　《俱舍論》對三界蘊體的設定中，心體的主導性顯而易見，但在欲界和色界，心體並不能脫離色身而具有獨立存在性，色身與心體始終不是隔絕而是互相影響的；無色界有情，色身消盡，唯有心體，心體具有了完全的本體意義，但卻沒有完全杜絕無色生色的可能性，三界有情的升降交流也沒有斷絕，色身與心體始終具有內在的關聯性。不過，所有事物乃至萬法的奧秘在於「任持自性」，隨勝法的方式介入到每一蘊體的方法固然可用，更應該在根本上追問心體、色身乃至身體的意義，獲得了義之知。《俱舍論》關於身心的觀念，關乎其對於有情問題的根本認知，以及修證方向與方法，乃至終極性的境界追求，透顯著心性認知對於心體的主導作用，並催動其與身體疏離分裂。

第一節　有情之「心」

一、「心」與「心性」概念

　　「心」之梵文有「caitasika」（心所），「citta」（心），「cittatā」（心），「cetas」（心），「mānasa」（思想，心，意，精神），「hṛdaya」（心）等形式，其中最常見的是「citta」與「hṛdaya」，「citta」是由詞根√cit 或√ci 構成，其中√cit 多有覺察、留意、注意、瞭解、思維、明白等義涵，多為早期佛教使用，而√ci 多有排列、構成、收集、堆放、遮蓋等義涵，多被大乘佛教使用；「hṛdaya」多指肉團心。對於中國哲學、思想文化中常被提及的「心性」一詞的印度源流，學者多有爭論，因為現代所使用的「心性」是否是梵文「cittaprakṛtiti」的對譯

已難以確定。但在使用上，真諦與玄奘翻譯《俱舍論》時都有所用：

（1）yathā cittasyānyo bhinnajātīya upakleṣo rāgaḥ, evaṃ prajñāyā avidyā|

【真諦】如心有別染污與心性異，謂欲無明於慧亦爾。

【玄奘】如貪異類能染於心，無明亦應異慧能染。

（2）ubhe api hy ete cittaṃ layaṃ ca udayataḥ|

【真諦】謂此二小惑，能令心沉下。

【玄奘】謂俱能令心性沈昧。

通過比較可以看到，兩例梵文所指不同，但在真諦、玄奘二人的譯文中，「心」與「心性」幾乎是相通的，這也符合這二詞的義涵，如《俱舍論頌疏論本》曰「心，是心性」（卷二十三），即是說在一定的語境中「心性」即「心」。通過真諦與玄奘的翻譯還可以看出例（1）中真諦將「心性」與「染污」用在一處，這也是玄奘翻譯經常使用的，並以「心性本淨」最為常用。但以上兩例，和少數的使用情況，不足以提供梵漢對譯的充分證據。然而，這並不說明真諦、玄奘及其他譯家都是誤用，在一定程度上，反映深通梵、漢的佛學家發現了兩種文化思想上的交合，因為佛教關於人心染淨的問題，類似於中國文化中的善惡問題，並且二者都共同歸於人心問題之上。

所謂「心性」，或可簡單言之為「心之性」、「心與性」，但實際上卻是難以理解的哲學概念之一，因為從現代佛學與哲學思想的角度而言，「心性」一詞是由「心」和「性」兩個範疇所構成，在不同的語境中對心性的語義或有所偏重。

「心」即是有情之心，在佛學中具有多種含義，富於多層次的思想義涵。《俱舍論》一書，多延續了根本佛教的心王、心所、善心、惡心、清淨心等概念，中國唐代法師宗密將佛教所言之「心」做了概括與梳理，其云：

> 泛言心者，略有四種，梵語各別，翻譯亦殊。一、紇利陀耶，此云肉團心。此是身中五藏心也。二、緣慮心，此是八識，俱能緣慮自分境故。此八各有心所、善惡之殊。諸經之中，目睹心所，總名心也，謂善心、惡心等。三、質多耶，此云集起心，唯第八識，積集種子生起現行故。四、乾栗陀耶，此云堅實心，亦云貞實心。此是真心也。〔註1〕

〔註1〕宗密：《禪源諸詮集都序》（卷一），《中國佛教思想資料選編》第二卷第二冊，北京：中華書局1983年，第429頁。

此段之意較為真實反映了佛教心之概念的層次性及其關係。楊維中認為,「肉團心」多指眾生身體內的肉體之心即心臟,古人誤將其當作意識產生的根源。在早期佛教經典多有涉及,但後來僅有密教有所強調,其他大乘佛教諸宗諸派均不大論列。「緣慮心」指心的認知功能,唯識學以之泛指八識,其他宗派則僅以之指稱六識。「肉團心」、「緣慮心」有認識主體的含義,可以歸併為主體之心。「真心」指心所具有的常恒不變的清淨性質,可以將其看作眾生的形而上本體。這樣,「心」的含義就可以簡明地歸納為兩種:一是作為主體的「心」,二是作為本體的「心」。前者可稱之為心用,後者可稱之為心體。「集起心」為唯識學所特別強調,特指第八阿賴耶識。由於慈恩宗並不認為「心」有不變的部分,其所言的阿賴耶識本身就具有心體的含義,心用則以前七識充當。〔註2〕

關於「性」這一概念,在佛學中也很複雜,《俱舍論》中有體性、善性、自性等用法。用作「自性」時,一般是指法的自相;當作「善性」講時,是指心或法的屬性;「體性」,多偏於「體」而言,是指法之所依,如四禪以五蘊為體。有學者認為,「中國哲學中『性』這一範疇至少應當把握這樣五個方面的內容:其一,性即本性;其二,性即特性;其三,性即本質;其四,性即生命;其五,性即本來就有。」〔註3〕這五種多少也能反映到根本佛教與部派佛教的問題討論之中。

在中國佛教典籍與問題討論中,心性時常放在一起使用,已經成為獨特的哲學概念與思想範疇。楊維中指出:「從今日的學術立場言之,『心性』應該是梵文 Citta-prakrti 的意譯。但若想在早期漢譯經典之中做追根求源式的研究是有相當難度的。因為據現存梵文原本,我們已經很難搞清楚佛典中所有的『心性』一詞是否均為 Citta-prakrti 的對譯,而古代漢語以單音字為主的特點更是我們難於分清楚其到底是一個範疇還是兩個詞」〔註4〕,這種由於心性問題複雜性與來源歷史不明,導致佛學各派對心性的使用上也常常有所差別,恒毓法師討論說,「就心的本質來說,古往今來的各家學說並無大的差異,所以性即本質之說可以忽略。就心的本性來說,因為它側重的是生物的自然性,這當是人性論的範疇,心性論必然涉及,但不應是心性論探討的重點。這樣,剩下的

〔註2〕楊維中:《中國佛教心性論研究》,北京:宗教文化出版社 2007 年,第 2～3 頁。
〔註3〕恒毓:《中國佛教心性論述評》,《世界弘明哲學季刊》1999 年 9 月號。
〔註4〕楊維中:《中國佛教心性論研究》,第 3～4 頁。

就只有兩種方案了：性即特性、性即本來就有。如果講心的特性，就必然涉及到心的善惡、染淨問題；如果講心的本來具足，則必然涉及善惡、染淨的本有、始有問題。」〔註5〕

雖然「心性本淨」的思想在根本佛教時期即已提出，但周貴華指出，根本佛教的「心性本淨」說中，存在一個問題：被染污性的煩惱所染的心定呈染相，即有煩惱時，心是染的，但染與淨勢不兩立，如何說心本來是清淨的？為解決這個矛盾，部派佛教不再籠統談心，而將心區分出心的「性（體）」與心的「相」兩分。這樣，「心本性」或「心自性」就不再釋為「心自然」、「心本然」、「心本來」，而被釋為心的「自性（體）」，可簡稱「心性（體）」。即，「本性化（prakrti）」被釋為自性（體）。結果，「心本性清淨」更多地被稱為「心的性（體）本淨」，或簡稱「心性本淨」。但此「心性本淨」的含義與其原始的含義大異，從心本來清淨而轉釋為心之性（體）本來清淨。後義後來居上，成為佛教中詮釋「心性本淨」說的主要思路。〔註6〕因此對心性思想的探討，即是以心性本淨與本染的問題為中心展開，而在對《俱舍論》相關問題討論時，須同時注意從根本佛教到部派佛教的意義轉圜。

二、「心」之染淨

《俱舍論》對於心的討論十分豐富，僅從詞彙使用便有亂心、無心、善心、不善心、聖者心、世俗心、定心、不定心、有漏行、無漏心等等，凡諸此類皆關涉到心之善惡、染淨的問題。

1. 三界有情心

從三界有情的角度，其心所具有的特徵、屬性不同，《俱舍論》卷七本頌曰：「欲界有四心，善、惡、覆、無覆。色、無色除惡，無漏有二心」，論曰：

〔註5〕恒毓：《中國佛教心性論述評》，《世界弘明哲學季刊》1999 年 9 月號。楊維中將中國佛教心性論所言之「性」概括為兩種含義，一是本體之性，二為根性、體性之性。（參見：楊維中：《中國佛教心性論研究》，第 3～4 頁。）
〔註6〕周貴華：《唯識、心性與如來藏》，北京：宗教文化出版社 2006 年，第 69 頁。本書對原始佛教的心性討論只做有限引述，相關問題已有多為學者撰文，在此不再專門討論。參見：《唯識、心性與如來藏》的第二章《印度佛教的心性與佛性如來藏思想》，方立天《印度佛教心性思想述評》（《佛學研究》1995 年），姚衛群《佛教中的「心性清淨」與「如來藏」思想》（《南亞研究》2007 年第 2 期），陳兵《原始佛教及部派佛學的心性論》（《法音》2002 年第 9 期），屈燕飛《論析早期佛教與部派佛教心性論思想》（《老子學刊》2014 年）等學術論著。

且於欲界有四種心，謂善、不善、有覆無記、無覆無記；色、

無色界各有三心，謂除不善，餘如上說。如是十種說有漏心。若無

漏心唯有二種，謂學、無學。合成十二。此十二心互相生者。

就是說欲界有情具備四種心，即善、不善、有覆無記、無覆無記心；色界、無色界各有三種心，即除去欲界諸心中的不善心。所有三界的心，因為有煩惱、滯礙，故而都叫作有漏心。無漏心有二種，就是有學無漏、無學無漏心，只有達到一定修證等級的聖者才能具備。從這裡可以看出，《俱舍論》對於心的認識並不是非善即惡的簡單判斷，也考慮到了不同類別有情的具體情況，但其基本出發點還是從有漏與無漏的角度。更重要的是，它並不否認這幾種看似對立的心不具有互操作性，反而強調「此十二心互相生」。十二種心彼此相生，為有情修證提供基本的理論前提，其具體相生細節為：

首先，《俱舍論》頌曰：「欲界善生九，此復從八生。染從十生四，余從五生七」，即謂欲界有情善心無間，可生九種心：（1）欲界四種心；（2）色界二種心，即從欲界加行善心入色界定時，及從欲界善心死，往生色界之續生位，依其入定、續生次第，分別起加行善心及染污心；（3）無色界一種心，即從欲界善心死，往生無色界之續生位，欲界善心無間生起的染污續生心。欲界善心不會生起無色界善心，因為彼此關係疏遠。無色界對於欲界有四遠，即一所依遠，指無色界心不與欲界心為所依；二行相遠，即無色界心，唯於第四禪作苦粗障行相，必無緣欲作苦粗等行相；三所緣遠，即無色界心不緣於欲；四對治遠，因未離欲界貪，必無能起無色界定，能為欲界惡戒等法，厭壞及斷二對治；（4）有學及無學心，就是從欲界加行善心，入於有學、無學觀中時，即此欲界善心，又從八種心無間生起：欲界的四心；色界二心，即從色界定出定時，由彼定心生起欲界旳善心；或被色界染污定所逼惱時，從那色界染污心生起下地欲界的善心，是為了依下地的善心來防止定心退失；學與無學二種無漏心，即從有學、無學觀出，入於欲界善心時。

所謂「染從十生四」，是指欲界不善心及有覆無記心，這二種心各自都從十種心（自四、色三、無色三）無間而生。就是前段論文所述十二心中，除去有學、無學二無漏心，因為在於續生位，三界諸心都可無間生起欲界染心的緣故。即此欲界染心無間，能生起四種心，就是指所處欲界的四種心，其餘便不會生起。頌句中的「餘」，指屬於欲界的無覆無記心，欲界無覆無記心是從五種心無間而生，就是自己欲界四心及色界善心，因為欲界神通變化心從色界善

定生起。即此無覆無記心無間能生七種心，就是欲界四心，及色界善與染污二心。欲界神通變化心會生色界善心，於色界續生位生起色界染污心。此外，無色界一染污心，在無色界續生，欲界無覆無記心能生起無色界染心。

其次，本頌云：「色善生十一，此復從九生。有覆從八生，此復生於六。無覆從三生，此復能生六」，意思是色界善心無間能生十一種心，就是從十二心中除去無色界無覆無記心。即此色界善心又從九心無間生起，就是要除去欲界二種染污心（即不善、有覆心），及除去無色界無覆無記心。色界有覆心從八種心無間而生，就是從十二心中要除去欲界二種染污心，及有學、無學二無漏心。即此色界有覆心無間能生六種心，就是自己色界的三種心，及欲界善、不善、有覆無記三種心。色界無覆心從三種心無間而生起，就是唯只自己色界三種心，其他無有生起之理。即此色界無覆心無間，能生起六種心，就是自己色界三種心、欲界二染心、無色界一染心。

第三，本頌云：「無色善生九，此復從六生。有覆生從七，無覆如色辨」，無色界善心無間能生起九種心，就是十二心中要除去欲界善心，及欲界、色界二種無覆心。即此無色界善心又從六心無間而生，就自己無色界三種心，及色界善心，並有學、無學二無漏心。無色界有覆心無間能生起七種心，就是自己無色界三種心，及色界善、染二心，並欲界不善、有覆二染污心。即此無色界有覆心，也是從七種心無間生起，就是十二心中要除去欲界二染污心、色界一染污心，及有學、無學二種無漏心。無色界無覆心如色界無覆心的說法一樣，是從三種心無間而生，就是自己無色界三種心，其餘都無生起之理。即此無色界無覆心無間能生起六種心，就是自己無色界三種心，及欲界二（不善、有覆心）、色界一（有覆心）染污心。

第四，還有比較特殊的，原則上不再屬於三界的聖者，本頌云：「學從四生五，餘從五生四」，有學無漏心從四種心無間而生，就是有學無漏心，及三界善心。即此有學無漏心無間，能生起五種心，就是前面四種心（有學心及三界善心），及無學無漏心一種。偈頌最後一句中的「餘」，就是指無學，這無學無漏心是從五種心無間而生，就是三界善心，及有學、無學二種無漏心。即此無學無漏心無間，能生起四種心，就是三界善心及無學無漏心一種。

從以上極為詳細的討論中，不難看出，對於欲界四心而言，心可以分為善心、染心兩種；色界、無色界雖然沒有了不善心，但也分為善心與染心兩種；而無論善心或染心，從聖諦修證的角度而言，三界有情之心的共同點是具有無

漏心。由此可以看出，《俱舍論》不光從一般意義上的染淨來討論，還要從修證教義上對心再加以討論，當然如果將有漏視為染，那麼也可以將心性問題歸結為染淨問題。需要注意的是，唯有聖者之心才是清淨的，其他有情都是通於有漏的善、染雜陳之心，即便是善心也不是徹底的絕對的善（無漏）。

2. 生有唯染污

有情之心的有漏與無漏、善心與染心是先天，還是後天生起的？《俱舍論》卷十本頌云：「生有唯染污由自地煩惱，餘三無色三」，論釋曰：

> 於四有中，生有唯染。由何煩惱？自地諸惑。謂此地生，此地
> 一切煩惱染污此地生有。故對法者咸作是言：「諸煩惱中，無一煩惱
> 於結生位無潤功能。」然諸結生唯煩惱力，非由自力現起纏、垢。
> 雖此位中心身昧劣，而由數起，或近現行引發力故，煩惱現起。應
> 知中有初、續剎那亦必染污，猶如生有。然餘三有一一通三，謂本、
> 死、中三，各善、染、無記。於無色界除中有三，非彼界中有處隔
> 別，為往餘處可立中有。頌中不說欲、色二界，故知於中許具四有。

所謂四有，即死有、中有、生有、本有。其中生有代表中有轉生形成新生命的最初一剎那，所以意味著有情從出生就具有污染性，這種污染性是由其轉生之地的一切煩惱導致的。當然，外在的煩惱雖非主因，卻是助緣，因為有情轉生本身就具因過去、前生的種種煩惱而產生的引發力量，所以由此推理，中有承繼死有，以及轉為生有的剎那，也具有污染性。生有尚且如此，本有、死有、中有必然也具有善、染、無記三種性質。無色界中因為只是精神境界，故而沒有處所之別，所以也就沒有中有。

從這裡可以看出，《俱舍論》認為無論有情四生中的哪一種，於生有之處，就在外力與宿緣的作用下，具有染心；換句話說，善心也應該是生有所具備的。所以，有學者指出：「當心分別與染、淨、無記三類心所相應時，心性就分別為染、淨、無記不同類性。其中無記性如同染性一樣，是有漏性的，皆為雜染性所攝。而且凡夫心全為有漏，心性與心相皆如此，根本異於解脫的聖者的心的無漏性。因此，有部說『心性非本淨』，事實上意味著心本性並非一致為淨性，是雜染的，換言之，有部的心性思想實際是『心性本染』說。」〔註7〕

〔註7〕周貴華：《唯識，心性與如來藏》，第 77 頁。作者還指出：「有部心性論的心體（性）與心相一致以及『心性非本淨』說，對大乘唯識學的心性說影響甚大，後者以無記性的阿賴耶識為根本建立了『心性非本淨，心性本染廣說』」。

3. 貪欲染心，無明染慧

根本上，雖然有情之本有、死有都具有善心與染心，但從後天而言，還有一些重要導致心性變化的因素，即貪欲和無明。《俱舍論》卷十認為，無明與見相應，所以肯定不屬於慧的範疇，並且從二者關係上無明能夠污染慧，其曰：

> 說無明能染慧故，如契經言：「貪欲染心，令不解脫；無明染慧，令不清淨。」非慧還能染於慧體，如貪異類能染於心，無明亦應異慧能染。

這裡所引契經，類似與《雜阿含經》卷二十六之表述「淨信者，謂心解脫；智者，謂慧解脫；貪欲染心者，不得不樂；無明染心者，慧不清淨。……離貪欲者心解脫，離無明者慧解脫。若彼比丘離貪欲，心解脫，得身作證；離無明，慧解脫，是名比丘斷愛縛結，慢無間等，究竟苦邊。」經部提出質疑，認為：「如何不許諸染污慧間雜善慧，令不清淨，說為能染？如貪染心，令不解脫，豈必現起與心相應，方說能染？然由貪力損縛於心，令不解脫，後轉滅彼貪薰習時，心便解脫」，經部不同意將無明和慧及其作用截然分開，首先提出染污慧對善慧的不清淨作用，但其主要問題在於貪欲是否與心相應，它認為貪並不一定現起與心相應，因為可以通過道次第修習驅除貪念，讓心獲得解脫，換句話說，貪欲與心等並不是必然相應相生的，無明與慧都不能等同於清淨之心，故而《俱舍論》卷二十五中經部主張，真正的解脫不是蘊體勝解，而是心體，因為契經也說「云何解脫清淨最勝？謂心從貪離染解脫，及從瞋、癡離染解脫，於解脫蘊未滿為滿，已滿為攝，修欲、勤等。」

以上關於煩惱（隨眠）、無明與心的論爭實際上還是對心體本淨與本不淨的討論。在有部的心識論中，隨眠又名為纏，也是心所有法，並與心相應，「由於隨眠與心相應，在於煩惱相應起時，心本性就與煩惱本性一致，凡夫的心本性就不再清淨。凡夫的心本性非為清淨，就與聖人的心本性完全不同。聖人的清淨心性，也不再是本來具有的，而需通過修行從凡夫的雜染心性轉換而來。因此，說一切有部的心性論，可稱為『心性非本淨』或『心本性非淨』說」，這一主張在理論結構上，有利於維護心體與心相的一致性，避免像「心本淨」說那樣造成體淨相染的違離。〔註8〕總之，《俱舍論》的心性之論，儘管有著三界有情、聖者之間的不同，對於心之本性作細微的辨析，但根本上還是心本雜

〔註8〕周貴華：《唯識，心性與如來藏》，第76～77頁。

染說。而從《俱舍論》的理論整體而言，其主旨並不是要探討心性因何而本淨或雜染的問題，它仍然和根本佛教一樣，意在解決煩惱，即去染存淨的問題。

第二節　「心」之諸相及其意涵

　　《俱舍論》對心性的雜染的判定，有著自己的思想背景，但是在身心關係方面，由于堅持徹底否認即蘊我、強調色身的滯礙性，往往給人造成一種重視心體、身心分離的印象，比如卷三十提出「身心相續」，實際上是各自相續；提出「身業必依身心」，但二者「身心各依自因緣轉」；卷二十二提出「身心遠離」，也是「身遠離者，離相雜住。心遠離者，離不善尋」，因此往往給人一種比較明顯的「身心二元論」的觀感。但實際上，《俱舍論》關於身心的討論遠不止此，概括地說更傾向於「心一元論」，身往往只是臨時的載體和超越的對象，更為準確地說，《俱舍論》主張的是「界性論」，即在不同界與修行果位上有不同的心性主張，總體上是否定色心五蘊之身，一定程度上肯定無色界之四蘊身，三界身皆通有漏，故最為推崇的是聖者無漏身（心），而無色界與聖者之身準確的說是以心為身，所以身體的修行往往統攝在修心之下，心得解脫是最終之目的。在繁複縝密的理論中，呈現出若干心性學體系脈絡，以及在心性實踐主導下的認知取向。

一、諸相辨析及所依身論

　　根據善心與染心、有漏與無漏的基本判斷標準，《俱舍論》卷二十六還討論了世俗智和他心智的問題，所謂世俗智，即凡夫之智；他心智，即知他人心念之智，乃遠離欲惑而得色界之根本禪定以上者得發此智，在無學聖者以下也都是通於有漏之智，可以緣心、緣境。總體而言，以染心、善心為基礎，關於心性思想還有諸多與之相關的法相，這裡以《俱舍論》若干心相為例作進一步討論：

　　1. 貪心、離貪心等三對心相。貪、瞋、癡被佛教稱為「三毒」，《俱舍論》曰：「有貪心者，二義有貪：一貪相應，二貪所繫。貪相應心具由二義，餘有漏心唯貪所繫。」（卷二十六）論主認為說有情具有「貪心」，需具足心與貪相應而生，以及此心為貪所繫縛兩個條件，並且在有漏心中，有些僅為貪繫縛而不與貪相應。之所以如此，乃心相極微、複雜，除貪心以外，還有瞋、癡等心，它們也為貪所繫縛，但卻不是與貪相應而生之心，並且這些雖然不與貪相應但

仍然不能是可以對治貪心的「離貪心」，否則無異於飲鴆止渴。能對治貪心的「離貪心」，只能是有漏善心與無漏善心，所以不能說「貪不相應名離貪心」。此外，論主引用毘婆沙師的觀點，強調貪心、離貪心之外，還有既不是貪心也不是離貪心的心相，如無覆無記一分善心，僅僅是屬於不污染性而已。不過，所謂的善心與貪心可能還是相對的，善心亦有可能不與貪相應，卻被貪所繫縛，所以在有部的一些論師，直接把為貪繫縛的心稱作貪心。

2. 聚心、散心。《俱舍論》論述此二種心相主要引述毘婆沙師、西方論師與經部等佛教派別的論述展開。對於聚心、散心之定名，毘婆沙師作如是說「聚心者謂善心，此於所緣不馳散故；散心者謂染心，此與散動相應起故」，西方諸師作如是說：「眠相應者名為聚心，余染污心說名為散。」前者認為後者說法不合理，因為「諸染污心若與眠相應，應通聚、散故」（卷二十六），即是說染污之心若與眠相應，則無法根本區分聚心、散心，並且按照毘婆沙論典《發智論》的觀點「如實知聚心，具足有四智，謂法智、類智、世俗智、道智」。毘婆沙師對西方論師的批判著眼點其實，主要根據心之染淨，而對聚心、散心做出區分，強調聚心為淨、為散，因此否定把隨眠煩惱之類引入其中，故而引用《發智論》作為聚心有善智為佐證。

3. 沉心、策心。《俱舍論》卷二十六認為「沉心者謂染心，此與懈怠相應起故；策心者謂善心，此與正勤相應起故」，主要是從修行的行為態度為劃分標準，如《瑜伽師地論》卷二十九云：「言策心者，謂若心、於修奢摩他一境性中，精勤方便，於諸未生惡不善法，為令不生；廣說乃至於其已生一切善法，為欲令住，令不失念，令修圓滿。由是因緣，其心於內極略下劣；或恐下劣。觀見是已；爾時隨取一種淨妙舉相，殷勤策勵，慶悅其心；是名策心。」《光記》認為其基本類同於《大毘婆沙論》中的下心與舉心概念。

4. 小心、大心。由於對心體諸相的認識角度不同，尤其與之聯繫密切的還有價值認知差異與修行利弊評估，從而產生小心、大心之辨，《俱舍論》曰：「小心者謂染心，少淨品者所好習故；大心者謂善心，多淨品者所好習故。或由根、價、眷屬、隨轉、力用少、多，故名小、大。染心根少，極二相應故；善心根多，恒三相應故。染心價少，非功用成故；善心價多，大資糧成故。染心眷屬少，無未來修故；善心眷屬多，有未來修故。染心隨轉少，唯三蘊故；善心隨轉多，通四蘊故。染心力用少，所斷善根必還續故；善心力用多，忍必永斷諸隨眠故。由此染、善得小、大名」（卷二十六），《光記》釋曰：「染心根

少，若與獨頭無明俱起，即一根相應，若與貪、瞋俱起，即二根相應，以貪、瞋起必有相應無明故，故言極二相應。理實現染亦不名修，現在善法亦名為修，且望未來以明眷屬。染心隨轉少，唯受、想、行三蘊故；善心隨轉多，散心雖復受、想、行三蘊隨轉，若在定心，通色、受、想、行四蘊隨轉」。（卷二十六）由引文與釋文顯然可知，大心、小心的主要根據主要還是染淨之分，不過文中對染、淨的認識顯然更為具體了，即可以以根、修行難度、眷屬、隨轉、力用四個方面予以評估。另外，對於染淨還有少或多的量上的設定，將有情分為少淨品或者多淨品，在一定程度上能夠避免非善即惡的二元分別。參見下表：

	根	價	眷 屬	隨 轉	力 用
染心	根少（唯有一癡），最多唯有二根（貪與癡、瞋與癡）	不必加功用行即可成就	眷屬少，因為無未來修	隨轉少，唯有三蘊（受、想、行）	力用少，因為所斷善根必還能接續
淨心	恒與三根（無貪、無瞋、無癡）相應	須積聚大功德資糧方能成就	眷屬多，因為有未來修	隨轉多，通於四蘊（散位唯受、想、行，若定心更有無表色蘊）	力用多，如一剎那苦法智忍生，必能永斷欲界見苦所斷諸隨眠

5. 掉心、不掉心與不靜心、靜心。《俱舍論》云：「掉心者謂染心，掉舉相應故；不掉心者謂善心，能治彼故」（卷二十六），「掉舉」即心所之大煩惱地法之一，也是十纏之一，意為心之浮動不安，被視為心所的一種障礙，因此被視為雜染之性。不掉心作為對治之法，這裡沒有明確說明，《光記》認為即是定心。與其相若，靜心與不靜心也是如此，《大毘婆沙論》云：「不靜心者謂染污心，不寂靜相應故，一切煩惱皆不寂靜性；靜心者謂善心，寂靜相應故，一切善法皆寂靜性。」（卷一五一）

6. 定心、不定心。佛教修行對心之狀態，最重視散亂與安定，《俱舍論》認為「不定心者謂染心，散動相應故；定心者謂善心，能治彼故」（卷二十六），定心是一種心的穩定狀態，與散亂相對，也是安定其心，是禪定追求、對治不定心的方法，《大智度論》卷二十六云：「定心者，定名一心不亂。亂心中不能得見實事，如水波蕩，不得見面。如風中燈，不能得點。」按照《大婆沙論》定心還可以理解為，與禪定相應而生起的心，其謂「定心者謂善心，等持相應故」。

7. 修心、不修心。從修行的角度，《俱舍論》認為「不修心者謂染心，得修、習修俱不攝故；修心者謂善心，容有二修故」（卷二十六），《光記》釋曰：「不修心者謂染心，得、習二修俱不攝故；修心者謂善心，容有得、習二種修故。從來未得今時創得名得修，此通法俱及法前得；體現在前即名習修，此通初、後皆名習修。於善法中，或有得修非習修，如未來善今時創修；或有習修非得修，如曾修善體現在前；或有得修亦習修，如未來曾修善今創現前；或有非得修非習修，除前三相。非皆具有，故置容言。」（卷二十六）簡單的說，不修心就是現在或未來都不修行，是以心無所得，修心則在現在和未來都堅持修行而得善法修為；前者心在染中，不得解脫，故為染心，後者因修習善法而成就善心，所以《發智論》卷十二云：「云何修心？答：若於心已離貪欲潤喜渴。又無間道能盡無色貪；彼於此道，已修已安。」

8. 解脫心、不解脫心。從修行的結果，也是佛教的具體實踐角度，《俱舍論》認為「不解脫心者謂染心，自性、相續不解脫故；解脫心者謂善心，自性、相續容解脫故」（卷二十六），《光記》卷二十六釋曰：「不解脫心者謂染心，體是染故，自性不解脫，於有惑身中起故，名相續不解脫」，與此相反者即解脫心。

以上列舉八類十一對心相，按照《俱舍論》的討論，大都是毘婆沙論師的觀念，因為此後附有經部對相關問題的質疑，以及兩派論師針鋒相對的辯論。婆沙論師大體上認為自己是在遵守本派論典和契經基礎上對心相加以推衍、論述，其中便對十一種心相作了整體的關照，認為雖然諸染心的角度，有諸如沉心、掉心等等，那是於懈怠偏增的染心才叫作沉心，於掉舉偏增的染心叫作掉心，若從心體恆與沈、掉相應而言，則染心的體性是一樣的。而經部提出的意見似乎並沒有擊中要害，當被婆沙論師應對後，總以堅守契經、寧可違背論說的立場出現，甚至對婆沙論師的見解諷刺、固執地說：「依隨自己心意所說的話，有誰能遮阻呢？但是真實的契經經意思並不是像你所說那樣。」（卷二十六）

根據《俱舍論》對十一對心相的引述，明顯可見，對於每種心相雖然所採用的根據、角度不同，但都有基本一致的性質判斷標準，即淨心、染心、善心。淨心、染心，從有漏與無漏的觀念而言，前者為無漏，後者為有漏；善心遍及三界與聖者之心，「一切善心略有二種：一有漏，二無漏。若無漏者名自性解脫，體離縛故，通學、無學，非諸善心法皆名解脫，故置容言」（《光記》卷二

十六），這裡對善心的解釋，援引了佛教有漏、無漏的價值判定，對於無漏而言，本身即是純淨污染的，達到無漏境界，即自性解脫；而有漏則有三性，即善、不善和無覆無記三種，對於從事修行的有學、無學之士，可以有漏善心對治心體中存在的問題，實現自身的解脫；就聖者而言，則為純粹之無漏自性解脫，乃全善之心、全善之體。另外，從毘婆沙論師的解釋中，這十一對心相其實都可以歸入淨心與染心範疇，或者說它們只是淨心、染心的分別相。

　　然而，無論是十一種，還是三種、兩種，或者整體的心，是不是獨立的主體仍舊是值得探討的哲學基本問題。根據《光記》的解釋，至少善心不能獨立於身體而存在，「善心依身略有二種：一有惑身，二無惑身。若依無惑身名相續解脫，此據出障名解脫身，非諸依身皆名解脫，故置容言。謂善心中若自性解脫名解脫心，若依相續解脫身亦名解脫心，應作四句：（1）或有善心自性解脫非相續解脫，謂學無漏心；（2）或有善心相續解脫非自性解脫，謂無學有漏善心；（3）或有善心自性解脫亦相續解脫，謂無學無漏心；（4）或有善心非自性解脫亦非相續解脫，謂學有漏及異生善心」，這段話有些費解，可以概略地說，唯是聖者，無惑無漏，自性解脫，此外三界有情皆為有漏，難脫輪迴，必為誘惑，所以善心在總體上所依存的是聖者與三界有情，前者為惑身，而後者是有惑身。去惑、解脫實際上是早期佛教的共同主張，佛教的心性論正是在這個圍繞這個目的而展開的，「在原始佛教與部派佛教時期，主要是解決煩惱的問題。眾生造業，是以煩惱為推動力的。因為有煩惱相應，才有造作性的行為。消除煩惱，則無造作，由此顯示出涅槃境界。因此，涅槃就是煩惱的滅寂。與此相應，心性說就主要探討心與煩惱（落實到隨眠）的關係。結果，心本性與煩惱（隨眠）是否相應，形成了「心性本淨」與「心性非本淨（本染）」兩種對立的學說。這兩種心性論思想模式，不斷在佛教心性思想史上產生迴響，成了後來佛教心性論的發展基礎。」〔註9〕此外，心之淨、染、善問題的澄清，並不能取代心體與身體的關係問題，從《光記》的解釋看，它似乎有著「善心必依於身」的理論傾向，而善心既能貫通無漏心，又能代表部分有漏心，所以大體上可以說心體必不能脫離身體獲得獨立性，或者至少可以說無漏心與部分有漏心必依存身體而存在。

　　此外，把身體分為有惑身與無惑身，實際上就是指代三界有情身體與聖者身體，其潛在地認為，凡諸有情無不具有「身體」；「身體」是所依、能依，故

〔註9〕周貴華：《唯識，心性與如來藏》，第78頁。

而應該具有哲學上的生命主體含義。

二、心、性、身之關係

心性問題應該說是人類任何思想都難以迴避，終將面對的本根問題，只是各自的表述與解決思路具有不同；「心性論」是後期思想家經過對心性問題的再反思、總結後，在哲學問題的理論自覺後形成的思想體系化論述。檢討先前的許多論典，如《俱舍論》，雖然並沒有自覺形成比較成熟的「心性論」，不過通過前後雙重視域的多重關照，或許能夠得到更多的啟發，重新衡定我們固定化的思維、觀念。〔註10〕

1. 心必依身，身為主體

從以上章節所涉及《俱舍論》關於「心」的論述，可以總結下：第一，心、意、識。三者名異體同，只是在不同性相表現時的名稱而已，但仍然略有差別，「意」強調的是作意，心的能動機制，「識」強調的是心作意的結果，而「心」更具有心體的涵義，意與識似乎都是心體的功能或作用；第二，從五位七十五法而言，《俱舍論》將世間的一切法大致分為色法、心王、心所、不相應行以及無為法，除了無為法，其他都是有為法，也都通於有漏。這裡的「心」所包含的是以心王與心所為主的，不相應行只能說具有某些心的特徵，色法與無為法幾乎不再「心」的範圍之內，換言之，從法的整體而言，心並不能含攝一切法，因此不具有主體的意義；第三，從五蘊的角度而言，色蘊略同於色法，識蘊略同於心王，受想行識大致概括了心所與不相應行，如此則可以說五蘊大致可以由色蘊與心蘊所組成，在此語境下，心蘊或心體不能脫離色蘊而獨存，並且總是通於有漏性的。

不過，隨著三界境界的不同，以及最後的聖學果位，以受想行識為主要構成的心體在不同階段的作用、地位也有不同，在欲界與色界，心體可以摒棄，但無法脫離色體，色心交互作用；在無色界中，心體已經獲得了整體性的、獨立的意義，但此時仍有有漏性的局限；只有達到聖者的階段，心體可以說完全純粹、純淨了。所以從有情的生命體而言，欲界與色界乃由色體與心體構成；

〔註10〕關於印度佛教是否有「心性」概念以及是否有「心性論」則尚存爭議，不過從現有的論著看，中國、日本等學者已經逐漸正面討論印度佛教心性問題。如前所述，「心性」一詞可能目前仍無梵漢對譯的準確用詞，但這僅是用以判斷之輔助，不能全部否定印度佛教不討論心性，只是討論的內容、範圍、問題場域不同而已。

無色界無色法，僅存受想行識四蘊，也就是說身體由心體構成，身體略等於心體，但是還不夠完善；聖學有情，則身體與心體完全淨化。但即便如此，《俱舍論》對於三界、聖學有情的討論中，都有一個共同點，即脫離不了命根，因為無論哪種有情，都至少是一個作為生命體的存在；而命根只是身體所特有，對心體的受、想、行、識而言，無論哪一種都撇不開五根，而沒有命根為基礎的五根，則只是一具屍體軀幹。因此，身體至少具有心體不具有的命根，即便心體可以在構成上與身體相一致，進而可以說心體總是依存身體而存在。

需加注意的是，身體相對心體而言，只是一個存在的主體，但是身體並非存在的本體，因為《俱舍論》關於世界的還原論解釋最終的結論是四大種及其所造色，身體只是有情存在的表現，根本上是五蘊特殊的、不同於非情的構成結構產生的。

2. 任持自性，心物圓融

之所以說《俱舍論》有著自己的心性思想，因其有著十分豐富、深刻的關於事物屬性、自性的論述。這一點實際已經見諸於前文討論之中，直接相關的討論，無疑是《俱舍論》關於「法」與「界」的定義，二者均使用了「任持自性」的說法，也就是法之所以是此法而非彼法，界之所以有各自差別，最根本的是它們能夠保持自身區別於其他事物的屬性，如《俱舍論》卷一說「唯攝自性不攝他性。所以者何？法與他性恒相離故」，又如十八界之所以可以分為十八種，是有著不同的屬性的緣故。自性是事物的內在屬性，而由於內在屬性的不同，則必然有著相應的自相，反之則不然。

「自性」能夠與「他性」恒相區別，自然不同於一般的「性」，但是將一切事物或法為性所攝，則是錯誤的理解。按照《俱舍論》，首先「自性」需要一種能夠維持自身的因素才能夠「任持」，從五蘊來說或許就是具有「新成力」的「行蘊」；其次，「自性」不是絕對的，而是相對的，具有可變性與多樣性，如地、水、火、風四大種，其自性即為堅、濕、暖、動，由此能引生大種造色。第三，「自性」並非終極性，因為對於有些事物而言，總是有常與無常、有漏與無漏的區別，唯有聖者的自性才是常與無漏的。第四，根本上說，「自性」其實就是五蘊或四蘊的聚合結構的差異性及其表現，所以無論是「性」還是「自性」都不能脫離其所依而存在。

就心、身、性三者關係而言，心、身各有自性，心的自性主要源自受、想、行、識為主的四蘊構成，甚至在色界與欲界還無法脫離色體的影響；身體之所

以能夠為心所依，具有主體性的意義，關鍵也在於身體的自性，即身體的蘊體與命根導致的。

從四劫與十方世界而言，性或自性可能也不具有獨立性。首先，《俱舍論》認為始終存在著十方世界，由於蘊體結構的不同，而產生萬物。佛教世界觀從本原問題，到過程論的轉變，即是對十方世界存在性的肯定。對於一個世間來說，是有著生、住、壞、空四劫的，在比較極端的空無一物的空劫階段，最先開始的風、水、金三輪的生起，是由於其他世間的有情的業力作用的結果，在程度上就是行蘊「造作力」的作用。假設十方世界同時陷入空劫，則意味著再無有情業力催生，世界從此空無。在這個意義上，雖然自性仍然無法超脫其所依體而獨立，但或許可以說，存在著最為根本的自性，即為存有性、存在性，佛教所宣稱的「無常」則只有在欲界、色界、無色界的範圍內是適用的，聖者已經是脫離輪迴的不生者，亦即是永恆存在者。

存在性可能是最為根本的「自性」，也是所有存在物的共性，這一點對於色法亦是如此，因為根據三界有情可以相互升降，無色界有情亦可能降生欲界或色界，《俱舍論》認為當無色界有情降生時，原來的受、想、行、識四個「非色蘊」身體可以自然產生出色蘊，或者說「色由心生」，再次構成五蘊身體。在此意義上，如果把色法作為物質，受想行識作為心體，那麼所謂的心物關係，在《俱舍論》而言，互相之間並沒有決然的隔閡，甚至還是互生的關係。

也許，有觀點會認為「非色生色」是論師為了完善其理論內部矛盾的假說，但這一假說的問題應該在於《俱舍論》將色身、色法視為完全的障礙，而在無色界及聖者那裏除之而後快，以此實現其所設定的解脫目的。並且這種做法實際上也是違背其關於世界構成觀念的，如果無色界是真實的，那麼對世界的本質還原，不應該是五蘊，而是四蘊，或者至少不能是四大種及其所造色、極微，色、香、味、觸四個所造色就包括「色」在內。

由於《俱舍論》自身理論傾向，沒有徹底堅持四大種與極微說構成的直接本質論的自身特性，乃至違背了「世間以五蘊為體」的設定，無色界與聖者成為超世間的存在，而十方世界的宇宙觀念並沒有為超世間留下合適的位置。即便在無色界、聖者界保留色法的一定地位，也可以通過有漏與無漏避開矛盾，在五位七十五法中，除了無為法是無漏法，其他都是有漏法，也都具有著善、不善、無覆無記三性，因此修行解脫的過程，即為身體在心體的主導下淨化、去漏的過程，色法可以理解為逐步去除滯礙性而最終成為極微色法。如此，則

可以避免「異類相生」的矛盾。所以，所謂的心物問題，在根本上不成其對立矛盾，因為色、受、想、行、識是經過還原考察事物得出的根本結構，雖有五蘊之分，但實際上是一體互生的。

附：心性論結構關係表解

	欲　界	色　界	無色界	聖　者	非情界
身體	五蘊 命根	五蘊而色微 命根	受想行識 命根	受想行識 命根	五蘊
心體	受想行識	受想行識	受想行識	受想行識	
本性	有漏、無漏	有漏、無漏	有漏、無漏	無漏	無覆無記

第三節　「心」論趨向與理解

綜合體察《俱舍論》的宇宙論圖式、四劫過程論、世間體性論、五蘊論乃至解脫論，可知其關於心的討論指向並非是單向的，而有著多種層次。由此，可以進一步體會本論作者為何在多個面向中做出自己的理論抉擇。

首先，《俱舍論》的討論主要集中在身心問題、心物問題，大體上有四種態度，即唯物（質）論、唯心論、心物二元論與心物共身論。很多學者認為，《俱舍論》的哲學方法是心物二元論或者色心二元論的思維，其實並不準確，如果一定要用一元、二元、多元這樣的哲學思維來談印度哲學，那麼色心二元論只代表《俱舍論》對某些問題討論的思維方式，實際上則呈現了色心共身論、色心二元論與心一元論等多種思維方式；準確的說，《俱舍論》依從根本佛教，幾乎在每一部分關於心、法、世間等等問題討論，都歸於五蘊（四蘊）的，色心的矛盾不是普遍的，也不是唯一的。

其次，根據上文所述，色心共身論可以在四大種與極微思想中尋找出明顯的痕跡，即對事物的本原，是以批判外道唯物質論的立場展開的，雖然其解釋略顯生硬和模糊，但基本上承認事物的最小組成是色、心結構；在對欲界、色界的論述中，也基本認同身體為五蘊聚合而成，根境識三者所代表的色、境、心三者的關係是共身聯動結構，即便色法成為逐漸摒除的對象，也沒有直接將色、心直接對立起來。

第三，由於《俱舍論》的四諦論結構與解脫論目的，色心共身的態度是抑色舉心，強化心體建設，為達到無色界、最終解脫提供基礎，因而在很多理論

分析中帶入心物二元論的因素。據學者分析，這一取向也源自四大種和極微論，在業論上體現較為明顯，「《俱舍論》以五蘊來思考世界，基本可分為色法（色性），以及心法（心性）兩類。其中色法的兩個根本元素是『四大』和極微，四大偏於性質，極微偏於結構，所以『四大』更基本，但『四大』的屬性來源於感知，故有向心性方向傾斜的趨勢。與之相對應的是受想行識蘊，基本上是『識』和『識』的功能，所以可簡單歸為心法。因此，《俱舍論》是色心二元的思維模式。這一模式致使世親在考慮業的構成時，將之分成思業（意業）和思所作業（身業和語業）。」〔註11〕不過，《俱舍論》的心物二元論或色心二元論，並不是建立在心物區別論基礎上的心物互動論，而是要根本上從身體中消滅色法，實現身體、心體的淨化；具體而言，它對於受、想、行、識也表現出比較冷靜的立場，和對色法一樣，提出克服其中的不善、有漏的部分。

第四，在《俱舍論》中顯著表現的，應該是心一元論思想。從三界而言，無色界代表更高修行目的、有情存在的較為高級形態，聖者境界則是解脫、修行的最高目的、至善階段；在無色界與聖者階段，《俱舍論》徹底主張無色界沒有色法，唯有受想行識四蘊，即心體存在。為了解決色、心的矛盾，世親放棄同類相生的原則，認為無色界有情降生時，色法可以從心生起。最高的聖者脫離輪迴，則徹底意味著心體成為至善、無漏之體，不再發生修行退轉，即意味其達到最終解脫，成就「不生」的生命。在這一理論背景中，就四蘊來說，從設立意根與意識、心王（識蘊），可以看出其對於「識」的重視，試圖以「識」兼攝其他三蘊；而心、意、識三者異名同體，實際也是直接將心與意、識並舉，忽略或含攝心體的受、想、行部分，也是心一元論強化的表現，世親轉入大乘瑜伽學，則比較徹底地轉向了「唯識」主張。

心一元論似乎是《俱舍論》思想的必然走向，其原因不僅僅是色法的滯礙性、解脫論的目的、修證方法等方面。對色法的摒棄，很大程度上來自原初的身體體驗，如身體的局限性、生老病死的痛苦，以及身體作為輪迴之苦的主體等等；另一方面，由於認識水平與思維能力的提高，心性認知之於身體體驗似乎更具有深刻、全面、玄奧、超越性，尤其「識」往往不像受蘊、想蘊與行蘊那樣難以捉摸、體驗性強、不易言傳，並且受、想、行往往也是作為認識工具對待或者統攝於意識，所以越發使「識」作為心的代表，或者將心體、心性推向至高地位，形成唯心論或者心一元論。不過，心體通過在欲界、色界、無色

〔註11〕楊勇：《〈俱舍論〉業思想研究》，第 2 頁。

界的淬煉，逐漸成為掌控自身的完全的主體，在無色界及以上，受、想、行識四蘊構成了新的無形之體，心體的修行、純化最終實現的是身體的蛻變、昇華、淨化與永恆。

第六章　有情緣起、無我與解脫實踐

　　因果論是古印度地區起源甚早且流佈很廣的思想，佛陀在菩提樹下冥思悟道，主要昭示的就是「緣起」的思想，根本佛教對當時的因果、緣起思想進行了全面地繼承、吸收後，將之轉化為自身的重要觀念與教法。[註1]《俱舍論》梳理、總結了根本佛教、部派佛教關於因果、因緣、緣起的思想，並進一步將之系統化、體系化，從而極大地提升了原有理論的解釋力度，如對六因四緣在諸法形成的原因、差異等提出比較細密的闡釋，而「十二因緣論」則是佛教對於有情生命現狀與問題的提煉、總結，以獨特的理論視角集中凸顯有情的現世苦難的宿因、現狀與結果，蘊含著對身心緣起與過程的思考。從因緣和合等角度論證假我的「無我」之爭體現了部派佛教理論思維的豐富與深刻，而最終所有理論都是為著「解脫」這一個目的而存在，其中最基本的方法是智及其輔助的靜慮修行。

第一節　緣起思想及其展開

一、緣起與緣生

　　《俱舍論》對世界圖式與產生過程、有情問題與對治等等，有著自己的理論體系，對現象認知的同時必然探及背後的本原問題，其中包括對事物及萬法的起源、產生等原發性問題提出了合理的解釋。

　　根本佛教時期，佛陀提出「此有故彼有，此生故彼生；此無故彼無，此滅

〔註1〕參見：姚衛群：《佛教的因果觀念》，《南亞研究》2002年第2期。

故彼滅」為核心的緣起說，如《雜阿含經》卷十二云：「緣起法者，非我所作，亦非餘人作。然彼如來出世及未出世，法界常住。彼如來自覺此法成正等覺，為諸眾生分別言說開發顯示」。緣起論思想的基本觀點認為，世間、萬物、法界等等背後有著最為根本的原因，其所存在皆因緣起而生，也皆由緣起而滅。因此，一切事物與萬法的產生方式也被稱為「緣生」。

緣起思想的提出，首先為了說明任何事物乃至一切有為法，都是因緣和合的產物，另一方面事物生滅的緣起之因，實際上也是構成其持續存在的根由，「現實的任何事物，無不是多因素的複合，無不處在普遍聯繫之中，就是說，現實中沒有單一性的存在，也沒有孤立的存在，它們都是多因素的和合，受他事物的制約。」〔註2〕因此，有情與非情都是因緣和合而產生的，其現實存在也無不依賴和受到一定條件、因素的制約。不過，緣起論畢竟只是對存在性的一種理論推衍，為佛教自身的價值觀念服務，即從一切事物因緣和合而變化生滅，認為事物或世間的本性是「無常」的，並且從因緣與無常可以衍生出世間有情、萬物皆為「假合」而無實性，因此給有情帶來無窮的煩惱、痛苦。事物的存在性總是與各種存有性相始終，緣起思想或許可以理解為「佛陀開創的緣起理法乃是一種為了對機說法，應病予藥而善巧施設的勝義方便，並借諸種種言詮（如古代巴利文或釋迦自用的當地方言）表達出來的」，傅偉勳說，「『緣起』如果不是什麼『客觀』真理，那又是什麼？這裡我們需要嚴予分辨（相互主體性脈絡意義的）道理與（純粹客觀事實意義的）所謂『真理』。道理存在於人與人之間的共識共認，隨著問題、觀點、角度、心性等等的轉變轉移而有高低、深淺、廣狹、優劣、上下等等的評價分別，而無所謂固定不易的絕對性、永恆性、客觀性。佛法並不要求成為『客觀真理』，卻要講求兼具主體性生命體驗的層層深化與如實之間意味的高度智慧，且有相互主體性的強制性與說服力的『道理』。」〔註3〕

任持自性、因緣和合、剎那無常等具有根本性的佛教觀念，都是對事物、法的存在性不同面向與層次的思考，從而形成世間皆苦、一切皆苦、眾生皆苦的價值判斷，為修行、解脫實現涅槃的終極追求做好鋪墊。然而，自性是事物維持自身以區別他物，因緣是對事物生滅與持續現象的解釋，而剎那無常則是

〔註2〕杜繼文：《漢譯佛教經典哲學》（上卷），第38頁。

〔註3〕傅偉勳：《緣起思想的義理開展與現代意義》，參見《佛教思想的現代探索》，臺北：東大圖書公司1995年，第96～97頁。

事物存在的一種狀態，三者可以說各負其責，互相之間也沒有明顯的裂隙，體現了佛教思想的深刻與圓熟。然而，在佛教看來，生滅變化的輪迴是痛苦，必須從中解脫出來，最終實現超越輪迴、不生不滅的理想。由此，生滅緣起的理論必須加以系統化、理論化和朝向具有說服力與實踐性的方向建構，十二因緣論與六因四緣說即是比較成熟的典型緣起論思想。

二、十二因緣論

「十二因緣論」是從早期佛教逐漸形成，並為佛教各派所遵守、推崇的基本理論。總體上，十二因緣論是對緣起論的豐富與發展，它「企圖用業力解釋人類的本原和人生的命運，重點說明『三世生死』之理」，「只有到了它的形成，佛教學說才達到一種哲學的自覺，佛教哲學才算開始成熟。因為只有在這一系統中，原始佛教關於『天』的神話才被徹底遺棄，走向自己獨立的理論思維之途，也將人生的形象演化改造成了人生的概念推演，由此人生的經歷就被格式化了，變成了又一條自然律。」〔註4〕

《俱舍論》在根本佛教的基礎上，進一步系統化、體系化闡述了十二因緣論。本頌曰：「如是諸緣起，十二支三際。前後際各二，中八據圓滿」，卷九云：

> 「十二支」者，一無明，二行，三識，四名色，五六處，六觸，七受，八愛，九取，十有，十一生，十二老死。言三際者，一前際，二后際，三中際，即是過、未及現三生。「云何十二支於三際建立？」「謂前、後際各立二支，中際八支，故成十二。無明、行在前際，生、老死在後際，所餘八在中際。」「此中際八，一切有情此一生中皆具有不？」「非皆具有。」「若爾，何故說有八支？」「據圓滿者。此中意說補特伽羅歷一切位名圓滿者，非諸中天及色、無色，但據欲界補特伽羅，《大緣起經》說具有故。

既然是緣起論的重要思想，十二因緣之間的關係核心就是「緣」，《俱舍論》列出十二支，「諸支因分，說名緣起，由此為緣能起果故；諸支果分，說緣已生，由此皆從緣所生故。如是一切二義俱成，諸支皆有因果性故」，形成前因後果的關係。根據《俱舍論》，十二因緣具體所指為「於宿生中諸煩惱位，至今果熟，總謂無明，彼與無明俱時行故，由無明力彼現行故，如說『王行』，非無導從，王俱勝故，總謂『王行』。於宿生中福等業位，至今果熟，總得行名。

〔註4〕杜繼文：《漢譯佛教經典哲學》（上卷），第34～35頁。

初句『位』言流至老死。於母胎等正結生時一刹那位五蘊名識。結生識後六處生前，中間諸位，總稱名色。此中應說四處生前，而言六者，據滿立故。眼等已生至根境識未和合位，得六處名。已至三和，未了三受因差別位，總名為觸。已了三受因差別相，未起淫貪，此位名受。貪妙資具，淫愛現行，未廣追求，此位名愛。為得種種上妙資具，周遍馳求，此位名取。因馳求故，積集能牽當有果業，此位名有。由是業力，從此捨命正結當有，此位名生，當有生支，即如今識。生刹那後，漸增乃至當來受位，總名老死，如是老死即如今世名色、六處、觸、受四支。」（卷九）「三際」即過去世、現在世、未來世，十二因緣與三世的關係是，於前、後際各立二支，中際有八支，所以就成為十二支。無明、行在前際，生、老死在後際，所餘八支就在中際。需要指出的是，這十二支只有圓滿者全部具足，即補特伽羅（眾生、人、數取趣）具歷一切支位（中際八支位）名為圓滿者，而不是指那些中夭，及受生色界、無色界有情，單指欲界的補特伽羅而言。因而，「於此『三世』中，過去世的兩支與現在世的前五支構成一對因果關係；現在世的後三支與未來世的兩支構成有一對因果關係，總稱『三世因果』。一切眾生無例外地都要遵循這樣的三世因果、自作自受的法則，輪迴於『三界、六道』中，生死無窮，受苦無窮。」〔註5〕

總體而言，「十二因緣包括生命流轉的過去、現在、未來三世，從而涵攝了過去與現在、現在與未來兩重因果關係。十二緣起支是以惑、業、苦三者的相互作用為內在機理而展開的，即由於起惑而造業，因造業而招感苦果，而苦果又引生新的煩惱（惑），由此再造業而感果，如此流轉以至於無窮」，何石彬還認為，關於本論的十二因緣說，需要特別說明的有如下幾點：其一，有情在生命的任一階段都是兼具五蘊的，而十二支的名稱則是「從勝立名」，即將某一生命階段中特徵最為顯著或作用最為強盛的行為、心理因素立為這一緣起支的名稱。如第一無明支，因為這一階段的有情五蘊中無明引生果報的意義最為顯著，故即立此支的名稱為無明，其他十一支也是如此。其二，有情在過去、現在、未來三際的生命流轉過程在本質上是相同的，但十二因緣說在分析時有廣略、開合的不同，即中際（現在世）廣說因果，前際（過去世）略說因性，後際（未來世）略說果性。中際的愛、取二惑在前際合為無明一因；中際的識、名色、六處、初、受五果在後際合為生、老死二果。其三，佛教認為，除證得涅槃的聖者的生命無始而有終之外，一切凡夫的生命都是無始無終的。因此，

〔註5〕杜繼文：《漢譯佛教經典哲學》（上卷），第34頁。

十二因緣說雖然是以三世來說明有情的生死流轉的，但實際上代表了有情生命在無窮世中的流轉過程；十二因緣中的第一無明支也只是無窮的連續生命過程中的一個點，而並不具有「生命的原初起點」或「第一因」的意義。在佛教看來，如果承認了第一因的存在，同時就意味著無因論，這與緣起論的根本原則是對立的。本論對於生命的無始性特別強調說：「若執有始，始應無因；始既無因，餘應自起。現見芽等因種等生，由處及時俱決定故。又由火等熟變等生，由此定無無因起法。……是故生死決定無初，然有後邊。」（《俱舍論》卷九）其四，十二緣起本來有剎那緣起、分位緣起、連續緣起與遠續緣起四種，而有部一向以分位緣起為正說。本論雖然是依照分位緣起來解釋十二緣起支的含義的，但論主並不主張對緣起法則作過於機械的理解，所以在頌文中說「傳許約位說」，用「傳許」二字表明了自己的理論傾向。論主對於十二因緣說理論內涵的理解，應是更為廣泛與深刻的。其五，十二緣起說的理論目的，是為了說明佛教苦、空、無常的人生觀：通過對生死流轉的各個連續階段的分析，來說明生命的本質只是因果鏈環中各種因素的假合，唯是「純大苦蘊集」，而並無真實、永恆之「我」的存在，從而使眾生破除對於假有之「我」的執迷，產生對生死輪迴的厭離心，而趨向於涅槃寂靜的根本目標。以對生命現象的無主體性與輪迴過程的苦、空性質的揭示為始，而以出離心的生起為歸，可以說是十二因緣說的根本理論旨趣所在。〔註6〕

總之，十二因緣論仍然不離五蘊的範圍〔註7〕，只是從有情不同的生命軌跡與生命現象摘取比較關鍵的十二中因素，構成了比較具有說服力的理論體系，具有重要的意義，「佛教的十二因緣說，真正肯定人的個體生命的自主性，在人的當下一念，人有完全的意志自由，依意而起身業和語業，對自己的生命和別的生命造成相應的影響，因此，人對自己的行為負有完全責任。佛教所說的人生無常，在人生倫理的層面上講，是人生去向的眾多可能性，人依自己的意念，造不同的業，這些業因依眾緣成熟為相應的果報，即所謂自作自受，共作共受。轉染成淨，有凡夫而成佛，只是人生的眾多去向中的一種。」〔註8〕

〔註6〕 何石彬：《〈阿毘達磨俱舍論〉研究：以緣起、有情與解脫為中心》，第 109，111～112 頁。

〔註7〕 五蘊與十二因緣有著密切的關係，但五蘊與諸十二支卻不完全等同，二者呈現出佛教發展的不同次第與思想旨向。參見：黃玉順：《五蘊與十二因緣之關係及其哲學意義》，《國學論衡》（第三輯），2004 年。

〔註8〕 孟領：《唯識學之緣起思想研究》，北京：中國社會科學出版社 2013 年，第 24 頁。

三、因果業報論

十二緣起論將緣起思想結合五蘊、業報等理論來系統解釋有情人生及其輪迴現象，是「佛教諸多緣起說中最早、最基礎、影響也最大的一種」〔註9〕，其中便蘊含著因緣果業等多方面的內容。諸如「六因四緣」與《業品》等內容，顯示《俱舍論》的因緣、因果及其業報思想相比「一身六足」與《阿毘曇心論》等更加成熟，不僅內容豐富，而且層次結構較為清晰，並被說一切有部、大乘瑜伽行派等繼承。

1. 六因四緣

所謂「六因四緣」，應該是「六因說」與「四緣說」的結合，二者不僅關係密切，還各成系統，其中「四緣說」始於根本佛教並為大、小乘所共許，「代表了佛教緣起理論的原初形態」，「六因論」則主要是「有部阿毘達磨師對諸法因果關係進行長期研究的成果」，「最早成形於《發智論》，後經《大毘婆沙論》的豐富、發展，至《俱舍論》而臻于大成」；就《俱舍論》而言，其六因四緣說是「對原始佛教與部派佛教因果理論的成功總結，也是部派佛教中最為成熟、最具代表性的因果論體系」。〔註10〕

「六因」為能作因、具有因、同類因、相應因、遍行因與異熟因。根據《俱舍論》卷六，簡述如下：（1）能作因，本論曰：「一切有為，唯除自體，以一切法為能作因，由彼生時無障住故」，一切有為法，除了自體以外，其所生起是以一切有為法和無為法作為的緣故，簡單地說即是它生成時其他法沒有對其形成障礙。由於該說包括範圍較大，所以面臨諸多質疑、爭辯，如有對無障礙而生物如何能安立為因〔註11〕，一人殺生是否眾人共業（諸法同時生起）〔註12〕，涅槃與未來不生法的能作因等等，問題主要集中在「無障礙為因」上。從《俱舍論》或可看出論主乃將萬法萬物看成一體，一法一物之所存

〔註9〕杜繼文：《漢譯佛教經典哲學》（上卷），第 576 頁。

〔註10〕何石彬：《〈阿毘達磨俱舍論〉研究：以緣起、有情與解脫為中心》，第 103 頁。

〔註11〕有論師認為，無障礙是否能成為因，例如如涅槃及未來不生法對於一切有為法如何生起，地獄等有情相續對於無色界諸蘊的生起似乎並未有與力與障礙。論主認為，即便無障礙也能安立為因，因為它無形中也參與到了事物變化之中了；而對有勝用的能作因，並非沒有生力，如眼、色等之於眼識等，飲食之於身體，種子之於芽等等，都有生起之力。

〔註12〕有論師質問說一切法因為無障礙而為能作因，為何諸法不是同時生起？一個人殺生，為何不構成像殺生者那樣的一切人的殺業？論主認為，雖然一切法都是能作因，但果生還有其「親作力」。

毀都與其他有著普遍的因果聯繫，或直接或間接、或隱或顯，根本上都是輾轉為因（如涅槃與未來法對現世法的生起作用）的，換言之，即「並沒有自為因的，除此之外，世間一切法都是該事件的能做因」，這一認識可以上溯至早期佛教，將存在分析為無限的分離剎那的同時也將它們視為互相聯繫的或共同作用的成分。〔註13〕（2）俱有因，《俱舍論》曰：「若法更互為士用果，彼法更互為俱有因，其相云何？如四大種更互相望為俱有因」，士用果即有情（人）造作產生之果，但共時存在之法相互為因的「俱有因」，顯然不光是對有情而言，因為四大種也是如此，一大為因則其他為果，如此則相互為因，相互為果。還有另一種情況，即在多因一果時，則不能相互為果了。論主在此還說「如是諸相與所相法，心與心隨轉，亦更互為因」，透漏著體用互因、體用無間的意味。（3）同類因。《俱舍論》曰：「同類因者，謂相似法與相似法為同類因。謂善五蘊與善五蘊，展轉相望，為同類因；染污與染污，無記與無記，五蘊相望，應知亦爾」，即同類、相似法為互為因，本論進一步引述「根本論典」曰：「《發智論》說：『云何同類因？謂前生善根與後生善根及彼相應法，自界同類因故成因』，由此則「如是過去與餘二世，過去現在與未來等，皆應廣說。」與俱有因相比，該因大體是歷時性關係，並且有諸多條件限制〔註14〕：在見苦所斷、見集所斷、見滅所斷、見道所斷與修道所斷五部法中，因與果必須同屬一部；對於有漏法而言，在三界九地（欲界、色界四禪天、無色界四無色天，合稱三界九地）中，因與果必須同在一地；因與果的產生必須有前後的時間差異。（4）相應因。《俱舍論》曰：「唯心、心所是相應因」，並且只有所緣、行相相同、時間相同的心、心所法才能相應，成為相應因。（5）遍行因。《俱舍論》曰：「遍行因者，謂前已生遍行諸法與後同地染污諸法為遍行因」，《光記》釋曰：「遍行因者，謂前過、現已生遍行諸法，即是十一遍行隨眠相應、俱有法，與後同地染污諸法為遍」，其「十一遍行隨眠」即苦諦下的身見、邊見、邪見、見取見、戒禁取見、疑、無明等七者，以及集諦下之邪見、見取見、疑、無明等四者；這十一種煩惱一切煩惱的起因。（6）異熟因。《俱舍論》曰：「唯諸不善及善有漏是異熟因，異熟法故」，所謂「異熟」，「毘婆沙師作這樣的解釋『異類而熟，就是異熟的意義』」，即由善因或惡因產生的樂果或苦果是無記的，但只有不善或善的無漏法才能招感無記之果。根據《俱舍論》，三界之欲界的一

〔註13〕〔俄〕舍爾巴茨基：《佛教邏輯》，北京：商務印書館 2013 年，第 158 頁。
〔註14〕何石彬：《〈阿毘達磨俱舍論〉研究：以緣起、有情與解脫為中心》，第 105 頁。

蘊為異熟因而招感一果,即就是行蘊中有記得,及這得上生等四相;若二蘊為異熟因而共感一果,即善、不善身業、語業;若受、想、行、識四蘊為異熟因共感一果,就是善、不善心(識蘊)、心所法(受、想、行三蘊),及這些法的生等四相(屬行蘊)。在色界中,若一蘊為異熟因而共感一果,即行蘊中有記得、無想等至,及其生等四相;若二蘊為異熟因而共感一果,即屬色蘊的初靜慮善有表業,及這表業的屬行蘊的生等四相;若四蘊為異熟因而共感一果,產生的是非等引(非定、散心)善心(識蘊)、心所(受、想、行三蘊),及生等四相(行蘊);若五蘊為異熟因而共感一果,就是等引(定)心(識蘊)、心所法(受、想、行三蘊),並隨轉色(定俱無表色),及它們的生等四相(行蘊)。無色界中,若一蘊為異熟因而共感一果,產生記得、滅盡定(屬行蘊),及其生等四相(屬行蘊);若四蘊為異熟因而共感一果,就是一切善心(識蘊)、心所法(受、想、行、三蘊),及它們的生等四相(行蘊)。就三世而言,果少於因,有一世造業而感三世異熟果,沒有三世造業而共感一世異熟果。對有情而言,若業只招感一處異熟果,即感得命根等法處;若招感意處,一定會感得意處與法處;若招感觸處,則感得觸處與法處;若招感身處,定會感得身處、觸處、法處等三處,同此情況,若招感色、香、味處,則在本來招感基礎上各加觸、法處;若招感眼處,定會感得眼、身、觸、法處等四處,同此情況,若感得耳、鼻、舌處,則在原有基礎上各加身、觸、法處。

　　一般而言,「因緣」思想,隨著佛教理論與認識的加深,二字所指深淺輕重有所不同,其中「六因」之「因」指對事物生成和存在起決定作用的因素,有時相對於其所產生的「果」而言;「緣」的外延較寬,「相當於事物得以生成和存在的條件,所以凡對某事某物的生成和存在起積極作用或不起阻礙作用的一切現象」〔註15〕,如因緣、等無間緣、所緣緣、增上緣等「四緣」:(1)因緣,《俱舍論》曰:「於六因內,除能作因,所餘五因是因緣性」,《光記》釋曰:「言因緣者,即因是緣持業釋,不得言依主釋,以因即緣故」,在廣義上緣之外延大於因,故「以因為緣」,包括了除能做因之外的「六因」中的其他對諸法生起有直接作用的五因。(2)等無間緣,《俱舍論》曰:「除阿羅漢臨涅槃時最後心、心所法,諸餘已生心、心所法是等無間緣性」,即阿羅漢臨入無餘涅槃時,最後一剎那心、心所法,諸餘過、現已生心、心所法即是等無間緣性,所謂「無間」即「等而無間」,指前後二念之心、心所法在體用上是等同的,

---

〔註15〕杜繼文:《漢譯佛教經典哲學》(上卷),第576頁。

在時間上則念念生滅，剎那不停，無有間隔，「除阿羅漢臨入涅槃前最後的心心所法之外（因為阿羅漢最後的心心所不再相續引生其他心心所法，所以不可稱之為緣），其餘一切已生的心心所法都屬於等無間緣」〔註16〕。（3）所緣緣。《俱舍論》曰：「所緣緣性即一切法，望心、心所，隨其所應」，對有情而言眼識及相應法以一切色為所緣緣，以此類推，耳識及相應法以一切聲、鼻識相應以一切香、舌識相應以一切味、身識相應以一切觸、意識相應以一切法為所緣緣。本論曰：「若法與彼法為所緣，無時此與彼非所緣，於不緣位，亦所緣攝，被緣、不緣其相一故」，是說只要認識關係能夠發生，即便未發生之前，也是所緣之關係，屬於由果推因之法。（4）增上緣，《俱舍論》曰：「增上緣性即能作因，以即能作因為增上緣故。此緣體廣，名增上緣，一切皆是增上緣故。」據能做因之概念，不難理解增上緣亦屬於有為法範疇，能成為他法生起、結果之助力者，皆稱為增上緣。

　　綜而觀之，六因四緣儘管被納入《俱舍論》的緣起理論，但二者其實都是從不同側面對萬法生起之原因的總結，都各成體系，並且各自的內部也不是絕然分判的，帶有早期分類法上的不完備性。相比較而言，四因說一定程度上是針對六因所作的進一步總結，「四緣是統攝力更強的一組概念，除能作因以外的其餘五因可以歸人因緣，而能作因即增上緣，其涵攝力近乎無所不包，其餘五因和三緣都可以看作能作因，相應因是同時性的俱有因的特例，遍行因與同類因則是歷時性的」〔註17〕，「六因論側重於對不同種類事物生成的特殊原因的分析，四緣論則側重於對諸法形成的普遍原因的解說」〔註18〕。無論是五因或是四緣，要說明的是法從因生，不離緣起的道理，其中染污法由六因中除去異熟因的其餘五因所生，異熟生法是六因中除去遍行因的其餘五因所生，三所餘法是六因中除去異熟、遍行二因的其餘四因所生，初無漏聖法是六因中除去前面所述異熟、遍行二因及同類因，由能作、俱有、相應三因所生。〔註19〕

〔註16〕何石彬：《〈阿毘達磨俱舍論〉研究：以緣起、有情與解脫為中心》，第107頁。
〔註17〕吳洲：《〈俱舍論〉的六因四緣說》，《宗教學研究》1998年第2期。
〔註18〕何石彬：《〈阿毘達磨俱舍論〉研究：以緣起、有情與解脫為中心》，第107頁。
〔註19〕有文章認為，說一切有部的「六因四緣論」對於因果關係的分析，不只是單一的線性因果關係，而是一種複雜的關係表達，而且透過六因四緣之所詮，也顯示出該部著重心理活動的分析。說一切有部阿毘達磨論師提出了六因、四緣、五果的細密理論，由此再進而將業報輪迴的問題聯繫起來，形成了善因善果、惡因惡果的各種道德倫理思想。參見：王敬淑：《說一切有部的六因四緣》，華梵大學東方人文思想研究所2008年學位論文。

2. 六因五果

《俱舍論》的六因四緣是針對一切有為法，也是對果法而言，其引述《品類足論》所謂果法就是「諸有為及與擇滅」，論主認為「唯有為法有因有果，非諸無為」，無為法是根本法，具有恆久存在性，不生不滅，故而無為法沒有六因，因此也不會有所謂的果。

按照有部的觀點，無為法自性實有，唯有慧擇而無法具言，聖者可以現量個別證諸無為法，可以就其總相作方便說，但無為法性總是善的、恒常的，離系於色、心之外。有部之所以如此主張，與其「法體恒有」觀點有密切關係。經部反對此說，認為一切法皆非實有。二部有著針鋒相對的精彩辯論，世親以有部論師分辨為結束，表明無為法有實物而無作用，所以不能生因，也就無所謂生果。從無為法本無因果，不過從修無為法斷煩惱成就涅槃的角度，將之稱為「離系果」，《俱舍論》曰：「由慧盡法，名離系果。滅故名盡，擇故名慧。即說擇滅名離系果」（卷六），擇滅「應言由道力得」，需要靠道力證得。

除離系果外，還有與有為法、六因對應的「四果」，本頌言「後因果異熟，前因增上果，同類、遍等流，俱、相應士用」：（1）頌言「後因」即指六因最後的「異熟因」，與異熟因相對的是異熟果「唯於無覆無記法中有異熟果」，即異熟果的法性必然是無覆無記的，其果相為有記生「應知唯是有記所生，一切不善及善有漏能記異熟，故名有記。從彼後時異熟方起，非俱、無間，名有記生。如是名為異熟果相」。但此果僅對有情界而言，即便非有情能從善、惡業而生卻也不是異熟果，「以共有故，謂余亦能如是受用。夫異熟果必無有餘共受用義，非餘造業，餘可因斯受異熟果。」（卷六）這裡反映佛教處理有情與非情關係的思想，非情由眾生所共有，應為所有有情所受用，異熟果的非由共業也不會由其他人來共同受用，有著自己的特殊性。（2）「前因」即六因第一因能做因，其所引得之果為增上果，可以說一切有為法中除去前已生的有為法，其他的有為法都是增上果；增上果為共業所生，所以也能被眾生共同受用。（3）俱有因與遍行因能夠產生等流果，本論曰：「似自因法名等流果，謂似同類、遍行二因」，所強調的是所生法與自己因相似，能作因的殊勝力用產生的果與因相似；不過，等流果而言，雖果法與因法同類，其因可以為同類因，但不一定是遍行因，法的性質與範圍或有不同。（4）俱有因與相應因可招感士用果，「俱有、相應得士用果，非越士體有別士用，即此所得，名士用果」，「即目諸法所有作用，如士用故，得士用名」或曰「若法因彼勢力所生，即說此法

名士用果」（卷六），如因下地加行心力，生起上地有漏、無漏定，及因清淨靜慮心力生起的變化心，都是士用果。士用果與增上果都依賴外在作用，區別在於「士用果名唯對作者，增上果稱通對此餘」，比如工匠所作成品物，對能作成品物的工匠來說，他既是士用果，也是增上果；對其餘非工匠，就只是增上果。士用果與等流果亦有不同，《光記》曰：「定似自因名等流果，雖俱生、士用亦定似自因，有無間等士用，與因不相似，故此等流非濫士用。雖遍行因亦取異部，為等流果染性同故，若士用果有性不同」。

六因、四緣與五果可以各自成為獨立的解釋系統，也具有內在的緊密關係，其中尤以六因四緣、六因五果兩種最為突出。《俱舍論》進一步將之分為取果和與果，並聯繫三世理論加以探討。所謂取果、與果，是說「能為彼種，故名取果；正與彼力，故名與果」（卷六），《光記》卷六釋曰：「種是能生義，因有生果之能，故名取果；彼所生果，其因正與彼果力時，故名與果」，試圖從果的角度將因與果二者彌合一體。具體就六因而言，《俱舍論》曰：「五因取果，唯於現在，定非過去，彼已取故；亦非未來，彼無用故。」（卷六）過去法皆為取果，除了能做因之外的五因的取果一定是現世的，於未來尚未產生實際的作用。這之中復有分別，俱有因、相應因的取果、與果必須是同時的，所以唯於現在，而同類因、遍行因的與果具有過去與現在的雙重屬性。從五果的角度，本論認為「異熟與果唯於過去」，因為異熟果只能是先後且不能無間生起。

不管六因四緣抑或六因五果以及他們的三世作用如何，其中貫穿不變的是「法從因生」的認識觀念。一方面，《俱舍論》的因果體系是對根本佛教的繼承和部派佛教理論的總結，其內容不僅是為了解釋有情現象，也包含了非情；不僅包含有為法，也將無為法納入，同時也有三世上的考慮，具有極其寬廣的理論指向，欲圖解釋整個世間的因果本質與聯繫規律。另一方面，六因、四緣與五果在彼此聯繫中，還有互為因果的現象，尤其對於俱有因而言，在反映事物普遍聯繫的同時，「因果的範疇擴大了，泛化了，以至把處於普遍聯繫中的事物，都可以解釋成因果關係」。[註20] 更為重要的是，根本佛教、《俱舍論》的因果理論的主要目的，在於為其業報輪迴與修道提供充分的理論鋪墊，或者說「業」的思想正是為了揭示因果關係所成立的前提條件或內在動力。

〔註20〕杜繼文：《漢譯佛教經典哲學》（上卷），第 585 頁。

3. 世別由業生

業（梵 karman），音譯作羯磨，造作義。在不同的話語情境、理論系統中，業的概念有所不同，複雜難辨。廣義上，「業」即造作之意，是指一切事物所存在之「形成力」，一期世間的生起是有情業力所致，而各類有情「非由一主先覺而生，但由有情業差別起」（《俱舍論》卷十三），這種力是潛在的、內在的作用，「業不僅是依附於生命的一種力，而實可以說為生命營求自己創造時的一種內在的規定」〔註21〕。狹義上，業是有情存在之所有活動及其所產生的影響，按照《俱舍論》可具體分為身業、語業、意業三種基本類型。《俱舍論》關於業的思想通貫全書，而集中於《業品》，它「繼承東西有部的觀點，對『業』的內容作了相應的調整，並主要依據《雜心論》來分析業的內容」，其理論特色「體現了世親根基於有部，但是積極吸收經部，大膽改造有部的特點」〔註22〕。在關於宇宙的觀念中，業報的思想比轉世輪迴更為基礎，雖然同為印度一切形式的宗教或思想流派所持有，在有些學者看來佛教理論具有特別明確和獨斷的悲觀主義傾向。〔註23〕

《俱舍論》卷十三《業品》第一句話「牒前問起」〔註24〕，點明了「業」的思想最為根本性的一面，即有情世間與器世間的存在及其各多差別，都是由「業」而生，而非由神創或「由一主先覺而生」。雖然根本因一致，但是「各多差別」則需依類而定，如對一般有情而言「若造雜業，感內身形於九瘡門常流不淨，為對治彼，感外具生色、香、味、觸，甚可愛樂」，即普通有情的口、雙耳、兩鼻孔、雙眼、兩便道等包括內自身諸部分都常染污穢不淨，需要外境的色、香、味、觸等美好事物輔以對治，其原因是由於造作雜業之故；對於天眾有情而言，所造作的都是善業，所招感的內、外事物和現象都很美妙。

一切皆由業所造作，業之「體」在《俱舍論》即「心所思及思所作」，其

〔註21〕演培：《俱舍論頌講記》（中），第 215 頁。

〔註22〕楊勇：《〈俱舍論〉業思想研究》，第 6 頁。作者還指出《俱舍論》的「業」思想與大乘唯識學「業」思想關係密切，《大乘成業論》中「業」的解析和《俱舍論》幾乎相似，反應了世親從《俱舍論》走向唯識學的軌跡。

〔註23〕〔英〕查爾斯·埃利奧特：《印度教與佛教史綱》（第一卷），北京：商務印書館 1982 年，第 145 頁。

〔註24〕《光記》概括了《業品》的總體結構：「就此品中，一明業體性，二釋經諸業，三雜明諸業。就明業體性中，一正明業體性，二諸門分別業，三廣明表、無表。就正明業體性中，一明所造業，二明能造大。就明所造業中，一明二、三業，二明五種業。」（卷十三）

引契經曰：「有二種業：一者思業，二思已業」，「思已業」就是「思所作」，具體的說就是有情的身業、語業，思業又稱意業。〔註25〕這一結論是有部一直堅持的觀點，世親引用毘婆沙師觀點提出三業的建立，是根據為約所依、為據自性、為就等起三因設立的，《光記》釋之曰：「由所依身故立身業，色形聚積總名為身，此業依身故名身業。由自性故立語業，業性即語故名語業。由等起故立意業，意謂意識，業即謂思。言等起者謂能等起，在意非思；或所等起，在思非意；或通能、所，在意及思；或意等所起等即在意，起即在思，由意等起，故名意業」（卷十三），簡單概括，如世親所言：「心所思即是意業；思所作業可分為身、語二業，因這二業是由思所等起的緣故」（卷十三）。佛教或印度文化中的「思」含義不僅是一種主觀的思維、意識活動，即便是物質性的要素也可能會產生思想、道德方面的結果，數論派從唯物的角度認為業是極細微的超級微粒或物質力的特別組合，會造成善或惡的行為，「在小乘佛教中意志（centanā，思）是一種精神性的（citta-samprayukta 心相應的）成分（法）或力量（saṃskāra，行）。它代表了一系列的剎那的閃現，每一剎那又都受到因總體（sāmagri，和合）或在前的諸剎那的嚴格制約。表面的自由是我們無視某一特定行為的所有條件。」〔註26〕

　　不難看出，「業」的思想實際上是以「思」為核心的，而「思」必然是有情特具的稟賦，這便意味著世界萬物及其差別的根源在於有情，畢竟一期世間由空劫到成劫的衍化是有情業力作用的結果，業與思及行蘊有著極為緊密的內在聯繫，《俱舍論》卷一有云：「薄伽梵於契經中說六思身為行蘊者，由最勝故。所以者何？行名造作，思是業性造作義強，故為最勝。是故佛說若能造作有漏有為名行取蘊。」

　　思所作分為身業、語業，《俱舍論》曰：「此身語二業，具表、無表性」（卷十三），《光記》釋曰：「身語二業俱表、無表性，同是色業。一能表示自心善等令他知故名表，一即不能表示自心故名無表，由斯差別立二種名。意業非色，不能表示故不名表，由無表故無表亦無」。（卷十三）儘管普光將思業與思所作也分為非色與色，但實際上很難脫離思的本質，或者可以說在思的直接作用下

〔註25〕有論師從約所依身、據自體性、能等起三個方面提出質疑，提出如果是約所依身就應只有一種業，因為一切業都依於身；如果是據自體性就應只有語是業，因為身、語、意三業中只有語自體即是業；如果就能等起也應只有一種業，因為一切業都是由意等起。世親認為這並不與歸納三業有矛盾。

〔註26〕〔俄〕舍爾巴茨基：《佛教邏輯》，第 162 頁。

的表現，即表與無表；另一方面，表與無表所涉及的是意識表達、呈現，如果同意《光記》將之作為色與非色的對應，那麼直接理解為物質與非物質、物與心都是不太準確的。具體而言，頌曰：「身表許別形，非行動為體，以諸有為法，有剎那、盡故，應無無因故，生因應能滅，形亦非實有，應二根取故，無別極微故，語表許言聲」(《俱舍論》卷十三)，論曰：「由思力故，別起如是如是身形，名身表業」，是說從五根、五境而最後產生的思會作用於身體，以產生他者可知的表現，導致「身表業」。身表不能像正量部所理解的「行動」，因為有部認為身表形成後無間即滅，屬於剎那生滅的有為法範疇，準確的表達是「身表是形」。按照毘婆沙師的說法，形皆為真實、有體的，身表業也是以形色為體。與此相類，語表業的體是言語聲音。無表業雖然其體相不能具表，但根據《界品》中有關色蘊的內容，無表業也是以色為體。所以從有部的立場出發，無表與有表皆是以色為體，均為實有。《光記》的理解大概是受到了經部解釋的影響，而世親在這裡的意見、論辯安排也是傾向於經部的。經部力證無表色非實有的觀點。無論有部與經部，這裡引入了大量其他的佐證意見與解釋，加深對思業與思所作業理解的同時，也使得理解更為艱澀，不管是身業、語業及其有表與無表，其關鍵問題應在於「思」，而不是最終導致的結果或「業果」之上，所以經部於此批評有部：「形非實有，謂顯色聚一面多生，即於其中假立長色；待此長色於餘色聚，一面少中假立短色；於四方面並多生中，假立方色；於一切處遍滿生中，假立圓色；所餘形色，隨應當知」，提出意、身、語業當為：「若業依身立為身業，謂能種種運動身思，依身門行，故名身業；語業、意業，隨其所應，立差別名，當知亦爾」。(卷十三)換言之，真正導致業的產生，不是「身」或者「語」，而是「思」，其中的本末體用關係不容顛倒，至於思的來源在此應作另一問題探討。

「思」畢竟需要通過其他方式來展現，或者說思不能通過自身得以呈現，故而發用於意、身、語，故而才有「思依意之業」、「思依身之業」、「思依語之業」等等說法。思所作的最終實現形式，除了身、語之外，也可以根據表與無表的標準劃分為表業與無表業，而問題的關鍵在於部派對於「無表業」的理解，即《俱舍論》中有部與經部在八個方面的辯論，《光記》將之總結為「一說三色證，二說無漏色證，三說福增長證，四非作成業證，五法處色證，六八道支證，七別解脫證，八戒為堤塘證。前四頌說，後四等收」。(卷十三)通過八個論證，有部闡明確實存在某種與心性不同的色的實體，以使業報依之顯現，而

無表色的關鍵在於其所具有的流轉變遷特質使得業力繼續；經部認為無論表色與無表色及其作用，都是「思種子薰習的過程和結果，所謂的無表業僅僅是建立在思種子薰習上的假設。由此，證明無表色的名言施設。」〔註27〕對於有部與經部的爭論，世親本人最後贊同有部的說法，「毘婆沙師說，有實物名無表色，是我所宗」，這一點與《界品》的說法能夠互相照應，無表不光是不能令他人了知，從所產生的角度說，同為大種所造「大種所造性，由此說無表」，同樣具有色性「無表雖以色業性如有表業，而非表示令他了知」。（卷一）不過能夠產生無表的大種，畢竟和有表不同，《俱舍論》曰：「無表與表異大種生」，差別在於「從一和合有細粗果不應理故。如表與大心同時生，無表亦然，為有差別，一切所造色多與大種俱時而生。」（卷十三）這裡從粗細進行劃分，也是佛教使用的一貫方法。另一方法是以三世劃分，《俱舍論》曰：「唯欲界繫初剎那後所有無表從過大生，此為所依無表得起，現身大種但能為依，為轉隨轉因，隨其次第如輪行於地手地為依」（卷十三），這裡涉及的無表色與大種、三世及其關係甚為複雜，簡單地說，「就是過去大種是過去無表色的直接引發原因，而現在大種是無表色得以實現其現在功能的輔助因」〔註28〕，總結起來，《俱舍論》關於無表色的討論有以下特點，即有色性而無法存在於無色界、與思（心）有關、為大種所造、有三世相續轉變差別、有善惡性而無無記性，此外「無表是無執受，無變礙故，亦等流性」，對於大部分的無表與法而言，都是同類因而生，都唯依有情內身而生起；相比之下，有表則「謂是等流，此若屬身是有執受，餘義皆與散無表同」。（卷十三）

關於表業與無表業在三界之中的表現，《俱舍論》頌曰：「無表記餘三，不善唯在欲，無表遍欲、色。表唯有伺二，欲無有覆表，以無等起故」，根據本論解釋，即是說由於無記心力量微弱無法招引強力無表業，所以無表業只通於善性與不善性；而不善的表業、無表業以及思業，只存在於欲界，因為色界與無色界已經斷除了三不善根即無慚、無愧，善與無記則遍布三界九地；無表業只能存在於欲界、色界，因為無色界沒有能造四大種；對於欲界、色界，其業由身、語二者轉起，而無色界有情則由心、意轉起。這樣的不同表現，實際和

〔註27〕楊勇：《〈俱舍論〉業思想研究》，第104頁。作者還指出，世親並且有部與經部辯論，顯示他本人由小入大的某些端倪，與《破我品》聯繫起來反映他基本繼承了薰習種子說觀念，認為是色種子和思種子的共同作用，但思維傾向已經是同意經部了。（第104～105頁。）

〔註28〕楊勇：《〈俱舍論〉業思想研究》，第110頁。

有情的修行有著直接的關係。《俱舍論》曰：「表色唯在二有伺地，謂通欲界、初靜慮中，非上地中可言有表。有覆無記表，欲界定無」，是說表色唯只在有尋有伺地、無尋唯伺地，換言之表色通於欲界及初靜慮，對於有覆無記表色，欲界必定沒有。

對於二定以上沒有表業及欲界中沒有有覆無記表業，牽涉到等起問題，《俱舍論》卷十三曰：「以無發業等起心故。有尋、伺心能發表業，二定以上都無此心；又發表心唯修所斷，見所斷惑內門轉故，以欲界中決定無有有覆無記修所斷惑。是故表業上三地都無，欲界中無有覆無記表」，只有尋、伺心能發動表業，但二定以上都沒有這二心；身、語二業會隨外境而轉變，故屬於修所斷惑；見所斷惑屬於有覆無記，是由心識緣內門而轉變，故欲界中沒有有覆無記修所斷惑。總之，三定地都沒有表業，欲界中無有覆無記的身、語表業。之所以二定以上沒有表業，與欲界中也沒有有覆無記表業，是因為沒有發動這些業的等起之心，但也不是由等起之心產生善、不善等三性，而是有勝義、自性、相應、等起四種因素，《俱舍論》頌曰：「勝義善解脫，自性慚、愧、根，相應彼相應，等起色業等，翻此名不善，勝無記二常」，按照論的解釋，勝義善指真解脫，因為在涅槃中最為安穩，所有的苦永遠寂滅，猶如沒有任何疾病；自心善，指的是慚、愧與無貪、無瞋、無癡三善根，因為在一切有為法中，只有它們不必倚待相應法及其餘的等起因，它們的體性是善，猶如良藥；相應善，是指與慚、愧、三善根相應生起的心、心所，這是由於心、心所要與這五善心相應才能成為善性，猶如良藥與水；等起善，是指善心所起的身、語表業與無表業，以及不相應行，因為它們是由自性善及相應善所等起，猶如良藥引生乳汁。

所謂「等起」[註29]，《俱舍論》認為有兩種，並且能夠引起隨轉，頌曰：「等起有二種，因及彼剎那，如次第應知，名轉名隨轉。見斷識唯轉，唯隨轉五識，修斷意通二，無漏異熟非，於轉善等性，隨轉各容三，牟尼善必同，無記隨惑善」，是說表業與無表業的等起均有兩種，即因等起、剎那等起；因等起在先，可作為引發業的因；剎那等起是因為與其業同一剎那而產生。按照一定的次第，第一個因等起心稱為「轉」，第二個剎那等起心稱為「隨轉」；前者

〔註29〕有學者指出，等起即「令起者」或「令起」的意思，「等」（sam）並沒有特殊意涵。（參見：李世傑：《俱舍論的業力思想》，《俱舍論研究》（上），臺北：大乘文化出版社 1978 年，第 323 頁。）不過，從詞義的角度而言，前綴「sam-」具有使動的含義。

是引發業的因，而後者與業俱起、不相分離。與身見、邊見、邪見、見取見於戒取見相應生起的見所斷識，在身語表業的生起中，屬於專心，本論認為因為見所斷識能在生起表業的尋、伺二心中作為資糧的作用，在緣外境心生起業時見所斷識便會消失，所以不能隨轉；由此，見所斷識所引發的表業理應可以通過見所斷。

關於業的三性、四因與等起，《俱舍論》採用了層層剝筍式的分析，最後分析落在了「見」，核心關注還是在於「識」，「表業的性質完全是根據轉心，也就是見所斷識來判定的」，而無表業也可以由見所斷識來決定善惡，「只是在欲界是根據之前的轉心來判斷，而色界是根據定心來判斷。」〔註30〕一定程度上，見、思、識與心都是業之生起的因，而身業與語業是兩種最為主要的表現。實際上，業的表現，在《俱舍論》中還有更為繁複的分類、討論，其中以十業道（包括十善業和十惡業）最為突出，大致概括了有情所有的思想、行為表現。十善業為離殺生、離偷盜、離邪行、離虛誑語、離離間語、離粗惡語、離雜穢語、無貪、無瞋、正見，十惡業為殺生、不與取（偷盜）、欲邪行（邪淫）、虛誑語、離間語、粗惡語、雜穢語、貪、瞋、癡。十業是以業為自體，而每一種業的過程被分為三個階段或三位：加行、根本、後起，加行業道即造業前的準備過程、根本業道指業行之果、後起業道即事後所思、所作，「一般所說的十善業與十惡業均是指根本業道而言，因為加行與後起兩者都是依於根本業道而生的，而且其業相細微，不像根本業道那樣粗顯易知。十惡業道必依貪、瞋、癡三不善根而生；十善業道必依無貪、無瞋、無癡三善根而生」〔註31〕。

對十業道的分析，體現了佛教對於現世有情的現實行為、現象的認識，仍然在一定程度上看到解脫、出世間法總是與世間諸相有著十分密切的關係，帶有十分鮮明的現實關照與實踐指向，反映佛教對於有情社會複雜性格的深入剖析，以及對於有情本性、自性的認識。只不過，這種認識最終在還是停留在對於「業」在人的輪迴之苦的解釋上，而沒有繼續深入到有情的內在本性方面有更多、更深的挖掘，其強調兩個重要方面，一是強調有業必有果（異熟果、增上果、等流果），二為防範惡業制定各種律儀。在此意義上，因果業報中的「業」更多為著解釋輪迴、果報而將「行蘊」加以具體化的探討，「業」是特

〔註30〕楊勇：《〈俱舍論〉業思想研究》，第132頁。
〔註31〕何石彬：《〈阿毘達磨俱舍論〉研究：以緣起、有情與解脫為中心》，第144頁。

殊的行，二者不可等同，行蘊的「形成力」更具一般性與普遍性。

《俱舍論》對「業」的分析，產生於奧義書和濃重的印地宗教文化氛圍之中，「但他比奧義書的作者們走得更遠——他雖然同他們一樣相信：無論中明採取什麼形式，一切生命都不外乎是一種掙扎，它不可避免地充滿了痛苦」，而解脫涅槃的重要途徑就在於充分領悟痛苦的真相、痛苦的原因及其對治之道。〔註32〕然而，值得肯定的是，世親對有情造業的分析並不僅僅是一種完全出於信仰價值的目的，而是在因果論與五蘊論尤其行蘊思想上進一步對有情的各種活動、現象提出有力而具體的解釋，並將重點落實到身、語、意三者，尤其「思」的意識活動上。《俱舍論》對人的精神現象的著重關注、深入分析是部派佛教理論認識與思維深度的代表，繼續引導世人認識到世界非神所創，自身的思想、意志、欲望是產生諸多問題的根源，也是解決問題的根本入手處。但，對於「業力」認識，還帶有神秘性、經驗性的一面，將其視為「不可思議」的，能夠主導有情輪迴、有情世間生滅的力量，無疑是對業力的抽象化與極端化，因果論在此成為有業必有報的決定論。

值得注意的是，《俱舍論》的因果、業報論已經不是針對一般事物的因果性解釋，而是基於佛教法相觀念的對經驗因果性的實在性論究，將偶然的經驗性升格為普遍的、決定性的理論和認知模式。而且，世親並沒有因此滑入無因論和業報的極端神秘化，仍然將其納入有情的心理層面與內在精神，如其曰：「業由隨眠方得生長，離隨眠業無感有能」，或「隨眠是諸有本，故業離無感有能」，即是說「業」決定「報」的必然性，隨眠作為「感有」的能力，決定業、報的內容與性質。〔註33〕

4. 隨眠諸有本

《俱舍論》認為世間所有差別皆由業所生，但業的生起也不是沒有緣由的，同樣離不開使其得以生長的基本要素——隨眠，「離隨眠業無感有能」。關於「隨眠」，實際上就是「惑」的比較形象的說法，「貪等煩惱，名曰隨眠，隨逐有情增昏滯故，故名隨眠」（《俱舍論頌疏》卷十九）；《光記》卷十九對「隨眠」及《隨眠品》釋曰：「隨逐有情名隨，行相微細名眠，如人睡眠行相難了，此品廣明故名分別。此品雖亦明纏、垢等，隨眠強勝故以標名。又解：此品初明隨眠，

〔註32〕〔英〕凱思著，宋立道等譯：《印度和錫蘭的佛教哲學：從小乘佛教到大乘佛教》，第19頁。
〔註33〕杜繼文：《漢譯佛教經典哲學》（上冊），第58頁。

從初立號故以標名。所以業後次明隨眠者，業因感果不能獨起，必藉惑緣，惑望果疏，故隨眠後說。」由此，可以用《俱舍論》頌概括說：「隨眠諸有本」（卷十九），因為從根源上唯有隨眠緣助，有情才會造業感果，「隨眠實際上是眾生流轉生死和三界世間形成的更為本質、更為內在的力量」。〔註34〕

　　具體而言，隨眠的根本作用表現在十個方面，《俱舍論》曰：「以諸煩惱現起能為十種事故：一堅根本，二立相續，三治自田，四引等流，五發業有，六攝自具，七迷所緣，八導識流，九越善品，十廣縛義，令不能越自界、地故。由此隨眠能為有本，故業因此有感有能」，即按照隨眠對有情的影響，從淺入深，由易到繁，範圍、程度隨之擴大，演化出六種比較根本的煩惱，即貪、瞋、慢、無明、見、疑。其中貪、瞋、慢、疑屬於四十六心所法，癡屬於大煩惱地法，見屬於大地法；與根本煩惱相對的是枝末煩惱，「大煩惱地法、大不善地法與小煩惱地法中的心所不是屬於根本煩惱所攝，就是屬枝末煩惱所攝，而不定地法中的尋、伺二心所則不屬於煩惱」。〔註35〕這六種隨眠中，「見」可以分為五種，構成十大根本煩惱，《俱舍論》曰：「六隨眠中，見行異為五，余非見五，積數總成十。故於十中五是見性：一有身見，二邊執見，三邪見，四見取，五戒禁取」〔註36〕，從見的角度而論，貪、瞋、慢、無明、疑五種屬於「五非見性」；由見生所生惑可稱為「見惑」或「見所斷惑」，五非見惑生起於見道之後，在修道位中斷除而稱為「修惑」或「修所斷惑」。在此基礎上，見惑按苦、集、滅、道可以分為見苦所斷惑、見集所斷惑、見滅所斷惑、見道所斷惑，加上修道所斷惑，合成五部，欲界、色界、無色界各有五部，總共有九十八隨眠，即《俱舍論》所言「六種隨眠由行、部、界有差別故成九十八」（卷十九）。〔註37〕

〔註34〕何石彬，《〈阿毘達磨俱舍論〉研究：以緣起、有情與解脫為中心》，第 161 頁。

〔註35〕何石彬，《〈阿毘達磨俱舍論〉研究：以緣起、有情與解脫為中心》，第 162 頁。

〔註36〕關於「見」，在古代印度常把哲學稱作「見」（darśana），意為哲學的學說或體系，也稱「探究的學問」。（參見：黃心川：《印度哲學史》，北京：商務印書館 1989 年，第 5 頁）有論文從有部文獻的整體角度對《俱舍論》身見等五見的概念、定義區分、互相差別做了細緻的研究。（參見：陳素彩：《說一切有部において見隨眠——〈俱舍論〉「隨眠品」を中心として》，東京大學印度哲學佛教學研究室 2003 年學位論文。）

〔註37〕《俱舍論》還總結了很多隨眠的異名，如三縛、三漏、四暴流、四軛、四取、五蓋、五順上分結、五順下分結、六垢、九結、十纏等。從梵文角度 anusaya、klesa、paryavasthana 都有煩惱、隨眠之意，卻有所區別。詳見：陳素彩：《說一切有部における anusaya．klesa．paryavasthana の關係——〈俱舍論〉「隨眠品」を中心として》，《印度哲學佛教學研究》2001 年第 8 期。

　　隨眠的本質，可以說就是煩惱與惑，但也有諸多比較具體的表現，《俱舍論》通過義門分別的方式進行多方面的討論，如遍行非遍行門，討論隨眠遍以五部、三界的普遍性及其特殊情況；有漏無漏門，討論隨眠所緣取法的性質，單就其自身而言，凡諸隨眠皆為污染性；隨眠的「隨」即隨順增長，《俱舍論》將之分為所緣隨增與相應隨增兩種情況，前者指煩惱於所緣境中隨順增長，後者指煩惱與心、心所相互影響產生的隨順增長；從三世的角度，一切見、疑、無明是三種共相惑，故而過去、未來均未能斷，一切有情三世之煩惱皆因以繫縛，而對現在世的見、疑、無明是它們緣取三世之境時，隨其所應而生，故而能繫縛這三世諸境所緣生煩惱。〔註38〕

　　在佛教的辯論中，通常不可避免地討論與有情相關的死、生、勝劣、我與蘊是一是異四個重要問題。《俱舍論》基於自身的理論立場，給予明確的說明：若有人問「一切有情皆當有死否」，可以肯定地回答「一切有情定當有死」；若有問「一切死者皆當生否」，這時應該有分別地回答「凡是有煩惱的都會輪迴再生，而已斷煩惱者不會」；若問「人是勝，是劣」，這時應該比較而論，「相對於天眾，人為劣；相對於地獄、鬼等有情，人為勝」；若問「蘊與有情是一還是異」，這時應該不予以回答，因為有情並沒有真實自體，既不能說一，也不能說異。

　　《俱舍論》將無明、疑、邪、身、邊見、戒取見、見取、貪、慢、瞋十種隨眠進行一定的生起次第安排。由於有情無明，不能瞭解四諦，知苦修道以滅度，遂而產生諸種疑惑。在猶豫中引生邪見，產生邪聞、邪思並引發身見，執取五蘊是我；身見導致邊見，執拗於我身或斷，或常，執斷非常，執常非斷，總是極端地選取一端；邊見產生戒取見，乃由於邊見偏執認為自己的做法能清淨涅槃，將一些非戒當做戒來實行；戒取見使得有情對自己的信念、行為深信不疑，並且推崇備至，以為最勝、最優，遂產生了見取見；見取見的特點是對自己所為情深愛切，便又產生了貪；見取見和貪念有情，深愛己見而情生高舉，凌懱他人及不同看法，產生了慢心；慢心深愛恃己，對於其他違背己見的，情

〔註38〕經部對此提出問題，認為這首先要解釋清楚諸事於過去、未來的有無問題，然後才能講能系、所系，因為如果於三世都存在，那麼諸行就是因恒實有，就是常，而如果真實是無，則不能說能系、所系或者離系這些問題了。論主以毘婆沙師觀點，指出有部安立過去、未來三世實有，但這並不意味著諸行名常，因其始終不離生、住、異、滅四相。世親詳細引入經部與有部的論爭，基本上持有對有部三世實有的批評立場，而傾向於經部主張現世法實有。

不能忍，必產生憎惡嫌棄之心，於是產生了瞋。這樣的先後產生次第是針對一般情況而論，也不是必然的，也可能違越次第，「越次起者，前後無定」。（卷十九）

十大根本煩惱的發生、顯現，表現比較「微細」，不易察覺，隨於所緣法及所相應法增加（「二隨增」），能起諸得，恒逐有情，常為過患（「隨逐」），若無加行去惑，或勤加遮斷，煩惱必時常現起（「隨縛」）。《俱舍論》指出煩惱之於有情，實為大患：

> 稽留有情久住生死，或令流轉於生死中，從有頂天至無間獄，由彼相續於六瘡門泄過無窮，故名為漏。極漂善品，故名暴流。和合有情，故名為軛。能為依執，故名為取。（卷十九）

以漏、瀑流、軛、取作為隨眠之異名，突出煩惱稽留有情久住於生死輪迴，自有頂天眾至無間地獄，泄過不絕，漂沒善品，繫縛難脫，且能為依止隨增，正如契經中以逆水行舟為喻：「譬如挽船逆流而上，設大功用行尚為難，若放此船順流而去，雖捨功用行不為難，起善、染心應知亦爾」。所以，《俱舍論》復又重申：「於境界中煩惱不絕，說名為漏。若勢增上，說名暴流，謂諸有情若墜於彼，唯可隨順，無能違逆，湧泛漂激，難違拒故。於現行時非極增上，說名為軛，但令有情與種種類苦和合故；或數現行，故名為軛。執欲等故，說名為取」（卷二十），之所以十煩惱影響尤劇，皆因「隨心為惱亂事」，因而被稱為「根本煩惱」，其餘煩惱被稱為「隨煩惱」，是隨著根本煩惱生起的，污染心所，被行蘊所攝，表現為「纏」，體現為「無慚、無愧、嫉、慳、悔、眠、掉舉、惛沈、忿、覆」十種，以三界而言，欲界十種中的眠、惛、掉舉，皆通於不善、無記二性，其餘諸種皆為不善；色、無色二界中，隨應所有，皆為無記性。

根本煩惱與受關係極為密切，《俱舍論》認為：「欲界所繫諸煩惱中，貪喜、樂相應，以歡行轉遍六識故；瞋憂、苦相應，以戚行轉遍六識故；無明遍與前四相應，歡、戚行轉遍六識故；邪見通與憂、喜相應，歡、戚行轉唯意地故」，「疑憂相應，以戚行轉，唯意地故，懷猶預者求決定知，心愁戚故；餘四見、慢與喜相應，以歡行轉唯意地故。已約別相說受相應，就通相說受相應者，一切皆與捨受相應，以諸隨眠相續斷位，勢力衰歇，必住捨受」，這裡將十種隨眠與喜、樂、憂、苦四種受聯繫起來，或者說是四受是諸煩惱的生理、心理產生之根源。根本煩惱如此，隨煩惱亦概莫能外，只是其所根源之受有所不同。

知其根源，指其所斷，《俱舍論》曰：

> 且見所斷惑斷由前三因：一由遍知所緣故斷，謂見苦、集斷自
> 界緣，及見滅、道斷無漏緣；二由斷彼能緣故斷，謂見苦、集斷他
> 界緣，以自界緣能緣於彼，能緣若斷，彼隨斷故；三由斷彼所緣故
> 斷，謂見滅、道斷有漏緣，以無漏緣能為彼境，所緣若斷，彼隨斷
> 故。

所謂「遍知所緣」、「斷彼能緣」、「斷彼所緣」實即認識到煩惱所生起之因緣，隨煩惱乃發於根本煩惱，而根本煩惱起自苦、集，所依賴斷諸見惑，可以通有為善法與無漏法〔註39〕。這裡提供的斷惑思路是根據四諦，滅、道二諦斷除邪見、疑與無明（無漏所緣之惑），斷除貪、瞋、慢、見取（有漏所緣之惑），其中斷除無漏所緣之惑尤為重要，因為有漏惑也可以隨其斷而斷。具體的對治方法，可以分為四種，即斷、持、遠、厭。《俱舍論》曰：

> 諸對治門總有四種：一斷對治，謂無間道；二持對治，謂此後
> 道，由彼能持此斷得故；三遠分對治，謂解脫道後所有道，由彼道
> 能令此所斷惑得更遠故，……四厭患對治，謂若有道見此界過失深
> 生厭患。（卷十九）

四對治分別對應的是無間道、解脫道、勝進道與加行道。無間道，是開始斷除所應該斷除的煩惱，不讓煩惱阻礙，以無間隔地進入對治階段，因此又稱為無礙道；無間斷惑而生正智，以解脫迷惑證悟契理，是為解脫道；解脫道後，可進一步深入斷除煩惱，故稱為「遠分對治」，亦即勝進道；「厭患對治」，是預備加功用行之道，能引起無間道。所以這四種方法的順序，按照世親的觀點，應該是厭、斷、持、遠，「一厭患對治，謂緣苦、集起加行道；二斷對治，謂緣一切起無間道；三持對治，謂緣一切起解脫道；四遠分對治，謂緣一切起勝

〔註39〕按照世親的觀點這裡煩惱可以由所緣、能緣處了斷，應該理解為「斷惑就是斷除煩惱的自體」，而不是有部論師認為的斷除煩惱的只是所緣。（參見：何石彬：《〈阿毘達磨俱舍〉研究：以緣起、有情與解脫為中心》，第 171 頁。）但是根據有部「三世實有」的主張，煩惱永遠不會斷除，只能消除煩惱的繫縛，成就「離系得」，證得「擇滅」，即煩惱斷除，這樣的主張符合有部自身的思想體系，「毘婆沙師基於『斷惑從所緣』之觀點，『諸惑無再斷，離系有重得』之理，透過『離系得』，貫通了『世俗道斷惑』說」。（參見：周柔含：《說一切有部的世俗道斷惑論》，《法鼓佛學學報》，2010 年第 7 期。）毘婆沙師的解決思路，還是從因果聯繫上，尋找引起煩惱的原因，再予以解決，除了能緣與所緣，還有遠繫縛與近繫縛等理論上的支持。（參見：〔日〕加藤：《宏道：斷惑論の特質》，《印度學佛教學研究》，1985 年第 2 期（總 66 期））。

進道」。（卷十九）

雖然隨眠作為苦之疏緣，但是通過斷惑一樣可以得滅。頌云：「諸惑無再斷，離系有重得，謂治生、得果，練根六時中」，《俱舍論》釋曰：

> 諸惑若得彼能斷道，即由彼道此惑頓斷，必無後時再斷惑義。

> 所得離系雖無隨道漸勝進理，而道進時容有重起彼勝得義。

通過無間道等四法斷惑，所斷之惑不再生起，也意味著得到相應程度的滅果，並且斷之所得不再退墮，可以隨道勝進。但根據所得不同，被分為六種，即離系所得之「六時」，謂「治道起、得果、練根；治道起時謂解脫道，得果時者謂得預流、一來、不還、阿羅漢果，練根時者謂轉根時。此六時中諸惑離系隨道勝進重起勝得」，具體層級安排是「謂欲界係見四諦斷及色、無色見三諦斷所有離系具六時得；色、無色界見道諦斷所有離系唯五時得，由治生時即得果故，不應於此分為二時。欲界修斷五品離系亦五時得，除預流果；第六離系唯四時得，謂於前五又除一時，得果、治生時無異故；第七、八品亦四時得，得果四中除前二故；第九離系唯三時得，謂於前四又除一時，亦治生時即得果故。色、無色界修所斷中唯除有頂第九離系，所餘離系亦三時得，得果四中除前三故；有頂第九唯二時得，謂前三內又除一時，亦治生時即得果故」。（卷十九）當然，這些層級次第，是針對一般的、鈍根有情的修行而劃分的，利根有情可以超越證道。〔註40〕

《俱舍論》的斷惑論乃繼《業品》之後，本為論述苦諦之疏緣，儘管以《隨眠品》獨立而位置凸顯，但在五位七十五法的法相體系裏卻被分入諸端，屬於心所等類，故而心理分析色彩頗為濃重。雖然所涉形而上之見解稍遜，然而於人生之真相痛徹非常，所謂生之惟苦的價值判斷除了無常、剎那、聚集等原因外，對於有情而言，在於自身之「煩惱」，而阿羅漢之主要修行即在於斷除煩惱，故而煩惱論是四諦論中承前啟後的重要環節。自上文粗要分析，可見《俱舍論》圍繞煩惱而對心之諸相及其相互關係的分析極為細密，且根

〔註40〕斷惑得滅的次第，在《俱舍論》中還以「九遍知」的方式呈現，「諸斷總立九種遍知，謂三界係見諦所斷煩惱等斷立六遍知，所餘三界修道所斷煩惱等斷立三遍知」。值得注意的是，討論九遍知，實際根據的是見所斷、修所斷的等級次序而論，這與《賢聖品》、《智品》的很多內容是膠合一體的。顯示《俱舍論》各品中的理論聯繫，同時也反映出每一品具有各自的、一定程度上的獨立性，因為各品幾乎都反映其站在各自立角度上的理論分析與修證之法，只是重點不同而已。

本煩惱、隨煩惱等主次分明，義門分別層次清晰，並且有著明確的對治理論，故而《隨眠品》儼然已經成為較有獨立意義的、分析有情心理與精神現象的一部論書了。

第二節　無我觀念及其諍論

一、無我之概念

無我（梵 anātman，nir-ātman），因為梵語中沒有「無」的詞語形式，一般都是通過否定前綴來表示，所以無我的更原本表達為「非我」，也譯作「非身」。早期翻譯多詞兼用，《俱舍論》玄奘譯本多使用「無我」一詞，漸為固定用法。比較而言，非身是佛教各派共倡之觀念，而「非我」則更符合佛教意旨，因為「我」在印度早期文化、婆羅門教中，多被用作所有者、支配者、主宰者、靈魂等，而根本佛教就認為此身繫縛或為煩惱來源之一，反對固執此身。「無我」一詞比「非我」，似乎更加符合中國文化的意味。

無我觀一般分為兩個層面，即人無我與法無我。所謂「人無我」，即認為有情皆為五蘊和合而成，剎那生滅，相續無常，是假非真，故不可作為生命實體；從空的觀念而言，又稱為「我空」。在此意義上，人無我的更多意味就是「非身」。「法無我」，主要從緣起的意義上而言，一切法都是因緣而生，假立而成，故無自性，所以為法亦無體，又稱「法空」。

日本學者宮下晴輝認為世親較多吸收了各家思想，其中《破我品》的許多內容是基於《勝義空性經》的「本無今有」說，與《瑜伽師地論聲聞地》也有參互〔註41〕。《俱舍論》之「無我」比較複雜，首先它繼承了根本佛教的無我觀念，在阿含經中多言一切法緣起無常，不得自在，故為無我。而說一切有部主張「我空法有」，認同一般佛教所持之「人無我」，但堅持認為世間萬法具有自性，故而主張「法無我」；世親在《俱舍論》中，多次提出「觀一切法皆為無我」（卷二）、「一切法皆無我故」（卷三十），所以其主張是在有部的基礎上，汲取了「法無我」，故而形成比較徹底的無我觀。在這個意義上，世親的確堅持了「理長為宗」、「據理為宗」的學風。

〔註41〕〔日〕宮下晴輝：《〈俱舍論〉における本無今有論の背景》，《佛教學セミナ》第 44 期，1986 年。

二、無我之論爭

《俱舍論》的無我觀念，可以從轉生論、五蘊論與因緣論三個主要方面予以具體說明，前兩者主要集中於人無我，而後者主要為法無我。

無論是卵生、濕生、胎生、化生四種轉生方式，還是轉生前的「行淫」方式與轉生後的受生稟賦，以及轉生期間的中有階段，《俱舍論》的核心思想是一致的，即在欲界、色界之中的轉生與有身都是以五蘊為體性，本質上都是蘊集假合；如果考慮其對於「無色界」苦心孤詣的理論，則轉生論中無色界無中有之主張，也是受制於「無我」的立場，或者說是「無我」思想的內在要求。

實際上，世親在論述轉生論時，一直小心翼翼地固守自身觀點，但仍擔心被外道所誤解、找到理論漏洞，《俱舍論》卷九云：「此中外道執我者言：『若許有情轉趣餘世，即我所執『有我』義成。」〔註42〕為此專門立論，以「遮外道計執有我」。

首先，外道執我者說「能捨此蘊，能續餘蘊」，即認為我能捨此前蘊，能續餘蘊。《俱舍論》卷九指出：「內用士夫此定非有，如色、眼等不可得故。世尊亦言：『有業有異熟，作者不可得。』謂能捨此蘊，及能續餘蘊，唯除法假」，其中「內用士夫」即指外道所計執自身之內能起作用的「我」；如果說色等有體現量可知，眼等有用比量可知，而無論從現量還是比量，這個「我」無論都是不可得知的，故而定為非有；所謂「法假」，世親解釋「依此有彼有，此生故彼生，廣說緣起」，即諸法因緣所生，沒有實體，只有假名而已；故而《光記》曰：「內用士夫我，此定非有，如色等有體現量可知，如眼等有用比量可知，不可得故。於聖教中世尊復云，有業有異熟，作者實我不可得故。謂能捨此前蘊，及能續餘後蘊，但是法假，此之法假，非所遮遣。」（卷九）

其次，世親對外道提出「何等我非所遮」問題，回答說：「唯有諸蘊，謂唯於蘊假立我名，非所遮遣」，強調只能在五蘊的意義上假立我名，並且五蘊也不能從此世間轉到其他世間，因為「蘊剎那滅，於轉無能，數習煩惱業所為故，令中有蘊相續入胎，譬如燈焰，雖剎那滅，而能相續轉至余方；諸蘊亦然，名轉無失。故雖無我，而由惑、業，諸蘊相續入胎義成」，即是說五蘊無常，剎那生滅，沒有輪轉之可能；中有體性雖為五蘊，卻是由於煩惱、業力相續入胎，在此意義上也與「無我」沒有什麼矛盾。

〔註42〕《光記》認為所針對是勝論、數論等派的觀點。

第三，對於惑、業的作用機制，世親說：「如業所引，次第轉增，諸蘊相續，復由煩惱、業力所為，轉趣餘世。謂非一切所引諸蘊，增長相續，修促量齊，引壽業因有差別故，隨能引業勢力增微，齊爾所時，次第增長」（卷九），《光記》卷九釋云：「如業所引，諸蘊相續；復由惑、業，轉趣餘世。謂非一切已下別顯，諸蘊非皆長、短量齊，引壽業因有差別故，隨能引業增微，次第增長。」即是說，業力能引起內外五位轉增、五蘊相續，煩惱和業力都能使死有之後的中有轉生；但不是意味著諸蘊增長相續是等量齊觀、壽量相同的，因為業因有所差別，「世親在《俱舍論》中也強調中有的必要性，然中有的存在需建立在業感緣起上，中有的一切均由煩惱業所使然，四有輪轉也是業感緣起所支配。」〔註43〕

第四，隨著引業勢力增加，達到限度便會次第增長。所謂「次第」，《俱舍論》卷九云：「如聖說言：『最初羯邏藍，次生頞部曇，從此生閉尸，閉尸生鍵南，次缽羅奢佉，後髮毛爪等，及色根形相，漸次而轉增。謂母腹中分位有五：一羯邏藍位，二頞部曇位，三閉尸位，四鍵南位，五缽羅奢佉位。此胎中箭漸次轉增，乃至色根、形相滿位」（卷九），這裡是說明胎內五時的次第生長，《光記》：「羯剌藍，此云和合，或云雜穢，或云凝滑；頞部曇，此云皰，閉尸，此云血肉；健南，此云堅肉；缽羅奢佉，此云支節，後髮、毛、爪等；乃至色根、形相滿位，總名第五位。若依『正量部』，髮等已去為第六位。此胎中子處胎之時，如箭入身，損害其母，故名胎中箭。」是說在母胎中有五種分位：一羯剌藍位（雜穢、凝滑），二頞部曇位（皰），三閉尸位（血肉），四鍵南位（堅肉），五缽羅奢佉位（支節）；胎中箭比喻胎子害母如箭入身。世親繼而指出：「由業所起異熟風力，轉胎中箭令趣產門，如強糞團，過量、秘澀，從此轉墮，劇苦難任」（卷九），即是說由業所生起的異熟風力會轉引胎中箭，使他趣向產門，這胞胎就如硬糞團一樣，既過量又閉澀，從這產門轉墮出來，劇苦難當，故而《光記》說：「由風力故轉胎中箭，足上頭下令趣產門，如經糞團過量閉澀，從此胎中向下轉墮，由逼迫故，劇苦難任。或可從此產門出後，轉墮草等，劇苦難任。」

第五，懷胎生產，蘊體相續，仍然有兩情況，一者為「出胎有難而死」，《俱舍論》云：「其母或時威儀、飲食、執作過分，或由其子宿罪業力死於胎

〔註43〕釋宗平：《說一切有部之中有觀──以有無和轉變為主》，《正觀雜誌》1999年第9期。

內。時有女人，或諸醫者，妙通產法，善養嬰兒，溫以穌油，睞末〔註44〕梨汁
用塗其手，執小利刀。內如糞坑，最極臭惡，雜穢充塞，黑暗所居，無量千蟲
之所依止，常流穢汁，恒須對治；精血、垢膩潰爛臭滑，不淨流溢，鄙惡回觀，
穿漏薄皮，以覆其上。宿業所引身瘡孔中，分解肢節，牽出於外，然此胎子乘
宿所為順後受業，所趣難了」（卷九），是說因為胎母飲食、行為不當和執作事
業等太過分，或由其子前世的罪業力，而使胎死腹中。如果這樣，則需要有經
驗的女人或醫生採取某種方法將死胎從產門引出。而胎中子也因為前世所作
順後受業，將再次往生，但不能確定具體往生哪一趣了。所謂「順後受業」，
《光記》卷九曰：「中有但能造順現滿業，順生、順後若滿若生皆不能造，故
言順後受業。」二者，為順產，《俱舍論》卷九云：「或復無難，安隱得生，體
如新瘡，細軟難觸。或母愛子，或餘女人，以如刀、灰粗澀兩手執取洗拭而安
處之；次含清酥，飲以母乳，漸令習受細、粗飲食」，又云，「次第轉增，至根
熟位，復起煩惱，積集諸業，由此身壞，復有如前中有相續，更趣餘世。如是
惑、業為因故生；生復為因，起於惑、業；從此惑、業，更復有生。故知有輪，
旋環無始」，是說胎兒長至根熟位，積集惑業，從而中有相續，更趣餘世；如
是今身惑、業為因，故後世生；後世生，復又為因，起於惑業；從此惑、業為
因，更復有生。如此循環如輪旋轉，不知起始。所以世親總結說：「若執有始，
始應無因，始既無因，餘應自起。現見芽等因種等生，由處及時俱決定故；又
由火等熟變等生。由此定無無因起法」，指出外道認為有初始法，並且初始法
應該是無因而生的，其餘法也都是自己生起的，這種認識是不對的，更沒有常
住因可言。總之，世親說「是故生死決定無初，然有後邊，由因盡故，生依因
故，因滅壞時，生果必亡，理定應爾，如種滅壞，芽必不生」，三界的生死沒
有初始，卻有一定的邊際，因有時盡，而生依於因，所以當因滅壞時，其後生
果必亡。

　　世親強調中有的體性是五蘊，便是要與死有、生有，保證體性一致，避免
一心二身的矛盾，提出圓熟的轉生理論。其所突出業力的牽引作用，在《破我
執品》也有體現，有學者認為，世親引用經部見解，說明有情正於命終時，帶
有諸多能招感之業，但其中可分為極重業、近起之隨念業、數習之常作業，以
及先受業與後受業等等；極重業、近起業與數習業均可招感引果，而以極重業
最先決定。不過，世親認為近起業在臨命終前可以因為心生強力善惡念而轉為

〔註44〕《光記》曰：「睞末梨是草名，其汁滑，或是樹名。」

本有業，而有部原本理論認為不能僅止於心生善惡念，而是類似於《大毘婆沙論》之「業力強非無常力：業力能引五趣眾同分，無常唯能滅現在行」（卷三十八）。比較而言，有部更傾向於業力主導一切，業之體在色非心。〔註45〕如果從欲界、色界的角度談論中有，世親的五蘊體系似乎多偏重於色的層面，一方面是強調定有中有，一方面為了強化無色界無中有，而實際上主張五蘊即暗含了一心一身的原則，只是沒有突出哪一方的作用；在無色界轉生色界，面臨心、色難題，於是提出色從心生的觀點，如《俱舍論》卷二十八說：「又薄伽梵於靜慮中說有色類乃至識類。於無色中說有受類乃至識類。不說有色。若無色中實有色者。何不如靜慮說有色類言。故所立因無不成過。在彼多劫色相續斷。後歿生下色從何生。此從心生非從色起。謂昔所起色異熟因薰習在心功能今熟。是故今色從彼心生。」

如果說中有體現了無色界與欲界、色界之間的斷裂，那麼「心」或許又是溝通三界的橋樑，《大毘婆沙論》卷一三五說：「中有當言有大種無大種耶。答當言有大種無有現色離大種故。中有當言有所造色。無所造色耶。中有當言有心無心耶。答當言有心。中有當言誰心所轉耶。答當言自心。由自心力起表業故」，即是從四大種的根本層面肯定了中有有心、有自心。這一點在《俱舍論》也是一致的。世親通過轉生論，來遮外道計執有我的觀點，彰顯「無我」論的根本思想，其討論的基本點離不開對身心主要議題；從有情形成、形態、四食、四生、受生、轉生諸論，顯示了世親對於有情身體有著極為精細地考察，極力將神性的魑魅驅除開去，以遮遣有我，表顯無我。

三、無我與有情

「無我」是佛教核心觀念、教義之一，但並非沒有異論，「有的以心全為因緣所生，欲把他在機械論上去說明；有的到達了某種程度，欲承認心的主體，於是相互的議論諍鬥」〔註46〕，所以還需要放在佛教理論結構、不同教派主張，以及佛教與外道的諍論背景中，呈現其理論複雜性與思想多層內涵。其首要問題，無論是無我說，還是有我論，都要首先處理好心體、輪迴主體等關節問題，尤其在無我的論途上總是伴隨著有我論的影子〔註47〕。

〔註45〕釋宗平：《說一切有部之中有觀——以有無和轉變為主》，《正觀雜誌》1999年
　　　　第9期。
〔註46〕〔日〕木村泰賢：《小乘佛教思想論》，第142～143頁。
〔註47〕〔日〕木村泰賢：《小乘佛教思想論》，第258頁。

　　無我論的主要問題，或爭議在於，如果無我會產生諸多問題：流轉於生死的是誰？記憶怎樣生起的（以上犢子部）？認識的主體如何？自我的持續如何？人為什麼作業的？何人作業何人受果？〔註48〕對於這些問題，《俱舍論》根據五蘊論，認為認識不過是根境識和合而生，是心體的剎那活動，以依緣而起、無常生滅為本性，而相續流轉為異相、表象，卷三十《破我品》云：「緣彼作意相似相屬，想等不為依止差別，然憂散亂等緣損壞功能（德），心差別起」，即指出所謂記憶、認識沒有主體和自性，從業等角度而言，世親認為過去業能生現在果，但前提是「先業引相續、轉變、差別，合生當果」（卷二十），具體即指，「從業相續、轉變、差別生（種種果）。何名相續、轉變、差別？謂業為先後色心起，中無間斷名為相續，即此相續後後剎那，異前前生名為轉變，即此轉變於最後時，有勝功能無間生果，勝於轉變故名差別」（卷三十）；輪迴流轉，則「如燎原火雖剎那滅，而由相續說有流轉。如是蘊聚假說有情，愛取為緣流轉生死」（卷三十），也是蘊體假合的相續表象。

　　學界一般認為，說一切有部在總體上主張「我空法有」；犢子部主張「我法俱有」；化地部的本宗同義認為部分法有，部分法空，有變相的我；化地部的末宗異義主張三世法實在，傾向於有變相的我；大眾部一開始的一般看法傾向於認為現在法有，過去未來法空，有變相的我；一說部認為法我皆空；說假部認為部分法有，部分法空，認為有變相的我；經量部傾向於認為現在法有，過去法和未來法空，變相的我不實在。〔註49〕從心體的角度，奧義書、婆羅門教多認為心是不變的靈魂，順世派多強調人的物質性，心不能脫離身體而作用；佛陀的思想，一方面批駁靈魂論，一方面批評唯物質論，但也不完全是調和的中道說，相對於前者，佛教的理論更多地將矛頭指向唯物質理論。在根本佛教，雖然目前保存的典籍說法不太一致，但主要應用的還是五蘊論、因緣論，「佛陀對於心理觀，約有如下幾個要點：一、排斥從前的固定觀念；二、以心的活動為複合作用，三、以生理作用與心理作用為不一不異二種物心平行論；四、視心為流動的經過」〔註50〕；到了部派佛教，討論更加充分，《俱舍論》在無我的根本問題上有自己的主張，而若就「五位七十五法」而言，其本意是

〔註48〕〔日〕木村泰賢：《小乘佛教思想論》，第 266～267 頁。

〔註49〕姚衛群：《部派佛教的「法」與「我」的實有與空無觀念》，《西南民族大學學報》2013 年第 7 期。

〔註50〕〔日〕木村泰賢：《小乘佛教思想論》，第 262 頁。

強調心、意、識三位一體而統之於心，但心王作為本體總是有些「虛位」，更多地是發展了心所理論，並且營造出非色非心的不相應行和無為法，但心、意、識一體而複雜的關係，到了世親發展瑜伽學派思想時統一於「識」的層面。

總體而言，心體的討論是無我觀念論證的延伸，依然是建立在《俱舍論》的三個基本原則之上，即五蘊論、因緣論與無常觀念，而這三者有著內在的聯動關係。有情自身由五蘊和合而成，這是毋庸置疑的，《俱舍論》雖然也極其細微地考察了五蘊之間的關係，但基本並不著意於瞭解身體的機械構造與功能，因為預設了一個因緣而生與剎那無常的前提，蘊我之身的生所依與滅所向，使得即蘊之我無法獲得獨立自在或自性；另外，佛陀對有情生老病死的現象觀察與智慧了悟的結果是「苦」，這是一種對此身的價值判斷，是佛教超脫論的基礎，也是所有教派共同遵循的教義，換句話說，佛陀由對身體、生命的觀察，提出了一種對自我的否定認識並進而提出了超越此身的理論體系。此生皆「苦」，也是對蘊我之身的價值判斷，在佛教而言，這一判斷自然是關於世間的真理性認識。

然而，否定蘊我是不是必須的選項，在佛教內部的犢子部與經量部則給出了有我論的答案，並且同樣在承認人生是苦、因緣論與無常論的原則上。犢子部論最著名的是「非即非離蘊我」，欲在蘊我與非蘊我之間尋找合適的途徑，以解決輪迴主體、記憶主體的虛無化難題，此說同樣秉持更加細化的「中道」方法，在當時影響極大，故而是《破我品》的主要駁斥對象。從譬喻師發展而來的經量部，同樣面對無我論的難題，其主要解決辦法，是將五蘊分為根邊蘊與一味蘊。前者是常，是枝末，即普通意義上的軀體或認識現象；後者是非常，是根本，在經部的理論而言，是作為心識的細意識。相比《俱舍論》的無我觀，犢子部與經量部更加關注於現實存在意義，或者在無常的前提下，特重「相續」的一面，因為轉生論的中有即是常人不能看到的「細極微」，而無色界雖然沒有色蘊，但畢竟還有其他幾蘊，尤其有識蘊的存在。從世親個人的理論發展而言，瑜伽論語境下的《五蘊論》實際上也歸之於唯識的論題之下。

總結以上諸家理論，其共同點或者話題指向，無論是肯定、否定還是曲解中道，「身體」始終是不能迴避的問題，都是以五蘊論為中心的，超越此身之限、此生之苦。然而，《俱舍論》的態度更加堅決，除了偏重價值判斷以外，也有杜絕修行者留戀此身的用意。實際上，各家學說不期然都是以身體為認識、討論的中心，超越此身的理論也同樣是建立在對此身的觀感慧析之上，以

至於在修習各種禪定與律儀時所針對的仍然是此身。只是基於否定的立場、超越的修途，忽略了所有教義皆建立於身體自覺的事實、基礎。

第三節　身心解脫及其方法

《俱舍論》將所有的有情分為迷和悟兩種，從四諦而言，迷果包含苦諦果和集諦因，前者有生苦、老苦、病苦、死苦、愛別離苦、求不得苦、怨憎會苦與五蘊熾盛苦，後者主要為貪瞋癡三種；悟界包含滅諦果和道諦因。為了證得滅諦果，根本佛教以至於部派佛教提出了許多修行要目，在《俱舍論》中系統化、體系化地闡述了賢聖品位之別與修道次第，以及諸靜慮的具體分別與所修之法。

一、修行次第與方法

根據《俱舍論・賢聖品》，一般將悟界修道主體分為七賢、四聖。七賢即五停心、別相念住、總相念住三賢（外凡位），和暖、頂、忍、世第一法四善根（內凡位）；七賢修行之道是實現滅道的方便道，是凡夫修行成就的途徑與能夠達到的果位。要真正實現涅槃，必須入聖道成為聖者，包括見道、修道、無學道三種與四向四果。

按照一般的修行次第，凡夫修道者必須先從方便道入手，即從持戒修慧入手。持戒有正語、正業和正命等，主要表現為佛教的律儀科目，大都是符合佛學觀念的道德準則、行為規範、生活習慣等等；慧是大地法之一，主要有聞、思、修三慧，即在有情生來具有的生得慧的基礎上，通過聞教法生成慧觀，並更發思惟成思慧，由思慧更發修所成慧，漸趨證道。三慧修中，聞慧與五停心相對，而別相念住、總相念住屬思慧，暖位以後皆為修慧。由此，《俱舍論》的修道次第與方法具有極為嚴密的體系化特點。不過任何修行方法，都是面向有情的身心問題而提出的相應辦法，因此也是身心觀念與實踐的具體展現。

1. 修道準備：清淨身器，遠離逆緣。在開始修道之前，修道者必須遠離一切逆緣，首先為下一步的修行營造良好的環境，以及依三淨因使身器清淨。三淨因即身心遠離、喜足少欲、四聖種。身心遠離，指身不近惡友，斷絕惡緣，以使得心不起惡念；喜足少欲或少欲知足，即滿足現前的所得，不多貪求，盡可能減少欲求；四聖種，即衣服喜足聖種、飲食喜足聖種、臥具喜足聖種、樂斷修聖種，此四者以無貪為主，能使行者生起聖道，故稱聖種，具體指對衣服、

飲食、臥具有喜足、知足之心，而願修聖道，以斷煩惱。〔註51〕

2. 五停心觀。修道的第一位觀法，即不淨觀、慈悲觀、緣起觀、界差別觀與數息觀。《俱舍論》頌曰：「入修要二門，不淨觀、息念」，不淨觀，指的是觀眾生多貪、色身不淨，通過觀想肉體之骯髒、齷齪，以對治貪欲煩惱、息止貪婪之心的觀法，「此觀以無貪為性」。慈悲觀，多瞋眾生，觀想與樂拔苦，而得真正安樂，由此對治瞋恚煩惱。緣起觀，乃觀想順逆十二緣起，以對治有情愚癡煩惱之觀法。界差別觀，觀照眾生身心，以地、水、火、風、空、識等六界或十八界乃因緣的假和合所成，由此悟知無我，而能對治我執。數息觀，由觀出、入息法門，計呼吸數，以收攝散亂心之法。(《俱舍論》卷二十二)

五停心觀主要是為了對治心體的具體雜染問題，其所使用的「觀」也主要是認識心理的方法，但其中卻含有身心、色心並舉互動的內容。例如，不淨觀息止貪心主要包括顯色貪、形色貪、供奉貪、妙觸貪，其中前三貪屬於色蘊，妙觸貪屬於受蘊，具體的對治方法，有四種：(1)緣青瘀等之相以修不淨觀來對治顯色之貪；(2)緣死屍被鳥獸所食等之相以修不淨觀，對治形色之貪；(3)緣死屍不動等之相以修不淨觀，可治供奉之貪；(4)緣蟲蛆等之相以修不淨觀，對治妙觸之貪。此外，若緣骨鎖以修不淨觀，則因骨鎖中無四貪之境，故能對治上述之四貪。數息觀，則直接身體直接參與的，停止散亂心的觀法，具體即計數自己的出、入息，包含數、隨、止、觀、轉、淨六種，數即反覆計數凝結心神、集中注意力；隨，即隨任呼吸，身心達到平和、穩定狀態；止，即將心（注意力）安止於身體的某一部分；觀，即通過觀與息風俱而認識到五蘊無我；轉與淨，實際上是將原來的注意力由呼吸上，逐漸轉移到四念住、四善根以及其他聖道修法之上，也就是可以向更高的階段過渡了。(《俱舍論》卷二十二)

3. 四念住觀〔註52〕。《俱舍論》曰：「謂以自、共相觀身、受、心、法。

〔註51〕楊白衣：《俱舍要義》，廣化寺 2013 年，第 101 頁。
〔註52〕「念住」（梵 smṛtyupasthāna），梵文由 smṛty 和 upasthāna 構成，而 smṛty 則由 √smṛ 加上語尾 ty 構成；upasthāna 則由 upa 加上 √sthā，和表示動作的語尾 āna。根據 M.M.Williams 的《Sanskrit-English Dictionary》√smṛ 具有：記住（to remember, bear in mind）、回憶（recollect）、想起（call to mind）、注意（be mindful of）、接近（stand near）、發生作用（serve）等諸義；而 upa-√sthā 則有：站立（to stand）、站穩（stand firmly）、留下（remain）、停止（stop）、徘徊（linger）、放置（place）等義。「念住」在真諦《俱舍論》譯本中作「念處」。《法門名義集》認為大小乘所稱的四念住名稱與立場有所不同，「四念處大小乘名有異。觀身不淨、觀受有苦、觀心生滅、觀法無我，是小乘四念處。觀身如虛空、觀受內外空、觀心但名字、觀法善惡俱不可得，是大乘四念處」。

身、受、心、法各別自性名為自相；一切有為皆非常性，一切有漏皆是苦性，及一切法空非我性，名為共相。身自性者大種、造色，受、心自性如自名顯，法自性者除三餘法」（卷二十三），包括身念住、受念住、心念住、法念住等四種，即將心止於一境，以慧照見對境，目的是在五停心觀的基礎上進一步訓練觀慧的能力。其中，身念住，指觀身相不淨，同時觀身的非常、苦、空、非我等共相，以對治淨顛倒。受念住，指觀其欣求樂受中反生苦惱的原因，並觀苦、空等相，以對治樂顛倒〔註53〕。心念住，指觀能求的心生、滅無常，並觀其共相，以對治常顛倒〔註54〕。法念住，指觀一切法皆依因緣而生，無有自性，並觀其共相，以對治我顛倒。所以四念住基本上都是針對身心、色心而提出的具體對治方法。四念住實際上就是觀身不淨、觀受是苦、觀心無常、觀法無我，前三種是對有情身心的關照，後一種是對諸法的關照，所以「四念住可以說是總觀一切萬法的修法」〔註55〕，「四念處在解脫道次第中，與其他四諦十六行相等修持法門相互融攝」。〔註56〕

　　四念住是佛教時常提及的修行法門，從早期的阿含經以至於大小二乘，均有比較多的涉及，並且南北傳均有《念處經》及《相應部》的《念出相應》。對這種以身、受、心、法四者作為念的對象的修行方法，有學者通過較晚期的

〔註53〕受在《俱舍論》中的最基本劃分為苦受、樂受、不苦不樂受，在北傳與南傳《中阿含經》、《雜阿含經》，以及《法蘊足論》中，皆以三受，復之以身受、食受、心受、貪著受等推演二十餘種。（參見：林崇安：《受念住的研究》，《中華佛學學報》，1996年第9期）對於自身精神、心理、生理的「受」的關注，是佛陀教義中有所重視的，《雜阿含經》曰：「以我於諸受、受集、受滅、受集道跡、受滅道跡、受味、受患、受離如實知故，於諸天世間魔梵、沙門、婆羅門、天人眾中，為脫、為出、為脫諸顛倒，得阿耨多羅三藐三菩提。」通過這段話意思，諸種受之體認，是成正等正覺不可缺少的重要組成部分。

〔註54〕關於「心念住」，有學者認為原始佛教與阿毘曇論書用法較為一致，原始佛教、部派佛教所看待的「四念處」是「觀身不淨」、「觀受是苦」、「觀心無常」、「觀法無我」。對於「心念處」的觀察，原始佛教重在對治「心」的顛倒執著，並如實了知所取著的事物，進而「除去世間憂惱」；而初期阿毘曇論書所強調的大致與原始聖典一致，但是發展到後期時，其重點從「如實知」自己所產生的種種心念，進而到觀察「心念處」與「四智」的連結，可說是強調於法相上的複雜分析，與原始佛教的風格顯然是有些許上的差別。參見：釋如定：《「心念處」之探討──以〈大智度論〉為主》，《福嚴佛學院第九屆學生論文集》（上冊），福嚴佛學院2002年。

〔註55〕何石彬：《〈阿毘達磨俱舍論〉研究：以緣起、有情與解脫為中心》，第180頁。

〔註56〕悲青增格西：《略談〈俱舍論〉四念處與道次第的關係》，《法光》，第175期，2004年。

《大毘婆沙論》、《藏釋》（Peṭakopadesa）以及覺音對《念處經》的注釋發現，四念處中的四者可以對應為「身—色」、「受—受」、「心—識」、「法—想、行」，如《大毘婆沙論》云：「對治色蘊故說身念住，對治受蘊故說受念住，對治識蘊故說心念住，對治想蘊行蘊故說法念住」，《念處相應》第42經則以食（āhāra）、觸（phassa）、名色（nāmarūpa）、作意（manasikāra）的生起與滅去分別作為身、受、心、法的生起與滅去的原因。在此基礎上，作者認為四念處作為一種對經驗世界的分類體系，其依據是將經驗世界分為經驗主體與經驗對象或客體，並且突出表現為細微地分析經驗主體，即身、受、心三項，而身為身體。〔註57〕

4. 四善根位。法念住之上，乃為四善根位，是指在見道以前，觀四諦，修行十六行相，而達到無漏聖位的四種修行階位，包括暖、頂、忍、世第一法等。《俱舍論》曰：「修習總緣共相法念住，漸次成熟，乃至上上品，從此念住後有順決擇分初善根生，名為暖法」（卷二十三），這裡的善是無漏智，當無漏智如火欲燃，有情心中光明啟發，名為暖位；進而智慧增長，達於頂點，名為頂位；再進而明四諦之理，其心堅住，決定不移，名為忍位；更進而到達有漏智的最終點，在世間有情之中，能生最上善根之位，故而最為殊勝，所以名為世第一法。四善根以四諦法為觀法，其中四諦有色界、無色界的四諦和欲界的四諦共有八諦，所以具體觀法共計三十二行相，即於苦諦下觀：非常、苦、空、非我四行相；於集諦下觀：因、集、生、緣四行相；於滅諦下觀：滅、靜、妙、離四行相；於道諦下觀：道、如、行、出四行相。另外，四諦有色界、無色界的四諦，和欲界的四諦。又因為在四諦中觀四行相，因此總共有三十二行相。從身體的角度而言，四諦的具體觀法，也是從身體入手，獲得相應的慧，最後達到斷除煩惱的目的。四諦的次第觀法，首先以苦諦為觀，觀身非常行相：有情的身體，為因緣的假合，並非常住的實相；次觀苦行相：有情的身心根本，是行業報應的苦果，無法出離苦海；第三觀空行相：有情的身心無有實體的我可得，只是因五蘊緣聚而有的假和合，為空的假相；第四觀非我行相：有情既

〔註57〕關則富：《從佛教對經驗世界的分析探討念身與四念處的理論基礎及一致性》，《正觀雜誌》，第41期，2007年。作者還指出，巴利語本的 Kāyagatāsati Sutta（相當於漢譯《念身經》）所列舉的修行方法與 Satipaṭṭhāna Sutta（相當於漢譯《念處經》）中第一念處的方法大體上相同，巴利本的 Kāyagatāsati Sutta 是早期佛典中唯一可能支持 kāyagatā sati 意為「對於身體的正念」的經，因為此經的所有修行方法似乎都關係到身體。然而此巴利經與相應的漢譯《念身經》卻差異甚大。

是五蘊因緣的總合，所以沒有實我，並不存在常一自在的主宰。集諦惑、業的觀法：第一，因行相觀惑和業為招感苦報的原因；第二，集行相觀惑、業是報感未來果的煩惱法；第三，生行相：觀生為相續三界果報的煩惱法；第四，緣行相：觀緣為來生苦果的緣法。滅諦涅槃觀法，第一，滅行相，觀涅槃是清淨，是滅盡雜染法所得的果報；第二，靜行相：觀涅槃是斷除貪、瞋、癡三毒的煩惱；第三，妙行相：觀涅槃是離一切憂患的妙法；第四、離行相：觀涅槃是遠離一切災禍的離法。道諦無漏智觀法，第一，道行相：觀道是由凡夫位至聖者位，證無漏智的唯一法門；第二，如行相：觀無漏智是契合真如的至理；第三、行行相：觀無漏智是趣向涅槃的修行；第四，出行相：觀無漏智慧使我人永離生死苦界，為趣向涅槃的聖道。〔註58〕修習四善根，具有某種勝、利之效果。《俱舍論》頌曰：「暖必至涅槃。頂終不斷善。忍不墮惡趣。第一入離生」，論曰：「四善根中，若得暖法；雖有退斷善根，造無間業，墮惡趣等；而無久流轉，必至涅槃故」。（卷二十三）

　　5. 見道位。此為聲聞初果。乃修行三賢、四善根、七加行後，而生於世第一法無間之無漏真智，可斷盡八十八使的見惑，以現觀四諦見照其理的修行階位。《俱舍論》卷二十三頌曰：「世第一無間，即緣欲界苦，生無漏法忍，忍次生法智，次緣餘界苦，生類忍類智，緣集滅道諦，各生四亦然，如是十六心，名聖諦現觀，此總有三種，謂見緣事別」，此謂接續世第一善根無間，「緣欲界苦聖諦境，有無漏攝法智忍生」，其所起「無漏智」有兩種：法智、類智。法智，乃，觀見欲界苦集滅道四諦法之無漏智；類智乃，觀上二界四諦之智，與法智相類故為之名。法智與類智復各自分別為「忍」和「智」二種，前者信四諦以斷惑，於一剎那斷去煩惱；後者證四諦以解脫，斷煩惱得擇滅；所以前者又叫無間道，後者稱為解脫道。

　　由於四諦各有法智和類智，則總共有八智、十六心，分別為：一苦法智忍，斷欲界苦諦下見惑之智。二苦法智，斷苦惑已，而正證理之智。三集法智忍，斷欲界集諦下見惑之智。四集法智，斷集惑已，而正證理之智。五滅法智忍，斷欲界滅諦下見惑之智。六滅法智，斷滅惑已，而正證理之智。七道法智忍，斷欲界道諦下見惑之智。八道法智，斷道惑已，而正證理之智。九苦類智忍，

〔註58〕四善根位內容較為豐富，四諦行相觀法、四善根上中下分別，減緣減行等皆需細密梳理、理解。具體可參見：何石彬：《《阿毘達磨俱舍論》研究：以緣起、有情與解脫為中心》，第181～183頁。

斷上二界苦諦下見惑之智。十苦類智，斷苦惑已，而正證理之智。十一集類智忍，斷上二界集諦下見惑之智。十二集類智，斷集惑已，而正證理之智。十三滅類智忍，斷上二界滅諦下見惑之智。十四滅類智，斷滅惑已，而正證理之智。十五道類智忍，斷上二界道諦下見惑之智。十六道類智，斷道惑已，而正證理之智。

　　十六心中，前十五心為見道，最後道類智之一心攝於修道。對於次第修證者而言，見道為預流向，故於十六心（道類智）證初果（預流果）。在見道位，有三道、四果的區別，三道即見道、修道、無學道；四果即預流果、一來果、不還果、阿羅漢果。

　　6. 修道位。是謂修行見道位無漏智與四諦之中，斷除三界八十一品之修惑，漸通涅槃的階段。八十一品修惑各有無間道和解脫道，初無間道到最終之有頂地的第九品無間道為修道，又稱為有學到；其解脫道為無學道。有學、無學兩階段，共分為四向、四果，即：預流向、預流果；一來向、一來果；不還向、不還果；阿羅漢向、阿羅漢。「預流」，即預入聖者之流，「向」乃對果而言，預流果斷絕三界之見，但只是初果，因為對修惑未斷；一來向與不還果，是指有情已斷滅欲界六品之修惑，尚需自天上到人間受生一次，方可成就涅槃，最終得一來果；不還向與不還果，是指斷欲界修惑九品中第七、第八品，而欲得不還欲界之果；阿羅漢向與阿羅漢果，指有情斷除三界之見惑及欲界九品之思惑以後，興起加行，斷除色界、無色界之惑，證入阿羅漢果。阿羅漢果時，有情於解脫道已生盡智，四智圓融無礙，再無法可學，到達及至，故稱為「無學」，其餘四向三果則稱為「有學」。（《俱舍論》卷二十四）

　　阿羅漢雖為無學，但也有不同層次，大致可以分為鈍根與利根兩類，而從法的角度分為六種，即退法、思法、護法、安住法、堪達法、不動法等六種層次的阿羅漢，前五種屬於鈍根，不動法阿羅漢屬於利根。據《雜阿毘曇心論》卷五、《俱舍論》卷二十五所述：（1）退法阿羅漢，又作退相阿羅漢，指遭遇小惡緣（如疾病）即容易退失所得之果位者，即退墮入不還、一來、預流果；（2）思法阿羅漢，又作死相阿羅漢，指由於憂懼退失果位而思自殺入無餘涅槃者；（3）護法阿羅漢，又作守相阿羅漢，指能守護而不致退失果位者；（4）安住法阿羅漢，又作住相阿羅漢，指不退亦不進，而安住于果位者。在沒有強烈逆緣下可以安住，但非強烈的加行不再精進的聖者；（5）堪達法阿羅漢，又作可進相阿羅漢，指能迅速精進，勤於修行煉根而達於不動法的聖者；（6）不

動法阿羅漢，又作不壞相阿羅漢，指永不退失所得之法者，也是最利根者。五鈍根阿羅漢，得時解脫或時愛心解脫，而後者係屬利根者，得不時解脫或不動心解脫。時解脫與不時解脫，意謂倘若能遇善因緣而得入定之解脫，稱為時解脫；隨時可入定，而無須等待某種特定因緣之解脫，稱為不時解脫。而善護自己所得之阿羅漢果，並解脫煩惱者，稱為時愛心解脫；不再由於煩惱而退失果位之解脫者，稱為不動心解脫。此外，不動法阿羅漢以其利根之形成，又分為兩種，即：本來生就不動種性者，稱為不退法阿羅漢、不退相阿羅漢；由精進修行而達不動法者，稱為不動法阿羅漢。此二者和上述之五者共為七種阿羅漢。若再加緣覺、佛，則總稱九種阿羅漢，又稱為九無學。

除了阿羅漢之外，佛教還有三乘行果，即聲聞、獨覺、菩薩，聲聞是小乘法中，聞佛之聲教，悟四諦之理，斷見思之惑，而入於涅槃的弟子；獨覺者，常樂寂靜，獨自修行，修行功成，於無佛之世，自己覺悟而離生死者，謂之獨覺，《俱舍論》曰：「言獨覺者，謂現身中離棄至教，唯自悟道，以能自調不調他故」，又曰。「諸獨覺有二種殊：一者部行，二者麟角喻。部行獨覺先是聲聞，得勝果時轉為獨勝。……由本事中說，一山處總有五百苦行外仙，有一獼猴曾與獨覺相近而住，見彼威儀，展轉遊行至外仙，現先所見獨覺威儀，諸仙睹之咸生敬慕，須臾皆證獨覺菩提。……麟角喻者，謂必獨居。」（卷十二）菩薩，在《俱舍論》中指的是釋迦牟尼未成佛前的身份，不過當時對佛的滅盡定等問題在部派佛教內仍為意見統一，世親遵奉迦濕彌羅國毘婆沙師的觀點，云：「傳說菩薩三十四念得菩提故。諦現觀中有十六念，離有頂貪有十八念，謂斷有頂九品煩惱，起九無間、九解脫道，如是十八，足前十六，成三十四。一切菩薩決定先於無所有處已得離貪，方入見道，不復須斷下地煩惱，於此中間，無容得起不同類心」，即是說菩薩由三十四念證得菩提，具體而言是在四諦現觀中有八忍、八智合為十六念，捨離有頂天的貪有十八念（於斷除有頂天九品煩惱時，所生起的九無間道和九解脫道），加上前面十六念，就成為三十四念。一切菩薩決定先於無所有處已證得離貪，才入於見道位，不需再斷除下界八地的煩惱，在這三十四念中間，不容許生起有頂天有漏不同類心。此外，《俱舍論》還介紹一些供養諸佛、菩薩道六度修行理論，尤其詳細闡述了世間佛是唯一的觀點。顯示其在闡述阿羅漢道主體理論的同時，也設計一些菩薩道的內容。因而在一定程度上反映出，印度佛教發展過程中小乘佛教與大乘佛教的交涉，而

若從二者同源的關係上，顯示它們天然、本原的理論聯繫。〔註 59〕

二、「一切功德多依靜慮」

　　靜慮（梵 dhyāna），其義來源於詞根√dhyai，意為「沉思」、「凝視」、「冥想」和「回憶」等等，「由它派生構成的抽象名詞有兩個形式：一個是『dhyā』，見於《梨俱吠陀》，是古老的形式；一個是『dhyāna』，見於後吠陀的奧義書，並由此逐漸形成為一個被各個哲學流派接受的共同術語」，最初「在奧義書中『禪那』是指修定過程中出現的一個重要心理活動」〔註 60〕。「dhyāna」音譯為「禪那」、「馱衍那」、「持阿那」等等，較多使用的譯法為「禪」；「靜慮」是玄奘於《俱舍論》等佛教典籍中使用，「唐以後意譯為靜慮（寂靜審慮之意）、思惟、揶念，泛稱為禪定」。實際上，禪和定還有不同，「禪是指心識集中到完全沉浸於某一目標——無論它是思想的還是物質的——做一時的反觀、專注或沉思」，強調心體專注的極其寂靜以詳密思惟之定慧均等的狀態，較為側重「精神層面上的定或等至」，指「禪修所到達的精神境界或狀態」，並且「禪只是一種身心的活動或者是一種修行方法」，並不意味著任何人只要修禪即可獲得相應境界或果業。通過對經部與毘婆沙師等討論可知，在有部的話語中，「禪」的意思就是能夠「如實了知」，即「對事理有真知、真見，沒有虛妄分別」；由修禪而能審慮，而審慮本身就是慧，因此玄奘法師譯為「審慮以慧為體」；「禪就是一種心在定中能寂靜審慮，能『如實了知』的精神境界」，簡言之，「禪就是一種智慧，一種內在的精神境界」。〔註 61〕對於實際的修行，正智與禪定都是達成斷惑證道

〔註 59〕有學者認為從形成佛教的內外部因素看，「大乘菩薩道思想在原始佛教就已有萌芽的徵兆」。（參見：程若凡：《從原始佛教窺探大乘菩薩道思想的萌芽》，《宗教學研究》2006 年第 1 期。）何石彬認為，按照《俱舍論》的邏輯，可以推出佛陀之前的過去世諸佛也是依菩薩道而證得佛果，「或者說菩薩道實際上是可以成為一種普遍的修行方法的」，他還以此進一步指出，「印度佛教從小乘而走向大乘，從以阿羅漢道為中心轉向以菩薩道為中心，在思想發展的內在邏輯上是順利成章的」。（參見：何石彬：《〈阿毘達磨俱舍論〉研究：以緣起、有情與解脫為中心》，第 191 頁。）

〔註 60〕巫白慧：《印度早期禪法初探——奧義書的禪理》，《世界宗教研究》1996 年第 4 期。

〔註 61〕惟善：《說一切有部之禪定論研究》，第 40～42 頁，第 74 頁。惟善法師在其論著中對有部及《俱舍論》的禪定概念、思想，做了比較清晰的梳理和系統的研究，他指出，禪定一詞和有部的生、定（等至）、禪、三摩地、心一境性、等引、現法樂住、住、止觀等重要術語有著重疊交錯的關係，構成錯綜複雜的有部禪定體系。

的重要方法，不可偏廢，其中智慧被視為證果之親因，靜慮則是助緣；智與見、忍相比，更具有了決之意，所以更加凸顯其重要地位。但對於一般修行者智慧均有未逮者，需以靜慮襄助，方有可能精進修道，取得正果。

「禪」的歷史在印度起源很早，影響波及漢地，以至於今天的全世界。對其中的淵源關係，學者指出，奧義書哲學家從理論和實踐最先提出並比較系統闡述「禪」，《慈氏奧義》（Ⅵ‧18）中的瑜伽加行六條軌則（調控呼吸、抑制感官、禪那靜慮、觀覺思維、總持意念、三摩提定）實為一切禪法的最初基礎；除唯物論的順世學派外，印度各派宗教哲學也都接受了這六條規定，並以此為依據發展各自的禪法系統，婆羅門傳統六派哲學的瑜伽哲學的根本典籍《瑜伽經》所使用的範疇術語幾乎和奧義書一模一樣；小乘佛教的禪法入門所練習的「安般念」（即安般念定，「安般」（ānāpna）意即「呼吸、出入氣息」，「安般念」意即「以意念來調控呼吸」；「安般念定」意即「以調息為入門的禪定」），是奧義書瑜伽加行六條軌則中的第 1、2 條，「安般念定」是第 6 條，所以「佛家小乘禪法是在奧義書禪法的基礎上發展而成的」；奧義書六條瑜伽軌也是從印度傳到他國的禪法的基礎，中國的「止觀」在意義上概括了奧義書瑜伽加行六則，「中國的止觀系統是對奧義書瑜伽加行六則的創造性的發展」。總之，奧義書的禪法「是包括印度本土和從印度傳到他國的一切禪法的最初的、或者說，最原始的形態」。〔註62〕

靜慮為斷惑、證果的助緣，有多種異名，如三摩呬多、三摩地、三摩缽底、駄那演那、質多翳迦阿羯羅多、奢摩多、現法樂住等等，在不同理論、宗派內也有不同的分類、論述體系。依靜慮的修行內容和階段，在《俱舍論》的基本分類為有心定、無心定兩種，其中有心定包括四靜慮（四禪、四色界定）、四無色定，即通常所說的「八定」。這是根據三界與五蘊而做出的分類。但無論何種定，其核心為三摩地（梵 samādhi），音譯為「三昧」、「三摩提」或「三摩帝」，《俱舍論》卷四云：「三摩地謂心一境性」，是作為心所之大地法之一。〔註63〕

〔註62〕巫白慧：《印度早期禪法初探——奧義書的禪理》，《世界宗教研究》1996 年第 4 期。

〔註63〕惟善法師認為，「samādhi」是由前綴「sam」加 ā 和字根√dhā 的組合而成的陽性名詞，本義為放在一起，引申為集中統一、心一境性、等持、正定、定意、調直定、正心處等含義，意譯作「定」，「根據有部，三摩地是心一境性作為十大地法之一的實體法，出現在每個心識中。」（惟善：《說一切有部之禪定論研究》，第 46 頁）

　　三摩地是佛教修行理論的基礎概念。從三界而言，三摩地是欲界之定、色界禪修、四無色定理論的核心概念；從戒定慧三學而言，戒是定的前提，定時慧的前提，其中「三摩地尤為關鍵」，雖然在各派意見不一，但仍然是整個禪學理論的基礎。經部認為三摩地不是獨立的實體法、別法，只是「心識的一種特別狀態，或者說是心的作用，心於一境相轉，稱為三摩地，而不是在心之外，另有別的法叫三摩地」；有部與其相對，認為三摩地是心所法之一，其功能就是讓心定下來，「三摩地與一切心、心所法相應，通於定心、散心，亦通於善、惡、無記三性。……三摩地作為大地法顯然於三界中都存在」，此即意味著「有情無論何時生起心識都具有三摩地」〔註64〕，三摩地的重要功能即發起等持之力，凝聚散心，所以《俱舍論》卷二十八云：「若爾即心專一境位，依之建立三摩地名。不應別有餘心所法，別法令心於一境轉，名三摩地非體即心。豈不諸心剎那滅故皆一境轉。何用等持？若謂令心於第二念不散亂故須有等持，則於相應等持無用，又由此故三摩地成。寧不即由斯心於一境轉。又三摩地是大地法，應一切心皆一境轉。」世親強調「定靜慮體總而言之是善性攝心一境性」，即是區別三摩地有善性、不善、無記三性，參考《大毘婆沙論》卷一零四中對三摩地的定義，惟善法師指出，對三摩地的解釋從早期的「心一境性」到「善心一境性」，並在《大毘婆沙論》種給出了所具備的要素，概言之即「正直平等」、「善心一境」、「相似相續」三個方面，其中「正直平等可指心心所與所緣境上能夠保持平等一致，或止觀雙運，不偏不倚」。〔註65〕

　　由於欲界有情慾愛牽繫，煩惱不斷，故而心不能定，需要三摩地發起等引之功效，首先以修習止觀作為禪定入門之階。止即平靜安寧，觀即細看、細察，《俱舍論》卷二十二提出「正入修門要者有二：一不淨觀、二持息念」，其中「修不淨觀正為治貪。然貪差別略有四種：一顯色貪、二形色貪、三妙觸貪、四供奉貪。緣青瘀等修不淨觀治第一貪，緣彼食等修不淨觀治第二貪，緣蟲蛆等修不淨觀治第三貪，緣尸不動修不淨觀治第四貪。若緣骨鎖修不淨觀。通能對治如是四貪，以骨鎖中無四貪境故」，即是通過觀身體之腐壞死亡而達到對治貪念；「持息念」是說「言息念者，即契經中所說阿那阿波那念。言阿那者，謂持息入，是引外風令入身義。阿波那者，謂持息出，是引內風令出身義。慧由念力觀此為境故名阿那阿波那念，以慧為性。而說念者，念

〔註64〕惟善：《說一切有部之禪定論研究》，第45～46頁。
〔註65〕惟善：《說一切有部之禪定論研究》，第48頁。

力持故於境分明所作事成」（卷二十二），即由導引身體氣息與心的念頭，由「六種異相」（數、隨、止、觀、轉、淨）構成。通過修止二門，心便得定，然後修觀，《俱舍論》卷二十三云：「依已修成滿勝奢摩他，為毘鉢舍那修四念住。如何修習四念住耶？謂以自共相觀身、受、心、法。身、受、心、法各別自性名為自相。一切有為皆非常性，一切有漏皆是苦性，及一切法空非我性名為共相。身自性者，大種造色。受心自性如自名顯，法自性者，除三餘法」，即是分別觀身、受、心、法自相，認識四者自性，即身體不淨、感受是苦、心念無常、諸法無我，並且認識到四者自性實際是一種共相。欲界的等持尚不能脫離物的表象，《大毘婆沙論》將之概括為「等持一物為體」、「等持一剎那」，惟善法師認為，「據有部論師，每個人都有三摩地，每一念心都和三摩地同時生起，但是，正／善定包括四禪合四無色定。也就是說，四禪和四無色是三摩地發展的結果」。〔註66〕不過需要注意的是，三摩地法具有善、不善、無記三性，根據不同心體染淨而三性有別，且發揮的功能效用大小也有強弱之別，表現出佛教對修行心理活動複雜性、反覆性的充分考察。

從因果的角度，靜慮（禪）可以區別為「生禪」與「定禪」。「生禪」是禪修之果，在有情世間的劃分上表現為色界天（四禪）與無色界天（四無色），其中的「生」，「是指物質性與非物質性的存在領域，它包括欲界和色界有情的身體、不同的地界及其周圍環境等，但無色界不是一種物質性的存在，而是純粹的精神存在。」「定禪」是修禪之因，其中「定」（梵 samāpatti）被玄奘翻譯為「等至」和「定」。在阿毘達摩論師而言，意為「達到」或「成就」一種心與身的完全平等，或者說「『等至／定』這個法能令心平等和令大種（地、水、火、風）平等，這也就是使身心安寧、平靜的一種禪定境界」；定僅僅是「有情在上二界的心識狀態」，〔註67〕從色界四禪而言，《俱舍論》卷二十八曰：「一切功德多依靜慮，故應先辯靜慮差別。此總有四種，謂初二三四……定靜慮體總而言之是善性攝心一境性。以善等持為自性故。若並助伴五蘊為性」，具體而言，第一到第四靜慮都是「善性攝心一境性」，所不同者，第一靜慮俱有伺、喜、樂三者，第二靜慮只有喜、樂，第三靜慮只有樂，第四靜慮三者皆無，只有心一境性，「何名一境性？謂專一所緣，若爾即心專一境位」（卷二十八）。

和欲界善定與四無色定相比，四禪具有若干殊勝功德，它「以五蘊為自性，

〔註66〕惟善：《說一切有部之禪定論研究》，第54～57頁。

〔註67〕惟善：《說一切有部之禪定論研究》，第36～39頁。

許多功德於此而俱生，如四通行、三種變現、三明、三根、三道、三地、四沙門果、九遍知道、法智、類智及忍智，能發六神通，能斷見修所斷二惑，不善、無記二種結等」，欲界三摩地與四無色定沒有這些功德，因為「欲界雖然有三摩地（等持），和未至定的存在，也有正觀、遍觀、思慮一切所緣的功能，但這裡的三摩地被稱為『有慮無靜』」，不能稱為「禪」，因為禪必須具備靜與慮兩種功能，「靜謂等引，慮謂遍觀」；四無色定的作用和功能也不符合「禪」的定義，「四無色定沒有斷和對治不善煩惱的功用，而只有斷無記煩惱的功能」，並且四無色定的觀照能力不強，因而只是一種「有靜無慮」的精神境界。對於有部而言，「只有智才能斷煩惱，而智的獲得是通過修定，並且定與智是相通的，甚至是可以互換的，定就是智，智即是定，只是名稱的運用有所側重不同而已」，其中就斷煩惱而言主要側重於禪定方面，「由於四禪在性能上具備斷煩惱、正觀、產生一切功德，這在禪的本意上得到了一個很大的發展和提升，從而脫離了早期『禪』只有『靜坐冥想』的功能」。〔註68〕

〔註68〕惟善：《說一切有部之禪定論研究》，第 42～44 頁。惟善法師還指出：「有部對四禪和四無色做了系統分類，即生（生存領域）與定（心一境性的精神領域）。這兩個領域相互對應，不可混淆。特別是在理解四禪、四無色定時，要注意他們指的是生存領域，還是指定境的精神領域。這種分類是對早期禪修理論的突破和發展，這在早期禪修理論中是從來沒有的。」（第 74 頁）關於禪的起源，可以追溯到印度古奧義書時代，修行者求得身心解脫而在森林樹下靜坐冥想，「在禪的發展過程中，佛教強調禪作為統一心境、斷除煩惱、求證涅槃的重要方法」。（第 40 頁）另可參見：巫白慧：《印度早起禪法初探——奧義書的禪理》，《世界宗教研究》1996 年第 4 期。

第七章　結　論

　　縱觀《俱舍論》全書，其論述結構是有情論不同理論主題、認知問題、修證之法的次第展現。它從《界品》與《根品》開始，開顯出極為深闊的、嚴密的法相體系，牢牢籠罩了以下分述的《世間品》、《業品》、《隨眠品》、《賢聖品》、《智品》與《定品》等六品。後來附入的《破執我品》恰如對以上內容的總結，成為《俱舍論》的重要組成部分。

　　前八品之中，《界品》、《根品》如同首腦牽繫全身，最後之《破執我品》則通過牢牢把握住「無我」思想，而濃萃出全書理論，穩固立足；中間六品分述詮解入微、闡說四諦，是全書的主體，從而形成了頭、腹、足兼備的論述結構，同時也是具有概說—分述—總結、顯自宗與破它宗相結合的論證特點。能與此思想結構相表裏的，是以《世間品》為代表的關於世界產生、結構與運動的宇宙觀，整個世界的詳密架構與周而復始的真相是「苦」，集成迷果的根源則是「業」（迷因）與「隨眠」（迷緣）。以「身體」之視角，《俱舍論》的「苦」、「集」敘述脈絡，是對於身心體驗、體認的結果，而隱含的是具身認知這一較為根本的認識方法；道諦與滅諦理論，則是佛教解脫論的重要內容，關乎具體教法的實踐、苦集問題及其解決的心性理論、智慧解脫、靜慮實踐等等。本書在梳理、解讀的同時，試圖從中勾勒出關於有情及其身心問題、色心關係的主題與脈絡。

　　五趣凡聖皆有情。所謂「有情」（sattva）即曰眾生，卻不是一般意義上的生命體，而是以凝聚「情識」為特徵的存在；「情識」在凡夫以愛染惑苦為特徵，在聖者則以清淨明覺為本體；聖者之實現即在於去愛染，存清淨。因此《俱

舍論》的有情論就是圍繞有情之體性、真相、超脫為核心展開，呈現出特殊的思考內容、認識角度、思維方式與人文關懷。「有情」之名，泛用自玄奘大師翻譯群經，「情」（-tva）所突出的眾生之特徵，亦即為「有」（√as）所存在之體性（「德」），以此顯示與非情之別，也將所有生命體納入思考、體驗與關照之場域。然而就《俱舍論》而言，「有情」專指天、人、傍生、地獄、鬼等五趣，實乃對阿羅漢、菩薩與佛陀仍視為超越三界的特殊存在，大乘佛教（如《瑜伽師地論》）在這一點上更具有理論的涵攝性、徹底性。在有情論的視域之下，自地獄以至於覺有情，都無法出離有情之外（有情與非情轉化，《俱舍論》尚無討論，在整個佛學內亦鮮有所見）；凡諸有情皆有出凡入聖之可能，在這一點眾生是平等的，佛學所持有的價值觀根底雖然彌漫一切皆苦的悲觀基調，卻昭示其對有情以修途得正知正覺的肯定的巨大意義。

在此理解基礎上，佛陀於眾聖者不光是引導者，更加作為脫凡至聖的實踐者而具有榜樣意義。通常所使用的「佛陀」一詞，本義為「覺者」，意指佛陀於一切境、一切種破闇徹悟，證得不生之法，也是最清淨、完美的有情。《俱舍論》以崇敬之情敘說，佛陀自利德滿、利他德圓，哀憫之教當以贊德，如理正教須以禮敬，然稽首接足，承學受誡，一切須回歸眾生之本根問題，拔眾生出生死之泥淖、沉淪之深淵。佛陀以有情而證覺，以「覺有情」而開宗立說以來，佛學之發展大抵未背離佛陀契經法旨，只是各得勝義而作種種方便之說。故而，《俱舍論》歸敬佛陀，說勝義阿毗達摩，由總說無漏五蘊示顯淨慧、隨行之對法，成就勝義法與法相法之藏論。法論之藏，義宏旨深，究其根本在於討論「有情」問題之種種，以了義、覺悟為目的。

《俱舍論》繼承、梳理、整合了根本佛教及其後續發展中有關宇宙起源、世界圖式、運動過程的學說，形成一套成熟的世界觀念與過程理論，但這並非佛學的鵠的，只是理論的始基；世間觀念理論及其形成過程，與其說是唯心所造的心靈外化或建構，毋寧說是來自於以身體體驗、認知為核心的對身體本身、身體與外身界關係的描述；世間的四劫與循環，是「身體」的生成與消亡的迴環運動。所有身體的理解與體認，是產生與構成對於世界認知的重要途徑，《俱舍論》的世界觀，不是僅僅建立於價值判斷與超脫觀念之上的，也含有本質主義與自然主義世界觀的因素，這一點在其有情形態論上體現尤為明顯。

一般凡眾有情，有著種種形態之差異，身體形貌與壽命長短在《俱舍論》

即被層層論及與種種設定，討論之繁冗卻顯示其在理論構想方面之縝密，亦見之其於身體問題也是難以迴避的話題，因為身體是解釋世間構成與現象的基本內容和重要對象。故而，《俱舍論》藉以「四食說」解釋維持身體之資糧，而以四生、受生、轉生諸論解釋有情之生死存續之現象。逐步呈現出佛教所謂「有情」之基本內容與主要論題，有情的世間充滿了無明煩惱、知見障礙、苦難輪迴，但也無不具有解脫超越的機緣，具有超凡入聖之可能，而所有這些差異化與可能性皆孕育在「身體」之中，尤其是作為殊勝人類的有情之中。畢竟人間是最佳的禪修處，（人之）身體則最為難得。

　　然而，佛教有情之論，雖有多方面的深入思考與獨到之見，卻遮蔽了「身體」多方面意義，如認為色身總為滯礙，肉體干擾心智等等。但是，通過對四大種、極微之論的分析可以發現，佛教之世間、有情思考的內核深處，即已蘊含著色與心、身體與精神是一種本原互具之關係。佛陀以至於《俱舍論》從四大種的角度認識身體、發現身體，整體上雖然持正身、壞身的知見，蘊含佛教獨特的「身體觀」，在其積極建構的肉身否定論中，透顯的卻是：「身體」乃有情之所以為有情、以及區別於非情之特殊形式；「身體」是承載生、老、病、死等生命現象之主體；「身體」貫穿凡夫生命與精神之始終，是聖者修證之無可迴避之起點與最終解脫之目的，即便是出欲、色二界入無色界乃至達至聖者、菩薩，也無法成為沒有「身體」的有情。實際上，《俱舍論》關於「身體」的觀點，所否定的是肉身對於解脫的負面作用，但同時肯定其在欲界中與心智的聯繫，這是在經驗與理論上都是難以迴避的，對於「色界」、「無色界」則經歷的是摒棄色身、錘鍊心體的修證之路，與「道成肉身」有著迥異之別。

　　按照《俱舍論》的三界邏輯，凡夫的修證過程，從形體上就是去除色身，而成為由四蘊構成的無色、無形的精神生命體，換言之，有情「身體」實現了欲界、色界的「色心同構」，轉為無色界的「身體」即心體；聖者「身體」相對於無色界只是心體最終克服了有漏性實現了完全的無漏而已。值得肯定的是，《俱舍論》並沒有停留在本原的推演上，而是以繁複、縝密的結構系統化地討論了有情的構成，如五蘊論，討論了有情根、境、識的複雜關係，以龐雜的法相體系與論辯邏輯，極力廓清五蘊非我、色身滯礙，最終以「意根」為統，「意識」為歸，形成了「心」、「意」、「識」三者異名同體的理論，以致於形成「以識代心」，以識為本的理論傾向，從而蘊含了世親小乘佛教思想與大乘佛教理論之間直接而內在的聯繫。這一傾向，扭曲了從四大種及其所造色、極微以致於

五蘊的一貫邏輯，在很大程度上沒有充分認識到人的精神內容是由色、受、想、行、識五蘊妙合而成的豐富性與層次性，五蘊身原有的含攝、互具、互動的複雜關係被歸之於「意識」而偏執於「識」，「色」被驅逐，受、想、行也被不同程度地削弱、歸化於「意識」。所造成的理論困境之一，即當無色界有情退位時，不得不承認無色的心體可以營造出色身這種憑空而設的理論設定。

需要注意的是，《俱舍論》對三界、聖者的界別認知，很大程度上只是一種理論上的考量，色界、無色界的認知較大可能來源於印度文化、佛教修行的體驗或出於理論上的討論、辯論需要，著墨亦有限，畢竟在修證的現實實踐主體、關照對象上仍然是欲界有情。但這種突出心體、意識、精神的分析路向，所引發的對於有情認識的來源、過程、現象、內在機制與外在聯繫的種種探討，無疑是極其周密、深入且具有合理性的，並藉此演繹、生發出一套系統化的針對人之精神、心理、行為的極具實踐性的修行理論，故而常為心理學者所研究、推崇。這無疑是值得肯定的，因為對於心體、精神、心理的認知拓展與理解深化，即是在某些方面對於「身體」認識的深化與昇華。

不過，心理、精神為入手處研究固然重要，仍然需以警惕的是，任何對於此類因素的深入探知的合理性都無法建立在支解、銷蝕、忽略身體作為主體存在、諸生命因素互動共生的基礎之上。因為即便是被視為小乘巔峰作品的《俱舍論》也承認佛陀轉世為人身以普渡世人的必要性，在其所提供的種種討論與原因之外，也可以視為色身與法身、色身與精神其實不以互相對立關係而存在，色心交融無礙至少可以由佛陀這一至高的有情在欲界切實予以示現。

總之，《俱舍論》的宇宙結構、圖式或運行模式，充滿了對經驗世界的切實觀察與神秘認知、宗教超驗體驗與價值理念等等，但主要是從有情出發，圍繞有情進行細緻入微的探討，使得「身體」成為具體的宇宙活動的參與者，同時又是利資養、可交互、陷輪迴、可解脫的豐滿而複雜的生命體。《俱舍論》的繁複細膩的描述、測量計算數據、周密的結構設置顯示其對有情生命及其形式的獨特理解、認知，儘管其中同時漫布著「否定」的認知、判斷，「身體」在此不僅是「在場」，還是顯在的、鮮活的；凡諸有情都以獨特的「身體」形式，與外身界共在、交互，同時認識並化育自身以期達到超越性、完美型的「身體」。因此，「身體」的內涵在《俱舍論》中具有價值的多面性、意義的層次性，它所關聯的生理、心理、心智、軀體、載體、精神、大種、五蘊等概念預示其必然是不可狹隘化、簡單化理解的一種永恆（輪迴）的生命姿態。

參考文獻

一、古代典籍

1. 《阿毘達磨俱舍論》，世親造，玄奘譯，《大正藏》第 29 冊。

2. 《阿毘達磨俱舍釋論》，世親造，真諦譯，《大正藏》第 29 冊。

3. 《阿毘達磨順正理論》，眾賢造，玄奘譯，《大正藏》第 29 冊。

4. 《阿毘達磨藏顯宗論》，眾賢造，玄奘譯，《大正藏》第 29 冊。

5. 《俱舍論記》，普光述，《大正藏》第 41 冊。

6. 《俱舍論疏》，法寶撰，《大正藏》第 41 冊。

7. 《俱舍論頌疏》，圓暉述，《大正藏》第 41 冊。

8. 《阿毘曇心論》，法勝造，《大正藏》第 28 冊。

9. 《大毘婆沙論》，玄奘譯，《大正藏》第 27 冊。

10. 《發智論》，迦多衍尼子造，《大正藏》第 26 冊。

11. 《集異門足論》，舍利弗造，《大正藏》第 26 冊。

12. 《法蘊足論》，大目乾連造，《大正藏》第 26 冊。

13. 《施設足論》，大迦多衍那造，《大正藏》第 26 冊。

14. 《識身足論》，提婆設摩造，《大正藏》第 26 冊。

15. 《品類足論》，筏蘇蜜多羅造，《大正藏》第 26 冊。

16. 《界身足論》，筏蘇蜜多羅造，《大正藏》第 26 冊。

17. 《瑜伽師地論》，彌勒菩薩造，玄奘譯，《大正藏》第 30 冊。

18. 《成唯識論》，護法等造，玄奘譯，《大正藏》第 31 冊。

19. 《婆藪盤豆法師傳》，真諦譯，《大正藏》第 50 冊。

20. 《阿含經校注》，恒強、梁躊繼等校注，北京：線裝書局 2012 年版。

21. ABHIDHARMAKOŚA（梵漢對照），范晶晶等，北京大學梵文貝葉經與佛教文獻研究所，2005～2009。

二、今人著作

1. 湯一介：《湯一介集》（第五卷），北京：中國人民大學出版社 2014 年版。

2. 湯用彤：《漢魏兩晉南北朝佛教史》（增訂本），北京：北京大學出版社 2011 年版。

3. 湯用彤：《印度哲學史略》，北京：北京大學出版社 2010 年版。

4. 多羅那它著，張建木譯：《印度佛教史》，成都：四川民族出版社 1988 年版。

5. 昌言：《俱舍的思想和智慧》，臺北：世界佛教出版社 1996 年版。

6. 曹彥：《〈阿毘達摩順正理論〉實有觀念研究》，武漢：武漢大學出版社 2014 年版。

7. 班班多傑：《藏傳佛教思想史綱》，上海：三聯書店 1992 年版。

8. 鋇‧降白央：《俱舍論注釋》，北京：中國藏學出版社 1989 年版。

9. 遍能：《藏傳佛教》，成都：四川人民出版社 1996 年版。

10. 蔡耀明：《佛教的研究方法與學術信息》，臺北：法鼓文化事業股份有限公司 2006 年版。

11. 察倉‧尕藏才旦：《中國藏傳佛教》，北京：宗教文化出版社 2003 年版。

12. 陳兵：《佛教心理學》，普賢行願研修會 2013 年印。

13. 杜繼文：《漢譯佛教經典哲學》，南京：江蘇人民出版社 2008 年版。

14. 馮友蘭：《三松堂自序》，北京：生活‧讀書‧新知三聯書店 2009 年版。

15. 傅偉勳：《從西方哲學到禪佛教》，北京：生活‧讀書‧新知三聯書店 1996 年版。

16. 傅偉勳：《佛教思想的現代探索》，臺北：東大圖書公司 1995 年版。

17. 關世謙譯：《佛學研究指南》，臺北：三民書局 1986 年版。

18. 郭良鋆：《佛陀和原始佛教思想》，北京：中國社會科學出版社 1997 年版。

19. 何石彬：《〈阿毗達磨俱舍論〉研究：以緣起、有情與解脫為中心》，北京：宗教文化出版社 2009 年版。

20. 弘學編著：《小乘佛教》，成都：巴蜀書社 2010 年版。

21. 胡適：《中國哲學大綱》，北京：東方出版社 2012 年版。

22. 黃心川：《印度哲學史》，北京：商務印書館 1989 年版。

23. 傑旺確傑落桑：《俱舍論解釋明亮之光》，拉薩：西藏人民出版社 2008 年版。

24. 金岳霖：《邏輯》，《金岳霖全集》（第一卷），北京：人民出版社 2013 年版。

25. 金岳霖：《知識論》，《金岳霖全集》（第三卷上），北京：人民出版社 2013 年版。

26. 賴永海：《中國佛性論》，南京：江蘇人民出版社 2012 年版。

27. 勞思光：《新編中國哲學史》（一），桂林：廣西師範大學出版社 2005 年版。

28. 李世傑：《俱舍學綱要》，《現代佛學大系》第 51 冊，臺北：彌勒出版社 1982 年版。

29. 李學竹、〔奧地利〕斯坦因凱勒校注：《世親〈五蘊論〉：梵文》，北京：中國藏學出版社 2008 年版。

30. 李澤厚、劉緒源：《該中國哲學登場了？》，上海：上海譯文出版社 2012 年印。

31. 李澤厚：《實用理性與樂感文化》，北京：生活·讀書·新知三聯書店 2013 年印。

32. 洛德旺波尊者著、索達吉堪布譯：《俱舍論釋》，寧瑪巴喇榮三乘法林佛學會 2007 年。

33. 呂澂，《呂澂佛學論著選集》，濟南：齊魯書社 1991 年版。

34. 呂澂：《「俱舍論」》，《中華佛教百科全書》（六），上海：上海古籍出版社 2000 年版。

35. 呂澂：《印度佛學源流略講》，上海：上海世紀出版集團 2005 年版。

36. 妙靈：《論典與教學·〈阿毗達磨俱舍論〉》（卷下），北京：中國社會科學出版社 2004 年版。

37. 妙靈：《論典與教學·略釋〈阿毗達磨俱舍論〉》（卷上），北京：中國社會科學出版社 2004 年版。

38. 孟領：《唯識學之緣起思想研究》，北京：中國社會科學出版社 2013 年版。

39. 彭建華：《梵語佛經漢譯的傳統》，上海：上海三聯書店 2015 年版。

40. 青瓊洛桑扎巴：《俱舍論》，北京：民族出版社 2004 年版。

41. 世親著；洛德旺波注釋：《俱舍論詳解》，成都：四川民族出版社 1996 年版。

42. 石峻等編：《中國佛教思想資料選編》第二卷第二冊，北京：中華書局 1983 年版。

43. 惟海：《五蘊心理學》，北京：宗教文化出版社 2005 年版。

44. 惟善：《說一切有部之禪定論研究》，北京：中國人民大學出版社 2011 年版。

45. 吳信如：《佛教世界觀》，北京：藏學出版社 2008 年版。

46. 徐遠和等主編：《東方哲學史》（中古卷），北京：人民出版社 2010 年版。

47. 楊白衣：《俱舍要義》，廣化寺 2013 年印。

48. 演培：《俱舍論頌講記》，《諦觀全集》，臺北：天華出版事業股份有限公司 1987 年版。

49. 演培：《印度部派佛教思想觀》，《諦觀全集》，臺北：天華出版事業股份有限公司 1987 年版。

50. 楊維中：《中國佛教心性論研究》，北京：宗教文化出版社 2007 年版。

51. 楊勇：《〈俱舍論〉業思想研究》，北京：宗教文化出版社 2010 年版。

52. 姚衛群：《印度宗教哲學概論》，北京：北京大學出版社 2006 年版。

53. 姚衛群：《佛教入門：歷史與教義》，北京：中國人民大學出版社 2006 年版。

54. 姚衛群：《佛教思想與文化》，北京：北京大學出版社 2009 年版。

55. 周貴華：《唯識、心性與如來藏》，北京：宗教文化出版社 2006 年版。

56. 周貴華：《言詮與意趣——佛教義學研究》，北京：中國社會科學出版社 2012 年版。

57. 印順：《佛法概論》，北京：中華書局 2011 年印。

58. 印順：《說一切有部為主的論書與論師之研究》，北京：中華書局 2011 年版。

59. 張岱年：《張岱年文集》（第二卷），北京：清華大學出版社 1990 年版。

60. 張建木：《張建木文選》，北京：宗教文化出版社 1996 年版。

61. 〔唐〕圓暉法師著、智敏上師注：《俱舍論頌疏集注》，上海：上海古籍出版社 2014 年版。

62. 朱伯昆：《易學哲學史》（第一卷），北京：華夏出版社 1995 年版。

63. 張西鎮：《〈俱舍論〉白話譯解》，高雄：淨心文教基金會 2010 年版。

64. 張曼濤編：《部派佛教與阿毗達磨》，《現代佛學叢刊》第 95 冊，臺北：大乘文化出版社 1979 年版。

65. 張曼濤編：《佛教根本問題研究》（二），《現代佛學叢刊》第 54 冊，臺北：大乘文化出版社 1978 年版。

66. 張曼濤編：《佛教根本問題研究》（一），《現代佛學叢刊》第 53 冊，臺北：大乘文化出版社 1978 年版。

67. 張曼濤編：《俱舍論研究》（上），《現代佛學叢刊》第 22 冊，臺北：大乘文化出版社 1978 年版。

68. 張曼濤編：《俱舍論研究》（下），《現代佛學叢刊》第 51 冊，臺北：大乘文化出版社 1979 年版。

69. 〔俄〕舍爾巴茨基：《小乘佛學》，北京：中國社會科學出版社 1994 年版。

70. 〔美〕A.愛因斯坦（A.Einstein）等著：《物理學的進化》，上海：上海科學技術出版社 1962 版。

71. 〔日〕赤沼智善：《佛教教理之研究》，京都：法藏館 1944 年版。

72. 〔日〕木村泰賢：《小乘佛教思想論》，貴陽：貴州大學出版社 2013 年版。

73. 〔日〕平川彰：《阿毗達摩俱舍論索引》第一部，東京：大藏出版社 1973 年版。

74. 〔日〕平川彰：《印度佛教史》，臺北：商周出版社 2004 年版。

75. 〔日〕水野弘元：《佛教教理研究》，臺北：法鼓文化 2000 年版。

76. 〔日〕中村元：《印度思想史》，東京：岩波書店 1956 年版。

77. 〔英〕凱思著，宋立道等譯：《印度和錫蘭的佛教哲學：從小乘佛教到大乘佛教》，上海：上海古籍出版社 2004 年版。

78. 〔英〕約翰·格里賓、瑪麗·格里賓著；江向東譯：《迷人的科學風采：費恩曼傳》，上海：上海科技教育出版社 2005 年版。

79. 〔英〕查爾斯·埃利奧特：《印度教與佛教史綱》（第一卷），北京：商務印書館 1982 年版。

80. 〔英〕A·K·渥德爾著，王世安譯：《印度佛教史》，北京：商務印書館 2000 年版。

81. 〔智〕F·瓦雷拉等：《具身心智：認知科學和人類經驗》，杭州：浙江大

學出版社 2010 年版。

82. Bodhisattvabhumi,ein dogmatische Text der Nordbuddhisten,Leipzig 1908.

83. J.Takakusu:A Study of Paramartha 『S Life of Vasubandhu and the Date of Vasubandhu,JRAS 1905.

84. Karunadasa,Buddhist Analysis of Matter,Singapore:The Buddhist Research Society,1989.

85. Noël Peri:Àpropose de la Date Vasubandhu,B.de l『Ecole Francaise d『extrême Orient,XI 1911.

86. Smith, Vincent Arthur, The early history of India : from 600 B.C. to the Muhammadan conquest including the invasion of Alexander the Great,The Clarendon Press,1924.

87. V.V. Gokhale: The Text of the Abhidharmakośakārikā of Vasubandhu,Journal of the Bombay Branch of the Royal Asiatic Society, N.S.,Vol.22,1953.

88. V.V. Gokhale: The Text of the Abhidharmakośakārikā of Vasubandhu,Journal of the Bombay Branch of the Royal Asiatic Society, N.S.,Vol.22,1953.

89. Vasubandhu:Abhidharmakośabhāṣ yam of Vasubandhu, 2nd ed. Ed.P.Pradhan, Pantna:K.P.Jayaswal Research Institute,1975.

90. Vasubandhu:Abhidharmakośabhāṣ yam of Vasubandhu, 2nd ed. Ed.P.Pradhan, Pantna:K.P.Jayaswal Research Institute,1975.

三、研究文章

1. 悲青增格西:《略談〈俱舍論〉四念處與道次第的關係》,《法光》,第 175 期,2004 年。

2. 蔡伯郎:《佛教心心所與現代心理學》,《中華佛學學報》2006 年第 19 期。

3. 蔡耀明:《文獻學方法及其在佛教研究的若干成果與反思》,《正觀雜誌》,第 34 期,2005 年。

4. 曹彥:《〈順正理論〉的極微觀》,《哲學動態》2011 年第 4 期。

5. 曹彥:《從極微論看佛教時空及涅槃觀》,《佛學研究》,2002 年。

6. 曹彥:《說一切有部對有為法的定義》,《理論界》2012 年第 10 期。

7. 陳兵:《原始佛教及部派佛學的心性論》,《法音》2002 年第 9 期。

8. 陳代湘:《佛教宇宙本體論的意義》,《湘潭大學學報》1994 年第 2 期。

9. 陳素彩：《說一切有部において見隨眠——〈俱舍論〉「隨眠品」を中心として》，東京大學印度哲學佛教學研究室 2003 年學位論文。

10. 陳素彩：《說一切有部における anusaya．klesa．paryavasthana の關係——〈俱舍論〉「隨眠品」を中心として》，《印度哲學佛教學研究》2001 年第 8 期。

11. 程若凡：《從原始佛教窺探大乘菩薩道思想的萌芽》，《宗教學研究》2006 年第 1 期。

12. 定源：《試述〈俱舍論〉之五蘊思想》，《閩南佛學院學報》1999 年第 2 期。

13. 方廣錩：《初期佛教的五陰與無我》，《佛教文化》2004 年第 5 期。

14. 方立天：《中國佛教的宇宙結構論》，《宗教學研究》1997 年第 1 期。

15. 方立天：《中國佛教心性論哲學範疇網絡》，《中國哲學史》1992 年第 1 期。

16. 方立天：《印度佛教心性論思想述評》，《佛學研究》1995 年第 4 期。

17. 傅曉：《佛學與科學對話的不同立場》，《佛學與科學》，2011 年第 1 期。

18. 耿世民：《回鶻文〈阿毗達磨俱舍論〉殘卷研究》，《民族語文》1987 年第 1 期。

19. 關則富：《從佛教對經驗世界的分析探討念身與四念處的理論基礎及一致性》，《正觀雜誌》第 41 期，2007 年。

20. 黃俊威：《佛教的『極微論』與『反極微論』之諍》，《華梵大學第一次儒佛會通學術研討會論文集》1997 年。

21. 黃夏年：《2008 年中國大陸佛教研究方法論討論之我見》，《佛教史研究的方法》，北京：中華書局 2013 年版。

22. 黃玉順：《五蘊與十二因緣之關係及其哲學意義》，《國學論衡》（第三輯），2004 年。

23. 恒毓：《中國佛教心性論述評》，《世界弘明哲學季刊》1999 年 9 月號。

24. 金克木：《試論梵語中的「有——存在」》，《哲學研究》1980 年第 7 期。

25. 李四龍：《當代中國大陸佛教研究的新趨勢》，《中國宗教》2014 年第 7 期。

26. 李學竹：《關於〈五蘊論〉的研究》，《中國藏學》2011 年第 S2 期。

27. 李遠傑：《中國佛教心性論之演變與特色》，《西南民族大學學報》1998 年第 5 期。

28. 李志夫：《試論〈俱舍論〉在佛教思想史中之價值（上）》，《中華佛學學報》第 3 期，1990 年。

29. 梁麗玲：《從長時間到大災難：談佛經中劫字》，《香光莊嚴》第 55 期，1998 年。

30. 林育民：《阿羅漢有退無退之探討——以〈俱舍論〉與〈順正理論〉論議為主》，《大專學生佛學論文集》，臺北市華嚴蓮社 2010 年。

31. 林崇安：《受念住的研究》，《中華佛學學報》1996 年第 9 期。

32. 柳炳德、金洪喆、梁銀容、柳雪峰：《基於永劫回歸思想的主體主義宗教觀探索》，《佛學研究》1996 年第 4 期。

33. 彭建華：《玄奘的翻譯》，《梵語佛經漢譯的傳統》，上海：上海三聯書店 2015 年版。

34. 曲世宇：《〈俱舍論〉略史及綱要》，《法音》2003 年第 5 期。

35. 屈燕飛：《論析早期佛教與部派佛教心性論思想》，《老子學刊》2014 年。

36. 釋慧空：《〈俱舍論〉〈定品〉與〈瑜伽師地論〉〈三摩呬多地〉之比較》，《圓光佛學學報》創刊號，1993 年。

37. 釋日慧：《〈俱舍論〉心所分類的解讀》，《慧炬》第 418 期，1999 年。

38. 釋宗平：《說一切有部之中有觀——以有無和轉變為主》，《正觀雜誌》1999 年第 9 期。

39. 釋如定：《「心念處」之探討——以〈大智度論〉為主》，《福嚴佛學院第九屆學生論文集》（上冊），福嚴佛學院 2002 年。

40. 蘇軍：《生存與解脫——〈阿毗達磨俱舍論〉的宗教哲學思想評述》，中國社會科學院研究生院世界宗教系 1989 年學位論文。

41. 曇摩結：《南傳上座部的色蘊》，《部派佛教與阿毗達摩》，臺北：大乘文化出版社 1979 年版。

42. 萬金川：《〈俱舍論·世間品〉所記有關「緣起」一詞的詞義對論——以漢譯兩本的譯文比對與檢討為中心》，《佛學研究中心學報》第 1 期，1996 年。

43. 王敬淑：《說一切有部的六因四緣》，華梵大學東方人文思想研究所 2008 年學位論文。

44. 王繼紅：《玄奘譯經四言文體的構成方法——以〈阿毗達磨俱舍論〉梵漢對勘為例》，《中國文化研究》2006 年第 2 期。

45. 王繼紅：《玄奘譯經的語言學考察——以〈阿毗達磨俱舍論〉梵漢對勘為例》，《外語教學與研究》2006 年第 1 期。

46. 王俊洪:《阿毘達磨俱舍論〈界品〉翻譯與極微論研究》,復旦大學哲學學院 2013 年碩士學位論文。

47. 吳洲:《〈俱舍論〉的六因四緣說》,《宗教學研究》1998 年第 2 期。

48. 巫白慧:《印度早期禪法初探——奧義書的禪理》,《世界宗教研究》1996 年第 4 期。

49. 許瀟:《〈大毗婆沙論〉中的極微說》,《重慶交通大學學報》2012 年第 1 期。

50. 楊維中:《本淨、本寂與本覺——論中國佛教心性論的印度淵源》,《普門學報》2002 年第 11 期。

51. 楊維中:《論中國佛教心性本體論的特質》,《普門學報》2001 年第 6 期。

52. 姚衛群:《部派佛教中關於「三世法」本質的觀念》,《佛學研究》2010 年總第 19 期。

53. 姚衛群:《佛教的因果觀念》,《南亞研究》2002 年第 2 期。

54. 姚衛群:《佛教的有為法與無為法觀念》,《北京大學學報》2005 年第 1 期。

55. 姚衛群:《印度古代哲學文獻中的「四大」觀念》,《西南民族大學學報》2012 年第 8 期。

56. 姚衛群:《印度古代哲學中的「極微」觀念》,《哲學分析》2011 年第 4 期。

57. 姚衛群:《「輪迴」與「解脫」》,《人文宗教研究》,第 1 冊,2015 年。

58. 姚衛群:《部派佛教的「法」與「我」的實有與空無觀念》,《西南民族大學學報》2013 年第 7 期。

59. 姚衛群:《佛教中的「心性清淨」與「如來藏」思想》,《南亞研究》2007 年第 2 期。

60. 於岩:《〈阿毘達磨俱舍論·分別界品第一之一〉梵藏漢對勘及梵藏翻譯初探》,北京大學印度語言文學專業 2003 年碩士學位論文。

61. 張建木:《俱舍論識小》,載《張建木文選》,北京:宗教文化出版社 1996 年版。

62. 張力力:《原始佛教「無我」論與「十四無記」》,《五臺山研究》1994 年第 4 期。

63. 張瑞良:《蘊處界三概念之分析研究》,《臺大哲學論評》1985 年第 8 期。

64. 張鐵山:《從回鶻文〈俱舍論頌疏〉殘葉看漢語對回鶻語的影響》,《西北民族研究》1996 年第 2 期。

65. 張鐵山：《敦煌莫高窟北區 B52 窟出土回鶻文——〈阿毗達磨俱舍論實義疏〉殘葉研究》，《敦煌學輯刊》2002 年第 1 期。

66. 張鐵山、王梅堂，《北京圖書館藏回鶻文〈阿毗達磨俱舍論〉殘卷研究》，《民族語文》1994 年第 2 期。

67. 振宇：《〈俱舍論〉史略及其價值》，《法音》2008 年第 3 期。

68. 周貴華：《佛學研究的內在詮釋之路——以印度佛教瑜伽詮義思想為例》，《華東師範大學學報》2008 年第 4 期。

69. 周柔含：《說一切有部的世俗道斷惑論》，《法鼓佛學學報》2010 年第 7 期。

70. 朱鳳嵐：《佛教中「菩薩」語義之探源》，《世界宗教文化》2014 年第 3 期。

71. 〔日〕舟橋一哉：《阿毘達摩佛教》，《佛學研究指南》，臺北：東大圖書股份有限公司 1986 年版。

72. 〔日〕阿部真也：《有部の極微說をめぐって——古代ギリシアとの比較》，《仏教文化學會紀要》2004 年第 13 期。

73. 〔日〕干潟：《世親年代再考》，《宮本正尊教授還曆紀念論文集佛教學論集》，1954 年。

74. 〔日〕宮下晴輝：《〈俱舍論〉における本無今有論の背景》，《佛教學セミナ》第 44 期，1986 年。

75. 〔日〕加藤精神：《有部宗の極微に關する古今の謬說を匡す》，《印度學佛教學研究》1954 年第 2 期。

76. 〔日〕加藤：《宏道：斷惑論の特質》，《印度學佛教學研究》1985 年第 2 期。

77. 〔日〕木村泰賢：《有情存在之價值論》，《佛教與人生》，臺北：大乘文化出版社 1979 年版。

78. 〔日〕青原令知：《Abhidharmakosakarika のネパール寫本について》，《印度學佛教學研究》，2004 年第 2 期。

79. 〔日〕若原雄昭：《梵語佛教寫本の文獻學的研究》，《龍谷大學佛教文化研究所紀要》，第 42 期，2003 年。

80. 〔日〕上杉宣明：《阿毘達磨佛教の言語論——名・句・文》，《佛教學セミナー》第 30 期，1979 年。

81. 〔日〕上杉宣明：《說一切有部の極微論研究》，《佛教學セミナ》第 24 期，1976 年。

82. 〔日〕上田晃円:《倶舍教學の日本的展開》,《印度學佛教學研究》,1985 年第 2 期。

83. 〔日〕水野弘元:《阿毘達摩文獻導論》,《部派佛教與阿毘達摩》,臺北:大乘文化出版社 1979 年版。

84. 〔日〕小谷信千代:《有部の言語觀》,《アビダルマ佛教とインド思想:加藤純章博士還曆記念論集》2000 年。

85. 〔日〕宇井伯壽:《玄奘以前ら印度諸論師ら年代》,《印度哲學研究》第五期,1929 年。

86. 〔日〕中川善教:《有情食》,《高野山大學論叢》,1969 年第 4 期。

87. 〔日〕舟橋水哉:《倶舍宗の流傳及び其教義》,《日華佛教研究會年報》,第 6 卷,1943 年。

88. 〔日〕竹內良英:《原始・部派仏教の食物觀:食厭想について》,《印度學佛教學研究》,1994 年第 2 期(總第 42 期)。

89. 〔德〕衛彌夏:《肉身—身體—心—魂—靈——作為跨學科橋樑理論的神學人類學》,《人文宗教研究》,北京:宗教文化出版社 2015 年版,第 41 頁。

90. Karunadasa Y. Buddhist Analysis of Matter, Singapone:The Buddhist Research Society,1989,P.4.

四、工具書等

1. 《佛光大辭典》,慈怡主編,高雄:佛光出版社 1989 年版。

2. 《丁福保佛學大辭典》,上海佛學書局 1999 年版。

3. CBETA 電子佛典,2014 年發行。

4. Apte, Vaman Shivaram, The Practical Sanskrit-Englisk Dictionary, Motilal Banarsidass. 1965.

5. Monier-Williams, A Sanskrit-English Dictionary, Munshiram Manoharlal Publishers, 1976.

後　記

　　2016 年博士畢業後，不才進入中國社會科學院哲學研究所從事博士後工作，轉向早期全真道研究，難以繼續專心修改博士論文，也想在通讀大藏經後再啟修訂，遂留存至今。業師魏常海教授時常關注學生研究進展，數年前即推薦本書出版，而後由花木蘭文化事業有限公司付梓，感恩之餘，也為時光荒度感到慚愧。交稿之際，力請博士同學孫國柱副教授寫序，亦出於感激其當時饋贈大量佛教資料和博士論文寫作期間為我「出謀劃策」。離開校園，邁入社會，頓感諸事紛雜，身心荷重，對《俱舍論》「拔眾生出生死泥」之語，有了更多的認知感受。重讀博士論文後記時，不禁百感重生，難以具言，願附於下，作為對珍貴的博士求學時光的一段記錄和懷念。

　　枯坐數晚，心中波瀾陣陣，紙上刪改頻頻，後記撰之艱難不亞於正文。或為此時整個人的狀態，正如同被壓抑已久的火山岩漿，噴雲薄日，是以情思如奔，急欲融秋水長天之不盡、椿萱師澤之綿長於一文，但畢竟須彌入於芥子，雖無不可，卻非我能力所及。故擇數端，以表心跡。

　　誠摯感謝我的現任導師，敬愛的魏常海教授。猶憶四年前，讀魏老師論日韓佛教與文化之著作，始而發心學習佛學。二零一二年乃報考魏先生博士生，赴京參加複試後，魏先生欣傳喜訊，告以始終，勉而勵之，溫慰之語至今迴響耳側。而後博士論文選題，先生雖知佛學本非我素修所長，終不忍過絕，尊重我「無知無畏」的研究決心，悉心教導。論文寫作期間，我每於犯難退避時，皆以魏師為鞭策，為支柱，為動力，如是方能綴而成篇。荀子《儒效》篇言「有師法者，人之大寶也；無師無法者，人之大殃也」，因為魏師之緣，菩提之學

逐漸向我展開，亦因為魏師之啟教，讓我得福增慧，受用終生，故魏先生之教實乃「義之大者」也。此外，李中華老師、張廣保老師也給予我許多方面的指導、教誨、幫助，我亦感激不盡，銘記在心。

深深緬懷敬愛的湯公一介先生，先生是我博士入學時的導師。他雖仙逝已近二年，音容懿行於我卻每每可見，歷歷如生。二零一三年正月十四日下午四時許，師門一行前往朗潤園給敬愛的湯先生、樂先生拜年，同時提前一天祝賀湯先生生日。先生時著吉祥喜慶的紅色唐裝，面帶笑容，話語溫和，一一問及大家學業與論文。而後談到中國目前思想界缺少大思想家這一問題，言辭深切，意味深長。儘管這是他多次說過的想法，卻讓在場的所有人都感受到他對青年學生們的熱情囑望，我也甚為觸動，學術志向為之振奮。先生至教之深，如煦如吹，如負如持；至化之極，如涵如封，如隨如從，讓人如何不想他？

灑淚追懷至親至愛的爺爺胡正剛先生和奶奶王金英女士。自一九九一年九月常伴膝下至二零零三年九月雛雁離巢，一月一年，一飯一洗，一呵一護，歲月借我之手摧殘著你們的身體；一筆一劃，一字一句，一詩一文，日益飽滿的我卻難以慰藉你們委頓的精神。從幼兒詩至滿廚書，家貧讀書的爺爺給了我一世的精神食糧；自通人情到明事理，一字不識的奶奶成了我一生的立身榜樣。然如今，二老先後離去，尤其奶奶竟然沒等到我博士畢業這一天，傷痛何如！！！人不見，有淚無言。

人生無常，愁恨難免，然亦有南風來薰，卿雲可歌。感謝樂黛雲先生對我們後輩學生一如既往的關懷、愛護；感謝儒藏中心、儒學院的楊韶蓉、王豐先、沙志利、李暢然、甘祥滿、張麗娟、胡仲平、曹建、劉碧澄、王文利等老師對我們的悉心培養，中心不光承負《儒藏》編纂要務，還是促進、培育學術、人才的搖籃；哲學系、中文系、歷史系等老師們，傳授我們知識的同時注重拓寬視野、深化思考、薰育情操，他們是真正的北大之光；學校很多工作人員也讓我在此收穫許多美好，感謝你們！社科院陳霞老師、張志強老師、王正、宋學立、陳志遠以及兄弟院校的師友也是我學術道路上重要的老師、榜樣！

楊浩師兄對本書寫作以及我讀書、生活有非常細緻全面的指導與幫助，難以足言，我將感沛在心！其他哲學系同門、同學之誼也是我四年來的寶貴財富，能和你們談笑風生非常滿足，祝願劉緦嬌、李瑛、徐文靜、王碩、徐千懿、鄒蘊、王皓、王涵等同學青春永駐，陳之斌、孫國柱、師瑞、彭榮、肖力千、姜明澤、郜建華、湯元宋、陳睿超等學術精進；祝願法幢法師福慧無量！還須

感謝中文系、歷史系、藝術學院的趙培、潘靜如、李林芳、袁丁、李強、趙團圓夫婦、趙博、張海、趙永磊、馬清源、吳燕武、管建鴻等等好夥伴們，大家學聚問辯，誠為至樂！

　　最後，叩謝日夜操勞的父母！感謝我親愛的家人和朋友們，我們永遠是一家人！

胡士穎　恭上

2016 年 6 月　暢春新園